MILTON
ZUR VERTEIDIGUNG DER FREIHEIT

PHILOSOPHIE
GESCHICHTE · KULTURGESCHICHTE

John Milton

ZUR VERTEIDIGUNG DER FREIHEIT

Sozialphilosophische Traktate

1987

Verlag Philipp Reclam jun. Leipzig

Aus dem Englischen übertragen von Klaus Udo Szudra
Herausgegeben und mit einem Anhang versehen
von Hermann Klenner
Mit 4 Abbildungen

ISBN 3-379-00190-2

© Verlag Philipp Reclam jun. Leipzig 1987

Reclams Universal-Bibliothek Band 1212
1. Auflage
Umschlaggestaltung: Michael A. Klenner
Lizenz Nr. 363. 340/5/87 · LSV 0116 · Vbg. 19,0
Printed in the German Democratic Republic
Grafischer Großbetrieb Völkerfreundschaft Dresden
Gesetzt aus Garamond-Antiqua
Bestellnummer: 663 638
00250

Inhalt

Revolutionspamphlete

Areopagitica   7

Der Anspruch von Königen und Obrigkeiten 67

Über die staatliche Gewalt in Kirchenangelegenheiten 123

Der gerade und leichte Weg zu einer freien Republik 163

Anhang

Chronologie 205

J. M., das gute Gewissen der Revolution 211

Abkürzungsverzeichnis 236

Anmerkungen 239

Bibliographie 290

Register 298

AREOPAGITICA;

A

SPEECH

OF

Mr. JOHN MILTON

For the Liberty of Vnlicenc'd
PRINTING,

To the Parlament of ENGLAND.

Τὐλдίθερν δ᾽ ἐκεῖνο, εἴ τις θέλει πόλι
Χρηςόν τι βέλδμ᾽ εἰς μέσον φέρειν, ἔχων.
Καὶ ταῦθ᾽ ὁ χρήζων, λαμπρός ἐσθ᾽, ὁ μὴ θέλων,
Σιγᾷ, τί τύτων ἐςιν ἰσαίτερον πόλι;
Euripid. Hicetid.

This is true Liberty when free born men
Having to advise the public may speak free,
Which he who can, and will, deserv's high praise,
Who neither can nor will, may hold his peace;
What can be juster in a State then this?
Euripid. Hicetid.

LONDON,
Printed in the Yeare, 1644.

Areopagitica[1]

Ansprache John Miltons
an das Parlament von England:

Für die Freiheit des unzensierten Druckes

Nur dort herrscht Freiheit, wo ein freier Mann,
um öffentlichen Rat gefragt, frei seine Meinung äußern darf.
Wer dies vermag und tut, verdient sich hohes Lob.
Wer's weder kann noch will, der mische sich nicht
ein:
nichts kann in einem Staat fürwahr gerechter sein.

Euripides, Hiketiden[2]

London, gedruckt im Jahre 1644

Wer immer, hohes Parlament, an Staaten oder an die Regierungen des Gemeinwesens das Wort richtet oder als Privatmann in Ermangelung solch unmittelbaren Zugangs zur Feder greift, tut dies mit dem Anspruch, daß das, was ihn bewegt, im Interesse des öffentlichen Wohles liege. Ich gehe davon aus, daß sein Impuls jedenfalls nicht niedrigen Absichten entspringe oder von inneren Eingebungen gelenkt werde, die ihn persönlich ein wenig mehr in diese oder jene Richtung drängen. Der eine wird am Gelingen zweifeln, der andere Tadel fürchten; der eine wird hoffen und der andere darauf vertrauen, daß das, was er zu sagen hat, gehört werde. Auch von mir selbst mögen diese Haltungen bei dem Thema, zu dem ich mich bei anderer Gelegenheit einließ,[3] in unterschiedlichem Maße Besitz ergriffen haben, und wahrscheinlich wird sich aus diesen einleitenden Bemerkungen jetzt auch ablesen lassen, welche davon die Oberhand gewonnen hat, abgesehen davon, daß das bloße Unterfangen dieses Vortrags und der Gedanke, an wen er sich wendet, mein Herz mit einer Leidenschaft erfüllen, die weit eher in den Mittelpunkt als an den Rand einer Vorrede gerückt zu werden verdiente. Dabei bin ich mir, ohne gleich ungefragt ein Geständnis ablegen zu wollen, keiner Schuld bewußt außer der Genugtuung und Befriedigung, die diese Leidenschaft allen gewährt, die sich für die Freiheit ihres Landes einsetzen und ihr dienen wollen. Hierfür wird der ganze folgende Vortrag mit Gewißheit Zeugnis ablegen, wenn nicht gar zum Wahrzeichen gereichen. Niemand auf Erden möge erwarten, daß die Freiheit, auf die wir hoffen können, so beschaffen sein werde, daß sie zu keiner Zeit in dem Gemeinwesen nicht auch Raum für Mißhelligkeiten ließe; wenn hingegen Beschwerden offen angehört, sorgsam erwogen und rasch aus der Welt geschafft werden, so ist die äußerste Grenze staatsbürgerlicher Freiheit erreicht, nach der weise Männer trachten. Dieser sind wir, wie allein die Tatsache erweist, daß ich die Stimme zu meinen folgenden Ausführungen erheben kann, schon ein gutes Stück nähergekommen, indem wir den jähen Abgrund der Tyrannei und des in unserem Denken verwurzelten Aberglaubens, wie er der Unmündigkeit Roms vor der Zeit seiner Wiedergeburt entsprach, hinter uns gelassen haben, was zuerst und zuvörderst dem starken Beistand Gottes, unseres Erlösers, und nächst diesem ihr Lords und Gemeinen Englands, eurer redlichen Leitung und unbeirrten Weisheit zu danken ist. Gewiß wird es den Ruhm Gottes in seinen Augen nicht herabsetzen, daß wakkeren Männern und trefflichen Oberen ehrenvolle Dinge nachgesagt werden; wenn ich in Anbetracht der stattlichen Reihe eurer lobenswerten Taten und der unermüdlichen Segenswerke, für die das ganze Reich sich seit langem schon in eurer Schuld weiß, erst jetzt hiervon zu sprechen anfinge, so könnte man mich wohl mit Recht zu den saumseligsten und widerwilligsten unter euren Lobrednern zählen. Allerdings gibt es drei Grundbedingungen, ohne die alles Lob nur liebedienernde Schmeichelei bleibt: Zum ersten ist nur das zu loben, was auch tatsächlich des Lobes wert ist; alsdann gilt es, unwiderlegliche Beweise beizubringen, daß die betreffenden Personen über die ihnen zugeschriebenen Eigenschaften wirklich und wahrhaftig verfügen, und schließlich muß, wer einem anderen Lob spendet, dies als seine innerste Überzeugung kundtun und dadurch zu erkennen geben, daß er nicht bloß schmeichelt. Die erstgenannten zwei Bedingungen habe ich bereits bei früherer Gelegenheit zu erfüllen versucht, als ich jemandem den Weg vertrat, der eure Verdienste mit kleinlichen und boshaften Lobsprüchen zu schmälern suchte,[4] während ich den letzterwähnten Gesichtspunkt, bei dem es hauptsächlich um meine eigene Entlastung von dem Vorwurf geht, eine derartige Lobeserhebung wäre bloße Schmeichelei gewesen, zweckmäßigerweise der heutigen Gelegenheit vorbehalten habe. Wer nämlich freiheraus rühmt, was in edelmütiger Absicht geschah, und sich nicht scheut, ebenso frei zu erklären, wie es noch besser zu machen wäre, liefert euch den besten Beweis seiner Treue wie auch dafür, daß seine aufrichtigste Wertschätzung euer Tun hoffnungsvoll begleitet. Sein höchster Lobespreis ist keine Schmeichelei und sein schlichtester Rat eine Art von Lob, denn würde ich zum Beispiel behaupten und Argumente beibringen, daß es weit besser um die Wahrheit, die Wissenschaft und das Gemeinwesen bestellt wäre, wenn eine bestimmte näher zu bezeichnende Verordnung, die ihr erlassen habt,[5] zurückgenommen würde, so vermöchte dies doch nur ein höchst vorteilhaftes Licht auf eure milde und gerechte Regierung zu werfen, indem Außenstehende dadurch den Eindruck gewinnen würden, ihr wäret weitaus begieriger auf öffentlichen Rat als andere Politiker vor euch auf öffentliche Schmeichelei. Und die Leute werden dann auch erkennen, welch Unterschied besteht zwischen der Hochherzigkeit eines auf drei Jahre versammelten Parlaments und jener hinterhältigen Dreistigkeit von Prälaten und Kabinettsberatern, die sich neuerdings Rechte angemaßt haben, sobald sich nämlich zeigt, wie ihr inmitten eurer Siege und Erfolge schriftliche Einwendungen gegen eine beschlossene Verordnung ungleich nachsichtiger aufnehmt, als dies andere Parlamente, die außer einer lahmen Zurschaustellung von äußerem Prunk nichts Denkwürdiges zustande gebracht, bei der allergeringsten Mißfallensäußerung gegenüber irgendeiner plötzlichen Proklamation getan hätten. Wenn ich, ihr Lords und Gemeinen, mir das nachsichtige Walten eures hohen und sanften Sinnes auf solche Weise zunutze machte, so könnte ich für den Fall, daß man mich der Unerfahrenheit oder der Unverschämtheit zeihen sollte, weil ich dem direkten Geheiß einer von euch erlassenen Anordnung widerspräche, mich mit Leichtigkeit hiergegen durch den Hinweis verteidigen, in wieviel höherem Ansehen nach meiner Überzeugung jemand bei euch steht, der sich an der altehrwürdigen und feinen Geistigkeit der Griechen schult, als einer, der sich von dem barbarischen Hochmut hunnischer und norwegischer Prahlsucht leiten läßt. Und aus jenem Zeitalter, dessen Bildung und schöner Literatur wir verdanken, daß wir nicht mehr auf der Stufe der Goten und Jüten stehen, wüßte ich jemanden beim Namen zu nennen,[6] der aus seinem privaten Hause eine Schrift an das Parlament von Athen richtete, die dieses bewog, die damals eingeführte Form der Demokratie abzuwandeln. Solche Ehre ward in jenen Tagen Männern zuteil, die sich nicht nur daheim, sondern auch auswärts ob ihrer Weisheit und Redekunst einen Ruf erworben hatten, so daß Städte und Bürgerschaften sie mit Freude und großer Achtung anhörten, wenn sie öffentlich an dem Staatswesen etwas auszusetzen fanden. So riet der Redner Dion Prusaeus[7], ein landesfremder Privatmann, den Rhodiern zur Aufhebung eines früheren Erlasses, und von ähnlicher Art sind mir viele Beispiele bekannt, deren Aufzählung an dieser Stelle unterbleiben kann. Wenn indessen das eifrige Streben eines ganz der Gelehrsamkeit verschriebenen Lebens und jene natürlichen Anlagen, die zum Glück auch auf dem zweiundfünfzigsten nördlichen Breitengrad nicht schlechter gedeihen, mir so weit zum Nachteil gereichen, daß man mir die Ebenbürtigkeit mit jenen Männern bestreitet, die solches Vorrecht dereinst genossen, so möchte ich wohl zu bedenken geben, daß ich für meine Person vielleicht nicht gar so tief unter ihnen stehe, wie ihr selbst die meisten von denen überragt, die ihren Rat empfingen, und wie sehr ihr ihnen überlegen seid, dessen seid versichert, ihr Lords und Gemeinen, kann durch kein Zeugnis offenkundiger erwiesen werden, als wenn euer verständiger Sinn der Stimme der Vernunft Beachtung und Gehör schenkt, wo immer sie vernehmbar wird, und sie euch dazu zu bestimmen vermag, ebenso bereitwillig ein von euch selbst erlassenes Gesetz zurückzunehmen wie irgendeines eurer Vorgänger.

Wenn ihr hierzu entschlossen seid, was in Frage zu stellen euch unrecht tun hieße, so wüßte ich nicht, was mich davon abhalten sollte, euch einen tauglichen Fall vorzulegen, an dem sich sowohl eure in reichem Maße bekundete Wahrheitsliebe als auch jene Geradlinigkeit eures Denkens, die auf den eigenen Nutzen keine Rücksicht zu nehmen pflegt, beweisen kann, indem ihr noch einmal jene von euch erlassene Verordnung zur *Regelung des Druckwesens* überprüft, wonach *künftig keinerlei Bücher, Pamphlete oder Schriften mehr im Druck erscheinen dürfen, ohne zuvor von einer oder mehreren dazu bevollmächtigten Personen gutgeheißen und freigegeben worden zu sein.*[5] Dabei ist es mir nicht um jenen Abschnitt zu tun, der gerechterweise jedermann die Urheberschaft an seinem Werk zusichert oder Vorsorge für die Bedürftigen trifft, wobei ich mir nur wünsche, man möge dies nicht zum Vorwand nehmen, redliche und arbeitsame Menschen zu verunglimpfen und zu verfolgen, die sich weder in der einen noch in der anderen Hinsicht etwas haben zuschulden kommen lassen. Jener anderen Klausel bezüglich der Zensur von Büchern, von der wir gemeint hatten, ihr wäre gleich den ihr verschwisterten Fasten- und Ehevorschriften mit der Beendigung der Prälatenwirtschaft[8] der Boden entzogen worden, werde ich mich dagegen mit Nachdruck zuwenden, damit ihr erkennen mögt, daß, zum ersten, deren Erfinder just solche Leute sind, mit denen gemeinsame Sache zu machen ihr schwerlich geneigt sein dürftet; des weiteren, was man im allgemeinen vom Lesen gleichgültig welcher Bücher zu halten hat und daß diese Verordnung keinen wirksamen Beitrag zu der damit doch hauptsächlich beabsichtigten Unterdrückung schmähsüchtiger, aufrührerischer und verleumderischer Bücher zu leisten imstande ist; schließlich, daß sie zuvörderst alle Wissenschaft lähmen und der Wahrheit den Weg versperren wird, indem sie nicht nur unseren Verstand abstumpft und der Kenntnis dessen entwöhnt, was wir bereits wissen, sondern auch solche Einsichten in religiöse und weltliche Belange verhindert und unmöglich macht, die uns die Zukunft noch bringen mag.

Ich bestreite nicht, daß es von höchster Bedeutung für Kirche und Staat ist, ein ebenso wachsames Auge auf das Verhalten von Büchern zu haben wie auf das der Menschen und sie hernach, so sie Unheil angerichtet, auszusondern, in Verwahrung zu nehmen und strengster Justiz zu überantworten. Bücher sind nämlich nie etwas völlig Totes, sondern tragen eine Lebenskraft in sich, die sich genauso tätig zu regen vermag wie die Seele dessen, der sie entstammen, ja sie bewahren wie in einer Phiole das reinste Bildnis und den Extrakt jenes lebendigen Geistes auf, der sie ersann. Ich weiß, sie sind von der gleichen Lebendigkeit und mächtigen Wirkungskraft wie die Drachenzähne, von denen die Fabel erzählt,[9] und können, hier und dort in die Erde gesät, geharnischte Krieger hervortreiben. Und dennoch, sofern man nicht bedachtsam zu Werke geht, läuft es andererseits fast auf dasselbe hinaus, daß man einen Menschen tötet, wenn man dies mit einem guten Buch tut. Wer einen Menschen tötet, der tötet ein vernunftbegabtes Geschöpf, Gottes Ebenbild; wer aber ein gutes Buch vernichtet, der versetzt der Vernunft selbst den Todesstoß, der trifft das Ebenbild Gottes sozusagen mitten ins Herz. Mancher Mensch lebt nutzlos auf Erden; ein gutes Buch jedoch ist das kostbare Herzblut eines hervorragenden Kopfes und in voller Absicht als Schatz für ein Leben nach dem Leben eingeschreint und aufbewahrt. Gewiß, kein Zeitalter kann ein Leben wiedererstehen lassen, um das es vielleicht nicht einmal sehr schade ist, aber selbst im Laufe von Jahrhunderten kann der Verlust einer zurückgewiesenen Wahrheit mitunter nicht wieder wettgemacht werden, deren Unkenntnis sich dann zum Nachteil ganzer Nationen auswirkt. Darum müssen wir uns gut überlegen, welchen Nachstellungen wir die tätigen Mühen von Männern der Öffentlichkeit aussetzen und wie wir jene reifen Früchte eines Menschenlebens dem Verderben preisgeben, die in Büchern aufgehoben und gespeichert sind. Denn immerhin kann es geschehen, daß wir damit einen Mord begehen, manchmal Marterqualen verhängen und, falls sich dies auf die ganze Auflage erstreckt, ein rechtes Blutbad verüben, bei dem das Gemetzel nicht damit endet, daß wir ein körperliches Leben vernichten, sondern wir vielmehr auch jene geistige Quintessenz, den eigentlichen Atem der Vernunft selbst, ersticken, also nicht nur die sterbliche Hülle töten, sondern vor allem das, was unsterblich ist. Damit man mich jedoch nicht verdächtigt, ich wolle der Zügellosigkeit das Wort reden, wenn ich mich gegen die Zügel der Zensur ausspreche, will ich die Mühe nicht scheuen, euch an Beispielen aus der Geschichte vorzuführen, was berühmte Staaten des Altertums gegen diese Störung ihres Friedens unternommen haben, bis zu der Zeit, als das von der Inquisition ausgebrütete Geschäft der Zensur durch unsere Prälaten übernommen und hernach auch von einigen unserer Presbyterianer[10] willkommen geheißen worden ist.

Aus Athen, wo Bücher und Männer von Geist seit jeher mehr von sich reden machten als in anderen Teilen Griechenlands, sind mir nur zwei Arten von Schriften bekannt, denen die Obrigkeit überhaupt Beachtung zu schenken geruhte, nämlich solche, die entweder blasphemischen und atheistischen oder die verleumderischen Inhalts waren. So wurden die Schriften des Protagoras[11] durch die Richter des Areopag zur Verbrennung bestimmt und er selbst wegen einer Abhandlung des Landes verwiesen, die er mit dem Geständnis eröffnet hatte, daß er nicht wisse, ob es Götter gebe oder nicht. Und um üble Nachreden zu unterbinden, wurde verfügt, daß niemand namentlich beschimpft werden dürfte, wie es die Gepflogenheit der Alten Komödie[12] gewesen war, woraus wir ersehen können, wie man sich gegen Verleumdungen wehrte. Und wie sich zeigte, genügte dieses Rechtsmittel nach Ciceros[13] Darstellung vollauf, um sowohl die Tolldreistigkeiten anderer Gottesleugner als auch offene Schmähsucht zum Schweigen zu bringen. Von anderen Gruppierungen und Meinungen nahm man keine Notiz, selbst wenn sie der Ausschweifung oder der Leugnung göttlicher Vorsehung zuneigten. Deshalb gibt es keinen Beleg, daß etwa Epikur oder die freisinnige Schule von Kyrene oder auch die Kyniker mit all ihren in Umlauf gebrachten Unverschämtheiten jemals vor Gericht gestellt wurden.[14] Auch lesen wir nicht, daß die Werke jener alten Komödienschreiber unterdrückt worden wären, obgleich deren Aufführung untersagt war, und es ist allgemein bekannt, daß Plato[15] seinem königlichen Schüler Dionysius empfahl, Aristophanes, den Schlimmsten von allen, zu lesen, was vielleicht verzeihlich erscheint, wenn sogar der heilige Chrysostomus[16], wie berichtet wird, sich des Nachts mit Vorliebe in diesen Autor versenkte und die Kunst ausbildete, den Stil einer zündenden Predigt mit heftigen Pöbeleien zu garnieren. Betrachten wir Sparta, jene andere führende Stadt Griechenlands, und bedenken wir, wie hoch deren Gesetzgeber Lykurg[17] den Wert schöngeistiger Bildung veranschlagte, so daß er als erster die verstreuten Werke Homers aus Ionien herbeischaffte und den Dichter Thales aus Kreta absandte, um den rauhen Sinn der Spartaner durch seine sanften Gesänge und Oden für ein besseres Gedeihen von Ordnung und feiner Lebensart bereit und empfänglich zu machen, so nimmt es wunder, wie unmusisch und unliterarisch sie waren, da doch ihr Sinn nach nichts anderem stand als nach kriegerischen Heldentaten. Ihnen gegenüber bedurfte es keiner Zensur von Büchern, denn außer ihren eigenen lakonischen Sprüchen waren sie ihnen alle zuwider, und ein geringfügiger Anlaß genügte ihnen schon, um Archilochus[18] aus der Stadt zu jagen, weil er mit seiner Kunst vermutlich höhere Maßstäbe gesetzt hatte, als ihre eigenen Kriegerballaden und Rundgesänge zu erreichen vermochten; was nämlich seine anstößigen Verse anbelangt, so nahmen sie es hierin nicht so genau, sondern waren nicht minder liederlich in ihrem unsteten Lebenswandel, weshalb auch Euripides in „Andromache" feststellt, daß ihre Weiber allesamt Schlampen waren.[19] Dies mag genügen, um erkennen zu lassen, welche Art von Büchern bei den Griechen verpönt war. Auch die Bildung der Römer, die über viele Jahrhunderte lediglich auf das rauhe Kriegshandwerk gedrillt waren, reichte kaum über das hinaus, was ihre Zwölf Tafeln und das Priesterkollegium mit seinen Auguren und Flamen ihnen an Religions- und Gesetzeskenntnissen vermittelt hatten.[20] Was jenseits von diesem Wissen lag, war ihnen so fremd, daß, als Karneades und Kritolaus zusammen mit dem Stoiker Diogenes als Gesandte nach Rom kamen und diese Gelegenheit ergriffen, der Stadt einen Geschmack von ihrer Philosophie zu geben, kein Geringerer als Cato, der Zensor, sie der Verführung verdächtigte und den Senat beschwor, sie eiligst wieder zu entfernen und alle derartigen attischen Schwätzer aus Italien zu verbannen.[21] Aber Scipio und andere aus dem Kreis der edelsten Senatoren widersetzten sich ihm und seiner eingefleischten sabinischen Strenge, denn sie empfanden Hochachtung und Bewunderung für die Männer, und schließlich bequemte sich sogar der Zensor selber in seinen alten Tagen zur Lektüre dessen, was ihm vordem soviel Unbehagen eingeflößt hatte.[22] Und dabei hatten Naevius und Plautus, die ersten römischen Komödienschreiber, die Stadt zur gleichen Zeit mit lauter von Menander und Philemon abgekupferten Bühnenstücken überschwemmt![23] Damals begann man auch dort zu überlegen, was mit ehrabschneiderischen Büchern und deren Verfassern zu geschehen hätte, denn Naevius wurde wegen seiner ungezügelten Feder umgehend ins Gefängnis geworfen und erst nach seiner Widerrufung von den Tribunen wieder in Freiheit gesetzt. Wir lesen auch, daß Schmähschriften verbrannt und ihre Urheber von Augustus[24] bestraft wurden. Nicht weniger streng wurde zweifellos verfahren, wenn jemand in seinen Schriften die von ihnen verehrten Götter lästerte. Doch außer in diesen beiden Punkten kümmerte die Obrigkeit sich nicht darum, welches Bild von der Welt in den Büchern gezeichnet wurde. Und darum durfte Lukrez seinen Epikureismus ungestraft für Memmius in Verse setzen und ließ ein so großer Landesvater wie Cicero, obwohl er in seinen eigenen Schriften dieser Auffassung entgegentritt, ihm die Ehre zuteil werden, sich ein zweites Mal Gehör verschaffen zu dürfen.[25] Auch die beißende Satire und unverhüllte Offenheit eines Lucilius, Catullus oder Flaccus wurde nie durch irgendeine Anordnung verboten.[26] Und was die Angelegenheiten des Staates betrifft, so wurde die Geschichte

des Titus Livius, obwohl sie die darin von Pompejus ge-
spielte Rolle stark hervorhob, durch Octavius Caesar von
der Gegenpartei nicht deswegen unterdrückt.[27] Daß er dagegen Naso wegen seiner schlüpfrigen Jugendgedichte[28] verbannte, geschah aus bloß vorgeschobener Staatsräson um irgendwelcher geheimen Gründe willen, und im übrigen
wurden die Bücher weder in Bann getan noch eingezogen.
Hernach werden wir in dem römischen Weltreich wenig
mehr als Tyrannei finden, so daß wir uns nicht zu wundern
brauchen, wenn öfter sogar gute als schlimme Bücher zum
Schweigen gebracht wurden. Ich glaube somit ausführlich
genug dargelegt zu haben, welche Schriften in der Antike
allein als strafwürdig galten, während alle anderen Standpunkte ungehindert vertreten werden durften.
Mittlerweile waren die Herrscher Christen geworden,[29] die
meines Wissens in diesem Betracht auch keine strengere
Zucht übten, als vordem Brauch gewesen war. Die Bücher
von solchen Leuten, die bei ihnen als mächtige Ketzer galten, wurden in den allgemeinen Ratsversammlungen geprüft, zurückgewiesen und verurteilt und erst dann mit der
Vollmacht des Herrschers verboten oder verbrannt. Was die
Schriften heidnischer Autoren betrifft, so wurden diese –
falls sie nicht, wie diejenigen von Porphyrius und Proclus[30],
unverblümt gegen das Christentum Front machten – mit
keinem überlieferten Verbot belegt, bis etwas um das
Jahr 400 ein karthagisches Konzil sogar Bischöfen untersagte, die Bücher von Ungläubigen zu lesen, denen aber
ketzerische Schriften erlaubt blieben, während man andernorts weit vor dieser Zeit im Gegenteil eher an den Büchern
von Ketzern als von Ungläubigen Anstoß genommen hatte.
Und daß die ersten Konzile und Bischöfe bis in die Zeit
nach 800 lediglich mitzuteilen pflegten, welche Bücher
nicht zu empfehlen seien, sich weiterreichender Festlegun-
gen jedoch enthielten, sondern es jedermanns Gewissen an-
heimstellten, etwas zu lesen oder beiseite zu legen, ist
schon bei Padre Paolo nachzulesen, dem wir den großen
Enthüllungsbericht über das Konzil von Trient verdanken.[31] In der Folgezeit dehnten die Päpste Roms, die so viel
politische Macht an sich rissen, wie ihnen nur immer beliebte, ihre Herrschaft, die bislang auf das Urteil der Menschen beschränkt gewesen war, auch auf deren Augen aus,

indem sie ihnen mißfallende Bücher verbrennen ließen oder zu lesen verboten. Immerhin waren sie maßvoll in ihren Verurteilungen, und es gab nicht viele Bücher, denen sie solches antaten, bis dann Martin der Fünfte in seiner Bulle das Lesen ketzerischer Schriften nicht nur verbot, sondern als erster in den Kirchenbann tat, denn um jene Zeit sah sich der päpstliche Hof wegen des immer furchterregenderen Treibens von Wyclif und Hus erstmals zu einer Verschärfung der Verbotspolitik veranlaßt.[32] Leo der Zehnte und dessen Nachfolger behielten diesen Kurs bei, bis dann das Konzil von Trient und die spanische Inquisition in vereintem Wirken jene Verzeichnisse und Reinigungskataloge aufstellten oder verfeinerten, die das Innere so manches guten alten Autors mit einer Schamlosigkeit durchstöberten, die selbst von einer Schändung seines Grabes nicht hätte übertroffen werden können.[33] Auch machten sie bei ketzerischen Äußerungen nicht halt, sondern erklärten alles, was ihrem Geschmack zuwiderlief, für verboten oder warfen es kurzerhand in das Fegefeuer eines neuerlichen Indexes. Um das Maß ihrer Selbstüberhebung vollzumachen, ließen sie sich zuletzt die Anordnung einfallen, wonach überhaupt kein Buch, kein Pamphlet und keine Schrift mehr in Druck gehen solle (als ob Sankt Petrus ihnen vom Paradies herab auch den Schlüssel zur Druckerpresse vermacht hätte!), ohne zuvor von zwei oder drei vollgefressenen Mönchen höchstpersönlich gutgeheißen und freigegeben worden zu sein. Zum Beispiel:

Es möge der Kanzler Cini zu prüfen geruhen, ob vorliegendes Werk irgend etwas enthält, das dessen Drucklegung im Wege stehen könnte.

Vincent Rabatta, Vikar von Florenz

Ich habe das vorliegende Werk geprüft und nichts darin gefunden, das dem katholischen Glauben und den guten Sitten zuwider wäre, was ich hiermit durch meine Unterschrift beurkunde etc.

Nicolo Cini, Kanzler von Florenz

Bezugnehmend auf die voranstehende Erklärung wird die Genehmigung zum Druck des vorliegenden Werkes von Davanzati erteilt.

Vincent Rabatta etc.

Es darf gedruckt werden.   15. Juli.

Frater Simon Mompei d'Amelia, Bevollmächtigter des heiligen Offiziums in Florenz

Sicher sind sie von der Vorstellung besessen, jemandem,
der nicht längst aus dem tiefsten Verlies eines Kerkers entwi-
chen ist, durch diesen vierfachen Exorzismus den Weg ins
Freie versperren zu können. Sie werden, fürchte ich, als
nächstes dazu übergehen, unter die Fuchtel ihrer Lizenz
selbst das noch zu stellen, was ihrer Meinung nach Claudius
im Schilde geführt, aber nicht in die Tat umgesetzt hat. Es
sei mir gestattet, hier noch ein weiteres Muster mit römi-
schem Stempel anzuführen:

Imprimatur[34], so es dem ehrwürdigen Vorsteher des heiligen Palastes beliebt.

Belcastro, Vizeregent

Imprimatur.
Frater Nicolo Rodolphi, Vorsteher des heiligen Palastes

Zuweilen kann man, einem Dialog ähnlich, fünf Imprimaturen zugleich auf der Piazza einer Titelseite erblicken, die
sich mit ihren polierten Demutsformeln bei der Beantwortung der Frage voreinander verneigen und verbeugen, ob
der Verfasser, der unterdes am Fuße seiner Epistel verlegen
beiseite steht, denn nun zum Druck oder auf den Kehricht
gelangen soll. Solcherart sind die hübschen Responsorien
und liebvertrauten Antiphonien, die unsere Prälaten und
ihre Kaplane, bei denen sie ein so kräftiges Echo hervorgebracht hatten, vor nicht langer Zeit in helles Entzücken geraten ließen und uns zur fröhlichen Nachahmung derart
großkotziger Imprimaturen betörten, von denen eine aus
Lambeth House und die andere vom westlichen Ende der
St. Paul's Street kam[35] und die auf so äffische Weise dem römischen Vorbild folgten, daß sogar das alles entscheidende
Wort[34] noch lateinischen Ursprungs war, als könnte die
sprachgewaltige Feder, die es niederschrieb, ohne Latein
keine Tinte fassen. Vielleicht aber geschah es auch nur, weil
sie keine niedrige Sprache für würdig befanden, den reinen
Begriff eines Imprimatur auszudrücken, oder, was ich eher
hoffen möchte, weil unser Englisch als die Sprache von
Männern, die für ihre Freiheitstaten auf immer berühmt
und unerreicht sein werden, nicht leicht noch einmal eine

18

derart knechtische Buchstabenverbindung bereithält, in die sich solch herrische Vermessenheit übersetzen ließe. Und so haben sich denn die Erfinder und der Ursprung der Buchzensur selber zu erkennen gegeben und ihre Wurzeln mit der Übersichtlichkeit einer Ahnentafel für jedermann bloßgelegt. Offensichtlich stammt sie nicht von irgendeinem Staat, einem Gemeinwesen oder einer Kirche des Altertums her, genausowenig von einem uns früher oder später überkommenen Gesetzeserlaß unserer Vorfahren, auch nicht von den neuzeitlichen Praktiken irgendeiner reformierten Stadtbehörde oder einer fremdländischen Kirche, sondern geht auf die widerchristlichste Ratsversammlung und die allertyrannischste Inquisition zurück, die je inquiriert hat. Vorher durften Bücher ebenso unbehindert zur Welt kommen wie andere lebende Wesen auch; was der Verstand hervorgebracht, wurde genausowenig im Keime erstickt wie ein neugeborenes Leben. Keine eifersüchtige Juno verschränkte die Beine, um die Geburt eines Nachkommen zu unterdrücken, den eines Menschen Geist gezeugt hatte.[36] Falls solch ein Produkt sich als Mißgeburt erwies, wer wollte dann bestreiten, daß es recht war, es zu verbrennen oder im Meer zu versenken. Daß hingegen ein Buch, in ärgerer Bedrängnis als eine sündige Seele, vor Gericht erscheinen mußte, ehe es überhaupt das Licht der Welt erblickt hatte, und, noch im Dunkeln lebend, dem Urteilsspruch des Radamanthus und seiner Amtsbrüder überantwortet wurde,[37] bevor es den Nachen zum Licht am anderen Ufer betreten durfte, war niemals vorgekommen, bis jene geheime Bosheit, gereizt und aufgestört durch die ersten Vorboten der Reformation, neue Fegefeuer und Höllen ersann, in die sie mitsamt den von ihr verdammten Seelen auch unsere Bücher würde werfen können. Und dies war der fette Happen, den unsere inquisitionslüsternen Bischöfe und ihr liebedienerndes Fußvolk, die Kaplane, so diensteifrig aufschnappten und so beflissen ihrem dürftigen Speisezettel einverleibten. Daß ihr für diese eindeutigen Urheber der besagten Lizenzverordnung[5] gewiß nichts übrighabt und euch beileibe keine finsteren Absichten zu deren Verabschiedung bestimmten, wird wohl jeder bereitwillig zugeben, der um die Redlichkeit eurer Handlungen und die Ehrfurcht weiß, die ihr der Wahrheit entgegenbringt.

Mancher wird nun aber einwenden, daß die Sache an sich nicht unbedingt schlecht sein müsse, nur weil es deren Erfinder sind. Das mag stimmen; wenn aber die Sache, um die es geht, gar keine so tiefgründige Erfindung darstellt, sondern klar auf der Hand liegt und für jedermann durchschaubar ist, und trotzdem die am besten und verständigsten verfaßten Gemeinwesen aller Zeiten und Gelegenheiten sich ihrer niemals bedient haben, sondern statt dessen die schlimmsten Verderber und Unterdrücker des Menschen die ersten waren, die sie sich zu eigen machten, und zwar aus keinem anderen Grunde, als um die nahende Reformation abzuwehren und aufzuhalten, so muß ich mich doch zu denen rechnen, die da glauben, daß es eines tüchtigeren Alchimisten bedürfte, als es selbst Lullus[38] war, um aus solcher Erfindung irgendeinen brauchbaren Nutzen zu destillieren. Dennoch will ich aus diesem Argument fürs erste nicht mehr ableiten, als daß man sie so lange für eine gefährliche und mit Argwohn zu behandelnde Frucht halten möge, wie sie es angesichts des Baumes, von dem sie herabfiel, zweifellos verdient, bis ich ihre Eigenschaften der Reihe nach einer säuberlichen Prüfung unterziehen kann. Zuerst muß ich nämlich, wie angekündigt, die Frage abschließen, was man im allgemeinen vom Lesen von Büchern zu halten hat, welcher Art auch immer sie sein mögen, und ob die Wirkung, die von ihnen ausgeht, eher Nutzen oder Schaden verspricht.

Sehen wir von solchen Beispielen wie Mose, Daniel und Paulus ab, die in aller Weisheit der Ägypter, Chaldäer und Griechen zu Hause waren, was ohne Kenntnis ihrer unterschiedlichsten Bücher kaum möglich gewesen wäre, wobei besonders Paulus zu nennen bliebe, der es nicht als Entweihung empfand, in die Heilige Schrift die Sentenzen dreier griechischer Dichter, darunter eines Tragödienschreibers, einzufügen,[39] so war die Frage bei den Theologen der Anfangszeit immerhin vorübergehend umstritten, allerdings mit deutlichem Übergewicht jener Seite, die für die Zulässigkeit und Nützlichkeit des Lesens jedweder Bücher plädierte, was in dem Augenblick offen zutage trat, als Julian[40], der Abtrünnige und ärgste Feind unseres Glaubens, ein Edikt erließ, welches das Studium heidnischer Gelehrsamkeit für Christen verbot, denn, so sagte er: Sie verwunden uns mit unseren eigenen Waffen und besiegen uns mit unseren eigenen Künsten und Wissenschaften. Und tatsächlich wurden die Christen vermittels dieser List dergestalt in die Enge getrieben und der Gefahr völliger geistiger Verkümmerung preisgegeben, daß die beiden Apollinarien[41] schon auf dem besten Wege waren, die *sieben freien Künste* samt und sonders aus der Bibel gleichsam herauszupräparieren und sie auf verschiedene Muster von Reden, Gedichten und Dialogen zu reduzieren, wobei sie sich sogar mit dem Gedanken einer neuen christlichen Sprachlehre trugen. Wie jedoch der Historiker Sokrates[42] sagt, hatte die Vorsehung Gottes besseres vor als der Eifer des Apollinarius und seines Sohnes, indem sie jenes geisttötende Gesetz zugleich mit dem Leben dessen auslöschte, der es erdacht hatte. Als ein derart schlimmes Übel empfand man es also damals, der Weisheit der Hellenen beraubt zu sein, ja man hielt dies für eine Verfolgung, die stärker an den Grundfesten der Kirche rüttelte und ihrem heimlichen Verfall Vorschub leistete als die offene Grausamkeit eines Decius oder Diocletian[43]. Und vielleicht war die gleiche schlaue Absicht im Spiel, als der Teufel zur Fastenzeit den heiligen Hieronymus im Traum dafür peitschte, daß er den Cicero gelesen hatte, sofern dies nicht überhaupt nur ein Wahnbild des Fiebers war, in dem er damals lag.[44] Hätte nämlich ein Engel ihn zur Ordnung gerufen, weil er sich zuviel mit ciceronischen Weisheiten abgegeben, und ihn wegen seiner Lektüre, nicht aber wegen seiner Eitelkeit gezüchtigt, so wäre dies als Voreingenommenheit leicht durchschaubar gewesen, und zwar erstens, weil der Gegenstand der Zurechtweisung der ernste Cicero war und nicht etwa der zotige Plautus[23], den er nach eigener Aussage kurz zuvor gelesen hatte, und zweitens, weil die Zurechtweisung nur ihm allein galt und man unterdessen so vielen anderen ehrwürdigen Vätern gestattete, über derlei vergnüglichen und erfrischenden Studien ohne die Geißelhiebe einer so quälenden Erscheinung alt und grau zu werden. Denken wir an die Ansicht des Basilius, daß das uns nicht überlieferte Tändelgedicht „Margites" von Homer durchaus nicht eines gewissen Nutzens und Wertes entbehre, warum halten wir uns dann nicht gleich an „Morgante", eine italienische Romanze ziemlich ähnlichen Zuschnitts?[45] Wenn jedoch die

Annahme gilt, daß wir von Gesichten heimgesucht werden, so gibt Eusebius Auskunft über eine Erscheinung, die weit älteren Datums ist als der Bericht des Hieronymus an die Nonne Eustochium und zudem keinerlei Anzeichen eines Fieberwahns trägt: Dionysius von Alexandrien war um das Jahr 240 ein Mann, der bei der Kirche ob seiner Frömmigkeit und Gelehrsamkeit in hohem Ansehen stand.[46] Gegen Ketzer pflegte er sich besonders dadurch zu wappnen, daß er sich in ihren Schriften auskannte. Eines Tages redete ein Priester ihm inständig ins Gewissen, wie er es denn wagen könne, sich mit derartigen Sudeleien abzugeben. Der würdige Mann, der um keinen Preis Anstoß erregen wollte, ging aufs neue mit sich zu Rate, wie er sich verhalten solle. Plötzlich, so steht es in seinem eigenen Brief geschrieben, wies ihm eine von Gott gesandte Stimme mit folgenden Worten den Weg: Lies ruhig jedes Buch, das dir unter die Finger kommt, denn du bist selber Manns genug, recht zu urteilen und jeder Sache auf den Grund zu sehen. Dieser Erleuchtung fügte er sich, wie er bekannte, um so bereitwilliger, als sie dem Wort des Apostels[47] an die Thessalonicher entsprach: *Prüfet aber alles, und das Gute behaltet!* Und er hätte einen weiteren bemerkenswerten Ausspruch desselben Autors hinzufügen können: *Den Reinen ist alles rein,*[48] und zwar nicht nur Speise und Trank, sondern jede Art von Wissen, sei es über Gutes oder Böses; dem Wissen und damit auch den Büchern wohnt nichts Unreines inne, solange Wille und Gewissen nicht unrein sind. Denn ebenso wie Fleisch und Lebensmittel sind auch Bücher manchmal von guter und manchmal von schlechter Beschaffenheit, und trotzdem sprach Gott in jener nichtapokryphen Vision ohne Wenn und Aber: *Stehe auf, Petrus, schlachte und iß!*[49], und überließ es jedem Menschen, seine Wahl selbst zu treffen. Für einen verdorbenen Magen unterscheiden sich bekömmliche Speisen nur wenig oder gar nicht von unbekömmlichen, und ein niederträchtiger Sinn wird allemal Wege finden, ein selbst noch so gutes Buch für seine üblen Zwecke zu mißbrauchen. Auch die gesündeste Verdauung kann schlechte Speisen kaum in nahrhafte Kost umwandeln, aber im Unterschied hierzu können schlechte Bücher einen verständigen und urteilsfähigen Leser immerhin mit mancherlei Einsichten Gegenargumenten, Warnungen und Beispielen versehen. Hierfür kann ich einen Gewährsmann aufbieten, wie ihr ihn, da er ja jetzt mitten unter euch im Parlament sitzt, vertrauenswürdiger nicht erwarten könntet, den Ersten unter den Gelehrten von Rang in diesem Lande, nämlich Mr. Selden, dessen Werk über das Natur- und Völkerrecht[50] nicht nur durch die darin versammelten bedeutenden Autoritäten, sondern auch durch vorzügliche Argumente und Lehrsätze von fast mathematischer Beweiskraft belegt, daß alle Auffassungen, ja selbst Irrtümer, die dem Menschen in Wort oder Schrift zur Kenntnis gelangen mögen, ihm letztlich bei der raschen Auffindung dessen hilfreich und nützlich sein werden, was der Wahrheit am nächsten liegt. Ich bin deshalb der Ansicht, daß Gott, als er dem Menschen – mit alleiniger Ausnahme des Gebots zur Mäßigung – die Speisung seines Leibes insgesamt freistellte, damit zugleich auch die Speisung und Stärkung des Geistes in unser freies Ermessen gab als etwas, dem jeder reife Mensch kraft seines eigenen Verstandes selbst das Maß zu setzen hätte. Was für eine hohe Tugend ist doch die Mäßigung, von welch großer Bedeutung für ein ganzes Menschenleben! Dennoch befiehlt Gott ein so wertvolles Gut ohne besondere Weisung oder Vorschrift ganz dem Verhalten jedes erwachsenen Menschen an. Und als er selber vom Himmel herab die Juden speiste, heißt es deshalb von dem jedermann als Tagesmahlzeit zugemessenen Krug Manna, daß er gut und gern dreimal gereicht hätte, um die stärksten Esser zu sättigen.[51] Solche Dinge nämlich, die der Mensch von außen aufnimmt und die ihn im Gegensatz zu dem, was aus seinem Innern kommt, nicht unrein machen,[52] pflegt Gott nicht der dauernden Entmündigung einer Vorschrift zu unterwerfen, sondern vertraut vielmehr darauf, daß die Gabe der Vernunft ihn selbst die rechte Entscheidung treffen lassen werde. Wenig bliebe für die Prediger noch zu tun übrig, würden solche Dinge, die bislang lediglich durch Ermahnungen gesteuert wurden, dergestalt durch Gesetz und Zwang festgelegt. Salomo läßt uns zwar wissen, daß viel Studieren den Leib müde mache,[53] doch weder er noch irgendein anderer erlauchter Autor bedeutet uns, daß das Studium dieses oder jenes Buches unerlaubt sei. Indes, hätte Gott es für gut befunden, uns hierin Beschränkungen aufzuerlegen, so wäre es gewiß zweckmäßiger gewesen, uns auf die Unerlaubtheit statt auf die Beschwerlichkeit hinzuweisen. Was die Bücherverbrennung durch die von St. Paulus Bekehrten zu Ephesus angeht,[54] so wird dem entgegengehalten, daß es Zauberbücher waren, wie es im Syrischen heißt. Es war dies ein privater Akt, ein freiwilliger Akt, der es uns anheimstellt, freiwillig ebenso zu handeln: Die Leute verbrannten reuig jene Bücher, die ihr Eigentum waren. Auf die Obrigkeit ist das Beispiel nicht anwendbar. Jene Leute hatten sich nach den Büchern gerichtet, die ein anderer vielleicht mit gewissem Nutzen für sich selbst hätte lesen können. Wie wir wissen, wächst Gutes und Böses in fast untrennbarer Gemeinschaft auf den Feldern dieser Welt, und die Erkenntnis des Guten ist so innig mit der Erkenntnis des Bösen verquickt und verwoben und beides wegen so vieler täuschender Ähnlichkeiten kaum auseinanderzuhalten, daß bei den zusammengeschütteten Samenkörnern, deren Auslese und reinliche Scheidung der Psyche[55] als niemals endende Arbeit aufgegeben war, kein größeres Durcheinander hätte herrschen können. Durch die angebissene Schale eines einzigen Apfels bahnte sich die Erkenntnis von Gut und Böse, unzertrennlichen Zwillingen gleich, den Weg in die Welt. Und vielleicht besteht der eigentliche Fluch, dem Adam verfiel,[56] in der Erkenntnis von Gut und Böse, das heißt darin, daß er das Gute durch das Böse erkannte. Welche Weisheit könnte der Mensch sich in seinem jetzigen Zustand deshalb zu eigen machen und welche Selbstzucht üben ohne die Kenntnis des Bösen? Wer das Laster mit all seinen Verlockungen und gleisnerischen Genüssen zu erkennen und zu durchschauen vermag und ihm dennoch widersteht, wer trotzdem seine Urteilskraft bewahrt und sich für das entscheidet, was klärlich besser ist, der ist der wahrhafte, streitbare Christ. Ich kann eine weltflüchtige, in klösterlicher Abgeschiedenheit geübte Tugend ohne Fleisch und Blut nicht preisen, die sich niemals dem Kampf stellt und ihrem Widersacher ins Angesicht blickt, sondern den Staub und Schweiß jener Schlacht scheut, in der es die Krone der Unsterblichkeit zu gewinnen gibt. Gewiß ist sehr viel mehr Unreinigkeit als Unschuld in uns, wenn wir in die Welt treten; was uns rein macht, ist die Versuchung, und die Versuchung erwächst aus dem Gegensätzlichen. Darum ist eine

Tugend, die mit der Vorstellung des Bösen unvertraut ist und die – ohne um das Äußerste zu wissen, was das Laster seinen Anhängern verheißt – standhaft bleibt, höchstens fleckenlos zu nennen und nicht wirklich rein, sie ist nur äußerlich weiß. Aus diesem Grunde auch führt unser weiser und ernster Dichter Spenser[57], den ich für einen besseren Lehrmeister zu erklären wage als Scotus oder Aquinas, seinen Guyon als Verkörperung wahrer Keuschheit in Begleitung seines Pilgermönches erst einmal durch die Höhle Mammons und den Garten irdischer Lüste, damit er als Sehender und Wissender widerstehe. Wenn also auf dieser Welt die Erkenntnis und Betrachtung des Lasters für die menschliche Tugend und die Prüfung des Falschen für die Wahrheitsfindung so notwendig ist, wie vermöchten wir dann die Gefilde der Sünde und Unwahrheit sicherer und mit weniger Gefahr auszukundschaften, als indem wir alle Arten von Schriften lesen und allen erdenklichen Argumenten Gehör schenken? Darin besteht der Nutzen, den uns die wahllose Lektüre von Büchern erbringen kann. Im Hinblick auf den Schaden, den sie verursachen mögen, werden für gewöhnlich drei Dinge angeführt. Man fürchtet, zum ersten, die Ansteckungsgefahr, die von ihnen ausgehen könnte. Dann aber müßte alles Wissen und aller Meinungsstreit der Menschen in Religionsfragen, ja müßte die Bibel selbst vom Erdboden verschwinden, die ja oftmals bei der Darstellung von Blasphemie ziemlich großzügig verfährt, den fleischlichen Sinn verderbter Menschen nicht ohne Kunstsinn beschreibt und uns die größten Heiligen vor Augen führt, wie sie, bewandert in allen Argumenten Epikurs[14], leidenschaftlich gegen die Vorsehung aufbegehren, während sie in anderweitigen Streitpunkten dem gemeinen Leser nur zweideutige und undurchsichtige Auskünfte erteilt. Und man befrage einen Anhänger des Talmud[58], was es die bescheidenen Kommentare seines Keri anficht, daß Mose und sämtliche Propheten ihn nicht dazu bewegen können, sich an den Wortlaut des Chetiv zu halten. Aus diesen Gründen wurde bekanntlich sogar die Bibel selber von den Papisten in die vorderste Reihe der verbotenen Bücher gestellt.[59] Als nächstes müßten sodann die ältesten Kirchenväter wie Clemens von Alexandrien sowie jenes Buch des Eusebius über die Bereitschaft zum Evangelium entfernt werden, in dem unsere Ohren einen Wust heidnischen Unflats über sich ergehen lassen müssen, um die frohe Botschaft zu empfangen.[60] Wer findet nicht, daß Irenaeus, Epiphanius, Hieronymus und andere noch mehr Ketzereien enthüllen als überzeugend widerlegen und oftmals solche Meinungen der Ketzerei verdächtigen, die der Wahrheit näherstehen?[61] Es nützt auch nichts, wenn man sagt, diese und andere heidnische Autoren, mit denen trotz meinetwegen zugegebener schlimmster Vergiftungsgefahr das Leben der menschlichen Wissenschaft auf das engste verbunden ist, hätten in einer unbekannten Sprache geschrieben, solange wir sicher sind, daß diese Sprachen auch von den ärgsten unter den Menschen verstanden werden, die sich höchst geflissentlich und eilfertig daranmachen, mit dem Gift, das sie eingesaugt, erst einmal die Fürstenhöfe zu verseuchen, indem sie sie mit den köstlichsten Wonnen und Anfechtungen der Sünde bekannt machen, wie vermutlich jener Petronius[62], den Nero seinen *arbiter*, seinen Zeremonienmeister, nannte, oder jener notorische Wüstling von Arezzo[63], der bei den italienischen Höflingen ebenso beliebt wie gefürchtet war. Der Nachwelt zuliebe nenne ich hier den Mann nicht mit Namen, den Henry der Achte in Gönnerlaune als seinen Höllenvikar bezeichnet hat.[64] Mag auch unsere spanische Zensur der englischen Presse noch so rigoros den Mund verbieten, es wird auf solch unmittelbare Weise alles in fremdländischen Büchern möglicherweise enthaltene Gift immer noch weit leichter einen Weg zu den Menschen finden als ein Schiff nach Indien, ob man es nun nördlich von Kitai[65] ostwärts oder von Kanada westwärts segeln läßt. Zum anderen aber ist die ansteckende Wirkung von Büchern über religiöse Streitfragen für gebildete Menschen bedenklicher und gefährlicher als für ungebildete, und trotzdem müssen solche Bücher vor dem Zugriff des Zensors bewahrt werden. Man wird schwerlich einen einzigen Fall nennen können, wo ein unwissender Mensch durch ein papistisches Buch in englischer Sprache verführt worden wäre, es sei denn, irgendein Vertreter dieser Lehre hätte es ihm anempfohlen und ausgelegt, und wahrlich sind all diese Schriften, ob falsch oder richtig, was die Prophezeiungen Jesajas für den Kämmerer waren, nämlich *ohne Anleitung nicht zu verstehen.*[66] Gar viele unserer Priester und Theologen sind durch das Studium der Kommentare vergiftet worden, die von den Jesuiten und aus der Sorbonne zu ihnen gelangten, und wie rasch sie dieses Gift den Menschen einzuträufeln verstanden haben, daran ist unsere Erinnerung noch frisch und schmerzhaft. Wir bewahren sie in unserem Gedächtnis, seit der scharfsinnige und klardenkende Arminius[67] allein durch die Lektüre einer in Delft geschriebenen Abhandlung eines Namenlosen, die er ursprünglich zu widerlegen beabsichtigt hatte, vom Wege abkam. Da wir also sehen, daß solche ja reichlich vorhandenen Bücher, von denen die größte Gefahr für Leben und Glauben ausgeht, nicht unterdrückt werden können, ohne daß die Wissenschaft und alle Fähigkeit zum Disputieren verkümmern, und daß sich für diese in beiderlei Hinsicht bedenklichen Bücher am ehesten und angelegentlichsten die Gebildeten interessieren, von denen alles, was darin ketzerisch und zersetzend ist, schnell unter das gemeine Volk gebracht werden kann, sowie des weiteren, daß üble Sitten auch ohne Bücher auf tausend andere nicht zu verhindernde Arten genauso vollendet erlernbar sind und daß schließlich eine verderbliche Doktrin sich durch Bücher nur verbreiten läßt, wenn ihnen die Anleitung durch einen Lehrer beigesellt wird, die dieser ja auch ohne gedruckten Text und damit unter Umgehung des Verbotes zu geben imstande wäre: in Anbetracht all dessen vermag ich nicht zu sagen, wie dieses arglistige Unternehmen der Zensur anders eingeordnet werden sollte als in die Rubrik der vergeblichen und untauglichen Versuche. Und auch wer freundlicher zu urteilen geneigt ist, wird nicht umhinkönnen, sie mit der Tat jenes tapferen Mannes zu vergleichen, der den Einbrechern dadurch den Weg zu versperren meinte, daß er sein Parktor verschloß. Hinzu kommt ein weiterer Nachteil: Wenn nämlich die Gebildeten als erste zur Kenntnis dessen gelangen, was in den Büchern geschrieben steht, und sie als erste für die Verbreitung von Lastern und Irrlehren sorgen, wie soll man dann den Lizenzgebern ihrerseits trauen dürfen, solange wir sie nicht in die Gnade der Unfehlbarkeit und Unbestechlichkeit einsetzen können oder sie selbst sich diese vor allen anderen im Land anmaßen? Und weiter, wenn es stimmt, daß ein Weiser wie ein tüchtiger Veredeler aus dem wertlosesten

Druckwerk noch Gold herausholen kann und ein Narr auch mit dem besten Buch stets ein ebensolcher Narr bleiben wird wie ohne jedes Buch, so liegt keine Vernunft darin, daß wir einen Weisen dieses Vorteils berauben sollten, sein Wissen zu vervollkommnen, indem wir einen Narren von etwas fernzuhalten trachten, das er mit seinem närrischen Hirn ja doch nicht begreifen kann. Würde nämlich die Lektüre des Menschen stets derart streng nach dem Gesichtspunkt der Eignung beschränkt, so brauchten wir nach dem Urteil[68] nicht nur des Aristoteles, sondern auch Salomos und unseres Erlösers ihm gar nicht erst gute Ratschläge zu erteilen und ihm folglich auch nicht vorsätzlich gute Bücher in die Hand zu geben, da doch feststeht, daß ein kluger Kopf aus einem müßigen Geschreibsel allemal größeren Gewinn ziehen wird als ein Narr aus einer Heiligen Schrift. Im übrigen wird geltend gemacht, wir dürften uns nicht ohne zwingenden Grund in Versuchung begeben, und des weiteren, wir dürften unsere Zeit nicht an nichtige Dinge verschwenden. Auf beide Einwände genügt aus den bereits dargelegten Gründen die eine Erwiderung, daß solche Bücher ja doch nicht für alle Menschen gleichermaßen Versuchungen oder Nichtigkeiten darstellen, sondern vielmehr nützliche Drogen und Wirkstoffe sind, mit deren Hilfe sich starke und kraftvolle Arzneien gewinnen und bereiten lassen, die dem Menschen lebenswichtig sein können. Die übrigen, wie Kinder und Kindsköpfe, die der Fähigkeit ermangeln, diese brauchbaren Mineralien recht zu mischen und zu verfertigen, kann man wohl dazu ermahnen, sie zu meiden, aber wirksam davon fernzuhalten vermag alle Zensur sie nicht, die der geheiligten Inquisition je in den Sinn kommen könnte. Damit bin ich schon bei dem nächsten Punkt, über den ich mich äußern wollte, daß nämlich diese Zensurverordnung mitnichten dem Zwecke dient, zu dem sie entworfen wurde, und den ich beinahe aus dem Auge verloren hätte, weil er nach allem bisher Gesagten eigentlich bereits geklärt ist. Wie zu sehen ist, gibt sich die eigenwillige Wahrheit schneller zu erkennen, wenn man sie frei und ungestüm ihren Lauf nehmen läßt, als daß das Schrittmaß planvoller und sinnender Ergründung sie einzuholen vermöchte. Ich war von dem Ziel ausgegangen, zu zeigen, daß kein Volk oder wohleingerichteter Staat, denen Bücher überhaupt etwas galten, jemals diesen Weg der Zensur beschritten haben, worauf man nun aber vielleicht entgegnen könnte, man sei eben erst jetzt auf diesen klugen Gedanken gekommen. Darauf antworte ich, daß die Sache viel zu simpel und naheliegend war, als daß die Menschen nicht schon vor geraumer Zeit daran gedacht und manche ein derartiges Vorgehen nicht sogar empfohlen hätten. Es spricht für ihre Urteilskraft, daß sie den Gedanken wieder verwarfen, und zwar nicht, wie gesagt, aus Unkenntnis, sondern weil sie ihn mißbilligten. Plato[69], wahrlich ein Mann von großer Autorität, wenn auch erst in allerletzter Linie wegen seiner Vorstellungen vom Staat, gab seiner Einbildungskraft in seinen Gesetzen, die bis heute noch nie eine Stadtbehörde für nachahmenswert befunden hat, reichlich Nahrung durch das Aufstellen zahlreicher Anordnungen für seine erdachten Bürgermeister, von denen all seine sonstigen Bewunderer wünschten, sie wären lieber verbrannt oder beim fröhlichen Becherkreisen einer akademischen Nachtsitzung begraben und vergessen worden. Nach diesen Gesetzen scheint er nur solche Art von Bildung gelten lassen zu wollen, die durch unabänderliche Vorschrift genau festgelegt ist, in der Hauptsache praktische Überlieferungen, zu deren geistigem Erwerb eine Bibliothek von geringerem Umfang mehr als hinreichend wäre, als ihn seine eigenen Dialoge ergeben würden. Weiter wird dort verfügt, daß es keinem Dichter erlaubt sein solle, einer Privatperson das von ihm Geschriebene auch nur vorzulesen, solange die Richter und Gesetzeshüter es nicht gesehen und genehmigt hätten. Daß Plato dieses Gesetz ausschließlich für das von ihm ersonnene Staatswesen und für kein anderes sonst vorsah, liegt allerdings auf der Hand. Warum sonst hätte er sich selbst nicht nach seinem Gesetz gerichtet, sondern es übertreten und damit den Bannspruch seiner eigenen Obrigkeiten herausgefordert, und zwar nicht nur wegen der mutwilligen Epigramme und Dialoge, die er verfaßte, sondern auch weil Sophron Mimus und Aristophanes mit ihren zutiefst verruchten Büchern seine ständige Lektüre bildeten und er die Schriften des letzteren, obwohl dieser in böswilliger Weise seine engsten Freunde verleumdet hatte, dem Tyrannen Dionysius ans Herz legte, der gewiß Besseres mit seiner Zeit hätte anfangen können, als solchen Plunder zu lesen?[70]

Doch nur darum, weil er wußte, daß diese Zensur von Gedichten in Beziehung und im Zusammenhang mit vielen weiteren Überlegungen zu sehen war, auf denen seine Gedankenrepublik beruhte, für die auf dieser Welt kein Platz sein konnte, weshalb auch weder er selbst noch je eine Obrigkeit oder Bürgerschaft diesen Weg gegangen ist, der ohne Beachtung all der anderen ergänzenden Maßregeln ja doch mit Notwendigkeit müßig ist und zu nichts führt. Sie waren sich nämlich im klaren, daß, falls man nur in diesem einen Punkte Strenge walten ließ, ohne dieselbe Sorgfalt auch auf die Regelung aller übrigen Dinge zu verwenden, von denen eine ähnliche Gefahr für die Vergiftung des Geistes ausgehen mochte, eine derartige Einzelmaßnahme vergebliche Mühe gewesen wäre. Sie hätte ja bedeutet, bloß ein einziges Tor gegen die Gefahr zu schließen und zu verriegeln, aber zugleich andere Nebeneingänge ringsum weit offenstehen lassen zu müssen. Wenn wir uns von der Regelung des Druckwesens eine Hebung der Sitten versprechen, so müssen wir auch all das regeln, was der Mensch zu seiner Entspannung und Kurzweil in der Freizeit tut, alles mithin, was ihm Vergnügen bereitet. Es darf dann kein Musikstück mehr erklingen, kein Lied mehr vertont oder gesungen werden, das nicht feierlich und „dorisch" ist.[71] Auch auf die Tänzer muß die Zensur ein Auge haben, damit unsere Jugendlichen nur solche Gebärden, Bewegungen und Haltungen von ihnen abschauen können, die sie selbst für schicklich zu befinden geruht. So etwas nämlich hatte Plato vorgeschwebt. Mehr als zwanzig Arbeitskräfte im Dienste der Zensur werden erforderlich sein, um sämtliche Lauten, Geigen und Gitarren in jedem Hause zu überwachen; sie dürfen ja nun nicht mehr wie bisher drauflosmusizieren, sondern nur noch solche Töne von sich geben, welche die Zensur gestatten kann. Und wer soll all die zarten Weisen und Madrigale zum Verstummen bringen, die sich sanft und leise in den Kammern regen? Auch an die Fenster und Balkone gilt es zu denken, denn da gibt es arge Bücher mit bedenklichen Titelseiten — wer soll dagegen einschreiten, etwa zwanzig Leute? Den Dörfern muß man ebenfalls Besuche abstatten, um zu erforschen, mit was für Vorträgen der Dudelsack und die Stockfiedel den Bänkelsang würzen und welche Tonfolgen die Geige jedes Stadtmusikanten hervorkratzt, denn dergleichen ist ja des Landmanns Arkadien und Montemayor[72]. Ferner, was zeugt bei einem Volk von schlimmerer Entartung als seine Gefräßigkeit bei Tische, wofür gerade England auswärts übel beleumundet ist? Wer soll unserer täglichen Völlerei Einhalt gebieten, wer die zahllosen Menschen vom Besuch jener Häuser abhalten, wo man die Trunkenheit feilbietet und beherbergt? Desgleichen sollten unsere Kleider gewissen Werkmeistern von schlichterer Denkungsart zur Zensur übergeben werden, damit sie dafür sorgen, daß sie einen züchtigeren Schnitt erhalten. Wer soll den gemischten Umgang unserer Jugend regeln, bei dem, wie hierzulande üblich, Burschen und Mädchen zusammentreffen, wer überdies bestimmen, was miteinander geredet werden und welche Freiheiten man sich allenfalls herausnehmen dürfe? Wer, schließlich, soll all die ungünstigen Einflüsse von außen, jeglichen Verkehr in schlechter Gesellschaft verbieten und unterbinden? Derlei Dinge wird und muß es immer geben. Darin liegt doch gerade die ernste Pflicht und Regierungskunst eines Staatswesens, daß es die Schäden und Verirrungen auf ein Mindestmaß beschränkt, die daraus resultieren könnten. Wer sich aus der Welt mit dem Gedanken an atlantische und utopische Staatsgebilde fortstiehlt,[73] die doch niemals Wirklichkeit werden können, bessert den Zustand nicht, in dem wir uns befinden; worauf es vielmehr ankommt, ist die weise Einrichtung dieser Welt als einer Welt des Bösen, in welche Gott uns unentrinnbar hineingestellt hat. Hierzu wird auch Platos Buchzensur uns nicht verhelfen, die notwendigerweise so viele andere Arten von Zensur mit sich bringt, daß wir darüber allesamt an den Rand sowohl der Lächerlichkeit als auch der Erschöpfung geraten und dennoch nichts ausrichten werden. Dagegen werden aber jene ungeschriebenen oder zumindest nicht durch Zwang erwirkten Gesetze der Erziehung zur Tugend, der religiösen und staatsbürgerlichen Bildung, die Plato am gleichen Ort als die Bänder und Sehnen des Gemeinwesens, als die Stützen und Träger allen geschriebenen Rechts bezeichnet,[74] in solchen Dingen das entscheidende Gewicht erlangen, wenn jedwede Zensur einfach entfällt. Gewiß ist es der Untergang eines Gemeinwesens, wenn man das Strafen scheut und die Zügel schleifen läßt, aber die große Kunst besteht hier gerade darin, daß man einen Unterschied macht, wo das Gesetz einschreiten und strafen und wo allein das Mittel der Überzeugung wirken soll. Würde jede gute oder böse Handlung des Menschen in seinen Reifejahren von Regeln, Vorschriften und Zwängen begleitet, was wäre die Tugend dann mehr als bloß ein Name, welches Lob könnte man dem Rechtschaffenen noch spenden, wie dem Besonnenen, dem Redlichen oder dem Genügsamen irgendeine Anerkennung zollen? Manch einer beklagt, daß die göttliche Vorsehung den Fehltritt Adams zugelassen habe.[75] Ein Tor, wer so spricht! Als Gott ihm die Vernunft gab, da gab er ihm auch die Freiheit, sich zu entscheiden, denn Vernunft heißt ja nichts anderes als Entscheidungsfreiheit; sonst nämlich wäre er bloß ein künstlicher Adam gewesen, ein Adam, wie man ihn auf der Puppenbühne zu sehen bekommt. Auch wir selbst achten ja solchen Gehorsam, solche Liebe oder solche Geschenke gering, die wir gezwungenermaßen empfangen. Gott ließ ihm deshalb die Wahl und stellte ihn einer Herausforderung gegenüber, die er fast ständig vor Augen hatte. Hier mochte er sich bewähren, hier sich verdienten Lohn erwerben und Lob ernten für seine Standhaftigkeit. Warum hat Gott uns samt unseren Leidenschaften erschaffen und uns mit lustvollen Dingen umgeben, wenn das nicht just die Elemente wären, aus denen sich bei rechter Mischung Tugend bildet? Der sieht die menschlichen Angelegenheiten nicht im rechten Lichte, der die Sünde abschaffen zu können meint, indem er den Gegenstand der Sünde abschafft. Denn abgesehen davon, daß wir es bei ihr mit einem riesigen Berge zu tun haben, der eher größer wird als kleiner, wenn wir ihn abzutragen beginnen, können wir doch bei einer so weitverbreiteten Sache, wie Bücher es sind, zwar eine Zeitlang einige, nie aber alle Menschen von ihr fernhalten. Und selbst wenn dies geschähe, bliebe trotzdem die Sünde im Grunde bestehen. Man mag einem Geizhals all seine Schätze nehmen, solange er nur einen einzigen Edelstein übrigbehält, wird seine Habgier fortdauern. Auch wenn man alle Freuden aus der Welt schafft und die Jugend der strengsten Zucht unterwirft, die sich inmitten einer Einsiedelei erdenken ließe, wird man niemanden zur Keuschheit erziehen, der sie nicht von Anbeginn im Herzen trägt. Darum bedarf es großer Bedachtsamkeit und Weisheit, um hier das

Rechte zu tun. Gesetzt, wir könnten auf diese Art und Weise die Sünde austreiben, so hieße das mit der Sünde gleichermaßen auch die Tugend austreiben, denn beide haben ja doch den nämlichen Gegenstand: Wer das eine tilgt, der tilgt beides zugleich. Darin erweist sich die erhabene Vorsehung Gottes, daß er uns einerseits zwar Enthaltsamkeit, Rechtschaffenheit und Genügsamkeit gebietet, aber andererseits eine Überfülle aller begehrenswerten Dinge mit Händen greifbar vor uns ausschüttet und unserem Willen die Fähigkeit verleiht, sich über alle Schranken und Maßstäbe hinwegzusetzen. Warum sollten wir uns also einer Kasteiung befleißigen, die zum Verhalten Gottes und der Natur im Widerspruch steht, und solche Hilfsmittel wie frei erlaubte Bücher begrenzen oder beschneiden, um sowohl die Tugend zu prüfen als auch Beständigkeit zu üben? Es wäre besser getan, zu begreifen, daß ein Gesetz letztendlich leichtfertig ist, welches Dinge beschränkt, die auf zwar ungewisse, aber gleich starke Weise Böses wie Gutes bewirken können. Und hätte ich die Wahl, so wäre der kleinste Ansatz zu einer guten Tat der gewaltsamen Verhinderung einer bösen tausendmal vorzuziehen. Denn Gott findet sicherlich mehr Wohlgefallen daran, daß ein einziger tugendhafter Mensch heranwächst und sich vervollkommnet, als daß zehn lasterhafte in die Schranken gewiesen werden. Und da ja schließlich alles, was wir hören oder sehen – ob im Sitzen, beim Wandern, auf Reisen oder im Gespräch –, füglich als Buch bezeichnet werden könnte, in dem wir lesen, und dieselbe Wirkung zeitigt wie etwas Geschriebenes, scheint unter der Voraussetzung, daß das Verbot sich lediglich auf Bücher erstrecken soll, die besagte Verordnung den ihr zugedachten Zweck bislang nur höchst unzulänglich zu erfüllen. Erleben wir nicht, wie jene Kavaliersgazette[76] mit ihren fortgesetzten Verunglimpfungen des Parlaments und der Bürgerschaft nicht etwa nur hin und wieder, sondern Woche für Woche im Druck erscheint, was die noch feuchte Druckerschwärze beweist, und mitten unter uns verbreitet wird – aller Macht der Zensur zum Trotz? Dabei wäre das der erste Dienst, an den man denken würde, wodurch diese Verordnung sich selbst ein Zeugnis ausstellen sollte. Man hat sie eben nicht ordentlich durchgeführt, werdet ihr sagen. Aber, bedenkt, wenn man jetzt schon bei der

Durchführung nachlässig vorgeht oder ein Auge zudrückt, und dazu in diesem besonderen Fall, wie wird es dann später und bei anderen Schriften darum bestellt sein? Wenn also die Verordnung nicht fruchtlos und vergeblich sein soll, müßt ihr euch auf eine neue Mühe gefaßt machen, ihr Lords und Gemeinen! Ihr müßt sämtliche anrüchigen und unerlaubten Bücher, die bereits gedruckt und in Umlauf sind, einziehen und ächte, nachdem ihr sie auf eine Liste gesetzt habt, damit ein jeder daraus ersehen könne, welche Bücher verdammt sind und welche nicht, und eine Verordnung erlassen, daß keinerlei Bücher aus dem Ausland ungesehen aus dem Gewahrsam herausgegeben werden dürfen. Dieses Amt wird nicht wenige Aufseher vollständig ausfüllen, und es dürfen auch nicht Leute von gewöhnlicher Bildung sein. Schließlich gibt es Bücher, die in gewisser Hinsicht nützlich und vortrefflich, aber in anderer tadelnswert und verderblich sind. Dieses Werk wird noch einmal so viele Beamte erfordern, um Säuberungen und Reinigungen vorzunehmen, damit das Reich der Gelehrsamkeit nicht der Verdammnis anheimfalle. Letztlich müßt ihr, wenn sie der Unmenge von Büchern unter ihren Händen nicht mehr Herr zu werden vermögen, wohl oder übel ein Verzeichnis aller Drucker anfertigen, die des öfteren Anlaß zur Mißbilligung gegeben haben, und die Einführung ihrer verdächtigen typographischen Erzeugnisse ganz und gar verbieten. Kurzum, damit diese eure Verordnung wirksam und nicht unzulänglich sei, müßt ihr sie nach dem Muster von Trient und Sevilla grundlegend überarbeiten,[77] das euch, wie ich weiß, mit Abscheu erfüllt. Und selbst wenn ihr euch hierzu erniedrigen solltet, was Gott verhüten möge, bliebe die Verordnung doch noch immer fruchtlos und unvollkommen im Hinblick auf das Ziel, das ihr mit ihr verfolgt habt. Falls damit Sekten und Abweichungen[78] vereitelt werden sollen, wer wäre so unbelesen oder unvertraut mit der Geschichte, daß er nicht schon von etlichen Sekten gehört hätte, die Bücher als schädlich ablehnten und ihre Lehre allein vermittels ungeschriebener Überlieferung über viele Jahrhunderte rein erhielten? Der christliche Glaube, der ja auch einst ein Schisma war, hatte sich bekanntlich bereits über ganz Asien ausgebreitet, ehe je ein Evangelium oder Sendschreiben im Druck erschien. Wenn das Ziel die Besserung der Sitten ist, so blicke man einmal nach Italien oder Spanien und sehe, ob die Menschen dortzulande auch nur um eine Winzigkeit besser, ehrlicher, weiser und keuscher geworden sind, seit man eine derart inquisitorische Strenge gegen Bücher walten läßt.

Ein weiterer Grund, durch den ersichtlich wird, daß diese Verordnung[5] ihren angestrebten Zweck verfehlt, ist in der fachlichen Eignung zu sehen, über die jeder Zensor verfügen müßte. Unbestreitbar muß doch jemand, der zum Richter über Leben und Tod von Büchern berufen ist – darüber, ob sie in diese Welt hineingelassen werden dürfen oder nicht –, sich mit Notwendigkeit über den gemeinen Durchschnitt erheben, nämlich belesen, gebildet und erfahren sein; andernfalls mögen nicht geringe Fehler und somit nicht geringe Ungerechtigkeiten bei der Beurteilung dessen geschehen, was durchgelassen werden kann und was nicht. Wenn er ein so kenntnisreicher Mann ist, wie es sich für dieses Amt geziemt, so kann ihm kein langweiligeres und lästigeres Tagewerk, kein ärgerer Mißbrauch seiner Zeit aufgebürdet werden, als immerfort Bücher und Schriften lesen zu müssen, darunter oft dicke Folianten, die er selbst sich nicht ausgesucht hat. Kein Buch ist uns allertage gleich lieb und willkommen; aber etwas – obendrein in einer kaum entzifferbaren Handschrift – Geschriebenes zu *jeder* Zeit lesen zu sollen, wovon drei Seiten selbst im allerschönsten Druck zu *keiner* Zeit Interesse wecken würden, ist eine Zumutung, von der ich mir nicht vorzustellen vermag, wie jemand, dem seine Zeit und seine Studien teuer sind oder der auch bloß eine empfindliche Nase hat, sie sollte ertragen können. In diesem einen Punkte mögen die gegenwärtigen Lizenzgeber es mir nicht verargen, daß ich so denke. Zweifellos haben sie, als sie das Amt antraten, sich von ihrem Gehorsam gegen das Parlament dazu bestimmen lassen, dessen Weisung vielleicht sogar zunächst den Anschein erweckt hatte, als würden sie leicht und mühelos mit allem fertig werden. Daß sie gleichwohl dieser Prüfung schon nach kurzer Zeit müde geworden sind, dafür sind ihre eigenen Äußerungen und Entschuldigungen gegenüber solchen Leuten Beweis genug, die eigens lange Reisen unternehmen, um sich bei ihnen eine Druckgenehmigung auszubitten. In Anbetracht dessen also, daß die jetzigen

Amtsträger allen unmißverständlichen Anzeichen nach sich am liebsten wieder von ihrem Auftrag entbunden sähen und daß unter ihren Nachfolgern wahrscheinlich kein einziger guter Mann sein dürfte, niemand, der seine Zeit nicht sinnlos vertun würde, wenn man davon absieht, daß er sich die Bezüge eines Korrektors zuzulegen gedächte, können wir uns unschwer ausmalen, auf welche Art von Lizenzgebern wir uns künftig werden einstellen müssen – nämlich entweder auf ungebildete, herrschsüchtige und pflichtvergessene oder von niedriger Geldgier bestimmte. Insofern erweist sich, wie zu zeigen war, diese Verordnung auch hierin als dem Zwecke nicht dienlich, auf den sie es abgesehen hat.

Zum Schluß will ich von den unguten Folgen, die sie haben mag, zu dem offenkundigen Schaden übergehen, den sie dadurch bewirkt, daß sie, zum ersten, die größte Abschreckung und Beleidigung darstellt, die man der Bildung und gebildeten Menschen überhaupt nur zufügen kann. Sooft sich früher auch nur der leiseste Hauch einer Regung bemerkbar machte, die Vielpfründenwirtschaft abzuschaffen und die Einkünfte der Kirche gleichmäßiger zu verteilen, pflegten die Prälaten sogleich in Jammern und Wehklagen auszubrechen, daß dies auf immer alle Bildung vernichten und vereiteln hieße. Was diese Auffassung betrifft, so hat mir die Geistlichkeit eigentlich nie Veranlassung zu der Annahme gegeben, daß auch nur ein Zehntel der Bildung mit ihr stünde oder fiele, genausowenig wie ich darin je etwas anderes habe sehen können als die schäbige und unwürdige Aussage eines Kirchenmannes, der sowieso sein reichliches Auskommen behielte. Wenn ihr gesonnen seid, an Stelle der käuflichen Brut falscher Bildungsapostel lieber solche freimütigen und unbefangenen Menschen auf das äußerste zu entmutigen und zu enttäuschen, die augenscheinlich für die Wissenschaft geboren sind und die Gelehrsamkeit um ihrer selbst willen lieben, nicht aus Gewinnsucht oder aus irgendeinem anderen Grunde als dem Dienst an Gott und der Wahrheit und vielleicht jenem dauernden Ruhm und ewigen Preis, der nach Gottes und anständiger Menschen Ratschluß der Lohn für alle sein soll, deren öffentliches Mühen dem Wohl der Menschheit dient, so wisset, daß es für einen freien und kundigen Geist die höchste Unbill und Schmach ist, die man ihm auferlegen kann, dem Urteilsvermögen und der Redlichkeit eines Menschen dermaßen zu mißtrauen, der nur einen erklecklichen Ruf als Gelehrter besitzt und niemals Grund zu Tadel gegeben hat, daß man ihn nur deshalb für ungeeignet hält, seine Gedanken ohne Vormund und Examinator in den Druck zu verfertigen, weil ihm vielleicht eine Abweichung oder etwas Verderbliches unterlaufen könnte. Worin bestünde der Vorteil des Mannes gegenüber dem Schuljungen, wenn er, endlich dem Rohrstock entronnen, nun den Zeigestab eines Imprimatur[34] auf sich gerichtet sehen soll, indem ernsthafte und tiefschürfende Schriften, als wären sie ein beliebiges Grammatikpensum, das ein Schüler unter den Augen des Lehrers abzuarbeiten hat, erst einmal den flinken Blicken eines lauernden und launischen Begutachters standhalten müssen, um Gnade zu finden? Wenn jemand, der nachgewiesenermaßen nicht auf die schiefe Bahn geraten und mit dem Strafgesetz in Konflikt geraten ist, durch seine eigenen Taten dennoch nicht erreicht, daß man ihm vertraut, hat er wenig Veranlassung, sich in dem Lande, wo er geboren wurde, nach allgemeiner Einschätzung anders eingestuft zu wähnen denn als ein Schwachkopf oder ein Ausländer. Ein Mensch, der für die Welt schreibt, bietet schließlich all seinen Verstand und all seine Denkkraft auf, damit sie ihm zu Hilfe kommen. Er forscht, grübelt, ist fleißig und berät und bespricht sich wahrscheinlich mit urteilsfähigen Freunden. Ist all das geschehen, hält er sich nunmehr für genauso bewandert in dem Gegenstand, über den er schreibt, wie je einen vor ihm. Wenn ungeachtet aller dabei von ihm bekundeten äußersten Gewissenhaftigkeit und Aufgeklärtheit weder Jahre, sein Fleiß noch frühere Proben seiner Fähigkeiten ihn reif genug erscheinen lassen, daß man ihm nicht immer noch mit Argwohn und Mißtrauen begegnet, es sei denn, er legte alles, was sein Fleiß mit Bedacht hervorgebracht, was er wachend der Mitternacht abgetrotzt, was das palladische Öl[79] ihn gekostet, einem eiligen Lizenzgeber zur raschen Kenntnisnahme vor, jemandem vielleicht, der um vieles jünger ist und ihm selber an Urteilskraft weit unterlegen, der vielleicht nie erfahren hat, welche Mühe es macht, ein Buch zu schreiben, worauf er, sofern er nicht überhaupt abgewiesen und mit Verachtung gestraft wird, hernach wie ein unfertiges Mündel mit seinem Vormund gemeinsam im Druck zu erscheinen und die Unterschrift seines Zensors auf der Rückseite des Titelblattes als Bürgschaft und Sicherheit aufzufassen hat, daß er kein Blödian oder Brunnenvergifter ist, so kann das nur als entehrend und erniedrigend für den Autor, für das Buch, für die Macht und die Würde der Wissenschaft empfunden werden. Und was passiert, wenn der Verfasser von solchem Einfallsreichtum ist, daß ihm durchaus ergänzenswerte Gedanken erst nach Erteilung der Druckerlaubnis in den Sinn kommen, während das Buch sich bereits in der Herstellung befindet, wie es nicht selten bei den besten und gewissenhaftesten Autoren geschieht, und das womöglich ein dutzendmal in ein und demselben Buch? Der Drucker wagt nicht, über sein genehmigtes Manuskript hinauszugehen, also muß der Autor sich wieder und wieder zu dem für die Genehmigung Zuständigen bequemen, damit er seine neuerlichen Einfügungen besichtigen möge, und er wird manchen Weg in Kauf nehmen müssen, ehe er den betreffenden Lizenzgeber, denn es muß ja derselbe sein, aufgetrieben oder dieser sich als überhaupt ansprechbar erwiesen hat. In der Zwischenzeit muß entweder die Druckerpresse stillstehen, was keine unerhebliche Einbuße bedeutet, oder der Autor trennt sich von seinen besten Eingebungen und veröffentlicht ein Buch, das hinter seiner eigentlichen Absicht zurückbleibt, was wohl das schlimmste Mißgeschick und Ärgernis ist, das einem gewissenhaften Autor zustoßen kann. Und wie kann jemand seine Lehre mit Autorität verkünden, wodurch doch eine jede Lehre überhaupt erst lebt, wie als Kundiger in seinem Buch auftreten, wie er dies ja muß, denn sonst hätte er besser geschwiegen, wenn alles, was er vorträgt, allein der Bevormundung und Berichtigung seines patriarchalischen Lizenzgebers[80] untersteht, der davon just so viel streichen oder ändern kann, wie er seiner kleinlichen Einstellung entspricht, die er als sein Urteil bezeichnet? Jedem reizbaren Leser wird der bloße Anblick einer pedantischen Druckerlaubnis sogleich genügen, das Buch mit den Worten so weit wie eine Wurfscheibe von sich zu schleudern: „Ein schülerhafter Lehrer ist mir verhaßt, ich ertrage es nicht, mich von jemandem unterweisen zu lassen, der selbst die Faust des Aufsehers im Nacken spürt. Von dem Lizenzgeber weiß ich nichts, außer das er mir eigenhändig seine Überheblichkeit bezeugt hat; wer bürgt mir für sein Urteil?" – „Der Staat, Herr", erwidert ihm der Drucker, doch gleich kommt die Antwort: „Der Staat soll meine Obrigkeit sein, nicht mein Kritiker. Bei der Auswahl eines Zensors können ihm ebensoleicht Fehler unterlaufen wie diesem bei der Beurteilung eines Autors. Das weiß doch jedes Kind." Und er hätte den Ausspruch von Sir Francis Bacon[81] hinzufügen können, daß „solche autorisierten Bücher nur die Sprache ihrer Zeit sprechen".

Selbst wenn nämlich ein Lizenzgeber mehr als gewöhnlich von seiner Sache versteht, in welchem Betracht seine Nachfolger im Dienst große Befürchtungen wecken dürften, so verpflichten ihn doch sein bloßes Amt und sein Auftrag dazu, nichts anderes durchzulassen, als was gemeinhin schon angenommen wurde. Ja, was noch beklagenswerter ist, wenn das Werk irgendeines verstorbenen Autors, der sich nicht nur zu seinen Lebzeiten, sondern bis in die jüngste Vergangenheit höchsten Ruhmes erfreut hat, den Lizenzgebern zur Genehmigung des Drucks oder des Neudrucks vorgelegt wird und sie in dessen Buch auch nur einen einzigen Satz von bedenklicher Gewagtheit entdecken – den er vielleicht in der Hitze des Eifers oder, wer will das wissen, gar unter dem Einfluß einer göttlichen Eingebung geäußert hat –, nur einen Satz, der sich mit ihrem eigenen engherzigen und festgefahrenen Standpunkt nicht in jeder Beziehung verträgt, und stammte er selbst von einem Knox[82], dem Reformator eines ganzen Königreiches, dann werden sie ihm den Bestätigungsvermerk verweigern. So wird das Bewußtsein von der Bedeutung dieses Mannes durch die Furchtsamkeit und überhebliche Unbesonnenheit eines verantwortungslos handelnden Zensors für die ganze Nachwelt verlorengehen. Und welchem Autor unlängst solche Gewalt angetan worden ist und welchem Buche, dessen treuliche Wiedergabe höchste Dringlichkeit beansprucht, könnte ich hier wohl ausführen, will mir dies aber für eine passendere Gelegenheit vorbehalten. Indes, wenn diese Dinge nicht nachdrücklich und rechtzeitig von denen zurückgewiesen werden, die dazu die Mittel in Händen haben, sondern solche Leute die Befugnis besitzen sollen, die kostbarsten Passagen der erlesensten Bücher wie Eisenrost wegzufressen und einen derart schändlichen Verrat an den schutzlosen Hinterbliebenen der bedeutendsten Männer nach deren Ableben zu begehen, wird nur um so größere Trauer bei jener unglücklichen Spezies von Menschen herrschen, deren Mißgeschick es ist, Verstand zu haben. Möge also fortan niemand es sich angelegen sein lassen, etwas zu lernen oder mehr zu sein als weltklug, denn gewiß wird das Leben angenehm und begehrenswert nur noch dann erscheinen, wenn man von höheren Dingen nichts weiß und nichts wissen will, wenn man ein ausgemachter und unverbesserlicher Dummkopf ist.

Und wie sich darin eine besondere Geringschätzung jedes lebenden Menschen von Geist und eine hochgradige Ungerechtigkeit gegenüber den schriftlich überkommenen Mühen und Denkmälern der Toten ausdrückt, so wird in meinen Augen die ganze Nation dadurch herabgesetzt und gedemütigt. Ich kann all das, was England an Gedankenfülle, an Kunst, an geistiger Kultur, an bedeutendem und verläßlichem Wissen hervorgebracht hat, so niedrig nicht veranschlagen, als daß zwanzig Kapazitäten von selbst allererstem Rang es in sich aufzunehmen vermöchten, geschweige denn, daß es nur durchgelassen werden soll, wenn es ihrer Oberaufsicht unterbreitet worden und durch ihre Filter und Siebe hindurchgegangen ist, und daß es ohne den Prägestempel von ihrer Hand ungültig sein soll. Wahrheit und Geistesbildung sind keine Waren, für die man durch Markenzeichen, Schutzbestimmungen und Richtpreise ein Handelsmonopol errichten darf. Wir müssen den Gedanken von uns weisen, alles Wissen im Lande wie Marktgüter zu behandeln, es auszuzeichnen und zum Vertrieb freizugeben wie unser doppelbreites Tuch oder unsere Wollballen. Ist es denn andere Knechtschaft, als die Philister sie eins verhängten,[83] wenn wir unsere Äxte und Pflugmesser nicht selber schärfen dürfen, sondern aus allen Richtungen zu den zwanzig Schmieden hinziehen müssen, um uns die Erlaubnis zu holen? Selbst wenn einer unter Mißbrauch und Verwirkung der Achtung, die man seiner Vernunft entgegengebracht, irgendwelche fehlerhaften oder gegen den Anstand der Sitten verstoßenden Dinge geschrieben und verbreitet hätte und er, seiner Schuld überführt, schließlich dazu verurteilt würde, niemals wieder etwas schreiben zu dürfen, ohne es zuvor durch einen hierfür eingesetzten Beamten prüfen zu lassen, dessen Unterschrift dafür einstehen solle, daß er nunmehr unbesorgt gelesen werden könne, so hielte man dies doch immer noch für nichts weniger als eine schmachvolle Strafe. Daraus läßt sich klar ersehen, wie erniedrigend es ist, wenn man eine ganze Nation und all jene, die sich nie in ähnlicher Weise vergangen haben, in ein derart argwöhnisches und mißtrauisches Verbot einschließt. Dies gilt um so mehr, als immerhin Schuldner und Gesetzesbrecher ohne Wärter frei herumlaufen können, wohingegen sich unschuldige Bücher nicht ohne einen im Titel sichtbaren Kerkermeister hinausbewegen dürfen. Auch den einfachen Leuten wird dadurch Schimpf angetan, denn wenn wir so ängstlich um sie bangen, daß wir ihnen keine englische Schrift anzuvertrauen wagen, so heißt dies doch, sie als ein wankelmütiges, lasterhaftes und prinzipienloses Volk zu verunglimpfen und den Zustand ihrer Glaubensfestigkeit und Urteilsfähigkeit als so krank und schwächlich zu beurteilen, daß ihnen ein Zensor die Nahrung vorkauen muß, damit sie sie schlucken können. Daß dies von unserer Fürsorge und Liebe für sie zeugt, können wir nicht wohl behaupten, da man doch ausgerechnet in solchen papistischen Gegenden, wo das Laienvolk am schlimmsten gehaßt und verachtet wird, mit ebenderselben Härte gegen sie vorgeht. Weisheit können wir es auch nicht nennen, weil es dem Verstoß gegen das Erlaubte, wenn überhaupt, höchstens in einem einzigen Punkt entgegenwirkt, während all die Sittenlosigkeiten, die man dadurch verhindern will, zu anderen Türen nur um so schneller hereinschlüpfen, denen man keinen Riegel vorschieben kann.

Und schließlich wirft es auch auf unsere Geistlichen ein schlechtes Licht. Wir müßten eigentlich größere Hoffnungen an ihre Mühen und den Nutzen knüpfen, den sie ihrer Herde bringen, als daß sie – allem Licht, das das Evangelium verbreitet und verbreiten soll, und all ihrem ständigen Predigen zum Trotz – es noch immer mit einem derart charakterlosen, stumpfsinnigen und laienhaften Gesindel zu tun haben sollten, dessen Katechismus und christlicher Wandel durch den Luftzug einer jeden neuen Schrift einfach fortgeblasen werden könne. Die Geistlichkeit hätte guten Grund, sich entmutigt zu fühlen, wenn man all ihren Ermahnungen und dem Gewinn, den ihre Zuhörer davon haben, einen so geringen Wert beimißt, um ihnen die Eignung abzusprechen, ohne Zensor auf drei Bogen bedruckten Papiers losgelassen zu werden, und wenn sämtliche Predigten und Kanzelreden, die sie gehalten, in den Druck gegeben und in solcher Menge und in solchem Umfang ausgestoßen hat, daß andere Bücher jetzt nahezu unverkäuflich geworden sind, dennoch keinen ausreichenden Schutzpanzer bieten gegen ein einziges schmales Heft ohne das Kastell St. Angelo[84] eines Imprimatur darauf.

Und damit nicht gewisse Leute euch einreden mögen, ihr Lords und Gemeinen, dieses Argument von der entmutigenden Wirkung, die eure Verordnung auf gebildete Menschen habe, sei eine leere Floskel und entspräche nicht der Wahrheit, könnte ich euch berichten, was ich in anderen Ländern gesehen und gehört habe, wo diese Art von Inquisition das Tyrannenzepter schwingt, als ich inmitten ihrer Gelehrten saß, denn diese Ehre ward mir zuteil, und sie mich glücklich priesen, in einem solchen Teil der Welt geboren zu sein, wo – wie sie das für England annahmen – die Philosophie frei wäre, während sie selbst ohne Unterlaß den sklavischen Zustand beklagten, in den bei ihnen die Wissenschaft geraten sei, und daß dies dazu geführt hätte, den Ruhm italienischer Geistesgrößen zu verdunkeln, und seit Jahren schon nichts anderes mehr geschrieben werde als Schmeichelei und Schwulst. Dort auch fand und besuchte ich den berühmten, schon vom Alter gezeichneten Galileo[85], den die Inquisition unter Arrest gestellt hatte, weil er andere Vorstellungen in der Astronomie vertrat als seine franziskanischen und dominikanischen Aufpasser. Und obschon ich wußte, daß England zu jener Zeit besonders laut unter dem Prälatenjoch stöhnte, nahm ich es trotzdem für ein Vorzeichen künftigen Glücks, daß andere Nationen sich so überzeugt von Englands Freiheit zeigten. Allerdings gab ich mich damals nicht der Hoffnung hin, es möchten bereits so vortreffliche Männer seine Luft atmen, die es hernach in eine Freiheit führen würden, welche unvergessen bleiben soll, solange die Welt sich dreht. Nachdem aber erst einmal der Anfang gemacht war, hegte ich keine Sorge, die Klageworte, die ich die Gebildeten im Ausland gegen die Inquisition hatte äußern hören, eines Tages von ebenso gebildeten Leuten in der Heimat gegen eine von diesem Parlament erlassene Zensurverordnung wiederhören zu müssen, und zwar von so vielen Seiten, als ich mich als Bundesgenosse ihrer Unzufriedenheit zu erkennen gegeben hatte, daß ich neidlos sagen könnte, derjenige, dem die redliche Führung des Quästoramtes die Zuneigung der Sizilianer gewonnen hatte, konnte nicht heftiger bestürmt worden sein, gegen Verres[86] vorzugehen, als die günstige Meinung, welche viele von mir haben, die euch schätzen und die ihr euerseits kennt und achtet, mich mit dringlichen Bitten und Anträgen überschüttet hat, ich solle doch das Äußerste versuchen, um alle triftigen Gründe, die mir in den Sinn kommen möchten, für die Beseitigung einer so unverdienten Gängelung der Wissenschaft zusammenzutragen. Das mag zum Beweis dessen genügen, daß ich hier nicht etwa eine persönliche Grille zur Sprache bringe, sondern die gemeinsame Betroffenheit all derer, die ihren Verstand und ihre Gelehrsamkeit über den gemeinen Durchschnitt hinaus ausgebildet haben, um anderen Menschen zur Erkenntnis der Wahrheit zu verhelfen und sie sich selber von anderen anzueignen. Und in ihrem Namen werde ich weder Freund noch Feind verheimlichen, was da allerorten gemunkelt wird: Wenn es erneut zur Inquisition und Zensur kommt, sagt man, und wir selbst so wenig Zutrauen zu uns haben und so argwöhnisch sind gegen jedermann, daß uns ein jegliches Buch und das Rascheln eines jeden Blattes Furcht einflößt, solange wir nicht wissen, was darin steht, und wenn bestimmte Leute, die vor noch gar nicht langer Zeit so schlecht angeschrieben waren, daß man ihnen das Predigen untersagte, jetzt daherkommen sollen, um uns das Lesen zu verbieten, es wäre denn, sie billigten den Inhalt, so läßt sich erraten, daß man von gewisser Seite auf eine neuerliche Bildungstyrannei hinarbeitet, und es wird bald niemand mehr in Abrede stellen, daß Bischöfe und Presbyter[10] dem Namen und der Sache nach für uns ein und dasselbe sind. Daß jene Übel des Prälatentums, die sich einst von fünf- oder sechsundzwanzig Bischofssitzen aus über das gesamte Volk verteilten, es nun gänzlich auf die Bildung abgesehen haben, ist uns nicht entgangen, da doch der Pfarrer einer kleinen, unwissenden Gemeinde im Zuge einer rätselhaften Ämterhäufung jetzt plötzlich zum Erzbischof einer großen Diozöse von Büchern erhoben werden und trotzdem nicht aus dem Pfarrdienst scheiden, sondern seine bisherige Pfründe behalten soll. Derselbe Mann, der eben noch die alleinige Verantwortung für die Ordination eines frischgebackenen Bakkalaureus[87] abgelehnt und die alleinige Gerichtsbarkeit über das schlichteste Glied seiner Gemeinde von sich gewiesen hat, soll nun daheim in seinem Studierstübchen in beiderlei Hinsicht über seinen Schatten springen, wenn es um die wertvollsten und hervorragendsten Bücher geht und deren allerfähigste Verfasser! Das sind nicht die feierlichen Beschlüsse und Absichtserklärungen, zu denen wir uns bekannt hatten,[88] das bedeutet nicht, dem Prälatentum den Garaus zu machen, sondern nur, die Bischofswirtschaft erneut hinzunehmen, es bedeutet, den erzbischöflichen Palast[89] aus dem einen Herrschaftsgebiet in ein anderes zu versetzen, und ist bloß ein altvertrautes kanonisches Donnerwetter, um uns bußfertig zu machen. Wen schon eine bloße unzensierte Schrift dermaßen aus der Fassung bringt, der wird sich bald vor jedem Konventikel ängstigen und schließlich jedes Zusammentreffen von Christenmenschen überhaupt zu einem Konventikel[90] erklären. Aber gewiß kann ein Staat, der sich von den Regeln der Gerechtigkeit und der Festigkeit leiten läßt, oder eine Kirche, die auf dem Felsengrund des Glaubens und der wahrhaftigen Erkenntnis baut und fußt, so kleinmütig nicht sein. Da es sogar in der Religion Dinge gibt, die nicht mit Vorschriften einhergehen, muß es klärlich alle gebildeten und gläubigen Menschen erst recht mit Zweifel und Verbitterung erfüllen, wenn man die Freiheit des gedruckten Wortes mit einer den Prälaten abgeschauten und ihrerseits von der Inquisition übernommenen Unerbittlichkeit an die Leine zu legen gedenkt, um uns alle von neuem in dem Gewissenskäfig der Zensur einzusperren. Die Schlauheit dieses gerissenen Planes ist leicht zu durchschauen, ebenso, wer dessen Urheber sind: Als es darum gegangen war, die Bischöfe zu verjagen, da hatten sämtliche Druckerpressen für jedermann offengestanden; dies war des Volkes Geburtsrecht und Privileg, dies der Anfang des Lichts gewesen unter dem gegenwärtigen Parlament. Doch jetzt, da die Bischöfe abgesetzt und aus der Kirche vertrieben sind,[8] beginnt – als hätte unsere Reformation nichts anderes bezweckt, als andere unter anderem Namen auf ihren Stuhl zu heben – der Bischofsklüngel schon wieder sein trübes Süppchen zu kochen: Dem Krug der Wahrheit darf hinfort kein Öl mehr entfließen, die Freiheit des Druckes soll von einer zwanzigköpfigen Kommission nach Prälatenart abermals ins Joch gespannt werden, das Privileg des Volkes für null und nichtig gelten und, was noch schlimmer ist, die Freiheit der Wissenschaft aufs neue in ihre alten Fesseln verstrickt sein – und das alles im Angesicht ein und desselben Parlaments, obwohl seine eigenen erst kürzlich vorgebrachten Gründe und Rechtfertigungen gegen die Prälaten es daran erinnern könnten, daß diese auf Verhinderung zielende Gewaltanwendung in erster Linie einer Entwicklung Vorschub leistet, die dem beabsichtigten Zweck zutiefst entgegengesetzt ist. Statt nämlich Sekten[78] und Abweichungen zu unterdrücken, verleiht sie ihnen vielmehr Auftrieb und verhilft ihnen zu Ansehen: „Die Bestrafung geistvoller Menschen stärkt nur deren Autorität", sagt der Viscount Saint Albans[91], „und eine verbotene Schrift gilt noch allemal als Funke einer sicheren Wahrheit, der denen ins Gesicht fliegt, die ihn auszutreten suchen." So mag sich diese Verordnung[5] vielleicht als Nährmutter von Sekten erweisen, aber ich werde mit Leichtigkeit zeigen können, wie sie sich tatsächlich als Stiefmutter der Wahrheit zu erkennen gibt, und zwar, erstens, dadurch, daß sie uns der Fähigkeit beraubt, uns dessen zu bedienen, was bereits erkannt ist.

Wer über die Dinge nachzusinnen pflegt, weiß nur allzugut, daß unser Glaube und unser Wissen sich genauso durch Übung ertüchtigen wie unsere Gliedmaßen und Leibeskräfte. Die Schrift[92] vergleicht die Wahrheit mit einer sprudelnden Quelle, deren Wasser, so sie nicht stetig fließen, im trüben Schlamm der Gleichförmigkeit und des Hergebrachten versickern. Es kann jemand ein Ketzer im Angesicht der Wahrheit sein; wenn er etwas glaubt, nur weil sein Pfarrer es sagt oder die Gemeindeversammlung es so bestimmt, und keinen anderen Grund dafür hat, wird, obwohl sein Glaube wahr ist, das tatsächliche Bekenntnis, das er ablegt, dennoch in seinem Munde zur Ketzerei. Es gibt keine Bürde, die manche lieber auf fremde Schultern legen würden, als die Sorge und Obhut über ihre Religion. Wer wüßte nicht, daß unter den Protestanten und Bekennenden manch einer in ebenso unheilvoller Glaubensblindheit lebt und stirbt wie nur je ein Laie im Schlepptau der Papisten von Loreto[93]. Ein reicher Mann, der sein gutes Leben und seinen Profit im Auge hat, wird feststellen, daß die Religion ein so verzwicktes Geschäft und mit einer so mühseligen Kontenführung verbunden ist, daß er in dieser Branche beim besten Willen als Kaufmann nicht auf seine Kosten kommen kann. Was soll er machen? Natürlich möchte er gern als religiös gelten und den Nachbarn in diesem Punkte nicht nachstehen. Was also tut er? Er beschließt, sich aus dem Geschäft zurückzuziehen und es in die Hände eines Prokuristen zu legen, dessen Sorge und Umsicht er die gesamte Führung seiner religiösen Angelegenheiten anvertrauen kann, wobei das natürlich jemand mit einem gewissen, allseits bekannten und geachteten Heiligenschein sein muß. Ihn bestimmt er zu seinem Sachwalter, ihm gibt er das ganze Warenlager seiner Religionsartikel samt allen Schlössern und Schlüsseln zu treuen Händen – und so macht er schließlich die bloße Person dieses Mannes zu seiner Religion und sieht allein darin, daß er sich mit ihm zusammentut, eine hinlängliche Bekräftigung und Empfehlung für die eigene Frömmigkeit. So kann man sagen, seine Religion ist jetzt nicht mehr ein Teil seiner selbst, sondern ein bewegliches Individuum geworden, das ihm teils näher und teils ferner ist, je nachdem, ob der gute Mann ihn in seinem Hause aufsucht oder nicht. Er nimmt sich seiner an, macht ihm Geschenke, bewirtet und beherbergt ihn. Seine Religion kehrt abends heim, spricht ein Gebet, erhält ein üppiges Nachtmahl vorgesetzt und ein prächtiges Ruhebett zugewiesen, steht anderntags wieder auf, wird begrüßt, und um acht Uhr – nach einem Gläschen Malvasier oder einem anderen würzigen Trunk und mit einem besseren Frühstück versehen als jener[94], der seinen morgendlichen Hunger mit Freude an den grünen Feigenbäumen zwischen Bethanien und Jerusalem hätte stillen wollen – begibt sich seine Religion aus dem Hause und läßt ihren liebenswürdigen Gönner den ganzen Tag über in seinem Laden ohne Religion Geschäfte machen.

Dann sind da Menschen, die nur zu hören brauchen, daß alles verordnet, alles in Regeln und Vorschriften gefaßt und nichts geschrieben werden soll, als was über den Tisch von bestimmten Zöllnern gegangen ist, die alle freie Äußerung der Wahrheit mit einem Tonnengeld und Pfundzoll belegen, um sich augenblicklich in jede beliebige Religion zu fügen, die man ihnen auf den Leib schneidern mag. Da gibt es schließlich Freuden, Vergnügungen und allerlei ergötzliche Kurzweil, womit man sich den endlosen Tag vertreiben kann und worüber das langweilige Jahr wie in einem lieblichen Traum vergeht. Warum sollen sie sich also den Kopf zerbrechen über etwas, was andere Leute schon so fest und unabänderlich in die eigene Obhut genommen haben? Solcherart sind die Früchte, die träge Bequemlichkeit und ein Stillstand des Denkens bei den Menschen hervorbringen. Wie begehrenswert und willkommen wäre doch solch einmütiger Gehorsam, zu welch prachtvoller Geschlossenheit würde er uns alle zusammenpressen! Eine im Januarfrost gehärtete Steinmauer könnte fester und sicherer gewiß nicht stehen.

Sogar für die Geistlichen selbst werden die Folgen nicht viel besser sein. Es ist ja keineswegs eine so unerhörte Neuigkeit, daß einen Ortsgeistlichen eines Kirchspiels, der seine festen Bezüge hat und es sich unter den Herkulessäulen seiner behaglichen Pfründe wohl sein läßt, zuweilen die Lust anwandelt, wenn er nichts anderes hat, was seinen Geist anregt, sein Werk mit einer englischen Bibelkonkordanz oder einem Kollektaneenbüchlein als der Ernte und Ausbeute einer trockenen Stubengelehrsamkeit zu krönen, mit einer Harmonie und einer Catena[95], worin die übliche Runde bestimmter geläufiger Hauptpunkte der Lehre mitsamt den dazugehörigen Nutzanwendungen, Beweggründen, Hinweisen und Hilfsmitteln abgeschritten wird, woraus er – wie aus einem Alphabet oder einer Tonleiter durch immer neues Bilden und Umbilden, Verbinden und Auseinanderrücken – mit ein wenig Schreibkunst und nach zweistündiger Meditation sich einen unschätzbaren, weit über den Wochenbedarf hinausreichenden Vorrat an Predigtstoffen anlegen kann, ganz zu schweigen von dem unendlichen Gewinn, den er aus Interlinearübersetzungen, Brevieren, vergleichenden Evangelienübersichten und anderem faulen Trödel ziehen wird. Was allerdings die Unzahl von Predigten angeht, die gedruckt und gestapelt zu jedem nicht sonderlich schwierigen Text vorliegen, so haben die Sakristei von St. Thomas in London und meinetwegen dazu noch St. Martin und St. Hugh in ihren heiligen Hallen ein verkaufsbereites Sortiment am Lager, wie es sich reichhaltiger nicht denken läßt, so daß ihm um Mangel an Kanzelware nicht bange sein muß, da er sich dort reichlich mit Nachschub versehen kann. Wenn aber kein gestrenger Aufpasser seine Nachhut und seine Flügel sichert und ihm Rückendeckung bietet, so daß hier und da ein keckes Buch vorpreschen und die Gräben stürmen könnte, in denen gewisse alte Spezis aus seiner Bibliothek sich verschanzt haben, dann wird ihm nichts übrigbleiben, als selber Wache zu halten, auf der Lauer zu liegen, tüchtige Späher und Schildwachen um seine angestammten Meinungen aufzustellen und gemeinsam mit anderen Kontrollposten die Runde und Gegenrunde zu machen, immer in der Sorge, es könnte auch nur einer seiner Schützlinge dem Feind in die Hände fallen, was wiederum dazu führt, daß man diese noch besser abrichtet, sie noch besser strammstehen und Disziplin halten lehrt. Und Gott verhüte, daß die Furcht vor der peinlichen Gewissenhaftigkeit, die dann Platz greifen müßte, uns dazu verleiten könnte, die Nachlässigkeit einer von der Kirche geübten Zensur dem vorzuziehen.

Denn wenn wir die Gewißheit haben, im Recht zu sein und durch die Behauptung der Wahrheit keine Schuld auf uns zu laden – was sich allerdings nicht damit verträgt, daß wir unsere eigenen Lehren selber als heikel und auf schwachen Füßen stehend und das Volk als einen Haufen unaufgeklärter und gottloser Herumtreiber verunglimpfen –, was kann dann gerechter sein, als daß wir einen verständigen und gebildeten Menschen – der, soweit wir wissen, ein ebenso reines Gewissen hat wie jene, die uns beigebracht haben, *was* wir wissen – offen vor aller Welt (statt, was bedenklicher wäre, heimlich von Tür zu Tür) in schriftlicher Form kundtun zu lassen, was seine Meinung ist, welche Gründe er dafür hat und weshalb eine derzeit bestehende Auffassung in seinen Augen nicht richtig sein kann? Christus machte zu seiner Rechtfertigung geltend, daß er frei, öffentlich geredet habe vor der Welt.[96] Dabei ist Schreiben öffentlicher als Reden und, falls nötig, obendrein leichter zu widerlegen, zumal es so viele gibt, die von Amts und Berufs wegen nichts weiter zu tun haben, als für die Wahrheit zu fechten – wenn sie nicht einschreiten, ist doch allein ihre Faulheit oder Unfähigkeit zu tadeln!

Dergestalt macht uns das Vorgehen der Zensur das wahre Wissen streitig und entfremdet uns der Kenntnis dessen, was wir bereits zu wissen schienen. Inwieweit die Lizenzgeber ihrerseits, wenn sie ihren Obliegenheiten gebührend nachkommen wollen, in der Wahrnehmung ihrer seelsorgerischén Pflichten dadurch mehr gestört und behindert werden als durch jedes andere weltliche Amt, so daß sie mit Notwendigkeit entweder das eine oder das andere werden vernachlässigen müssen, will ich hier nicht weiter ausführen, da es sich um ein gesondertes Problem handelt, dessen Entscheidung sie mit ihrem eigenen Gewissen abmachen mögen.

Es war bei dem, was ich darzulegen versprach, bisher noch nicht von dem unvorstellbaren Verlust und Schaden die Rede, den dieses Zensurkomplott uns in schlimmerem Maße zufügt, als würde ein Feind zur See all unsere Häfen, Ankerplätze und Buchten sperren. Es behindert und verzögert nämlich die Einfuhr unseres wertvollsten Handelsgutes – der Wahrheit, ja es wurde aus widerchristlicher Niedertracht und Bosheit ursprünglich in der wohlbedachten Absicht eingefädelt und durchgesetzt, um mit Hilfe des Druckverbots, das sich nur wenig von der Durchtriebenheit unterscheidet, mit der der Türke seinem Koran Geltung verschafft, nach Möglichkeit das Licht der Reformation auszulöschen und die Macht der Lüge zu befestigen. Es ist unbestritten und sei gern zugegeben, daß wir dem Himmel inbrünstigere Dankgebete und Gelöbnisse schulden als die meisten Völker, weil wir in einem so hohen Maße der Wahrheit teilhaftig geworden sind, besonders was die Hauptpunkte zwischen uns und dem Papst nebst seinem Zubehör, den Prälaten, anbelangt. Wer aber meint, wir sollten an dieser Stelle unsere Zelte aufschlagen, weil jetzt die äußerste Verheißung der Reformation erreicht sei, welche der irdische Spiegel, in den wir blicken, uns zeigen kann, bis wir die Glückseligkeit von Angesicht zu Angesicht schauen werden,[97] verrät allein durch eine solche Auffassung, wie weit er doch von der Wahrheit entfernt ist.

Es ist eine Tatsache, daß die Wahrheit einst zusammen mit ihrem göttlichen Gebieter in die Welt trat, ein vollkommenes Gebilde, über alle Maßen herrlich anzusehen. Als er aber zum Himmel aufgefahren war und seine Apostel nach ihm das Zeitliche gesegnet hatten, da erhob sich sofort ein elendiges Gezücht von Betrügern, die – ähnlich wie in der Geschichte von dem Ägypter Typhon und seinen Mitverschworenen, in der es dem wackeren Osiris[98] so schlecht ergeht – über die jungfräuliche Wahrheit herfielen, ihre liebliche Gestalt in tausend Stücke rissen und sie sodann in alle Winde verstreuten. Von dieser Zeit an haben die trauernden Freunde der Wahrheit, wo sie sich zu zeigen wagten, bis zum heutigen Tage Isis nachgeeifert in der unermüdlichen Suche nach dem verstümmelten Leichnam des Osiris und Glied um Glied desselben zusammengetragen, das ihr rastloses Forschen ans Licht fördern konnte. Noch, ihr Lords und Gemeinen, haben wir nicht alle beisammen, und es wird uns dies auch nimmer gelingen, bis ihr Gebieter nicht ein zweites Mal herniedersteigt; ihm ist es vorbehalten, jedes Glied und Teilchen wieder zu vereinigen und zu einem unsterblichen Bild des Liebreizes und der Vollkommenheit zusammenzufügen. Laßt nicht diese Verbote der Zensur an allen erdenklichen Orten diejenigen aufhalten und behindern, die die Suche fortsetzen und nicht aufhören wollen, dem zerstückelten Leib unseres gemarterten Heiligen die letzte Ehre zu erweisen. Wir rühmen uns des Lichts, in dem wir wandeln; wenn wir aber ohne Verstand mitten in die Sonne blicken, wird sie uns mit Blindheit schlagen. Wer vermag jene oftmals verfinsterten Planeten und jene Sterne von strahlendster Größe zu erkennen, die mit der Sonne auf- und niedergehen, ehe nicht die entgegengesetzte Bewegung ihrer Umlaufbahn sie an einen Platz im Himmelsgewölbe führt, wo sie am Abend oder am Morgen sichtbar werden? Das Licht, das uns leuchtet, ward uns nicht gegeben, damit wir ständig darauf starren, sondern damit wir mit seiner Hilfe immer mehr entlegene Dinge entdecken, von denen wir noch nichts wissen. Daß wir einem Pfaffen die Kutte und einem Bischof die Mitra fortnehmen oder ihn von den presbyterianischen Schultern herunterstoßen, worauf er sich niedergelassen hat, macht uns beileibe noch nicht zu einer glücklichen Nation – nein, falls nicht andere ebenso wichtige Dinge in der Kirche und in der ökonomischen wie in der politischen Ordnung des Lebens untersucht und neu geregelt werden, haben wir so lange in die lodernde Fackel geschaut, die Zwingli[99] und Calvin[100] vor uns hergetragen haben, daß wir darüber stockblind geworden sind. Da gibt es welche, die fortgesetzt über Abweichungen und Sekten lamentieren und ein großes Unglück daraus machen, wenn irgend jemand von ihren Maximen abrückt. Dabei stören nur ihre eigene Hoffart und Unwissenheit die Ruhe, denn sie wollen weder geduldig zuhören, noch können sie selber überzeugende Gründe vorbringen: Dennoch muß alles niedergehalten werden, was in ihrem eigenen Lehrgebäude nicht vorgesehen ist. Diejenigen sind die Unruhestifter und Störenfriede, die die verstreuten Teile, welche zum Leibe der Wahrheit noch fehlen, mit Geringschätzung behandeln und anderen nicht gestatten, sie einzusammeln. Daß wir unser Wissen dazu benutzen, immer tiefer in das einzudringen, was wir noch nicht wissen, und alle Teile der Wahrheit, deren wir habhaft werden können, weiter zueinanderfügen (denn alles an ihr ist ebenmäßig und wohlgeformt): dies ist die goldene Regel nicht nur in der Arithmetik, sondern auch in der Theologie, und sie allein macht, daß in einer Kirche die beste Eintracht herrscht – nicht die erzwungene und äußerliche Übereinstimmung kalter, gleichgültiger und innerlich gespaltener Gemüter.

Ihr Lords und Gemeinen von England, bedenkt, was für einem Volke ihr entstammt und als Obrigkeit vorsteht: einem Volk, das nicht stumpf und träge ist, sondern von lebhaftem, erfinderischem und durchdringendem Verstand, scharfsinnig im Denken, geschmeidig und kraftvoll im Argumentieren, zur Ersteigung der höchsten Gipfel sehr wohl imstande, zu denen der menschliche Geist sich emporzuschwingen vermag. Deshalb auch hatte die Lernbegier in den tiefsten Wissenschaften hierzulande schon in grauer Vorzeit so überragende Ergebnisse zutage gefördert, daß höchst urteilsfähige Schriftsteller der klassischen Antike der Überzeugung waren, sogar die Schule des Pythagoras und die Weisheit der Perser hätten von der alten Philosophie dieses Eilands ihren Anfang genommen. Und der kluge und welterfahrene Römer Julius Agricola[101], der einst hier Cä-

sars[27] Regent war, schätzte die natürlichen Geistesgaben der
Britannier höher als die anerzogene Bildung der Franzosen.
Auch geschieht es nicht von ungefähr, daß das schlichte
und einfache Transsilvanien[102] von weit hinter den gebirgi-
gen Grenzen Rußlands und aus der Tiefe der Herzynischen
Wälder[103] alljährlich nicht etwa seine jungen Leute, sondern
gesetzte Männer zu uns herüberschickt, damit sie unsere
Sprache und unsere theologische Wissenschaft erlernen.
Was jedoch alles übertrifft, wir haben guten Grund zu der
Annahme, daß des Himmels Gunst und Liebe uns in einem
besonderen Maße geneigt und gewogen ist. Warum sonst
ward dieses Volk vor allen anderen dazu auserwählt, von
seinem Boden wie von Zion[104] aus die ersten Signale und
Fanfarenstöße der gesamten europäischen Reformation zu
geben und erschmettern zu lassen? Und wäre nicht die ei-
gensinnige Verbohrtheit unserer Prälaten gegen den göttlichen und wundersamen Geist Wycliffes[32] am Werk gewesen, so wären vielleicht weder die Böhmen Hus[32] und
Hieronymus[105] noch die Namen Luthers[106] oder Calvins[100] je
bekannt geworden, und der Ruhm, all unsere Nachbarn reformiert zu haben, hätte ganz uns gehört. Jetzt aber, nachdem unser starrköpfiger Klerus die Sache gewaltsam herab-
gewürdigt hat, sind wir mittlerweile die geringsten und
zurückgebliebensten Schüler just derer geworden, deren
Lehrer wir nach Gottes Willen eigentlich hätten sein sollen.
Nach allen übereinstimmenden Anzeichen und der allgemeinen Vorahnung heiliger und frommer Männer, die Tag
für Tag feierlich ihre Gedanken kundtun, soll nach Gottes
Plan jetzt wiederum eine neue und große Zeit für seine Kirche anbrechen, ja etwas, das nachgerade auf eine Reformation der Reformation hindeutet, und was also tut er, als sich
seinen Dienern – und zuvörderst, wie es seine Art ist, seinen Engländern[107] – zu offenbaren? Ich sage, wie es seine
Art ist, sich zuvörderst an uns zu wenden, obschon wir die
Richtung seines Planes nicht beachten und seiner unwürdig
sind. Schaut nun auf diese große Stadt, eine Stadt der Zuflucht, die Trutzburg der Freiheit, eingefriedet und um-
schlossen von seinem Schutz; in den Kriegswerkstätten sind
dort nicht mehr Ambosse und Hämmer ruhelos im Einsatz,
um Panzer und Kampfgeräte für die gewappnete Gerechtigkeit zur Verteidigung der belagerten Wahrheit zu schmie-

den, als es in den Studierstuben Federkiele gibt und Köpfe, die beim Lampenschein sitzen, sinnen, forschen und neue Vorstellungen und Gedanken in sich bewegen, um mit ihnen wie durch einen Lehns- und Treueid der nahenden Reformation zu huldigen, während andere genauso rasch verschlingen, was sie geschrieben, alles prüfen und sich der Kraft der Vernunft und der Überzeugung beugen! Was könnte man von einem Volke mehr verlangen, als daß es so willig und ergeben nach Erkenntnis strebt? Wessen bedarf es noch auf einem so vielversprechenden und fruchtbaren Boden als verständiger und treuer Arbeiter, um es zu einem wissenden Volk zu machen, zu einer Nation von Propheten, Weisen und Helden? Wir rechnen noch mehr als fünf Monate bis zur Ernte: dabei brauchten es nicht einmal fünf Wochen zu sein, wenn wir nur die Augen heben wollten, denn die Felder schimmern schon gelb. Wo ein großes Lernbedürfnis besteht, da wird mit Notwendigkeit viel gestritten und geschrieben, gibt es viele Meinungen; denn die Meinung ist für einen redlichen Menschen nichts anderes als ein Schritt auf dem Wege zur Erkenntnis. Mit diesen eingebildeten Schrecknissen von Sekten[78] und Abweichungen tun wir dem ernsten und glühenden Verlangen nach Wissen und Begreifen Abbruch, das Gott in dieser Stadt geweckt hat. Worüber manche jammern, dessen sollten wir uns eher freuen, sollten vielmehr den frommen Eifer preisen, mit dem Menschen die schlecht versehene Obhut über ihre Religion wieder in die eigenen Hände nehmen. Nur ein bißchen großmütige Einsicht, ein wenig gegenseitige Duldsamkeit und ein Quentchen Barmherzigkeit vermöchten all diese Betriebsamkeit in einem einzigen Strom allgemeiner und brüderlicher Wahrheitssuche zusammenzuführen und zu vereinigen, wenn wir bloß aufhören könnten mit jenem Prälatenbrauch[8], freie Gewissensentscheidungen und christliche Freiheiten in von Menschen gemachte kanonische Regeln und Vorschriften zu pressen. Käme irgendein großer und bedeutender Mann aus dem Ausland hierher – einer, der sich darauf versteht, von welchem Wesen und Gemüt ein Volk ist und wie man es leitet, der die hochfliegenden Hoffnungen und Ziele, das fleißige Mühen unserer schweifenden Gedanken und Überlegungen im Streben nach Wahrheit und Freiheit bemerkt –, kein Zweifel, er würde wie weiland Pyrrhus[108], den die Gelehrigkeit und der Mut der Römer mit solcher Bewunderung erfüllten, in den Ruf ausbrechen: Wären das meine Epiroten, so könnte der gewaltigste Plan mir nicht fehlschlagen, der sich ersinnen ließe, um eine Kirche oder ein Königreich glücklich zu machen! Trotzdem verdächtigt man diese Männer als Schismatiker[78] und Sektierer, als wären zu der Zeit, in der man am Tempel des Herrn baute und einige den Marmor schnitten und zu Quadern verarbeiteten und andere die Zedern fällten, Leute am Werk gewesen, die in ihrer Unvernunft nicht bedacht hätten, daß beim Zerlegen der Steine und des Holzes viel Geröll abgespalten wird und viele Splitter fallen, ehe das Haus des Herrn erstehen kann. Und auch wenn jeder Stein kunstvoll an den anderen gefügt wird, gehen sie doch keine feste Verbindung ein, sondern können in dieser Welt nur lose zusammenhalten. Ebensowenig kann jeder Teil des Gebäudes die gleiche Form aufweisen, sondern seine Vollkommenheit liegt ja gerade darin, daß aus vielen leichten Abwandlungen und brüderlichen Unähnlichkeiten, die das Gefühl für Proportionen nicht grob verletzen, jene gefällige und anmutige Symmetrie entsteht, die dem Bauwerk als Ganzem seinen Reiz verleiht. Laßt uns deshalb bedächtigere Baumeister sein und von größerer Weisheit in der geistlichen Architektur, da doch eine bedeutsame Reformation erwartet wird! Denn jetzt scheint die Zeit gekommen, da der große Prophet Mose im Himmel droben sich über die Erfüllung seines denkwürdigen und herrlichen Wunsches wird freuen dürfen, daß nicht nur unsere siebzig Ältesten, sondern alle im Volke des Herrn Propheten geworden sind.[109] Was Wunder also, daß einige Menschen, darunter vielleicht auch rechtschaffene, aber hierin voller jugendlichem Überschwang wie einst Josua[110], ihnen mit Argwohn begegnen. Sie grollen und ängstigen sich, daß diese Gruppen und Grüppchen uns zum Verhängnis werden könnten. Der Feind klatscht seinerseits Beifall und wartet auf seine Stunde, denn, so sagt er sich, wenn sie sich erst in genügend kleine Parteien und Parteiungen verzweigt haben werden, dann kommt meine Zeit. Was für ein Narr er doch ist, daß er die starke Wurzel nicht erkennt, aus der unser aller Baum hervorwächst, auch in seinen Zweigen, und daß er sich nicht besser in acht nimmt, bis er wird erleben müssen, wie unsere kleinen abgesplitterten Trupps seine aufgelösten und ungeordneten Schlachtreihen an allen Stellen durchbrechen. Und daß wir uns Besseres von diesen angenommenen Sekten und Abweichungen erhoffen dürfen und jene – vielleicht aufrichtige, aber übertriebene – Besorgnis derer, die sich davor fürchten, mitnichten zu teilen brauchen, sondern zu guter Letzt den hinterhältigen Beifallklatschern unserer Meinungsverschiedenheiten ins Gesicht lachen werden, davon bin ich aus den folgenden Gründen überzeugt:

Zum ersten: Wenn eine Stadt gleichsam belagert und eingeschlossen ist, ihre Wasserwege bedroht sind, sie von allen Seiten durch Angriffe und Überfälle heimgesucht wird, das Kriegsgetöse und der Schlachtenlärm oft schon bis an ihre Festungswälle und Stadtgräben dringen und die Menschen darinnen oder deren überwiegender Teil, gänzlich hingegeben an die Ergründung der höchsten und wichtigsten Angelegenheiten, die reformiert werden sollen, dann trotzdem mehr als zu anderen Zeiten mit einer schon ans Unerhörte und Wunderbare grenzenden Begeisterung über Dinge streiten, urteilen, lesen, sich den Kopf zerbrechen und miteinander reden, über die sonst keiner geredet oder geschrieben hat, so spricht das zunächst einmal, ihr Lords und Gemeinen, für die ausnehmend gute Meinung, Zufriedenheit und Zuversicht, die sie in eure kluge Vorausschau und zuverlässige Führung setzen, welcher Grundhaltung hinwiederum eine unerschrockene Tapferkeit und wohlbegründete Verachtung gegenüber ihren Feinden entspringen, denn es gibt ja bei uns nicht wenige Menschen mit einem genauso mutigen Herzen, wie es jenem Manne in Rom einst in der Brust schlug, der, als Hannibal die Stadt schon nahezu umzingelt hatte, den Boden zu einem nicht geringen Preise erkaufte, auf dem Hannibals eigenes Regiment sein Lager aufgeschlagen hatte.[111] Zum zweiten ist es ein waches und temperamentvolles Zeichen unserer glücklich errungenen Erfolge und Siege. Wie nämlich in einem Körper die Frische des Blutes und die Reinheit der Regsamkeit der Lebensgeister – die ja nicht nur dem Leibe, sondern auch dem Verstande Kraft spenden und ihn so zu den schärfsten und kühnsten Denkleistungen und feinsten Unterscheidungen befähigen – darüber Auskunft geben, in welch guter Beschaffenheit und Verfassung der Körper sich befindet, genauso auch bezeugt uns das lebhafte Temperament der Menschen – das sich nicht darin erschöpft, die eigene Freiheit und Sicherheit zu schützen, sondern noch so viel überschüssige Kraft besitzt, um sich der härtesten und erhabensten Probleme anzunehmen und neuartige Lösungen zu ergründen –, daß sie nicht abgestorben sind, nicht in tödlichem Verfall dahinsiechen, sondern daß sie die alte und runzelige Haut des Verderbnisses abwerfen, um diesen Qualen zu entgehen und wieder jung zu werden, indem sie die glorreichen Pfade der Wahrheit und blühender Tugend betreten, wodurch sie in diesen unseren Tagen Ruhm und Ehre gewinnen sollen. Mich dünkt, ich sehe vor meinem geistigen Auge eine edle und gewaltige Nation, die wie ein starker Mann nach dem Schlaf die Glieder reckt und die unbesiegbaren Locken schüttelt. Mich dünkt, ich sehe sie als Adler, der sich zu strotzender Jugend mausert und dessen ungeblendete Augen im grellen Strahl der Mittagssonne Flammen sprühen und rein und klar werden bei dem langgeschmähten Anblick der wahren Quelle himmlischen Lichts, indes der ganze Schwarm ängstlich zusammenströmender Vögel im Verein mit allen, die gleichermaßen das Zwielicht lieben, kreischend umherflattert, entsetzt über das, wozu er sich anschickt, und mit zänkischem Geschnatter ein Jahr der Sekten und Abweichungen[78] voraussagen möchte.

Was aber sollt ihr tun? Sollt ihr das ganze erntereife Wissen und das neu entzündete Licht niedertreten, das in dieser Stadt noch immer täglich hell aufleuchtet, sollt ihr eine Oligarchie von zwanzig Alleinhändlern hierüber bestimmen lassen, damit eine abermalige Hungersnot über den Geist kommt, bis daß wir schließlich nichts anderes mehr wissen, als was ihr Scheffel uns zugemessen hat? Glaubt mir, ihr Lords und Gemeinen, wer euch zu solcher Unterdrückung rät, fordert euch im selben Atemzug auf, wie ich gleich zeigen werde, euch selbst zu unterdrücken. Will nämlich jemand den eigentlichen Grund für all dies freie Schreiben und freie Sprechen hören, so läßt sich dafür kein wahrhaftigerer nennen als eure eigene milde, freie und menschliche Regierung; er liegt in der Freiheit beschlossen, ihr Lords und Gemeinen, die ihr uns durch eure eigenen beherzten und segensreichen Entschlüsse errungen habt, jener Freiheit, die die Nährmutter aller großen Geister ist: Sie hat unseren Sinn wie durch himmlische Fügung geläutert und erleuchtet, und sie auch hat unsere Denkkraft um ein vielfaches freier gemacht, erweitert und über sich selbst hinausgehoben. Ihr könnt jetzt nicht Menschen aus uns machen, die weniger züchtig, weniger wissend sind, weniger eifrig nach Wahrheit trachten, ohne im selben Maße euch selbst, die ihr uns doch erst hierzu gemacht habt, als Gönner und Begründer unserer wahren Freiheit untreu zu werden. Wir können durchaus wieder so einfältig, stumpfsinnig, oberflächlich und unterwürfig sein, wie ihr uns vorgefunden habt; aber dann müßt ihr erst einmal werden, wozu ihr außerstande seid, nämlich unterdrückerisch, willkürlich und tyrannisch wie jene, von denen ihr uns befreit habt. Daß unsere Herzen jetzt höher schlagen und unsere Gedanken sich zur Erforschung und Erwartung der größten und unerhörtesten Dinge erheben, ist doch nur dem zündenden Beispiel eurer eigenen Tugend zu danken; ihr könnt das jetzt nicht ungeschehen machen, wenn ihr nicht das längst abgeschaffte unbarmherzige Gesetz wiedereinführen wollt, daß Väter nach Belieben die eigenen Kinder verstoßen können. Und wer wird dann am treuesten zu euch stehen und andere anspornen? Nicht derjenige jedenfalls, der für Wappen und Führerschaft und für seine vier Nobel Dänensteuer zu den Waffen greift! Obwohl ich gegen die Wahrung gerechtfertigter Vorrechte nichts einzuwenden habe, fände ich doch keine Ruhe bei der Vorstellung, daß das schon alles sein solle. Wonach mich verlangt, das ist die allem anderen vorzuziehende Freiheit, sich nach Maßgabe des eigenen Gewissens frei zu unterrichten, zu äußern und mit anderen auseinanderzusetzen.

Was man nun am besten anraten soll, wenn die Unterdrükkung von Meinungen, weil sie neu sind oder zu den landläufig vertretenen nicht passen, sich als derart schädlich und unangemessen erweist, ist nicht meines Amtes zu erläutern. Ich werde lediglich wiederholen, was ich bei einem Angehörigen eures erlauchten Kreises gelesen habe, einem höchst edlen und gottesfürchtigen Lord, den wir jetzt nicht als achtunggebietenden und über jeden Zweifel erhabenen Fürsprecher in dieser Sache würden missen und betrauern müssen, hätte er nicht Gut und Leben für die Kirche und das Gemeinwesen hingegeben. Ihr kennt ihn gewiß, doch will ich ihn um der Ehre willen, die ihm ewiglich gehören soll, bei seinem Namen nennen: Lord Brooke[112]. In seiner Schrift über das Episkopat, die sich beiläufig auch mit Sekten und Abweichungen befaßt, hat er euch sein Votum oder, wie man jetzt vielmehr sagen muß: die letzten Worte seines Sterbevermächtnisses hinterlassen, die euch, wie ich weiß, auf immer lieb und teuer sein werden, da sie so voller Sanftmut und überströmender Güte sind, daß ich mich nicht zu erinnern vermag, wo ich nächst dem Letzten Willen dessen, der seinen Jüngern Liebe und Frieden zum Erbe gab,[113] jemals Worte von größerer Milde und Friedsamkeit gelesen oder gehört hätte. Er ermahnt uns dort, all denen geduldig und demütig zuzuhören, auch wenn man sie schmäht, die reinen Herzens nach Gottes Gebot zu leben trachten, indem sie sich in bestmöglicher Weise von ihrem Gewissen leiten lassen, und ihnen gegenüber Nachsicht zu üben, obwohl wir selber in bestimmten Punkten anders denken mögen. Aus seinem Buch gibt es noch manches, das dort ausführlicher dargestellt ist, zu lernen, denn es liegt uns gedruckt vor und wurde dem Parlament von einem Manne zugeeignet, der es sowohl durch sein Leben als auch durch sein Sterben verdient hat, daß die Ratschläge, die er uns hinterließ, nicht ungeprüft beiseite gelegt werden.

Und nun ist es besonders an der Zeit, durch die Freiheit des Wortes und der Schrift zur weiteren Klärung von Problemen beizutragen, die sich noch in der Schwebe befinden. Der Tempel des Janus[114] mit seinen beiden einander entgegengesetzten Gesichtern mag jetzt nicht ohne tiefere Bedeutung aufgetan werden. Brächen selbst alle Stürme der Lehre gegen die Erde los: solange die Wahrheit im Felde steht, tun wir ihr unrecht, ihrer eigenen Stärke durch die Verhängung von Zensur und Verboten zu mißtrauen. Mag sie gegen die Lüge antreten, denn wer hätte je gehört, daß die Wahrheit in einem freien und offenen Kampfe zu Boden gerungen worden wäre? Ihre Widerlegung ist das beste und sicherste Mittel zu ihrer Unterdrückung. Wer all die Gebete vernimmt, daß das Licht uns erleuchten und eine größere Klarheit der Erkenntnis über uns kommen möge, wird seine Gedanken auf andere Dinge richten, die außerhalb dessen noch der Regelung bedürfen, was uns durch die Weisungen aus Genf[100] schon fix und fertig an die Hand gegeben ist. Wenn aber das Licht, um das wir beten, trotzdem in uns aufleuchtet, so gibt es welche, die uns zürnen und grollen, weil es nicht zuerst durch ihre eigenen Fenster zu ihnen gedrungen ist. Was für ein Widersinn ist es doch, daß uns einerseits der Weise belehrt, es an Eifer nicht fehlen zu lassen und von früh bis spät *das Himmelreich zu suchen wie einen verborgenen Schatz,*[115] und andererseits die Verfügung ergeht, wir dürfen nichts anderes wissen, als was das Gesetz bestimmt. Wenn einer, der in härtester Arbeit tief im Stollen der Erkenntnis nach Wahrheit geschürft, seine Funde mit allem Zubehör ans Tageslicht gefördert, seine Beweisgründe in schlachtbereiter Ordnung aufgestellt und alle Hindernisse auf seinem Wege beseitigt und fortgeräumt hat, seinen Widersacher zum offenen Kampf fordert und ihm sogar den Vorteil gewährt, Ort und Zeit der Auseinandersetzung nach eigenem Belieben zu wählen, um die Entscheidung über Sieg oder Untergang allein dem besseren Argument zu überlassen, und seine Gegner sich statt dessen fortstehlen, in den Hinterhalt legen und dem Herausforderer an einem engen Paß der Zensur auflauern, den er durchqueren muß, so mag das zwar unter Söldnern als hinlängliche Tapferkeit gelten, ist aber doch nur Schwäche und Feigheit in einem Kriege, bei dem es um die Wahrheit geht. Denn wer weiß nicht, daß die Wahrheit an Kraft einzig dem Allmächtigen nachsteht; um ihr zum Sieg zu verhelfen, bedarf es keiner Listen, keiner Ränke und auch keiner Zensur, die doch bloß die Kunstgriffe und Schutzwaffen sind, welche der Irrtum gegen ihre Macht aufbietet. Man gebe ihr lediglich den Weg frei und fessele sie nicht, während sie schläft, denn dann spricht sie nicht wahr – wie der alte Proteus[116], der seine Orakel nur verkündete, wenn er gefesselt und gebunden war –, sondern nimmt vielmehr alle erdenklichen Gestalten an, bloß nicht die eigene, und hängt die Zunge nach dem Wind wie Micha gegenüber Ahab[117], ehe daß sie ihr wirkliches Gesicht zeigt. Dennoch ist es nicht ausgeschlossen, daß sie mehr als nur eine Gestalt haben kann. Wie wollte man sonst erklären, daß es so viele unerhebliche Dinge gibt, bei denen die Wahrheit teils auf der einen und teils auf der anderen Seite liegen kann, ohne sich selbst unähnlich zu werden? Was sonst als bloß ein leerer Schatten wäre die Aufhebung jener *Satzungen, die Heftung jenes Schuldbuches an das Kreuz,*[118] und worin bestünde dann die große Errungenschaft dieser christlichen Freiheit, die Paulus so oft preist? Er lehrt, daß ein jeder des Herrn sein kann, ob er ißt oder nicht ißt, ob er einen Tag höher hält als den anderen oder nicht.[119] Wie viele andere Dinge könnten in Frieden hingenommen und dem Gewissen anheimgestellt werden, wenn wir nur Barmherzigkeit üben wollten und es nicht das wichtigste Bollwerk unserer Heuchelei wäre, immerfort miteinander zu rechten! Ich fürchte, wir spüren noch immer den Abdruck des Sklavenmals im Nakken, den das eherne Joch äußerlicher Gleichförmigkeit uns aufgeprägt hat, und lassen uns weiterhin von einem gewissen Gespenst im steifen Hemd der Züchtigkeit erschrecken. Wir beunruhigen und ereifern uns bei dem leisesten Zeichen, daß die Geister sich scheiden, und wäre es auch nur in Nebensächlichkeiten, und in unserem Ungestüm, sie zu unterdrücken, und unserer Abneigung, wenigstens einen Zipfel der geknechteten Wahrheit dem Griff des Hergebrachten zu entreißen, kommt es uns nicht in den Sinn, die eine Wahrheit vor der anderen zu trennen, was die heftigsten Streitereien und Uneinigkeiten nach sich zieht. Wir werden nicht inne, daß, indem wir weiter streng und unerbittlich an äußeren Formen festhalten, wir alsbald wieder in eine plumpe, gleichförmige Stumpfheit verfallen könnten, in den festen und tödlichen Erstarrungszustand einer zusammengepreßten und gefrorenen Masse aus *Holz, Heu und Stroh*[120], woran eine Kirche weit eher zugrunde gehen kann als an den mannigfaltigen Abspaltungen winziger Sekten. Es steht mir fern, jeden leichten Schwenker zu billigen oder anzunehmen, daß alles in einer Kirche *Gold und Silber und edle Steine*[120] seien; einem Menschen ist es nicht gegeben, den Weizen vom Unkraut oder die guten Fische vom übrigen Fang zu sondern: Dies muß der Engel am Ende unserer Erdentage besorgen.[121] Wenn wir aber doch nicht alle eines Sinnes sein können, wie es gewünscht wird, so ist es zweifelsohne angemessener, klüger und christlicher, lieber viele gewähren zu lassen, als alle zu zwingen. Ich meine nicht, daß man Papsttum[122] und offenen Aberglauben gewähren lassen sollte, die genauso, wie sie jede religiöse und staatsbürgerliche Eigenverantwortung ausrotten, selber ausgerottet gehören, immer vorausgesetzt, es sind zunächst alle barmherzigen und verständnisvollen Mittel benutzt worden, um die Schwachen und Fehlgeleiteten wiederzugewinnen und auf die rechte Bahn zurückzuführen. Auch was in durchaus lästerlicher oder böswilliger Weise gegen den Glauben oder die Sitten verstößt, kann kein Gesetz füglich dulden, das sich nicht selber außerhalb des Gesetzes stellen will. Wovon ich vielmehr spreche, das sind die am Rande liegenden Streitsachen oder besser: Nebensachen bezüglich bestimmter Einzelheiten der Lehre oder der Kirchenzucht, deren es zwar viele geben mag, die aber dennoch *der Einigkeit im Geist* keinen Abbruch zu tun brauchten, wenn wir nur untereinander das Band des Friedens[123] finden könnten. Wer nur hat solche Jesuiten[124] aus uns gemacht, daß wir jemanden – der, während wir uns mit der langsam vorrückenden Reformation mühen, unterdessen etwas dafür schreiben und seine Hand in ihren Dienst stellen möchte, weil die Wahrheit sich ihm eher als anderen offenbart hat oder zumindest dieser Anschein besteht – mit der Forderung behelligen, er solle für eine so würdige Tat um eine Lizenz nachsuchen, ohne zu bedenken, daß nichts so sicher dem Verbot anheimfallen wird, falls es zu einem Verbot kommt, wie die Wahrheit selbst, die in unseren durch Vorurteil und Gewohnheit getrübten und geblendeten Augen auf den ersten Blick ja häßlicher und abstoßender anmutet als viele Irrtümer, ähnlich wie manch bedeutender Mann unscheinbar und verächtlich wirkt, wenn man sein Äußeres besieht. Und wie können sie uns neue Meinungen als falsch einreden, da doch allein diese ihre Meinung, es dürfe nur gehört werden, wer ihr Wohlwollen besitze, von allen Meinungen die schlimmste und neueste und der Hauptgrund dafür ist, daß es so zahlreiche Sekten und Abweichungen gibt und die wahre Erkenntnis von uns ferngehalten wird? Da ist aber noch eine größere Gefahr: Wenn nämlich Gott ein Reich mit einer starken und heilsamen Begierde nach allgemeiner Erneuerung wachrüttelt, so ist es zwar nicht unrichtig, daß sofort viele Sektierer und falsche Lehrmeister als die rührigsten Verführer auf den Plan treten werden, aber noch richtiger ist, daß Gott zu seinem eigenen Werke

Menschen von überdurchschnittlicher Begabung und außerordentlichem Eifer erstehen läßt, damit sie nicht nur zurückschauen und prüfen, was in der Vergangenheit gelehrt worden ist, sondern auch vorwärtsschreiten und ein paar neue, erleuchtete Schritte zur Entdeckung der Wahrheit tun. Es ist nämlich Gottes Weise, sein Licht erst nach und nach zu verbreiten und auszuteilen, wenn er seine Kirche erleuchtet, so wie es für unsere irdischen Augen am besten zu ertragen ist. Auch ist Gott in seiner Entscheidung nicht festgelegt und eingeengt, wo und von welcher Stelle aus diese seine Erwählten zuerst ihre Stimme erheben sollen, denn er sieht nicht mit Menschenaugen, wählt nicht nach Menschenart, damit nicht wieder der Fall eintritt, daß wir uns zu ganz bestimmten Orten, Versammlungsstätten und äußerlichen Betätigungen von Menschen hingezogen fühlen und unseren Glauben das eine Mal in dem alten Synodenhaus und das andere Mal in der Kapelle von Westminster ansiedeln,[125] wo doch alle Glaubensartikel und alle Religion, die man dort heilighält, ohne schlichte Überzeugung und die Nachsicht geduldiger Belehrung nicht imstande sind, den leisesten Gewissensaufruhr zu besänftigen und den niedrigsten Christen aufzurichten, der im Geiste zu wandeln trachtet und nicht nach dem Buchstaben des Menschenglaubens, und mögen dort noch so viele Stimmen auf ihn einreden, ja selbst Henry der Siebente[126] nebst all seinen Getreuen in den Gräbern ringsum ihnen die Stimmen der Toten leihen, um ihre Zahl zu vergrößern. Und falls die Männer irren, die als die führenden Schismatiker[78] gelten, was – wenn nicht allein unsere Trägheit, unser Eigensinn und unser mangelndes Vertrauen in die gerechte Sache – hält uns davon ab, ihnen freundlich guten Tag und guten Weg zu sagen und die Angelegenheit, wenn schon nicht ihnen zuliebe, so doch um unser selbst willen, im Rahmen freimütiger und wiederholter Anhörungen zu besprechen und sorgfältig zu untersuchen, da wir ja sehen, daß niemand, der einmal an der Wissenschaft Geschmack gefunden hat, nicht auch gern zugeben wird, welch vielfältigen Nutzen er denen verdankt, die, mit den veralteten Rezepten unzufrieden, der Welt neue Standpunkte zu bringen und zu eröffnen vermögen? Und wären sie nicht mehr wert als der Staub und die Asche an unseren Füßen: solange sie in dem genannten Sinne dazu taugen, das Panzerkleid der Wahrheit in um so hellerem Glanze erstrahlen zu lassen, sollten wir sie schon deshalb nicht gänzlich von uns stoßen. Falls sie indessen zu denen gehören, die Gott zum besonderen Nutzen dieser Zeiten mit bedeutsamen und weitreichenden Fähigkeiten ausgestattet hat und die vermutlich weder bei den Pfaffen noch bei den Pharisäern zu finden sein werden, und wir nun vorschnell und übereifrig keinerlei Unterschiede machen, sondern ihnen den Mund zu verbieten beschließen, weil wir befürchten, sie kämen mit neuen und gefährlichen Meinungen daher, als was wir in unserer Voreingenommenheit gemeinhin alle Meinungen abtun, ehe wir sie noch begriffen haben, dann wehe uns, denn während wir auf solche Art und Weise das Evangelium zu verteidigen glauben, erweisen wir uns vielmehr als dessen Widersacher.

Seit das jetzige Parlament im Amt ist,[127] hat es nicht wenige gegeben, und zwar Presbyterianer[10] ebensowohl wie auch andere, die durch ihre ungenehmigten Bücher unter Mißachtung eines Imprimatur[34] als erste die dreifache Eisschicht aufbrachen, die sich um unsere Herzen gelegt hatte, und die Menschen lehrten, das Tageslicht zu sehen. Ich hoffe, von ihnen hat niemand dafür geworben, uns aufs neue diese Knechtschaft aufzuerlegen, nachdem sie selber soviel Gutes gewirkt hatten, indem sie sie verwarfen. Wenn jedoch weder die Zurechtweisung, die Mose dem jungen Josua aussprach, noch die Rüge, die unser Heiland dem jungen Johannes erteilte, der so rasch bei der Hand war, denen zu wehren, die er jenseits des Erlaubten wähnte,[128] nicht ausreichen, um unsere Ältesten daran zu gemahnen, wie unannehmbar in Gottes Augen ihre starrköpfige Neigung zum Verbieten ist, wenn auch ihre eigene Erinnerung an das durch die Zwangsmaßnahme der Zensur in der Kirche wuchernde Übel und das von ihnen durch ihr eigenes Zuwiderhandeln bewirkte Gute nicht genügt, sondern sie nichtsdestoweniger jenen äußerst dominikanischen Teil der Inquisition[129] durchzuführen und an uns zu vollstrecken gesonnen sind und sogar schon einen Fuß in den Steigbügel einer so beflissenen Unterdrückung gesetzt haben, so heißt es nicht weniger als ausgleichende Gerechtigkeit üben, wenn man zunächst die Unterdrücker selbst unterdrückt, die der Wechsel ihrer Umstände eher hochmütig gemacht hat, als daß sie durch die frische Erfahrung aus schwereren Zeiten weise geworden wären.

Und im Hinblick auf die Regelung des Druckwesens möge niemand sich einbilden, er habe die Ehre, euch besser zu beraten, als ihr selber es in jener Verordnung getan hattet,[130] die der unmittelbare Vorgänger der jetzt erlassenen[5] war und die bestimmte, daß kein Buch gedruckt werden dürfe, sofern nicht wenigstens der Name des Druckers und gegebenenfalls auch des Verfassers im Register eingetragen sei. Gegen alle anderweitig veröffentlichten Bücher von erwiesenermaßen verderblichem und schändlichem Inhalt kann der Mensch sich am einfachsten und wirksamsten durch die Inanspruchnahme von Feuer und Henker schützen. Diese eindeutig spanische Erfindung der Buchzensur[33] wird nämlich, wenn mich nicht alles täuscht, bald schon selber auf dem Index der unerlaubtesten Schriften landen, war sie doch seinerzeit das unmittelbare Vorbild für einen diesbezüglichen Erlaß der Sternkammer[131] gewesen, eines der letzten frommen Werke dieses Gerichts, wofür es jetzt mit Luzifer der Sterne verlustig gegangen ist. Daraus mögt ihr entnehmen, welche Art von Staatsklugheit, welche Menschenliebe, welche Sorge um die Religion oder die guten Sitten dort am Werke waren, obschon man in beispielloser Scheinheiligkeit vorgab, lediglich ein schickliches Verhalten von Büchern erzwingen zu wollen. Wie kam es nun dazu, daß man eure frühere, so sinnvoll eingerichtete Verordnung zu Fall gebracht hat? Wenn wir denen glauben dürfen, die von Berufs wegen mehr als andere genötigt sind, den Dingen auf den Grund zu gehen, so ist zu vermuten, daß daran die betrügerischen Vorspiegelungen gewisser alteingesessener Patent- und Monopolinhaber aus dem Buchhändlergewerbe nicht ganz unbeteiligt gewesen sind, die unter dem Vorwand, daß die armen Mitglieder ihrer Gilde nicht benachteiligt werden sollten und jedem die Urheberschaft an seinem jeweiligen Werk gerechterweise vorbehalten bleiben müsse – wogegen ich, Gott behüte, nichts einzuwenden habe –, mit ihren Schönfärbereien, denn mehr war es gewiß nicht, im Parlament verschiedentlich Stimmung gemacht haben, und dies zu keinem anderen Zweck, als um die Herrschaft über ihre Brüder auszuüben, über

Männer, die bestimmt nicht deshalb diesem ehrbaren Beruf nachgehen, dem die Wissenschaft vieles verdankt, um sich zu anderer Leute Knechten machen zu lassen. Ein anderer Gedanke, von dem sich vermutlich einige Leute leiten ließen, als sie durch Petition auf diese Verordnung hinarbeiteten, galt der sich ihnen dadurch bietenden Möglichkeit, bösartige Bücher gegebenenfalls um so bequemer im Ausland unterbringen zu können. Doch auf derartige kaufmännische Trugschlüsse und Fehlkalkulationen will ich mich hier nicht einlassen. Eines weiß ich gewiß: Jede Regierung, sei sie gut oder schlecht, wird nahezu unvermeidlich Fehler begehen, denn die Obrigkeit mag zuweilen falsch unterrichtet sein, was um so eher geschieht, wenn die Freiheit des Druckes in die Gewalt einiger weniger gegeben wird; einen begangenen Fehler aber bereitwillig und schnellstens zu berichtigen und dessen offenherzige Bekanntmachung höchsten Ortes mit mehr Wertschätzung aufzunehmen als andere Leute früher kostspielige Bestechungsgeschenke, ist eine Tugend, verehrte Lords und Gemeine, die euren erhabensten Taten wohl ansteht und deren nur die größten und weisesten Männer teilhaftig sein können.

THE TENURE OF
KINGS
AND
MAGISTRATES.

PROVING,

That it is Lawfull, and hath been
held so through all Ages, for any,
who have the Power, to call to account a
Tyrant, or wicked KING, and after
due conviction, to depose, and put
him to death; if the ordinary MA-
GISTRATE have neglected, or
deny'd to doe it.

And that they, who of late, so much blame
Deposing, are the Men that did it themselves.

The Author, J. M.

LONDON,
Printed by *Matthew Simmons*, at the Gilded
Lyon in Aldersgate Street, 1649.

Der Anspruch

von Königen und Obrigkeiten[132]

worin bewiesen wird,

daß es für alle, die hierzu die Macht haben,
rechtens ist und auch allzeit so empfunden
wurde, einen Tyrannen oder schlechten König
zur Rechenschaft zu ziehen und bei ordnungsgemäß erwiesener Schuld abzusetzen und hinzurichten (falls die bestehende Obrigkeit
dies unterlassen oder abgelehnt hat), und daß
die Leute, die neuerdings die Absetzung so sehr
verurteilen, just dieselben sind, die sie recht
eigentlich herbeigeführt haben

Verfaßt von J. M.

Gedruckt von Matthew Simmons, „Goldener Löwe",
Aldersgate Street, 1649

Ließen die Menschen sich von der Vernunft in ihrem Innern leiten, statt ihren Verstand für gewöhnlich der doppelten Tyrannei von äußerem Brauch und blinden inwendigen Neigungen zu überantworten, so vermöchten sie wohl besser zu erkennen, was es heißt, den Tyrannen eines Volkes zu begünstigen und zu stützen. Da sie jedoch innerlich Sklaven sind, überrascht es nicht, wenn sie so eifrig danach trachten, die inwendige Schlechtigkeit, von der sie selber beherrscht werden, auch nach außen zur öffentlichen Richtschnur gemacht zu sehen. Die Freiheit wirklich lieben können nämlich nur rechtschaffene Menschen; die übrigen lieben nicht die Freiheit, sondern die Willkür, der nirgends soviel Spielraum und Duldung zuteil wird wie unter Tyrannen. Deshalb erregen schlechte Menschen, die ja von Natur alle unterwürfig sind, selten Anstoß oder Besorgnis bei Tyrannen, während jene, deren Tugend und wahrer Wert am offenkundigsten hervortritt, als ihre rechtmäßigen Herren von ihnen ernstlich gefürchtet werden und all ihren Haß und Argwohn auf sich lenken. Dementsprechend empfinden schlechte Menschen auch ihrerseits keinen Haß gegen Tyrannen, sondern sind vielmehr stets am willigsten bei der Hand gewesen, um die eigene niedrige Kriecherei unter Verfälschung der Begriffe von Treue und Gehorsam zu beschönigen. Und obwohl sie[133], sei es aus Scham oder auf Grund eigener Beschwernisse, besonders wenn es an ihre Börse ging, eine Zeitlang den Anschein erwecken mochten, als seien sie gute Patrioten und mit der besseren Sache im Bunde, sind doch diese Menschen und sicheren Helfer in der Not auf einmal wie umgewandelt, wenn andere, die in ihrer Standhaftigkeit und Heldenmütigkeit nichts fürchten als allein den Fluch, welcher dem droht, *der des Herrn Werk lässig tut,*[134] in der Befreiung ihres Landes weitergehen und nicht nur das Leid und die Knebelung eines Volkes, sondern auch deren Wurzeln und Ursachen beseitigen wollen – so als haßten sie zwar das Unheil, nicht aber dessen Stifter –, nachdem sie selber vorher alle Welt beschwatzt und hinters Licht geführt, gegen ihren König gehetzt und die Waffen erhoben, ihm seine Würde und Unantastbarkeit abgesprochen, ja von ihren Kanzeln herab und in ihren Flugschriften ihn allenthalben verflucht hatten, um aufrechte und lautere Menschen bis zur äußersten Grenze dessen anzuspornen, wovor zurückzuweichen überhaupt noch möglich oder ehrenhaft hätte sein können, wobei sie jetzt nicht nur den Grundsätzen abschwören, die allein diese ursprünglich in Bewegung gesetzt hatten, sondern jene Handlungen als Treulosigkeit, wenn nicht Schlimmeres, verlästern, die doch nur die unerläßlichen Folgen ihres eigenen früheren Tuns sind und die sie gewiß nicht ungern gelitten hätten, wären sie einzig und allein der eigenen Partei zugute gekommen, ohne bei alledem zu bedenken, daß sie in den Augen dessen, vor dem sie sich mit ihrer neuerlichen Ergebenheit brüsten, Mitschuldige waren und er sie nach denselben Statuten und Gesetzen, die sie mit so kraftloser Drohgebärde gegen andere in Anschlag bringen, für das, was sie bereits getan, als Verräter hätte hinrichten lassen. Zwar sind die meisten Leute für Bürgerkriege und Tumulte nur allzuschnell zu gewinnen, solange sie etwas Neues sind, und werden dann für einen Augenblick heißblütig und tatendurstig, aber entweder geben sie aus Trägheit oder Wankelmut und geistiger Schwachheit auf halbem Wege auf, ehe ihre eigenen Ansprüche, seien sie auch noch so gerechtfertigt, erfüllt sind, oder eine angeborene Falschheit und Niedertracht läßt sie, oftmals zu ihrem eigenen Untergang, Männer von edelster Gesinnung verraten, die mit ihnen aus Gründen zusammengegangen waren, von denen sie bei ihren überstürzten Unternehmungen keinen blassen Schimmer hatten.

Wenn Gott und eine gute Sache sie den Sieg davontragen lassen, dessen Erringung meistenteils Gesetzesänderungen, Regierungswechsel und den Sturz von Fürsten und deren Familien unausweichlich nach sich zieht, so obliegt es nunmehr jenen wackeren Männern, die die Seele des Ganzen sind, inmitten des Drängens und Lärmens gewöhnlicher und unvernünftiger Menschen unter Schweiß und Mühen ihres Amtes zu walten. Die einen kämpfen um Vorrechte, Gewohnheiten, Formen und jene alte Verstrickung in das Unrecht in Gestalt von undurchsichtigen Gesetzen, obwohl sie das Wahrzeichen ihrer vormaligen Knechtschaft sind. Andere, die am wildesten gegen ihren Fürsten als einen von ihnen selbst so bezeichneten Tyrannen Stimmung gemacht und nicht wenig zu dem Kriege wider ihn beigetragen hatten, sprechen nun plötzlich – nachdem die Vorse-

hung und die erhabene Fügung Gottes ihn in die Hände
ihrer Brüder gegeben – in einer neuen Anwandlung von
Untertanentreue, die durch ihre eigenen Taten längst widerlegt ist, zu seinen Gunsten, bemitleiden ihn, singen sein
Lob und wenden sich gegen jene, die davon reden, ihn vor
Gericht stellen zu wollen, das als das Schwert Gottes allen
irdischen Dingen übergeordnet ist, wem auch immer es
nach seinen durch wahrnehmbare Zeichen verlautbarten
Willen in die Hand gelegt werden soll. Wenn wir aber ins
Auge fassen, wer und was diejenigen sind, die sich da auf
einmal so mitleidsvoll gebärden, so läßt sich mit Gewißheit
sagen, daß ihr Mitleid kein wahrhaftes und christliches Er-
barmen sein kann, sonder entweder Leichtfertigkeit und
Oberflächlichkeit ist oder Ausdruck ihrer fleischlichen Bewunderung jener weltlichen Pracht und Herrlichkeit, deren
sie ihn entkleidet sehen, oder vielmehr letztlich ein heuch-
lerisches und aufrührerisches Mitleid, das sie eifrig vortäu-
schen, um neue Zwietracht zu säen. Was die Barmherzigkeit einem Tyrannen gegenüber anlangt, wie sie ihn so oft
im Angesicht Gottes, der Engel und der gesamten heiligen
Kirche genannt haben, wobei sie ihn anklagten, weit mehr
unschuldiges Blut vergossen zu haben als selbst Nero[135] zeit
seines Lebens, so ist die von ihnen vorgespielte Barmherzigkeit die Barmherzigkeit gottloser Menschen, von deren
Herz geschrieben steht, daß es unbarmherzig ist,[136] indem
sie das Wohl eines ganzen Volkes aufs Spiel setzen, um nur
einen einzigen zu verschonen, den sie so oft als Agag[137] bezeichnet haben, und indem sie das Blut vieler Jonathane
mit Schande besudeln, die Israel errettet haben,[138] und mit
peinlicher Genauigkeit auf der allerentbehrlichsten und
obendrein aus dem Zusammenhang gerissenen Festlegung
ihres Covenants[139] bestehen (derzufolge die Furcht vor
Neuerungen und der absurde Widerspruch einer mit Lie-
benswürdigkeit gepaarten Feindschaft ihnen eine gewisse
Zurückhaltung auferlegten), aber, um sich lieb Kind zu machen, keinerlei Bedenken tragen, das Leben vieler tausend
anderer Christen einer unerbittlichen Vergeltung auszuliefern.
Da gibt es andere, die der Lauf der Dinge dazu ausersehen
hat, an bedeutsamen Handlungen mitzuwirken, welche
über die hergebrachten Gesetze und Gewohnheiten hinaus-

reichen, oder zumindest ihre Stimme und ihre Billigung dafür abzugeben, und die sich nun zu winden beginnen und fast das Zittern bekommen vor der Majestät und Größe einer edelmütigen Tat, als seien sie soeben in eine schwere Sünde verstrickt worden: Sie streiten über Präzedenzfälle, Formfragen und Nebensächlichkeiten, während das Gemeinwesen über dem Mangel an echten, in Treu und Redlichkeit jetzt eiligst zu vollbringenden Taten fast zugrunde geht. Diesen wünsche ich bessere Einsicht und jene Seelenstärke, die ihr Auftrag erheischt; was das erstere, nämlich die Einsicht, betrifft, so werde ich gern versuchen, ihnen dazu zu verhelfen, wie es meine Pflicht ist, und sie ermahnen, nicht von ihrem frommen und redlichen Vorsatz abzulassen, dem jetzigen Parlament und der Armee mit all ihrer Kraft und all ihrem Beistand auf dem ruhmvollen Wege zur Seite zu stehen, auf den die siegreiche Gerechtigkeit sie geleitet hat, welche zu allen Zeiten nächst unmittelbarer Offenbarung einzig zur höchsten Gewalt in Unternehmungen wie dieser berufen ist, die sich bislang mit noch allem messen zu können scheinen, was je ein Zeitalter oder ein Volk in der Vergangenheit an gerechten und selbstlosen Werken vollbracht hat. Auch mögen sie sich nicht von gewissen neuerdings abtrünnigen Schreckgespenstern entmutigen oder beirren lassen, die unter dem Vorwand, Rat erteilen zu wollen, ihre keifenden Ermahnungen und Mementos in die Welt senden, deren ganzer Inhalt sich in der Verärgerung einer nicht zum Zuge gekommenen Partei erschöpft. Wie nämlich könnte solcher vermeintliche Rat vernünftig und redlich sein, wenn die, die ihn geben, aus Wut oder Groll über ihre unerreichten Ziele nicht einmal erkennen, daß jene Gesetze und Schriftbelege, die sie in ebenso lügnerischer wie heimtückischer Verdrehung gegen ihre Freunde und Mitstreiter in Anschlag bringen, nach dem Spruch des gemeinsamen Gegners zuallererst und am härtesten doch sie selbst treffen würden? Genausowenig möge ihr Hang zu Nachsicht und Behutsamkeit in törichter Weise ihr Pflichtgefühl und ihre Standhaftigkeit erlahmen und sie dem Einfluß der weibischen Zungenfertigkeit irgendwelcher geriebenen Priester und Kaplane erliegen lassen, die ihnen, wie es Sitte ist, zunächst einen vertraulichen Brief mit freundlichen Ratschlägen schreiben, den die Absender gleichwohl, damit wir nur ja einen Begriff von ihrer freundschaftlichen Gesinnung bekommen, auf der Stelle veröffentlichen, um ihren abscheulichen Haß über denjenigen auszugießen, an den sie vorgeblich aus Nächstenliebe herangetreten waren. Es lasse auch niemand sich durch den Unverstand oder die berüchtigte Scheinheiligkeit und Doppelzüngigkeit unserer wendigen Geistlichen täuschen, deren Gewissen und Frechheit nicht davor zurückschrecken, die Bibel im Munde zu führen, deren Worten sie für ihre Zwecke einen widersprüchlich-zweideutigen Sinn unterlegen und andichten, wodurch sie die heilige Wahrheit Gottes in ein Götzenbild[114] mit zwei in entgegengesetzten Richtungen blickenden Gesichtern verwandeln, und deren Text sie im selben Atemzuge zur Anklage wider andere wie zu eigener Rechtfertigung drehen. Solange nämlich noch die Hoffnung sie beflügelte, daß man sie zu Herren über Kreis- und Provinzsynoden machen werde, solange die Ansammlung mehrerer Pfründen ihnen lockend und verführerisch ins Auge stach, die der Religion zu schlimmerer Schmach und Schande gereicht als sämtliche Sekten und Ketzereien, gegen die sie wettern, solange auch galt es als rechtens, als gesetzlich und beileibe nicht als Widerstand gegen höhere Gewalten, die Person des Königs und nicht minder eine Gruppe seiner Lords und Gemeinen zu bekämpfen und gegen beide Häuser des Parlaments gewaltsam vorzugehen: Widerstand sollte allein gegen solche Kräfte unzulässig sein, die das Gute förderten und das Böse bestraften. Wenn sie aber – nun, da ihre besserwisserische Bevormundung nicht mehr in allen Dingen geduldet wird, da Wahrheit und Gewissen frei werden und der Zehnt[140] und die Pfründenanhäufung ein Ende haben sollen, obwohl ihnen immerhin ein angemessenes Einkommen winkt und durch ihr geschicktes Zutun ein warmer Segen großzügiger Zuwendungen ins Haus steht – jetzt Abgeordnete des Parlaments unter der Beschuldigung ausschließen und ihrer Freiheit berauben wollen, daß sie sich dafür ausgesprochen haben, entsprechenden Übeltätern ohne Ansehen der Person nach dem landesüblichen Gesetz gegen Mord einen ordentlichen Prozeß zu machen, so handeln sie nicht anders als weiland Korah, Dathan und Abiram.[141] Derselbe, der eben noch auf ihren Kanzeln ein verfluchter Tyrann, ein Feind wider Gott und die Heiligen gewesen ist, dem all das in drei Königreichen[142] unschuldig vergossene Blut anzulasten und folglich der Kampf anzusagen sei, ist nun, ohne daß er im geringsten Reue gezeigt hätte oder von seinen früheren Grundsätzen abgerückt wäre, ein rechtmäßiger Herrscher, ein souveräner Gebieter und ein Gesalbter des Herrn, an den niemand Hand legen dürfe, obwohl sie ihn doch selber eingesperrt haben. Als ob nur solcher Gehorsam den Namen verdiente, der den bloßen, nutzlosen Leib seiner Person – und zwar, wohlbemerkt, im Kerker, nicht etwa auf dem Felde – am Leben erhält, seine Befehle mißachtet, ihm seine Würde und sein Amt streitig macht und seiner Gewalt allenthalben trotzt, es sei denn, es stünde zu erwarten, daß diese allein in den eigenen Reihen fortleben werde.

Wer nun im einzelnen als Tyrann anzusehen ist, kann in einer allgemeinen Erörterung wie dieser allenfalls hypothetisch bestimmt werden; um darüber zu befinden, müssen die gegen ihn im einzelnen erhobenen Beschuldigungen nebst ausreichenden Beweisen vorliegen, was nach Lage der Dinge zu beurteilen ich der Obrigkeit oder zumindest den redlicheren, wenn auch nicht gerade in der Überzahl befindlichen Vertretern derselben und des Volkes überlasse, die am wenigsten dazu neigen, den eigenen Parteigeist über das Gesetz der Natur und der rechten Vernunft zu stellen. Soviel wage ich allerdings als meine feste Überzeugung hier zu bekennen: Falls es jemanden gibt, sei er König, Tyrann oder Kaiser, dessen getreue Untertanen auf sein Geheiß massenhaft hingeschlachtet und dessen Provinzen als Pfand oder Eigentum denen zum Lohn angetragen werden, die er eigens herbeigerufen und zur Zerstörung ganzer Städte und Landesteile aufgefordert hat, so soll das Schwert der Gerechtigkeit ihn in der Hand eines jeden ereilen, der nur immer die Macht besitzt, eine so sintflutartige Vergießung unschuldigen Blutes zu sühnen. Denn wenn sämtliche menschliche Gewalt, den Zorn Gottes an ausnahmslos allen Übeltätern nicht nur zufälligerweise, sondern vorsätzlich zu vollstrecken, von Gott stammt, dann ist auch alle Gewalt – sei sie ordentlicher, oder falls das nicht hilft, außerordentlicher Art –, die den besagten Willen Gottes solchermaßen vollstreckt, rechtmäßig und jeder Widerstand dagegen unerlaubt. Um jedoch die ganze Frage etwas gründlicher zu behandeln, will ich hier in aller gebotenen Kürze zunächst darlegen, wo die Könige überhaupt einst ihren Anfang und Ursprung genommen haben und wie und weshalb sie zu einer derartigen Würde über ihre Brüder erhoben worden sind, und, davon ausgehend, beweisen, daß man mit demselben Recht, mit dem man sie ursprünglich gewählt hat, sie auch wieder absetzen und zur Verantwortung ziehen darf, wenn sie zu Tyrannen geworden sind. Dabei werde ich mich auf Gewährsleute und auf Beweisgründe stützen, die ich, allem zu gewärtigenden Gegeifer unserer doppelzüngigen Geistlichen zum Trotz, nicht in irgendwelchen Winkeln bei Schismatikern[78] und Ketzern aufgelesen, sondern aus den Schriften der erlauchtesten und vertrauenswürdigsten Gelehrten entlehnt habe, von Autoren, die weder verboten noch größtenteils Heiden sind, sondern mosaisch, christlich, rechtgläubig und – was für unsere Gegner[133] klärlich noch überzeugender sein dürfte – presbyterianisch.

Keiner, der auch nur etwas Wissen besitzt, kann so einfältig sein, in Abrede zu stellen, daß alle Menschen als die Gleichnisse und Ebenbilder des leibhaftigen Gottes frei geboren und mit dem Vorrechte vor allen anderen Geschöpfen ausgestattet wurden, zu herrschen und nicht zu gehorchen, und daß sie auch so lebten, bis der Fehltritt Adams[75] den Auftakt gab, daß sie selber Unrecht und Gewalt widereinander zu üben begannen; da sie aber vorhersahen, daß sie allesamt zugrunde gehen müßten, falls sie so weitermachten, verpflichteten sie sich durch den Abschluß eines wechselseitigen Vertrages, einander vor Unrecht zu schützen und gemeinsam jedem Widerstand zu leisten, der sich solcher Übereinkunft als Störenfried oder Widersacher in den Weg stellen würde. So entstanden Städte, Marktflecken und Staaten. Und da man feststellte, daß das gegebene Versprechen nicht von allen mit genügender Zuverlässigkeit eingehalten wurde, erachtete man es als notwendig, jemanden mit der Vollmacht auszustatten, etwaige Übergriffe gegen den Frieden und das Recht aller durch Gewalt und Strafe zu zügeln. Diese Vollmacht und Gewalt zur Selbstverteidigung und Selbsterhaltung, die in Ursprung und von Natur jedem einzelnen und alsdann allen gemeinschaftlich zu eigen gewesen war, übertrug und vereinigte man jetzt – um der Bequemlichkeit und der Ordnung willen und damit nicht jeder sein eigener parteiischer Richter wäre – auf einen einzigen Menschen, den man wegen seiner überragenden Weisheit und Lauterkeit allen übrigen vorzog, oder auch auf mehrere Personen, die als gleicherweise verdienstvoll galten. Den ersteren nannte man König, die anderen Obrigkeiten. Dies geschah nicht, damit sie sich als Herren und Gebieter aufspielen sollten (wenngleich diese Bezeichnungen später aus freien Stücken Männern beigelegt worden sind, die sich unschätzbare Verdienste um das Volkswohl erworben hatten), sondern damit sie dessen Abgeordnete und Beauftragte wären, um kraft der ihnen verliehenen Gewalt jene Gerechtigkeit zu üben, die sonst jedermann nach dem Zwang der Natur und des Vertrages für sich allein und gegen seinesgleichen hätte üben müssen. Und wer ernstlich bedenkt, warum wohl unter freien Menschen nur einer die staatsrechtliche Entscheidungsgewalt und Gerichtsbarkeit über einen anderen zugesprochen erhalten solle, kann sich einen anderen Zweck und Beweggrund hierfür überhaupt nicht vorstellen. Diese Menschen waren eine Zeitlang redliche Herrscher gewesen und hatten mit großem Gerechtigkeitssinn sämtliche ihrem Spruch anvertrauten Angelegenheiten entschieden, bis die Versuchung einer ihnen so unumschränkt übereigneten Gewalt sie eines Tages ungerecht und parteiisch werden ließ. Nachdem man sich durch eigene Anschauung hatte überzeugen müssen, welche Gefahren und Nachteile die Übertragung einer willkürlichen Gewalt auf einen einzigen Menschen mit sich brachte, dachte man sich nun Gesetze aus, die von allen entweder gemeinsam gemacht oder gebilligt wurden, um die Vollmacht dessen zu begrenzen und zu beschneiden, den man zum Herrscher ausersehen hatte, damit fortan nicht mehr ein Mensch, dessen Fehlbarkeit erwiesen war, sondern Gesetz und Vernunft, soweit als möglich von persönlichen Irrtümern und Unvollkommenheiten gereinigt, über alle bestimmen solle. Wie also die Obrigkeit dem Volke überstellt war, genauso sollte auch das Gesetz über der Obrigkeit stehen. Als auch dies nichts fruchtete, sondern die Gesetze entweder nicht vollstreckt oder falsch gehandhabt wurden, war man nunmehr gezwungen, das einzige noch verbliebene Mittel anzuwenden, nämlich allen Königen und Obrigkeiten bei ihrer Amtseinsetzung Bedingungen zu stellen und den Eid abzunehmen, daß sie im Sinne des Gesetzes unparteiisch Gerechtigkeit üben würden, unter welcher alleinigen Voraussetzung sie auf die Ergebenheit des Volkes zählen konnten, das heißt auf dessen pflichtschuldige und vertragstreue Bereitschaft, ihnen bei der Vollstreckung jener Gesetze zu gehorchen, die es, das Volk, selber gemacht oder gebilligt hatte. Und dies oft mit der ausdrücklichen Warnung, daß das Volk sich seiner Treuepflicht enthoben sehen würde, falls der König oder die Obrigkeit sich des in sie gesetzten Vertrauens unwürdig erweisen sollten. Auch fügte man Ratsherren und Parlamente hinzu, und zwar nicht, um lediglich des Königs Wink gefügig zu sein, sondern um an seiner Seite oder auch ohne ihn zu bestimmten oder zu allen Zeiten im Falle drohender Gefahr für die öffentliche Sicherheit einzustehen. Deshalb heißt es bei Claude de Seyssel[143], einem französischen Staatsmann: „Das Parlament wurde zu des Königs Zügelung eingesetzt", was ich vor allem deshalb hier zitiere, obwohl unsere englischen Rechtsgelehrten schon lange vor ihm dasselbe gesagt hatten, weil die französische Monarchie nach allgemeiner Einschätzung die unsere an Unumschränktheit bei weitem übertrifft. Daß dies und alles übrige bisher Gesagte zutiefst wahr ist, könnte an einer Fülle von Beispielen aus der gesamten heidnischen und christlichen Geschichte unter Einschluß selbst jener Völker gezeigt werden, wo Könige und Kaiser auf Mittel und Wege gesonnen haben, um durch ihre Übergriffe und Machtanmaßungen jede frühere Erinnerung an das Recht des Volkes auszulöschen. Ich schenke mir jedoch lange Einschübe und verweise auf die bekannten Verfassungen der beiden jüngsten christlichen Reiche in Europa, nämlich des byzantinischen und des deutschen Reiches, sowie des weiteren auf die französische, italienische, aragonische, englische und nicht zuletzt die schottische Geschichte, wobei am Rande nicht unvergessen sei, daß William der Normanne[144], obwohl er ein Eroberer und bei seiner Krönung nicht unvereidigt geblieben war, ein zweites Mal in St. Albans einen Eid hatte schwören müssen, ehe das Volk zum Gehorsam gegen ihn bereit war.

Da somit feststeht, daß sämtliche Gewalt von Königen und Obrigkeiten allein auf das Volk zurückgeht und ihnen zum gemeinschaftlichen Wohle aller vom Volke übertragen und zu treuen Händen gegeben wurde, bei dem die Gewalt dennoch im Grunde verbleibt und dem sie nicht ohne Verletzung seines natürlichen Geburtsrechtes genommen werden kann, sowie auch in Anbetracht dessen, daß, hiervon ausgehend, Aristoteles und die besten politischen Schriftsteller einen König als jemanden definiert haben, der zum Wohl und Nutzen seines Volkes und nicht um seiner persönlichen Interessen willen regiert,[145] ergibt sich also mit zwingender Notwendigkeit, daß solche Titel wie souveräner Herr, natürlicher Herr und dergleichen entweder Anmaßungen sind oder Schmeicheleien, die Kaiser und Könige von höchstem Ansehen nicht dulden mochten und die Kirche sowohl der Juden (Jes 26,13) als auch der frühen Christen abgelehnt hat, wie bei Tertullian[146] und anderen nachzulesen ist, obwohl das Volk Asiens im allgemeinen und darunter auch das Volk der Juden – besonders seit der Zeit, als es sich gegen den Rat und Einspruch Gottes[147] einen König erwählte – bei kundigen Autoren in dem Ruf steht, leicht für die Sklaverei gewinnbar gewesen zu sein.

Zum zweiten: Wer da, wie es üblich ist, sagt, der König besitze ein ebenso gutes Recht auf seine Krone und seine Würde wie ein jeglicher auf sein Erbe, der macht den Untertan zu nichts Besserem als zu des Königs Sklaven, zu seinem Vieh oder seinem Besitz, worüber er durch Kauf und Verkauf verfügen kann. Und würde der Erbanspruch gehörig geprüft, so erwiese sich zweifellos, daß er bestenfalls auf reiner Höflichkeit oder Bequemlichkeit beruht. Angenommen jedoch, er wäre durch das Erbrecht gestützt, was könnte dann gerechter und gesetzlicher sein, als daß, wenn ein Untertan für bestimmte Verbrechen nach dem Gesetz all sein und seiner Nachkommen Erbe an den Köng verwirkt hat, nun auch ein König für entsprechende Verbrechen seinen Titel und Erbanspruch zur Gänze an das Volk verwirkt haben müßte, sofern man nicht annehmen soll, das Volk sei allein für ihn und nicht umgekehrt er für dieses da und in der Gesamtheit seiner Glieder weniger wert als seine einzelne Person, was zu behaupten einem Verrat an der Würde der Menschheit gleichkäme?

Zum dritten: Wer da sagt, Könige seien niemandem Rechenschaft schuldig als allein Gott,[148] macht folglich auch alles Gesetz und alle Regierung zunichte. Wenn sie sich nämlich weigern dürfen, Rechenschaft abzulegen, so sind ja alle bei der Krönung mit ihnen eingegangenen Verträge und alle Eide nichtig und ein leerer Hohn und alle Gesetze, die sie zu achten geschworen haben, umsonst erlassen worden, denn falls der König – wie so viele Könige – nicht gottesfürchtig ist, so ist unser Leben und Vermögen als eine Art Tribut allein seiner Gnade und Barmherzigkeit geschuldet, als wäre er ein Gott, nicht eine irdische Obrigkeit, welche Auffassung höchstens Parasiten bei Hofe oder Schwachköpfe vertreten würden. Deshalb schreibt Aristoteles, den wir gewöhnlich für einen der trefflichsten Dolmetscher der Natur und Moral halten, im vierten Buch seiner „Politik", Kapitel 10, daß eine der Rechenschaftspflicht enthobene Monarchie die schlimmste Form der Tyrannei und für frei geborene Menschen am allerunerträglichsten sei.[149] Und gewiß würde kein christlicher Fürst, der nicht vor Hochmut völlig von Sinnen und hoffärtiger ist als jene heidnischen Cäsaren, die sich selber zu Göttern erklärten, so wider alle Vernunft einen übermenschlichen Rang für sich beanspruchen oder so tief unter eine ganze Nation von Menschen, seinen Brüdern, sinken wollen, daß er denken könnte, sie wären allein um seinetwillen und als bloße Werkzeuge seiner Herrlichkeit vorhanden und, an seinem eigenen rohen Willen und Vergnügen gemessen, nicht mehr wert als ebenso viele Tiere oder Würmer unter seinen Füßen, die der Vernunft unzugänglich und zu zertreten seien, obwohl darunter noch so viele Menschen sein mögen, die ihm an Weisheit, Tugend, Edelsinn sowie in jeder anderen Hinsicht, abgesehen lediglich von dem Glücksumstand seiner Vorzugsstellung, weit überlegen sind. Trotzdem wollen uns einige Leute weismachen, dieser widersinnige Standpunkt sei auch derjenige König Davids gewesen, weil er im einundfünfzigsten Psalm zu Gott ruft: *An dir allein habe ich gesündigt,* als hätte David angenommen, die Ermordung Urias und die Vergewaltigung von dessen Weib[150] wäre keine Sünde wider seinen Nächsten gewesen, wo doch dem Könige ausdrücklich jenes mosaische Gesetz (5 Mo 17,20) gegeben ward, daß er sein Herz nicht so hoch erheben solle über seine Brüder. David konnte also mit seinen Worten nichts anderes gemeint haben, als daß entweder die Größe seiner Schuld allein Gott bekannt sei oder nur so wenigen, daß sie nicht willens oder mächtig genug waren, ihn zur Rechenschaft zu ziehen, oder daß die Sünde gegen Gott unvergleichlich größer war als gegen Uria. Was immer er auch gemeint haben mag, es wird doch jeder verständige Mensch einsehen, daß die überschwenglichen Worte eines Psalms keine eindeutige Antwort auf eine Frage geben können, für deren Prüfung ungleich zuverlässigere Entscheidungshilfen zur Verfügung stehen. Wieviel mehr Vernunft, als diese Deuter dem König David beilegen, spricht doch da aus dem, was der Heidenkönig Demophon in einer Tragödie des Euripides[151] sagt: „Ich regiere mein Volk nicht wie Barbaren durch Tyrannei, sondern bin selber der gerechten Strafe gewärtig, wenn ich unrecht tue." Ähnlich äußerte sich der große Kaiser Trajan[152] gegen jenen, den er zum General seiner Prätorianertruppe ernannte. „Nimm dies gezogene Schwert", sprach er, wie Dion berichtet, „und führe es für mich, sofern ich gut regiere, andernfalls aber führe es gegen mich." Und nicht nur Trajan, sondern auch Theodosius[153] der Jüngere, ein christlicher Herrscher vom besten Schlage, ließ es als eine unumstößliche und von allen Königen und Kaisern tunlichst anzuerkennende Weisung verfügen, daß ein Fürst an das Gesetz gebunden sein müsse, daß seine Geltung von derjenigen des Gesetzes abhänge und er sich diesem zu beugen habe. Dieser sein Erlaß steht als von allen nachfolgenden Herrschern heiligzuhaltendes Gesetz noch im Kodex des Justinian (l. I, Tit 24). Wie also kann irgendein König in Europa von sich aus behaupten oder schreiben, er schulde niemandem Rechenschaft als Gott, wenn sogar Kaiser in ihren eigenen kaiserlichen Statuten selber niedergelegt und bestimmt haben, daß sie vor dem Gesetz rechenschaftspflichtig sind? Und wahrhaftig, wo solche Rechenschaft nicht gefürchtet wird, mag man ebensogut einem wilden Tiere die Herrschaft über sich einräumen wie einem Menschen, der ohne Bindung an das Gesetz regiert.

Letzlich: Da König wie Obrigkeit ihre Vollmacht ursprünglich und auf natürliche Weise vom Volke herleiten, um zuvörderst dessen eigenem Wohl und nicht sich selber zu dienen, folgt daraus, daß das Volk, wann immer es dies für das beste hält, sie dann auch wählen oder verwerfen, im Amt belassen oder absetzen kann, selbst wenn sie keine Tyrannen sind, einfach weil es die Freiheit und das Recht frei geborener Menschen ist, sich die Regierung zu geben, die ihnen am besten geeignet erscheint. Dies mag, obschon es bereits durch den gesunden Menschenverstand zwingend geboten ist, auch durch die Schrift (5 Mo 17,14) belegt werden: *Wenn du in das Land kommst, das dir der Herr, dein Gott, geben wird, und dann sagst: Ich will einen König über mich setzen, wie ihn alle Völker um mich her haben.* Diese Worte bestätigen uns, daß das Volk nach dem Willen Gottes das Recht besitzt, seine eigene Regierung zu wählen, ja sie zu verändern. Und als es sich einen König wünschte – obwohl es damals einer anderen Herrschaftsform unterstand und dieser Wandel dem, der sein oberster König war und den es verworfen hatte, mißfiel –, stellte er sich seinem Vorhaben dennoch nicht in den Weg, sondern ermahnte es nur und ließ es im übrigen gewähren, wie es ihm gut erschien (1 Sm 8), und behielt sich lediglich die Ernennung dessen vor, der es regieren sollte. Auch daraus aber erwuchs dem König nicht das Vorrecht einer ausschließlichen Rechenschaftspflicht vor Gott, obwohl er auf dessen besonderes Geheiß hin gesalbt wurde. Und deshalb *schloß David zunächst einen Bund mit den Ältesten in Israel, und sie salbten ihn zum König* (2 Sm 5,3; 1 Ch 11,3). Und der Priester Jojada, der den Joas zum König machte, schloß einen Bund zwischen ihm und dem Volk (2 Kö 11,17). Drum möge man sich erinnern, was die Kinder Israel dem Thronfolger Rehabeam erwiderten, als er sich weigerte, auf ihre Bedingungen einzugehen: *Was haben wir für Teil an David oder Erbe am Sohn Isais? So sorge nun du für dein Haus, David!*[154] Und weil die nämlichen Bedingungen nicht eingehalten worden waren, hatte ganz Israel bereits vor dieser Zeit Samuel abgesetzt, wenn auch nicht seiner eigenen Verfehlungen wegen, sondern weil dessen Söhne schlecht regiert hatten. Mancher wird nun auf diese beiden Beispiele entgegnen, es sei nicht recht gehandelt gewesen. Ich antworte darauf, daß dies für den letzteren Fall nicht zutrifft, weil das Gesetz den Menschen ja ausdrücklich erlaubt hatte, einen König über sich zu setzen, wenn sie das wollten, und Gott selbst mit ihnen im Bunde war, obwohl er ihr Vorgehen in gewisser Weise mißbilligte, insoweit es den alten Samuel betraf, der sie redlichen Her-

zens geleitet hatte – genauso wie Livius[155] die Römer preist,
weil sie ausgerechnet unter Tarquinius, einem schlechten
Regenten, ihre Freiheit erzwangen, die, wie er sagt, Numa
oder einem der vorangegangenen guten Könige abzutrot-
zen nicht schicklich gewesen wäre. Ebensowenig wurde
auch in dem ersteren Beispiel gegen das Gesetz verstoßen,
denn als Rehabeam ein riesiges Heer gerüstet hatte, um die
Israeliten zu unterwerfen, fiel der Prophet ihm mit dem
Verbot in den Arm (1 Kö 12,24): *So spricht der Herr: Ihr sollt
nicht hinaufziehen und gegen eure Brüder kämpfen, denn das alles
ist von mir geschehen.* Er spricht von ihnen als von ihren Brüdern, nicht als von Aufrührern, und verbietet, gegen sie
vorzugehen, denn er stellt sich – nicht kraft einer einmali-
gen Fügung, sondern mit voller Billigung – hinter die Sache, ja nicht nur, wie in dem anderen Beispiel, hinter ihr
Verhalten, sondern auch hinter dessen passenden Zeitpunkt – sonst nämlich hätte er nicht untersagt, sie zu bedrängen. Und jene bedächtigen und weisen Ratgeber, die
Rehabeam zuerst befragte, sagten nichts von dem, was da
unsere grauhaarigen Schmeichler heutzutage so gern von
sich zu geben pflegen: „Beharrt auf Eurem Geburtsrecht,
haltet es für unter Eurer Würde, Zugeständnisse zu machen, denn Euer Amt stammt von Gott, nicht von ihnen!",
da sie von alledem höchstens theoretisch wußten, sondern
gaben ihm vielmehr einen politischen Rat, wie er in Staatsgeschäften am Platze war. Deshalb werden Königtum und
Obrigkeit, gleichgültig ob im Besitz der höchsten oder einer
untergeordneten Gewalt, unterschiedslos als *menschliche Ordnung* (1 Pt 2,13 etc.) bezeichnet, hinsichtlich welcher wir
ebendort belehrt werden, es sei der Wille Gottes, daß wir
ihr gleicherweise untertan sein sollen, damit den Übeltätern
Strafe und den Rechtschaffenen Lob zuteil werde. *Seid untertan,* spricht er, *als Freie!*[156] Wie aber können wir als freie
Menschen einer Staatsgewalt untertan sein, die jeder Ver-
antwortlichkeit und Kritik entrückt ist und deren Verrucht-
heit und Gewalttätigkeit wir nicht einmal Widerstand ent-
gegensetzen dürfen? *Es ist keine Obrigkeit ohne von Gott,* sagt
Paulus (Rö 13,1), womit er ausdrücken will, daß Gott es den
Menschen ins Herz gelegt habe, erst einmal selbst den Weg
zum Frieden und zum Schutz aller zu finden, und daß dies
mit seiner Billigung geschehe; sonst nämlich ergäbe sich ein

Widerspruch zu Petrus, der ja ebendiese Machtbefugnis eine menschliche Ordnung nennt. Das muß auch für gesetzliche und rechtmäßige Macht gelten, denn woanders lesen wir von der großen Macht, die dem Teufel in den Angelegenheiten und Reichen der ganzen Welt gegeben sei. So spricht er zu Christus (Lk 4,6): *Alle diese Macht will ich dir geben und ihre Herrlichkeit; denn sie ist mir übergeben, und ich gebe sie, welchem ich will.* Das war keineswegs erlogen, und auch Christus widersprach seiner Behauptung nicht, denn im dreizehnten Kapitel der Offenbarung[157] steht zu lesen, wie der Drache dem Tier *seine Kraft und seinen Thron und seine große Macht* gab, welches mit solcher Macht ausgestattete Tier meistenteils als Gleichnis für die tyrannischen Gewalten und Reiche auf Erden gedeutet wird. Daher sagt Sankt Paulus in dem bereits zitierten Kapitel von der ihm vorschwebenden Obrigkeit, sie solle nicht bei den guten Werken, sondern bei den bösen zu fürchten sein, und sie trage das Schwert nicht umsonst, sondern um die Frevler zu strafen und die Guten zu ermutigen.[158] Wenn im Zusammenhang mit unserer Gehorsamspflicht und Untertanentreue dort allein von solcherart Gewalt die Rede ist, dann sind jene Gewalten, die das Gegenteil tun, zweifellos nicht von Gott verliehen, und es ist uns folglich auch keine Verpflichtung auferlegt, ihnen zu gehorchen oder nicht zu trotzen. Und man möge wohl beachten, daß beide Apostel, wann immer sie diese Vorschrift geben, sich nach Art von Logikern nicht einer konkreten, sondern einer abstrakten Ausdrucksweise befleißigen, das heißt, sie erwähnen die Ordnung, die Gewalt, die Obrigkeit vor den Personen, die sie ausüben, und beschreiben genau, wie jene Gewalt aussehen soll, damit wir uns nicht täuschen lassen, so daß, wenn die Gewalt nicht von solcher Art ist oder die Person keine solche Gewalt ausübt, sie im einen wie im anderen Falle nicht von Gott, sondern vom Teufel stamt und ihr infolgedessen zu widerstehen ist. Auch Chrysostomus[159] legt die Stelle nicht anders aus, wenn er bemerkt, daß diese Worte einem Tyrannen nicht zum Vorteil gereichen. Und dies wird von David bekräftigt, der selbst König war und höchstwahrscheinlich als Verfasser des vierundneunzigsten Psalms zu gelten hat, in dessen Vers 20 es heißt: *Du hast ja nicht Gemeinschaft mit dem Richterstuhl der Bösen!* Und da Könige[148], und das unter Berufung auf die Bibel, sich in unseren Tagen der Rechtmäßigkeit ihres Titels als einer unmittelbaren Gottesgabe rühmen, obwohl sie keine Zeit nennen können, zu der Gott sie oder ihre Vorväter je auf den Thron gesetzt haben soll, sondern nur, wann das Volk sie erwählt hat, so wäre es wohl wissenswert, warum aus demselben Grunde, zumal Gott selbst sich den Sturz so vieler Fürstenthrone hat angelegen sein lassen, es dann nicht als ebenso rechtmäßig und gottgewollt anzusehen sein soll, wenn niemand anders es tut als das Volk, sofern es gerechte Ursache dazu hat. Wenn es sich nämlich durch die Absetzung unbedingt einer Sünde schuldig machen soll, so mag mit der gleichen Wahrscheinlichkeit auch die Erwählung bereits eine Sünde gewesen sein. Und umgekehrt: Wenn ein König seine Erwählung durch das Volk als das Werk Gottes und als stärkste Rechtfertigung seines Anspruchs auf den Thron auffaßt, warum kann dann das Volk dessen Zurückweisung nicht genausogut als das Werk Gottes und als den gerechtesten Absetzungsgrund auffassen? Wir sehen also, daß der Anspruch und die gerechte Vollmacht zum Regieren wie zum Absetzen nach dem Ausweis der Schrift in Gottes Augen auf ein und dasselbe hinauslaufen, indem sie sichtbar nur beim Volke liegen und allein mit dem Wert oder Unwert ihrer Handhabung stehen und fallen. Damit sind wir am Ende unserer kurzen Betrachtung der Gewalt von Königen und Obrigkeiten; wir haben gesehen, wie sie im Ursprung dem Volke zu eigen war und ist und von diesem nur in dem Vertrauen aus der Hand gegeben wurde, daß sie zum allgemeinen Frieden und Nutzen verwendet werde, so daß ihm mithin die Freiheit und das Recht verblieben sind, sie wieder zurückzunehmen, falls sie von Königen oder Obrigkeiten mißbraucht werden sollte, oder in beliebig anderer Weise darüber so zu verfügen, wie es nach seinem eigenen Urteil dem öffentlichen Wohle am dienlichsten ist.

Hierauf aufbauend, können wir nun mit größerer Leichtigkeit und Beweiskraft entscheiden, was ein Tyrann ist und was das Volk gegen ihn tun kann. Ein Tyrann, mag er zu Recht oder zu Unrecht zu seiner Krone gekommen sein, ist jemand, der unter Mißachtung des Gesetzes und der allgemeinen Wohlfahrt allein im Interesse seiner selbst sowie seiner Partei regiert. So definiert ihn unter anderen St. Basilius[160]. Und da seine Macht groß ist und sein Wille schrankenlos und ohne Maß, so daß dessen Durchsetzung meist mit unzähligen Leiden und Bedrängnissen für das Volk einhergeht, mit Mord, Blutvergießen, Vergewaltigung, Ehebruch, der Verwüstung und Zerstörung von Städten und ganzen Provinzen, so zeigt sich, daß ein Tyrann ein ebenso großes Unheil ist, wie ein gerechter König Glück und Segen bedeutet: Wie dieser der öffentliche Vater des Landes ist, so ist jener jedermanns Feind. Um zu erkennen, was das Volk in einem solchen Falle wie gegen eine allgemeine Pestilenz und einen Vernichter der Menschheit von Rechts wegen tun darf, genügt es für jeden klardenkenden Menschen meines Erachtens vollauf, wenn er der bloßen Stimme der Natur in seinem Innern folgt. Da Menschen in ihrem gemeinen Unverstand aber von der eigenen Vernunft keinen Gebrauch machen und lieber die Augen verschließen, weil sie glauben, sie sähen besser mit fremden, werde ich an Beispielen, die bei uns das meiste Gewicht haben müßten, darstellen, wie in diesem Falle früher verfahren worden ist. Die Griechen und Römer hielten es, wie ihre hervorragendsten Schriftsteller bezeugen, nicht nur für durchaus rechtens, sondern für eine ruhmreiche und heldenhafte Tat, die mit Standbildern und Kränzen öffentlich belohnt wurde, einen ruchlosen Tyrannen jederzeit ohne Gerichtsverfahren zum Tode zu befördern, und es war nur vernünftig, jemanden, der alles Gesetz mit Füßen getreten hatte, nicht noch vom Gesetz profitieren zu lassen. In diesem Sinne läßt der Tragödiendichter Seneca[161] den großen Tyrannenbezwinger Herkules mit den Worten auftreten:

Victima haud ulla amplior
Potest, magisque opima mactari Jovi
Quam Rex iniquus

Kein Schwertstreich ward vor Gott
je wohlgefälliger geführt als der,
der einen ungerechten, schlechten König fällte.

Ich will weitere Zeugen dieser Art jedoch nicht anführen, um dem Einwand zu begegnen, sie seien Heiden gewesen, sondern vielmehr jetzt solche Männer zitieren, die in der wahren Religion Bescheid wußten. Bei den Juden war die

Tötung von Tyrannen kein unüblicher Brauch. So erstach, erstens, Ehud, der von Gott ausersehen worden war, Israel von dem Moabiterkönig Eglon zu erretten, diesen, nachdem er es achtzehn Jahre lang als Eroberer beherrscht hatte, in dessen eigenem Hause, als er zu ihm gesandt ward, um ihm ein Geschenk zu überbringen.[162] Freilich war jener ein landesfremder Fürst und ein Feind, und außerdem besaß Ehud eine besondere Vollmacht von Gott. Auf das erste erwidere ich, daß es keine Rolle spielt, ob er fremd war oder einheimisch, denn welcher einheimische Fürst beteuert nicht, daß er sich auf das Gesetz stütze? Wenn er es aber selbst umstürzt und sämtliche Verträge und Eide bricht, die ihm Anspruch auf seine Würde verliehen und den Bund und das Bündnis zwischen ihm und dem Volk begründet haben, worin unterscheidet er sich dann noch von einem ausländischen König oder einem Feinde? Denn, wohlbemerkt, genausoviel Recht, wie der König von Spanien alles in allem hätte, über uns zu regieren, soviel Recht hat auch der König von England, uns als Tyrann zu regieren. Wenn das Volk von England für den Fall, daß er, ohne durch ein Beistandsabkommen mit uns verbündet zu sein, in eigener Person von Spanien daherkäme, um uns zu unterwerfen oder umzubringen, ihn von Rechts wegen auf dem Felde erschlagen oder in der Gefangenschaft töten kann, was hat dann ein einheimischer König[163], der durch so viele Verträge, Vergünstigungen und Ehrenbezeigungen auf seines Volkes Wohl verpflichtet ist, zu seiner Rechtfertigung vorzubringen, daß er, nun da er besiegt und gefangengenommen ist, annehmen darf – nachdem er doch alle Gesetze und Parlamente, die das alleinige Band unseres Gehorsams gegen ihn gewesen, seinem eigenen Willen und seinem angemaßten Vorrecht der Nichtverantwortlichkeit zuliebe mit Verachtung gestraft und sieben Jahre lang Krieg und Vernichtung über seine besten Untertanen gebracht hat –, er könne als ein göttliches Etwas ungeschoren davonkommen und werde für so viele tausend erschlagene Christen nicht zur Rechenschaft gezogen werden, deren verstümmelte Leiber das ganze Land beflecken und bei den Lebenden um Vergeltung schreien, damit sie ihnen Gerechtigkeit widerfahren lassen? Jedermann weiß, daß es ein wechselseitiges Band der Freundschaft und Brüderlichkeit unter den Men-

schen in aller Welt gibt und daß uns auch das Meer vor
Englands Küsten von dieser Pflicht und Bindung nicht ab-
zutrennen vermag; stärker noch aber ist das Band zwischen
Mitbürgern, Nachbarn und Freunden. Wenn indessen einer
von ihnen wider den anderen handelt, wie es schlimmer
kein Feind zu tun vermöchte, was verhängt das Gesetz
dann weniger, als gelte es einem offenen Gegner und Ein-
dringling zu wehren? Oder wenn das Gesetz nicht ein-
schreitet oder zu schwach ist, wozu berechtigt es uns weniger als zur Verteidigung der eigenen Person oder zum
Bürgerkriege? Und von diesem Bezugspunkt aus unterscheidet sich das Gesetz des staatsbürgerlichen Verteidigungskrieges in keiner Weise von dem, das beim Überfall
durch einen äußeren Feind wirksam wird. Auch macht
nicht die räumliche Entfernung die Menschen zu Feinden,
sondern die Feindschaft entfernt sie voneinander. Wer daher Frieden mit mir hält, ist für mich – ob nah oder fern,
ganz gleichgültig, welchem Volk er angehört – in jeder
staatsbürgerlichen und menschlichen Hinsicht ein Engländer und Nachbar; wenn dagegen ein Engländer unter Mißachtung aller menschlichen, staatsbürgerlichen und religiösen Gesetze sich an Leben und Freiheit eines anderen
vergreift, so ist er für den Betroffenen und das diesen schüt-
zende Gesetz, dem er solches antut, obwohl er von derselben Mutter geboren sein mag, nicht besser als ein Türke,
ein Sarazene, ein Heide. So lautet die Botschaft des Evangeliums, und dies war seit jeher Gesetz unter Gleichen; wieviel eher muß es also für einen König gelten, der doch zu-
gegebenermaßen tiefer steht als das Volk und ihm nicht
gleichgestellt ist. Darum ist es eine lahme Ausflucht, einen
Tyrannen daran messen zu wollen, ob er ein Fremdling
oder ein Landsmann ist. Auf den zweiten Einwand, er sei
ein Feind gewesen, antworte ich: Welcher Tyrann ist das
nicht? Dennoch war Eglon[162] von den Juden als ihr Souverän anerkannt worden; sie hatten ihm achtzehn Jahre – fast
so lange also wie wir unserem William dem Eroberer[144] –
gedient, während all welcher Zeit er als Staatsmann nicht so
unklug gewesen sein dürfte, ihnen nicht auch Lehns- und
Treueide abzuverlangen, wodurch sie sich zu seinen ord-
nungsgemäßen Untertanen machten, was übrigens auch
durch die Tatsache bewiesen wird, daß sie ihm Tribut zoll-

ten und durch Ehud Geschenke überbringen ließen. Dem dritten Einwand, er habe eine besondere Vollmacht besessen, Eglon auf solche Weise zu töten, kann ich nicht stattgeben, weil es keinen ausdrücklichen Hinweis hierauf gibt; offensichtlich war er von Gott zum Befreier auserkoren und handelte nach redlichen Grundsätzen, wie man sie damals und auch später für zulässig hielt, wenn es darum ging, mit einem Tyrannen fertig zu werden, dem anders nicht beizukommen war. Genauso hieb auch Samuel, immerhin ein Prophet, mit eigener Hand den Agag in Stücke, der zweifelsohne ein äußerer Feind war. Man achte jedoch auf seine Begründung: *Weil dein Schwert Frauen ihrer Kinder beraubt hat*[164] – ein Grund, der nach dem Spruch des Gesetzes selbst jegliche Rücksichtnahme ausschaltet. Und da das Gesetz zwischen Bruder und Bruder, Vater und Sohn, Herr und Knecht in Kraft ist, weshalb dann nicht auch zwischen König – oder vielmehr Tyrann – und Volk? Und obschon Jehu den besonderen Auftrag hatte, den tyrannischen Erbfolger Jehoram zu erschlagen,[165] heißt das keineswegs, daß das Beispiel deshalb weniger nachahmenswert wäre, denn wenn etwas, das nach der natürlichen Vernunft bereits so dringend geboten ist, nun noch einen zusätzlichen Gottesbefehl auf seiner Seite hat, so unterstreicht das doch nur die Rechtmäßigkeit eines derartigen Vorgehens. Auch ist nicht anzunehmen, daß Gott, dem so viele Möglichkeiten offenstanden, das Haus Ahabs zu strafen, einen Untertan gegen dessen Fürsten ausgesandt hätte, wenn der Tatbestand an sich, als Handlung wider einen Tyrannen, in einem schlechten Sinne beispielhaft gewesen wäre. Und wenn David sich sträubte, die Hand gegen den Gesalbten des Herrn zu heben,[166] so ging es dabei zwischen ihnen nicht um Tyrannei, sondern um persönliche Feindschaft, und wenn er Rache genommen hätte, wäre es als Privatmann gewesen, nicht so sehr im Namen des Volkes. Wenn jedoch irgendein Tyrann in unseren Tagen nachweisen kann, daß er der Gesalbte des Herrn ist, was als alleiniger Grund dafür angeführt wird, daß David ihn schonte, dann – und nicht eher – mag er sich auf dasselbe Vorrecht berufen.

Wir können somit nunmehr zu christlichen Zeiten übergehen. Und allen voran läßt unser Erlöser keinen Zweifel aufkommen, welch hohe Meinung er von Tyrannen hegte und wieviel ihm daran gelegen war, daß sie unter Christenmenschen anzutreffen sein oder Achtung genießen sollten, indem er nämlich ihre unumschränkte Befehlsgewalt nicht besser beurteilte denn als Heidentum, wiewohl sie sich den schönklingenden Namen von *gnädigen Herren* beigelegt hatten,[167] und denen, die seine Jünger werden wollten, gebot er, keine derartige Herrschaftsgewalt an sich zu reißen, sondern die, welche die Größten unter ihnen sein sollten, hätten sich vielmehr als Diener und Knechte an der Allgemeinheit zu verstehen. *Die heidnischen Fürsten halten ihre Völker nieder* (Mt 20,25), *und sie scheinen die Mächtigen zu sein* (Mk 10,42), sagt er herabsetzend und ohne die Rechtmäßigkeit ihrer Gewalt anzuerkennen, *aber so soll es nicht sein unter euch; sondern wer unter euch will der Erste sein, der sei euer Diener.* Und obwohl er selber der Demütigste von allen war und mit dieser Haltung in die Welt trat, hören wir ihn trotzdem an keinen Tyrannen je ein unterwürfiges Wort richten; statt dessen heißt es: *Saget diesem Fuchs* (Lk 13,31–32). Der Gedanke ist also abwegig, daß Tyrannen bei Christus und seinem Evangelium Zuflucht vor der Gerechtigkeit finden könnten, dessen Gesetz ihnen solchen Schutz ja nimmer gewährt hat. Und warum hätte seine Mutter, die Jungfrau Maria, in ihrem prophetischen Gesange Gott dergestalt dafür preisen sollen, daß er durch die Ankunft Christi jetzt die *Gewaltigen oder die hoffärtigen Monarchen vom Throne stoße,*[168] wenn die Kirche trotz der ihr von Gott verliehenen gegenteiligen Vollmacht lieber alles Elend und alle Knechtschaft hinnimmt, um ihnen zu dienen, und sie weiterhin auf ihrem mächtigen Stuhle thronen läßt, damit sie für ihre Schlechtigkeit auch noch Bewunderung ernten mögen? Es geschieht gewiß nicht von ungefähr, daß Tyrannen mit einer Art Naturinstinkt niemanden so sehr hassen und fürchten wie die wahre Kirche und die Heiligen Gottes, in denen sie die gefährlichsten Feinde und Umstürzler der Monarchie – statt, wie es richtig ist, der Tyrannei – erblicken. Haben nicht Höflinge und Hofprälaten dies unablässig in die Welt posaunt? Hierfür läßt sich kein zwingenderer Grund benennen, als daß ihnen sehr wohl bewußt war, daß das ganze Sinnen und Trachten höchst frommer und eifriger Menschen, ja in der Tat der Kirchenzucht selbst auf die Überwindung jedweder Tyrannei gerichtet ist. Es verwundert daher nicht, wenn seit Annahme des christlichen Glaubens, in reineren wie in unreineren Zeiten, die Absetzung und Tötung eines Tyrannen als so gerecht und notwendig empfunden worden ist, daß auch benachbarte Könige solches Vorgehen unterstützt und gemeinsam mit den Untertanen daran mitgewirkt haben. Und als Ludwig der Fromme, selbst ein Kaiser und Sohn Karls des Großen, zum Richter zwischen Milegost, dem König der Wilzen, und dessen Untertanen berufen wurde, die ihn abgesetzt hatten, entschied er – du Haillan zufolge – für die Untertanen und zugunsten dessen, den sie an Milegosts Stelle erwählt hatten.[169] Man beachte in diesem Zusammenhange, daß nach dem unparteiischen Zeugnis eines Kaisers das Volk das Recht hat, den zu erwählen, der ihm behagt, denn er sagt: „Ein gerechter Fürst muß einem ungerechten vorgezogen werden, und der Zweck der Regierung steht über der Prärogative." Und Constantinus Leo[170], auch ein Kaiser, sagt in den byzantinischen Gesetzen, „daß der Zweck eines Königs das allgemeine Wohl ist, ohne dessen Beherzigung er bloß das Trugbild eines Königs bleibt". Und zum Beweise dessen, daß einige unserer eigenen Monarchen sich durch ihr hohes Amt nicht gegen Strafe gefeit wähnten, ließen sie selbst in den Zeiten höchster Prachtentfaltung und Feierlichkeit durch einen Beamten, den sogenannten Palastgrafen, das Schwert des heiligen Edward[171] vor sich hertragen, um sie daran zu gemahnen, wie Matthew Paris[172], der beste unter unseren Historikern, sagt, daß das Schwert die Macht hätte, sie zu zwingen, falls sie vom Wege abkämen. Und sollte irgendein Skeptiker im unklaren sein, welch letzter Zwang von einem Schwerte ausgeht, das ja Schneide und Spitze hat, so mag er sich am eigenen Leibe Gewißheit verschaffen. Auch eine gründliche Untersuchung unserer alten Gesetzbücher bestätigt, daß die Peers und Barone von England ein gesetzlich verbrieftes Recht besaßen, über den König zu richten, was höchstwahrscheinlich der Grund dafür war, denn ein unerheblicher Grund konnte es nicht sein, daß man sie Peers – also Gleiche – nannte. Eines steht jedoch unverrückbar fest, solange der Mensch es mit nichts Besserem zu tun hat als mit Menschen: Wenn unser Gesetz über alle, bis hinunter zu den niedrigsten Menschen, durch ihresgleichen richtet, so sollte es in aller Billigkeit auch aufwärts blicken und über die höchsten richten. Und so viel lehrt mich sowohl unsere eigene als auch die Geschichte anderer Länder, daß nämlich Herzog, Graf und Marquis ursprünglich keine erblichen und keine leeren und hohlen Titel waren, sondern Bezeichnungen für Vertrauensämter, die mit dem Amte entfielen, woraus ich die Ansicht ableite, daß jeder würdige Mann im Parlament (denn das Wort „Baron" bedeutet nicht mehr) im Interesse des öffentlichen Wohls durchaus als geeigneter Peer angesehen werden und über den König richten darf, ohne sich um kleinliche Bedenken und Nebenumstände zu scheren, die die Haupthindernisse für große Dinge sind und auf die umständliche Menschen noch allemal das meiste Gewicht zu legen pflegen. Ebendeshalb haben unsere Vorfahren, die um die Rechte wußten, welche die Natur oder alte Landesverfassung ihnen verliehen hatte, es offensichtlich für keineswegs ungesetzlich gehalten, ihre tyrannischen Könige abzusetzen und hinzurichten, wenn die diesen sowohl bei der Krönung abgenommenen als auch vor dem Parlament erneuerten Eide nichts fruchteten. In diesem Sinne erhob das Parlament Anklage gegen Richard[173] den Zweiten und forderten die Gemeinen dessen Verurteilung, damit das Reich nicht gefährdet würde. Und Pietro Martire[174], ein Theologe von höchstem Rang, billigt dieses Vorgehen anläßlich seiner Betrachtung des dritten Kapitels aus dem Buch der Richter. Auch der Protestant und Staatsmann Sir Thomas Smith[175] stellt in seinem „Commonwealth of England" die Frage, ob es nach dem Gesetz statthaft sei, sich gegen einen Tyrannen zu erheben, und beantwortet sie dahingehend, daß der Unwissende dies nach dem Ausgang beurteile und der Gebildete nach dem Ziel derer, die es tun. Doch noch weit vor dieser Zeit bezeugt schon Gildas[176], der älteste unter all unseren Historikern – als er von den Tagen spricht, da das römische Weltreich sämtliche durch die Unterwerfung dieser Insel erworbenen Rechte preisgab und abtrat, um sie in die Hände des Volkes zurückzulegen –, daß das solchermaßen in seine ursprünglichen Rechte wiedereingesetzte Volk um das Jahr 446 sich sowohl die Könige erwählte, die ihm am besten geeignet schienen (die ersten englischen Christenkönige, die seit den Römern je wieder hier regierten!), als auch dieselben wieder absetzte und tötete, falls es Veranlassung dazu sah. Dies ist der grundlegendste und älteste Anspruch, den irgendein König von England überhaupt vorweisen oder geltend machen kann, und damit verglichen sind alle anderen Rechtstitel und Einwendungen von gestern. Wenn jemand dem entgegenhält, daß Gildas die Briten verurteilt habe, weil sie solches taten, so ist die Antwort rasch gefunden, denn er verurteilt ihr Tun nicht mehr als vorher die Wahl, die sie trafen, „hatten sie doch", wie er sagt, „solche Männer zu Königen gesalbt, die nicht von Gott, sondern die blutiger waren als alle anderen". Überdies verurteilt er sie beileibe nicht deshalb, weil sie sie absetzten und töteten, sondern weil sie es übereilt, ohne Gerichtsverfahren und gründliche Prüfung des Tatbestandes taten und an ihrer Statt andere wählten, die noch schlimmer waren. Wir haben also bei uns sowohl einheimische als auch sehr alte Beispiele dafür, daß das Volk von Britannien in jenen christlichen Urzeiten seine Könige abgesetzt und getötet hat. Und um dem Beispiel die Nutzanwendung folgen zu lassen: Wenn die frühchristliche, die römische oder die protestantische Kirche ohne eine ausdrückliche diesbezügliche Vollmacht der Schrift es zu allen Zeiten gleichermaßen als ihre Pflicht wie zur Macht ihrer Schlüssel[177] gehörig erachtet hat, vom König bis zum Bauern unterschiedslos jedermann der strengsten Zucht ihrer kanonischen Gesetze und kirchlichen Bannsprüche zu unterwerfen und ihn bei fortdauernder Verstocktheit mit endgültiger Exkommunikation zu schlagen, was gibt es dann dagegen zu sagen, daß auch das weltliche Gesetz, obschon es sich nicht auf einen besonderen Text oder Präzedenzfall stützen kann, die Reichweite des staatlichen Schwertes mit derselben Unterschiedslosigkeit bis zur Vernichtung dessen ausdehnen darf und muß, der ein todeswürdiges Verbrechen verübt hat, da Gerechtigkeit und Glaube ja schließlich von demselben Gott herkommen und die Werke der Gerechtigkeit oftmals wohlgefälliger sind? Da nun aber gewisse Leute in der Sprache und Argumentationsweise von böswilligen Abtrünnigen neuerdings geschrieben haben, für das jetzige Vorgehen des Parlaments gegen den König ließen sich keinerlei Präzedenzfälle aus irgendeinem protestantischen Staat oder Königreich beibringen, sollen die folgenden Exempel sämtlich protestantisch und überwiegend presbyterianisch sein.

Im Jahre 1546 erklärten der Herzog von Sachsen, der Landgraf von Hessen und die gesamte protestantische Liga ihrem Kaiser Karl dem Fünften den Krieg, übersandten ihm einen Fehdebrief, kündigten ihm alle Treue und Gehorsamspflicht auf und hielten lange Rat ab, ob sie ihm überhaupt noch den Kaisertitel zubilligen sollten (Sleidanus, l.17). Möge nun jeder selbst beurteilen, wieviel hier noch fehlte bis zur Absetzung und Tötung außer der Macht, es zu tun.[178]

Im Jahre 1559 verlangten die schottischen Protestanten von ihrer regierenden Königin die Zusage der Gewissensfreiheit, und als sie erwiderte, es sei nicht statthaft, einem Fürsten Zusagen über das hinaus abzufordern, was er von sich aus zu gewähren für gut befinde, erklärten sie ihr in dem damals in Stirling versammelten Parlament ins Gesicht hinein, sie würden ihr den Gehorsam aufkündigen, wenn es sich so verhielte, und wenig später griffen sie zu den Waffen (Buchanan, „Historia", l.16). Klärlich ist doch ein König oder eine Königin im Augenblick der Aufkündigung der Gefolgschaft faktisch abgesetzt.[179]

Im Jahre 1564 vertrat John Knox[82], ein hochberühmter Theologe und der Reformator Schottlands zum Presbyterianismus[10], auf einer Generalversammlung der schottischen Kirche in einem Streitgespräch mit dem Minister Lethington unverblümt die Auffassung, daß die Untertanen ermächtigt und gehalten seien, das Gericht Gottes an ihrem König zu vollstrecken; daß das Vorgehen Jehus und anderer gegen deren König, da es auf einem ordentlichen Auftrag Gottes gefußt habe, nichts Außerordentliches gewesen sei, sondern von allen nachgeahmt zu werden verdiene, welche die Ehre Gottes höher stellen als die Liebe zum Fleische und zu schlechten Fürsten; daß Könige, so sie sich schuldig machten, genausowenig ein Vorrecht hätten, der Strafe des Gesetzes zu entgehen, wie jeder andere Untertan, so daß, wenn ein König mordet, die Ehe bricht oder Abgötterei treibt, er dann nicht als König, sondern als Gesetzesbrecher dafür zu büßen habe – welchen Standpunkt er vor aller Ohren mehrfach wiederholte. Ähnlich äußerte sich John Craig[180], ein anderer gelehrter Gottesmann, wenn er meinte, daß von tyrannischen Fürsten oder pflichtvergessenen Menschen gemachte Gesetze von den Nachfahren aufgehoben und alle Dinge im Sinne der ursprünglichen Beschaffenheit des Gemeinwesens wiederhergestellt werden dürften. Und als Knox von den Adligen den Auftrag erhielt, an Calvin[100] und andere Gelehrte um ihr Urteil in dieser Frage zu schreiben, weigerte er sich mit der Begründung, daß er selbst diesbezüglich nicht die geringsten Zweifel hege, daß ihr Urteil ihm geläufig sei und viele der frömmsten und weisesten Männer, die er in Europa kenne, ihm dieselbe Meinung schriftlich gegeben hätten, so daß er, wenn er ihnen die Frage jetzt neuerlich vorlege, damit nichts anderes tun würde, als seine eigene Vergeßlichkeit oder Unentschlossenheit unter Beweis zu stellen. All dies ist weit ausführlicher in dem vierten Buch der „Kirchengeschichte Schottlands" an zahlreiche, über das ganze Werk verstreuten Stellen nachzulesen,[181] die sämtlich in diese Richtung zielen und von höchst angesehenen Schotten am Anfang dieser Wirrnisse mit Fleiß zusammengetragen worden sind, als sei ihnen besonders daran gelegen gewesen, uns vor Augen zu führen, was wir zu tun hätten und was sie selber bei der gleichen Gelegenheit angestrebt haben.

Und damit die Welt wissen solle, daß die Kirche und der protestantische Staat von Schottland in jenen reinsten Zeiten der Reformation einhellig dieselbe Meinung vertraten, schritten sie drei Jahre später zum Kriege gegen ihre rechtmäßige und erbliche Königin Mary[182], nahmen sie, die sich noch vor der Schlacht ergeben hatte, gefangen, stellten sie unter Arrest und setzten sie noch im selben Jahre ab (Buchanan[179], „Historia", l.18).

Und vier Jahre danach entsandten die Schotten zur Rechtfertigung ihrer Absetzung der Königin Mary Botschafter an die Königin Elizabeth[183] und taten ihr in einer schriftlichen Erklärung kund, daß sie ihr sehr viel milder begegnet wären, als sie verdient hätte, daß die Vorfahren die Könige sonst mit Tod oder Verbannung zu bestrafen pflegten, daß die Schotten ein freies Volk und gewohnt seien, ihren König in freier Wahl zu bestimmen und mit derselben Freiheit auch wieder seines Amtes zu entheben, falls sie Grund dazu sähen, und zwar gestützt auf das Recht seit jeher gültiger Gesetze und Überlieferungen jener noch bei den Hochländern bestehenden Bräuche, die Anführer ihrer Clans oder Sippen selbst zu wählen – was alles neben vielen weiteren Argumenten Zeugnis davon ablegte, daß die königliche Gewalt nichts anderes beinhaltete als ein wechselseitiges Bündnis oder Übereinkommen zwischen König und Volk (Buchanan, „Historia", 1.20). So sprachen Schotten und Presbyterianer! Welchen Anteil daran haben sie nun aber uns zugedacht, da sie – offenbar in der Annahme, solche Freiheit gezieme sich weniger für uns als für sie selbst – uns neuerdings jemanden als Herrn aufzureden die Stirn haben, der doch nach ihrem eigenen Gesetz kaum als ihnen ebenbürtig gelten dürfte? Wenn wir also jetzt andere Töne von ihnen vernehmen als in den reinsten Zeiten ihrer Kirche, so dürfen wir sicher sein, daß aus ihnen Parteigeist spricht und nicht die Stimme der Wahrheit und der Reformation. Und diese Stimme sprach in England nicht weniger hörbar als in Schottland durch jene redlichen Zeugen, die man gemeinhin als Puritaner[10] und Nonkonformisten bezeichnet, für die Entthronung, ja die härteste Bestrafung von Königen, wie in ihren mannigfachen Abhandlungen vom Regierungsantritt Elizabeths bis auf den heutigen Tag zu lesen ist. Dies ging so weit, daß einer von ihnen, ein gewisser Gibson[184], dem König James voraussagte, er würde ausgetilgt werden und der Letzte seines Geschlechts sein, falls er sich weiterhin schützend vor die Bischöfe stelle. Und allein schon die den ersten Münzen bei seiner Krönung eingeprägte Inschrift – ein gezogenes Schwert in der einen Hand, dazu die Worte „Si merior in me", „Gegen mich, wenn ich's verdiene" – brachte nicht nur die Einstellung jenes Staatswesens zum Ausdruck, sondern schien auch den Urteilsspruch der göttlichen Gerechtigkeit über seinen Sohn[185] in diesem Falle ahnungsvoll vorwegzunehmen.

Im Jahre 1581 sagten sich die Staaten der Niederlande[186] auf einer Generalversammlung in Den Haag von aller Gehorsams- und Untertanenpflicht gegen den spanischen König Philipp los und begründeten diesen Schritt in einer Erklärung damit, daß er durch sein tyrannisches Regiment im Angesicht so vieler abgegebener und nicht eingehaltener Versprechungen jedes Recht auf die belgischen Provinzen verwirkt habe, weshalb sie ihn nunmehr absetzten und es für rechtmäßig ansähe, statt seiner einen anderen zu wählen (de Thou, l.74). Von Stund an ist es keinem Staat oder Königreich auf Erden ähnlich wohlergangen; allerdings sollte man sich dort davor hüten, scheeläugig und voreingenommen auf die eigenen Nachbarn zu blicken,[187] wenn sie die gleichen Maßstäbe anlegen!

Aber warum bedarf es überhaupt solcher Beispiele gegenüber Presbyterianern[133] – womit ich diejenigen meine, die jetzt neuerdings den Anschein erwecken möchten, als erfülle die Absetzung sie mit Abscheu –, wo sie doch der gesamten Christenheit eben erst das anschaulichste Beispiel hierfür gegeben haben, indem sie es selber taten? Für mich steht die Rechtmäßigkeit außer Frage, zur Verteidigung der Religion oder der staatsbürgerlichen Freiheit gegen einen Tyrannen in den Krieg ziehen zu dürfen, denn das hat noch jede protestantische Kirche – von den ersten Waldensern[188] in Lyon und in der Languedoc bis auf den heutigen Tag – immer wieder getan und für recht erklärt. Aber für mich besteht auch kein Zweifel, daß die Presbyterianer, die jetzt so lauthals die Absetzung verurteilen, selber die treibende Kraft bei der Absetzung des Königs gewesen sind und alles Drehen und Wenden die Schuld nicht von ihren Händen wird abwaschen können. Denn sie selber haben es durch ihr jüngstes Verhalten ja erst zu einer Schuld gemacht und ihr eigenes gerechtfertigtes Handeln in Rebellion umgemünzt.

Zu einem wirklichen König von England gehört nichts so unmittelbar wie die rechtmäßig erworbene Verfügungsgewalt und Oberhoheit in allen staatlichen und kirchlichen Belangen, ebenso wie jemand ein wirklicher Untertan Englands erst dann ist, wenn jene beiden Treu- und Supremateide[189] unzweideutig und ohne geheime Vorbehalte erfüllt werden. Es unterliegt also keinem Zweifel, daß ein Untertan seinem ureigensten Wesen nach dem Könige, falls dieser ihm etwas gebietet, das durch die Ordnung der Kirche oder des Staates bereits vorgegeben ist, Gehorsam schuldet und er, solange er ein Untertan zu bleiben beabsichtigt, den Befehl entweder ausführen muß, wenn er rechtmäßig ist, oder die vom Gesetz verhängte Strafe hinzunehmen hat, wenn er ihn für rechtswidrig hält. Deshalb nenne ich es nicht Rebellion, wenn das Volk oder ein Teil des Volkes sich gegen den König und dessen Gewalt im Falle der Vollstreckung irgendwelcher in der kirchlichen oder staatlichen Ordnung vorgesehenen Gesetze auflehnt, sofern die befohlene Handlung zwar vorgesehen, aber rechtswidrig ist und zuvor alle Anstrengungen zur gütlichen Beilegung unternommen worden sind (und niemand ist darüber hinaus an das Gesetz gebunden), sondern ich nenne es einen absoluten Bruch sowohl des Supremat- als auch des Treueides, was mit einem Worte eine tatsächliche und vollständige Absetzung des Königs und die Übertragung der höchsten Gewalt auf jemand anderen bedeutet. Und ob die Presbyterianer nicht all dies und noch manches mehr getan haben, brauche ich ihnen wohl nicht erst an Hand der Geschichte der letzten sieben Jahre[163] auseinanderzusetzen, die jedem noch frisch im Gedächtnis haftet. Haben sie denn nicht den Treueid eindeutig gebrochen, indem sie sich dem Befehl und der Gewalt des Königs allenthalben im Lande entgegenstellten, gleichgültig, ob ihnen gesetzliche oder ungesetzliche Dinge abverlangt wurden? Haben sie nicht gegen den Supremateid dadurch verstoßen, daß sie das Parlament unter Ausschluß des Königs als ihre höchste Gehorsamsinstanz einsetzten, wobei ihre feierlich beschworene und beschlossene grundsätzliche Treue zum Parlament sie freilich nicht gehindert hat, sich zeitweise zu jener Minderheit von Lords und Gemeinen, die nach ihrem Ausdruck „treu geblieben" war, und selbst dort manchmal zu den Gemeinen ohne die Lords und dann wieder zu den Lords ohne die Gemeinen zu schlagen?[190] Haben sie nicht fortwährend ihre Absicht zu erkennen gegeben, ungeachtet aller geleisteten Eide nur diejenigen als Träger der höchsten Gewalt hinnehmen zu wollen, die sich zu jeder Zeit am ehesten geneigt zeigen würden, ihren Anträgen zuzustimmen? Da die genannten zwei Eide als das stärkste Bindeglied zwischen einem englischen Untertan und seinem König solchermaßen gebrochen und zunichte gemacht wurden, ergibt sich als unumstößlicher Schluß, daß sie den König von jener Zeit an faktisch abgesetzt hatten und sich in Wahrheit nicht länger als seine Untertanen empfanden, trotz ihrer fein erdachten Schutzklausel[139] bezüglich seiner Person, seiner Krone und seiner Würde, die irgendein spitzfindiger Schlaukopf mit mehr Angst als Vaterlandsliebe in den Vertrag als mil-

dernden Umstand für den Fall hineingeschrieben hat, daß
die Sache ein böses Ende nehmen sollte, und der meines
Erachtens kein anständiger Mensch anders denn als einer
Bedingung zugestimmt haben dürfte, die in jeder, aber auch
jeder Beziehung dem nachgeordnet wäre, was für die Religion, die Freiheit oder den öffentlichen Frieden von größerem Belang sein könnte. Zum klareren Beweis dessen, daß
sie es waren, die den König abgesetzt haben, führe ich das
folgende Argument an: Wir wissen, daß König und Untertan Bezugspersonen sind und daß sie dies nur so lange sein
können, wie die Beziehung dauert; die Beziehung zwischen
König und Untertan kann jedoch nichts anderes zum Inhalt
haben als Herrschaftsgewalt auf der einen und Ergebenheit
auf der anderen Seite. Daraus schließe ich, etwaigen Ein-
wänden zuvorkommend, daß, falls ein Untertan als die eine
Bezugsperson die Beziehung aufhebt, er damit zwangsläufig auch die andere Bezugsperson daraus entläßt. Nun haben aber die Presbyterianer als die eine Bezugsperson, das
heißt als Untertanen, die Beziehung, nämlich die Gewalt
des Königs und ihren Gehorsam gegen diese, seit nunmehr
sieben Jahren[163] aufgehoben, so daß sie die andere Bezugsperson, also den König, volle sieben Jahre lang für null und
nichtig erklärt oder, um es kürzer auszudrücken, abgesetzt
haben, und zwar nicht nur, indem sie ihn seiner Befehlsgewalt beraubten, sondern auch durch die anderweitige Übertragung derselben. Wenn also der Bruch ihres Untertanen-
eides, die Anerkenntnis einer anderen Oberhoheit, die
Ablegung neuer Eide und der Abschluß neuer Verträge allen oberflächlichen Ausreden zum Trotz den König mehr
noch, als ihr sieben Jahre währender Krieg es vermochte,
schlichtweg entthront, ihn nicht bloß abgesetzt, sondern außerhalb des Gesetzes gestellt, ja zum Fremdkörper, zum
Rebellen wider das Gesetz und zum Staatsfeind erklärt haben, so muß doch einem jeden, der nicht von aller Vernunft
entleert ist, mit Notwendigkeit klar sein, daß Feindschaft
und Ergebenheit als schroffe und eindeutige Gegensätze
einander ausschließen und im Hinblick auf den betreffenden König in einem Untertan genausowenig miteinander
einhergehen können, wie ein und derselbe Mensch sich an
zwei verschiedenen Orten gleichzeitig aufzuhalten vermöchte. Wir können also davon ausgehen, daß der Untertan

gegen jemanden, dem er feindlich gesinnt ist, keine Ergebenheit bezeigt und daß der König dem, bei dem Feindschaft an die Stelle der Ergebenheit getreten ist (die ja kei-
nesfalls zusammenpassen), nicht nur nicht mehr als König,
sondern als Feind gegenübersteht. Angesichts dessen werden wir uns also nicht darüber zu streiten brauchen, ob sie
ihn abgesetzt haben und inwiefern sie durch seine Nichtan-
erkennung als König wortbrüchig geworden sind, sondern
wollen vielmehr unmißverständlich klarstellen, was alles sie
unternommen haben, um ihm ans Leben zu gehen. Haben
sie denn nicht diese ganzen Kriege, ob als Angreifer oder
Verteidiger (denn der Verteidiger greift im Kriege gleichfalls an und tunlichst zuerst), wider ihn angezettelt und den
Befehl, alles niederzumachen, selbst dort gegeben, wo sie
ihn persönlich gefährdet wußten? Und hätte der Zufall oder
die Flucht ihn nicht verschont, wie oft würden sie ihn dann
nicht schon umgebracht haben, da doch ihre Kanonen,
ohne daß sie dies beanstandet oder untersagt hätten, immerfort ausgerechnet dorthin zielten, wo sie ihn stehen sahen? Haben sie nicht, mit oder ohne richterliche Vollmacht,
seine Güter beschlagnahmt und seine Einkünfte anderen
Zwecken zugeführt und ihm als einem ungeheuerlichen
Frevler alle Mittel zum Lebensunterhalt genommen, so daß
er durch ihr Zutun längst schon hätte zugrunde gegangen
oder verhungert sein können? Haben sie ihn nicht mit
Feuer und Schwert quer durch das ganze Land gejagt und
vor sich hergetrieben? Haben sie nicht damals Verhandlungen mit ihm abgelehnt und ihre jetzt umschwenkenden
Geistlichen nicht gegen ihn als einen unrettbar Verdammten gewettert, als einen Feind Gottes und seiner Kirche, der
dem Untergang geweiht sei und deshalb kein Verhand-
lungspartner sein könne? Haben sie ihn nicht belagert und
nach bestem Vermögen Wasser und Feuer von ihm ferngehalten, außer wenn sie mit Gefahr für sein Leben auf ihn
feuerten? Und während sie ihm dergestalt nach dem Leben
trachteten und es durch feindselige Handlungen in Gefahr
brachten, beschworen sie gleichwohl mit dem Munde, es
ebenso wie seine Krone und Würde schützen zu wollen,
nicht, wie es jetzt scheint, im Interesse eines sicheren und
dauerhaften Friedens oder seiner Reue nach all dem Blutvergießen, sondern einfach nur so, ohne daß all das Elend

und all die Not sie gekümmert, ihr Gewissen belastet oder
eine vergleichbare Regung in ihnen ausgelöst hätte, die das
arme Volk gelitten hat oder durch seine Unbeugsamkeit
und Unbelehrbarkeit künftighin von neuem zu erleiden haben könnte. Jeder verständige Mensch muß wissen, daß
Verträge stets auf den gegenwärtig gegebenen Zustand von
Personen oder Sachen Bezug nehmen und die allgemeineren Gesetze der Natur und der Vernunft jeweils stillschwei-
gend voraussetzen. Wenn ich mit jemandem freiwillig einen Vertrag zu gutem Einvernehmen schließe und der
Betreffende hernach abscheulich an mir handelt, so werde
ich mich ihm gegenüber nicht mehr gebunden fühlen.
Wenn ich mich verpflichte, einem Feinde aus Schonung
und Nachsicht oder in der Hoffnung, daß er sich eines Besseren besinnen werde, nichts zuleide zu tun, und er mir danach zehnmal soviel Unrecht und Schaden zufügt wie bereits zur Zeit des Vertragsschlusses, so steht für mich außer
Frage, daß seine nachfolgenden Handlungen mich aus dem
Vertrag entlassen haben, der ja doch nicht so heilig sein
kann, als daß ich nicht auf meinem Recht gegen ihn bestehen dürfte. Wie dem auch sei, statt ihrem mangelnden Vertrauen zu einer guten Sache und dem Tauziehen unserer
wetterwendischen Geistlichen nachzugeben, hätten sie lieber keine überflüssigen Verpflichtungen und leeren Worte
übermäßiger Ergebenheit gegen ihren Feind in den Vertrag
aufnehmen sollen,[139] die, falls der König die Oberhand behalten hätte, auch für sie selbst, wie viele von ihnen wohl
am eigenen Leibe würden erfahren haben, keineswegs von
Vorteil gewesen wären, aber voller Fallstricke und Widrig-
keiten für unsere Freunde sind und, wie sich jetzt heraus-
stellt, eigentlich nur unseren Gegnern dienen, die unter
Ausnutzung eines so großzügigen Spielraums freier Sinn-
deutung seither keine Möglichkeit ausgelassen haben,
durch immer neue Komplotte und Ränke die allgemeine
Verwirrung zu schüren. Wieviel besser und einem beherzten Geist geziemender wäre es gewesen, hätte man offen
und mutig erklärt, wen und was das Volk als die höchste
Gewalt anzusehen habe, wie es die Protestanten bei glei-
cher Gelegenheit früher getan und worum verantwortungs-
bewußte Männer die Mitglieder des Parlaments in diesen
unseren Tagen mehr als einmal ersucht haben, auf daß sie

mit sicherem Boden unter den Füßen mögen voranschreiten können statt mit einem rätselhaftem Vertrage im Munde, der in ein und demselben Atemzuge Botmäßigkeit und Unbotmäßigkeit zu beschwören scheint und jeden redlich denkenden Menschen zweifellos davon abgehalten haben würde, auf ihre Seite zu treten, hätten nicht ihre Taten augenscheinlich weit nachdrücklicher für seine Absetzung gesprochen als ihre Worte für seine Beibehaltung, jene Worte, die jetzt zum Gegenstand spitzfindiger Auslegungen gemacht werden und deren Aufnahme in den Vertrag nach dem Urteil weiterblickender Menschen von Anbeginn ein Beweis ihrer Furchtsamkeit, nicht ihrer Gesinnungstreue gewesen war. Doch warum soll ich hier noch länger dabei verweilen, wie sie dem König nach dem Leben getrachtet haben, wessen er selbst ja die Presbyterianer mehrmals beschuldigt hat, da es doch bei gehöriger Prüfung der Sachlage als untrüglich erwiesen angesehen werden kann, daß sie die Tat faktisch ausgeführt haben? Wer weiß nicht, daß der Name eines Königs für die Würde und das Amt steht und nicht für die Person? Wer also einen König tötet, muß ihn töten, solange er König ist. Man kann daher mit Gewißheit sagen, daß diejenigen, die dem König vor langer Zeit durch seine Absetzung auch seinen eigentlichen Lebensnerv, nämlich sein Amt und seine Würde, nahmen, diesen im wahrsten Sinne des Wortes getötet haben, und zwar nicht allein, indem sie ihn absetzten und bekriegten – was, abgesehen von seiner persönlichen Lebensgefahr, ihn in die denkbar entfernteste Gegenposition zu jeder notwendigen Existenzgrundlage eines Königs gebracht hat –, sondern auch dadurch, daß sie ihn, nachdem er überwältigt und ihrer unumschränkten und despotischen Gewalt ausgeliefert war, gefangensetzten, so daß er die tiefste Demütigung und Ohnmächtigkeit des königlichen Namens hat erfahren müssen. Ich sage nicht, durch wessen nur von Gott überbietbare Hochherzigkeit dies geschah,[191] damit nicht die Darstellung ihres späteren Undanks mich von meinem gegenwärtigen Ziel ablenken möge, nämlich ihnen bewußtzumachen, daß sie es waren, um es nochmals zu wiederholen, die ihren König im wahrsten Wortsinne nicht nur auf die nachgewiesene Art und Weise, sondern vor allem dadurch getötet haben, daß sie ihn weit unter die Stufe eines Untertans auf

den Zustand eines Gefangenen hinabdrückten und ihn, wie
der Kanzler von Schottland[192] in einer Rede zu Newcastle
ihm offen erklärte, nur unter der Bedingung wiedereinzu-
setzen gesonnen waren, daß er all ihre Forderungen ausnahmslos erfüllen würde, wozu sie ihn unter keinen Umständen bereit wußten. Auch dachten sie überhaupt nicht
daran, mit ihm Verhandlungen aufzunehmen, bis ihr Haß
auf die Armee, die ihnen die Freiheit gebracht hatte – und
nicht etwa ihre Liebe oder ihre Pflicht dem König gegenüber –, sie heimlich mit Leuten paktieren ließ, die sie selber so oft als Verworfene bezeichnet hatten und deren hin-
terhältige Einflüsterungen sie auf einen Vertrag scharf-
machten, der so höchst unzeitgemäß und abwegig war.[193]
Wenn aber ihr gesamtes Trachten nicht gegen die Person
des Königs, sondern nur, wie sie vorgaben und verkünde-
ten, gegen dessen schlechte Ratgeber gerichtet war, warum
haben sie ihm dann während all der Zeit, als er sich in ihrer
Gewalt befand und sie selbst seine nächsten Ratgeber waren, nicht wieder zu den wahren Lebensrechten eines Königs, seinem Amte, seiner Krone und seiner Würde, verhol-
fen? Die Wahrheit ist demnach, daß sie es weder zu tun
gedachten noch auch tatsächlich konnten, ohne mit Sicherheit den eigenen Untergang heraufzubeschwören, nachdem
sie ihn dermaßen in die äußerste Enge getrieben hatten,
wodurch ja doch alles tot und begraben war, was ihn zum
König gemacht, und aus welcher Lage noch niemals ein König von England ohne die abermalige Verstärkung seiner eigenen Partei zu neuem Leben erwacht ist oder eine Art
Wiederauferstehung hat erleben können. Nachdem somit
alles ausgetilgt war, was immer an ihm königlich sein
mochte, und sie ihn im Zuge einer völligen Entmachtung
wie eine beliebige andere Sache mit Eigenschaften und
Merkmalen versehen hatten, welche seine frühere Stellung
gänzlich zunichte machten, beließen sie seiner Person, die
im Hinblick auf das Gesetz und alle bürgerlichen Rechte sowohl eines Königs als auch eines Untertans tot war, nur
mehr das Leben eines Gefangenen, Angeklagten und Übel-
täters, der von der ausgleichenden und unparteiischen
Hand der Gerechtigkeit, sobald sie seiner habhaft wurde,
nicht mehr Schonung zu erwarten hatte als ein anderer gewöhnlicher Mensch; nicht allein war er auf Grund einer

mehr als einmal gegen ihn erhobenen Anschuldigung und seiner eigenen Anerkennung des ersten Artikels von Newport dem Spruch des Gesetzes verfallen,[194] sondern man hatte ihn auch im Angesicht Gottes und seines Volkes vorgeladen und unter Anklage gestellt, hatte ihn grimmiger als jeden Ahab oder Antiochus verdammt[195] und zum Teufel gewünscht und gleichzeitig all jene gewarnt, die nicht zum Kriege wider ihn schreiten wollten, sie würden von Gott genauso bitter verflucht werden wie einst Meros, das gegen einen gewissen Kanaaniterkönig nicht zu Felde gezogen war[196] – und dies in fast allen Predigten, Gebeten und Drohreden, die seit nunmehr sieben Jahren über jene gespaltenen Zungen der Falschheit und Zwietracht gekommen sind, dieselben Zungen, die ihn jetzt, um neue Uneinigkeit zu stiften, von seiner Schuld freisprechen und – ihrer eigenen Lehre zum Trotz, die sie als Thron und Zepter Christi rühmen – ihm Absolution erteilen und den Fluch von ihm tilgen, obwohl er mitnichten bekehrt, mitnichten bußfertig und mitnichten gewillt ist, all ihre ihnen kostbaren Heiligen und Märtyrer auch nur zur Kenntnis zu nehmen, deren Blut sie ihm so oft aufs Haupt geladen haben und das sie mit einer erneuten hoheitlichen Salbung nun gänzlich wieder von ihm abwaschen zu können meinen, als wäre es just so minderwertig und geringzuachten wie das Blut gleich vieler Hunde zu Pestzeiten, womit sie all den vorgespielten Glaubenseifer auf das schimpflichste Lügen strafen, der ihnen so viele Jahre lang auf Kosten des einfältigen Volkes die Bäuche gefüllt und sie feist gemacht hat. Diese Prediger des Aufruhrs und nicht des Evangeliums[190] haben nimmer aufgehört, das Volk gegen ihn aufzubringen, solange sie sahen, daß das Ganze sich offensichtlich zum Bürgerkriege und Blutvergießen hin entwickelte, und sie hören jetzt, wo sie die Wahrscheinlichkeit neuerlicher Unruhen für gegeben halten, nicht damit auf, andere gegen das Volk aufzuwiegeln, das sie von ihm erlöst hat, als wäre Aufruhr ihr einziges Ziel, ob gegen oder für ihn. Indes dürfen wir mit gutem Grunde darauf vertrauen, daß Gott das Volk eines Besseren belehren und davon abbringen wird, diesen käuflichen Schreihälsen Beachtung oder Gehör zu schenken, und daß er es geneigt machen wird, statt insgeheim neuem Unfrieden Raum zu geben, lieber erhobenen Hauptes der Stimme unserer höchsten Obrigkeit zu lauschen, die uns zur Freiheit und zur tätigen Beförderung eines reformierten Gemeinwesens aufruft, woran sich für uns die Hoffnung knüpft, daß in dem gleichen Maße, wie Gott seinerzeit den Juden ob ihres Abfalls von ihm und seinem Regiment und ihrer Erwählung eines Königs grollte, er seinen Segen und seine Gnade nun auf uns häufen möge, weil wir von einem König abgefallen sind, um auf eine seinem eigenen damaligen Regiment möglichst nahekommende Weise ihn selbst zu unserem alleinigen Führer und Oberherrn zu machen, vorausgesetzt, wir haben wenigstens noch so viel Anstand in uns, den Gedanken an unser künftiges Heil nicht außer acht zu lassen, und den Mut, zu ergreifen, was Gott uns gewähren will, worin wir die Ehre haben, anderen Völkern voranzugehen, die jetzt unsere Nachfolge anzutreten bestrebt sind. Was nun die gegebene Frage anbetrifft, was das Volk aus eigenem guten Recht tun dürfe, um einen Wechsel der Herrschaft oder des Herrschers herbeizuführen, so sehen wir sie nicht nur durch das Zeugnis vieler weiterer Autoritäten als hinreichend geklärt an, sondern ebenso durch Aussagen aus dem Munde von Fürsten selbst. Und fürwahr, wenn ein Volk wie das unsere sich seiner Freiheit brüstet und dennoch seinerseits nicht über die Gewalt verfügt, aus triftigen Gründen jeden über- oder untergeordneten Regierenden mitsamt der ganzen Regierung zu entfernen oder hinwegzufegen, so mag sich zwar seine Einbildungskraft an einer lächerlich unwirklichen Freiheit ergötzen, die vielleicht ein kleines Kind täuschen kann, aber in Wirklichkeit lebt es in Tyrannei und Knechtschaft, wenn ihm jene Gewalt fehlt, welche die Wurzel und Quelle aller Freiheit ist, nämlich in dem ihm von Gott übergebenen Lande, ähnlich wie ein Familienoberhaupt in seinem eigenen Hause oder über sein freies Erbe, unabhängig schalten und walten zu können. Mögen die Menschen den Kopf auch noch so hoch tragen, ohne diese natürliche und unabdingbare Gewalt eines freien Volkes sind sie bei nüchterner Abwägung nicht besser daran als geborene Sklaven und Vasallen, auf die ein anderer Herr und Erbe Lehnsansprüche und Eigentumsrechte geltend machen kann, dessen Herrschaft, auch wenn sie weder ungesetzlich noch unerträglich sein mag, dennoch wie eine Herrenknute und nicht wie eine freiheitliche Regierung über ihnen schweben wird und deshalb abgeschafft gehört. Mit wieviel größerer Berechtigung also mögen sie dann die Tyrannei oder die Tyrannen von sich abschütteln, die, einmal abgesetzt, ja nun nicht mehr darstellen können als Privatpersonen und dem Zugriff der Gerechtigkeit und der gerichtlichen Verfolgung genausowenig entrückt sind wie jeder andere Gesetzesbrecher auch. Und wahrlich, wenn kluge und fromme Menschen, um nicht von den Heiden zu sprechen, ohne Umschweife gegen Tyrannen Gerechtigkeit geübt haben, wieviel milder und menschlicher ist es dann nicht, sie vor ein faires und öffentliches Gericht zu stellen, damit Könige, die das Gesetz mißachten, sowie all jene, die sie so sehr vergöttern, auf diese Weise erkennen mögen, daß nicht ein sterblicher Mensch oder dessen gebieterischer Wille, sondern allein die Gerechtigkeit in Wahrheit die höchste und oberste Majestät auf Erden ist. Deshalb möge man aufhören, aus Parteigeist und Heuchelei um derart gerechte und ehrenhafte Dinge lauthals Zeter und Mordio zu schreien, auch wenn vermutlich bislang noch kein Beispiel beigebracht werden kann, wie man erst kürzlich geschrieben und unter völliger Verkennung der Sachlage rühmend hervorgehoben hat, daß irgendein protestantisches Staatswesen oder Königreich seinen König öffentlich hingerichtet hätte. Es kann und darf aber einem protestantischen Staat nicht zum Ruhme angerechnet werden, niemals seinen König zum Tode befördert zu haben, sondern der Ruhm eines protestantischen Königs liegt darin, den Tod vielmehr niemals verdient zu haben. Und wenn das Parlament und der Militärrat, ohne auf einen einschlägigen Präzedenzfall zurückgreifen zu können, ihr Vorgehen allein danach ausrichten, was ihnen die Pflicht zu gebieten scheint, so spricht es nur um so mehr für ihre Weisheit, Tugend und Hochherzigkeit, daß sie sich die Fähigkeit zutrauen, einen Präzedenzfall für andere zu schaffen, die vielleicht in kommenden Zeiten, sofern sie nicht allzusehr aus der Art schlagen, diesen beispielhaften und einzigartigen Werken mit Ehrfurcht begegnen und als dem erhabensten Gipfel ihres staatsbürgerlichen Ruhmeseifers und Tatendranges nachstreben werden, den sie vordem im Trachten nach klingenden Ehren und auswärtiger Herrschaftsmacht ruhmsüchtig in fremden Landen verschwendet haben, um nun statt dessen ihren Mannesmut fortan einem würdigeren Ziele zuzuwenden, indem sie nämlich das höchste Gericht an denen zu vollstrecken wagen, die im eigenen Lande mit Waffengewalt die Religion und ihre eigene Freiheit zu unterdrücken und zu beschneiden versuchen, damit kein schrankenloser Machthaber oder Tyrann, ohne daß er das später zu bereuen hätte, sich eine so selbstherrliche und unverantwortliche Zügellosigkeit anmaßen könne, ganze Menschenreiche niederzumetzeln und vom Obersten zum Untersten zu kehren, als wären sie vor seinem entarteten Willen nichts Besseres als ein Volk von Ameisen. Was die sogenannte Presbyterianerpartei[133] anbelangt, in deren Reihen sich, wie ich glaube, eine große Menge frommer und redlicher Christen befinden, obwohl sie durch ein paar Wirrköpfe irregeleitet worden sind, so wünsche ich mir still und ernstlich, daß sie nicht von ihren früheren Grundsätzen Abschied nehmen, sich nicht als Zuchtmeister und als Herren gegenüber Menschen gebärden, die ihnen nicht unterstellt sind, keine unerzwingbaren Dinge, namentlich der Religion, zur Pflicht erheben, die, unfreiwillig gewährt, in Sünde umschlagen, nicht dem Gezeter und den niederträchtigen Beweggründen von Leuten Vorschub leisten, die sie selbst doch als das schlimmste Menschengesindel, als verstockte Feinde Gottes und seiner Kirche verurteilt haben, und auch nicht, in Ermangelung anderer Argumente, gegen das Vorgehen ihrer Brüder jene böswillig verdrehten Gesetze und Schriftstellen in Anschlag bringen, aus denen die Prälaten[8] und übelwollende Menschen ihnen selber einst einen Strick zu drehen suchten und die, obwohl sie ansonsten keinen Schaden anrichten mögen, doch allein dadurch, daß sie zur Verdammung ihrer eigenen Taten von ihnen jetzt wieder hervorgeholt werden, alle Menschen in Empörung versetzen und erkennen lassen, daß sie selber entweder zu blindwütigen Eiferern oder zu Abtrünnigen geworden sind. Mögen sie sich jetzt nicht ihren besten Freunden und Weggefährten entgegenstellen, die ihnen beileibe nichts Arges tun und ihre Freiheiten nicht im mindesten antasten (sofern sie nicht die Freiheit für sich beanspruchen, anderer Menschen Gewissen zu gängeln), sondern die unverändert danach trachten, in Frieden und brüderlicher Eintracht mit ihnen zusammen zu leben. Mögen sie sich vor einem alten und höchst durchtriebenen Feinde[197] in acht nehmen, der zwar hofft, sie durch das Säen von Zwietracht zu seinen Werkzeugen machen zu können, der aber dennoch keinen Augenblick zögern wird, seinen offen angedrohten Racheplan auszuführen, sobald sie erst einmal für seine Zwecke ausgedient haben. Sollen sie deshalb, wenn sie klug sind, lieber fürchten, was sie bereits getan haben, als was noch zu tun bleibt, und sich die Warnung beizeiten zu Herzen nehmen, nicht auf Fürsten zu vertrauen, deren Zorn sie herausgefordert haben, auf daß sie nicht die Zahl derer vermehren mögen, für die es in ähnlichen Fällen ein böses Erwachen gab. Den Geschichtsbüchern können sie entnehmen, wie vor nicht viel mehr als hundert Jahren der Dänenkönig Christian der Zweite, den seine Untertanen verjagt und erst nach Abforderung neuer Eide und Bedingungen wiedereingesetzt hatten, unter Bruch sämtlicher Zusagen auf das blutigste Rache nahm und, als er die Zeit für gekommen hielt, seine Hauptwidersacher samt deren Kinder abschlachtete, die er mit diesem Vorsatz zu einem Feste geladen hatte;[198] wie Maximilian mit den Bürgern von Brügge verfuhr, obwohl er sich nach Vermittlung der deutschen Fürsten durch Schriftstücke mit Brief und Siegel feierlich und öffentlich mit ihnen versöhnt hatte;[199] wie das Blutbad von Paris letztlich durch den gutgläubigen Friedensschluß der französischen Protestanten mit ihrem König Karl dem Neunten verschuldet war;[200] ebenso daß der wichtigste erkennbare Grund, der die Niederlande bis zum heutigen Tage vor dem vollständigen Ruin bewahrt hat, ihr schließlich obsiegender Argwohn gegen die von den spanischen Königen noch stets als eherne Staatsräson geübte verräterische Grausamkeit gewesen ist, falls deren aufständische Untertanen ihnen später vertrauten, wofür in neuerer Zeit das Belgien von einst und das Neapel von heute schlagende Beispiele sind.[201] Und um abschließend jemanden anzuführen, der zwar einer weitaus ferneren Vergangenheit angehört, aber außerhalb jedes Zweifels steht: David, dessen geheiligte Verstandeskräfte allein schon genügen dürften, uns nicht nur zur eigenen Rechtfertigung, sondern auch zur Belehrung zu dienen, hat dem Saul, nachdem er nur einmal die Hand gegen ihn erhoben hatte, hernach nie wieder getraut, obwohl dieser unter Tränen und heftiger Gemütsbewegung zweimal gelobte, ihm hinfort nichts Böses mehr zu tun.[202] Diese wenigen Beispiele von vielen könnten Engländern wie Schotten eine Warnung sein, nicht um ihrer eigenen Zwecke und des Drängens einer Partei willen jenen Feinden blindlings in die Falle zu gehen, die nur darauf lauern, an ihnen als den Männern Rache zu nehmen, die all das Unheil, das sie und ihre Könige in jüngster Zeit unentrinnbar heimgesucht, ohne daß ihm durch einen gesunden und sicheren Vergleich beizukommen wäre, ursprünglich ausgelöst, gefördert und auf die Spitze getrieben haben.

Ich habe noch etwas an die Adresse der Geistlichen zu sagen, wobei ich mich kürzer fasse, als es eigentlich nötig wäre: daß sie sich nämlich nicht in die Angelegenheiten des Staates, deren Leitung ungleich fähigeren und berufeneren Händen anvertraut ist, einmischen, sondern lieber fleißiger studieren und ihr Hirtenamt ordentlich wahrnehmen sollen in dem Bewußtsein, daß auch die noch so geringe Herde eine erhabene Aufgabe darstellt, die sich nicht in dem zweimaligen Kanzelauftritt zum Zwecke des Herunterleierns einer förmlichen Moralpredigt zu gewissen Stunden einer ansonsten faulen Woche erschöpft, sondern ihre unablässige Hingabe und allgegenwärtige Sorge, *zur Zeit und zur Unzeit,*[203] *von Haus zu Haus,* erfordert, um die ihnen anvertrauten Seelen in rechte Obhut zu nehmen. Wie wenig Muße bliebe ihnen noch, jedem Tumult und Aufruhr im Volke auf höchst wichtigtuerische Weise ihren Beistand zu leihen, wenn sie diese Aufgabe gehörig bedächten und all die Zeit lieber dazu nutzen wollten, sich bewußt zu werden, welches der wahre Sinn und Zweck des Evangeliums ist, das sie lehren, und wie himmelweit er sich von einer besserwisserischen und selbstherrlichen Bevormundung des Gewissens unterscheidet. Es wäre gleichfalls gut, wenn sie das Volk durch das Beispiel ihres eigenen Lebenswandels davon überzeugen könnten, daß sie die Habgier verabscheuen, die ja Götzenanbetung ist und also schlimmer als Ketzerei, daß die Pfründenanhäufung und jeglicher Handel mit geistlichen Ämtern ihnen zuwider ist und sie aufgehört haben, wie reißende Wölfe auf Beutegang von Pfründe zu Pfründe zu schweifen, um sich die fetteste zu schnappen. Wenn einige unter denen, die von Anfang an warm und sicher in ihrem Nest saßen, sich nichts haben zuschulden kommen lassen, so sollten sie jetzt besser keinen Umgang mit denen pflegen, für die das nicht zutrifft. Mag es ihnen leid tun, daß sie entgegen dem Rufe, sich zur Reformation der Kirche zu versammeln, darauf verfallen sind, das Parlament, obwohl sie auf den Namen von Priestern verzichtet hatten, um eine Neubemessung der Zehnten[140] und Opfergaben zu ersuchen und anzubetteln, und daß sie sich mit doppelt so vielen einträglichen Kirchenstellen eingedeckt haben, als sie ihrer Pflicht gemäß überhaupt auszufüllen vermochten. Mögen sie sich nach alter kirchlicher Vorschrift lieber mit ihren Kirchenältesten und Diakonen im Konsistorium versammeln, um in ihrem jeweiligen Verantwortungsbereich über die Kirchenzucht zu wachen, statt mit ihresgleichen zusammenzuhocken und sich in ihrem anmaßenden Zionskollegium[204] den Wanst vollzuschlagen oder Ränke zu schmieden, das schlichte Laienvolk zu foppen und hinters Licht zu führen und, den einstigen Prälaten[8] gleich, den Geist des Aufruhrs zu nähren, nur damit sie auch fürderhin ihrer Hoffart und Habsucht frönen können. Kein Zweifel, daß die Dinge sich ohne ihre Einmischung und ihr Geschrei zum Guten wenden werden, falls sie diese in geduldigem Abwarten ihren Lauf nehmen lassen, und daß dann auch die gedruckten Sendschreiben, die sie mit prahlerischen Riesenlettern[205] und geringer Wirkung ausschicken, mehr Gewicht erlangen würden als jetzt. Wenn sie aber lieber dem Mammon dienen als Christus und seiner Kirche durch schäbige Gewinnsucht ebenso zur Schande gereichen wie auch dadurch, daß sie als die lähmendsten und drückendsten Tyrannen über dem Gewissen thronen und damit auf sattsam bekannte Art derselben Sünde verfallen wollen, derer sie eben noch so lautstark die Prälaten angeklagt haben, so wird Gott, wie er jene Elenden unmittelbar zuvor ausgerottet, nun auch deren Nachahmer ausrotten und – um seine eigene Herrlichkeit und die Religion zu verteidigen – ihre Heuchelei vor aller Welt entlarven und ihre Häupter mit jenem *Fluchet der Stadt Meros*[196], dem Lieblingsmotto ihrer Kanzeln also, heimsuchen, mit dem sie so oft (wenn auch nicht wie Meros, sondern mehr wie Atheisten) die Rache Gottes entweiht und den Glaubenseifer seines Volkes gelästert haben. Und daß sie nicht etwas, wofür sie gern gelten möchten, wahre Diener der protestantischen Lehre und Schüler jener berühmten und gottesfürchtigen Ausländer[206] sind, die die Kirche als erste reformiert haben, oder jener nicht minder glaubenseifrigen Puritaner[10] und Nonkonformisten, mit welchen Bezeichnungen man hierzulande diejenigen gebrandmarkt hat, die der Verderbnis und den Bischöfen[8] in den Weg getreten sind, dafür werden wir eine Fülle von Beweisen beibringen, um den Menschen den Unterschied zwischen protestantischen Geistlichen und diesen Kanzelschreihälsen noch deutlicher ins Bewußtsein zu rücken.

Luther: Lib. Contra Rusticos, apud Sleidanus, 1.5:

„Is est hodie rerum status ...“ : „Wie die Dinge zum gegenwärtigen Zeitpunkt liegen, können, wollen, ja müssen die Menschen die Oberherrschaft von euch Fürsten tatsächlich nicht länger ertragen.“
„Neque vero Caesarem ...“ : „Genausowenig darf der Kaiser als Oberhaupt der Christenheit, als Schutzherr der Kirche und als Verteidiger des Glaubens auftreten, wenn er Krieg führt, da diese Titel falsch und nichtig und die meisten Könige die schlimmsten Feinde der Religion sind“ (Lib. De bello contra Turcas, apud Sleidanus, 1.14). Warum also sollen wir sie dann nicht absetzen und bestrafen dürfen?
Auch die folgenden Worte, die Cochlaeus in seinen „Miszellen“ zitiert, werden Luther oder auch einem anderen hervorragenden Theologen des damaligen Deutschland zugeschrieben, als die Protestanten dort den feierlichen Vertrag von Schmalkalden schlossen.[207] „Ut ora iis obtürem ...“ : „Damit ihnen das Maul gestopft sei, Papst und Kaiser werden nicht als solche geboren, sondern erwählt, und sie dürfen auch wieder abgesetzt werden, wie es ja schon oftmals vorgekommen ist.“ Wenn Luther (oder wer immer statt seiner) so dachte, konnte er es damit nicht genug sein lassen, denn das Recht der Geburt oder der Thronfolge kann ja kein naturgegebenes Privileg sein, kraft dessen ein Tyrann unabänderlich über ein frei geborenes Volk gebieten dürfte, ohne das das betreffende Volk aus der natürlichen Gegebenheit und Lage frei geborener Menschen in einen natürlichen, erblichen und fortdauernden Sklavenzustand versetzt

109

würde. Deshalb fährt er fort: „Wer einen solchen Peiniger, solch einen Phalaris[208], solch einen Nero absetzt und stürzt, tut ein gottgefälliges Werk", weil er nämlich ein solcher ist, was eine moralische Begründung darstellt. Soll denn aber ein so geringfügiger Umstand, daß er es nicht allein durch Wahlentscheid, sondern durch den reinen Zufall seiner Geburt geworden ist, das moralisch Gebotene ins Gegenteil verkehren und dasselbe, was Gott ansonsten so wohlgefällig gewesen war, ihm jetzt auf einmal unwillkommen erscheinen lassen? Gewißlich nicht, denn wenn man den Fall recht bedenkt, so verpflichtet der Wahlentscheid einen Menschen doch ungleich stärker als der Zufall, sich mit dem abzufinden, was er durch die eigene schlechte Wahl heraufbeschworen hat. Freilich verpflichtet weder das eine noch das andere irgendeinen Menschen, geschweige denn ein ganzes Volk dazu, sich mit solchen Ungerechtigkeiten und Übelständen als unumgänglich abzufinden, zu deren Beseitigung ihm genügend Kraft und Stärke verliehen sind.

Zwinglius, Tom I, Art. 42:

„Quando vero perfide ..." : „Wenn Könige treulos und gegen Christi Gebot regieren, dürfen sie nach dem Worte Gottes abgesetzt werden."
„Mihi ergo compertum non est ..." : „Ich weiß nicht, wie es geschehen kann, daß Könige durch Erbfolge regieren, falls nicht das ganze Volk seine Einwilligung gegeben hat" (ebenda).
„Cum vero consensu ..." : „Wird aber ein Tyrann mit Zustimmung und Billigung des ganzen Volkes oder der Mehrheit desselben abgesetzt oder hingerichtet, so ist Gott selbst die treibende Kraft zu solchem Tun" (ebenda).
„Nunc cum tam tepidi sumus ..." : „Alldieweil wir jetzt so nachlässig in der Bewahrung der öffentlichen Gerechtigkeit sind, nehmen wir es hin, daß lasterhafte Tyrannen heutzutage ungestraft regieren, und werden darum gerechterweise mit Füßen getreten und zuletzt genauso bestraft werden wie sie. Dabei fehlt es nicht an Mitteln, um sich Tyrannen vom Halse zu schaffen, aber es fehlt die öffentliche Gerechtigkeit" (ebenda).
„Cavete vobis o tyranni ..." : „Nehmt euch in acht, ihr Ty-

rannen, denn jetzt wird die weit und breit vernehmbare Botschaft Jesu Christi die Herzen vieler Menschen mit einer neuen Liebe zur Reinheit und Gerechtigkeit erfüllen. Wollt auch ihr zu ihnen gehören, so wird man euch ehren. So ihr aber fortfahrt, zu wüten und Gewalt zu üben, werden die Menschen euch samt und sonders zertreten" (ebenda).

„Romanum imperium imo quodque ..." : „Wenn das römische oder ein anderes Reich damit anfangen sollte, die Religion zu unterdrücken, und wir dies tatenlos hinnehmen, so tragen wir an einer derartigen Vergewaltigung der Religion die gleiche Schuld wie die Unterdrücker selbst" (ders.: Epist. ad Conrad, Somium).

Calvin über Daniel, Kap. 4, Vers 25:

„Hodie Monarchae semper in suis titulis ..." : „Heutigentags erheben Monarchen immer den Anspruch, sie seien Könige von Gottes Gnaden, aber wie viele tun dies nur, damit sie unumschränkt regieren können, denn die Nennung des Gottesgnadentums im Königstitel dient doch nur dem Zweck, keinen Höheren über sich anerkennen zu wollen. Dabei würden sie denselben Gott bereitwillig mit Füßen treten, auf dessen Namen sie sich zu ihrer Rechtfertigung berufen. Es ist also bloße Täuschung, wenn sie sich brüsten, von Gottes Gnaden zu regieren."

„Abdicant se terreni principes ..." : „Weltliche Fürsten setzen sich selber ab, sobald sie sich gegen Gott erheben, ja sie sind nicht wert, daß man sie überhaupt noch wie Menschen behandelt: Es ziemt uns eher, ihnen ins Gesicht zu speien, als ihnen zu gehorchen" (Über Daniel, Kap. 6, Vers 22).

Bucer über Matthäus, Kap. 5:

„Si princeps superior ..." : „Wenn ein regierender Fürst Übeltätern mit Waffen Beistand zu leisten trachtet, um etwas umzustürzen, das durch Gottes Wort geboten ist, so sollen zunächst seine Untergebenen im Amte ihn umzustimmen suchen; falls dies nichts fruchtet und er sich nicht wie ein Fürst, sondern wie ein Feind verhält und gesonnen ist, die den untergeordneten Ämtern und Behörden verlie-

111

henen Privilegien und Rechte anzutasten, ist es die Pflicht gottesfürchtiger Obrigkeiten, nachdem sie die Hilfe Gottes erfleht haben, lieber die äußersten Mittel und Wege zu versuchen, als die Herde Christi einem derartigen Gottesfeinde auszuliefern, zumal sie ja auch deshalb eingesetzt worden sind, um das Volk Gottes zu schützen und jenen Dingen Bestand zu sichern, die gut und gerecht sind. Denn der Besitz der höchsten Gewalt vermindert das Übel nicht, das durch sie verschuldet worden ist, sondern macht es um so unerträglicher, je mehr Schaden für die Allgemeinheit daraus erwächst." Das heißt doch wohl, je weniger erträglich etwas ist, desto unnachsichtiger ist es zu ahnden.

Von Pietro Martire[174] haben wir schon gesprochen.

Paraeus in Römer 13:

„Quorum est constituere Magistratus ..." : „Diejenigen, deren Sache es ist, Obrigkeiten einzusetzen, können auch deren Ausschreitungen Einhalt gebieten oder sie aus dem Amte entfernen. Da aber alle Obrigkeiten entweder vom Parlament, von den Wählern oder von anderen Obrigkeiten eingesetzt sind, können diese, die sie ja erst erhöht haben, sie von Rechts wegen auch wieder erniedrigen und bestrafen." –

Von den schottischen Geistlichen brauche ich nur die berühmtesten, nämlich Knox[181] und seine Mitstreiter bei der Reformation Schottlands, zu erwähnen, deren umfängliche Abhandlungen zu diesem Thema den gleichen Standpunkt beziehen. Wollte man sie gebührend zitieren, müßte man wohl ihre ausdrücklich über diese Frage handelnden Schriften hier vollständig wiedergeben, zum Beispiel Knoxens „Aufruf" und sein Postskriptum „An den Leser", wo er ankündigt, in seinem geplanten Buche mit dem Titel „Der zweite Trompetenstoß" ausführlicher darlegen zu wollen, daß dieselben Männer denjenigen mit vollem Recht und ohne Rücksicht auf Geburt, Thronfolge oder etwaige Treueide wieder absetzen und bestrafen können, den sie unüberlegt erwählt haben. Von unseren hiesigen Geistlichen[209] mögen zwei der gelehrtesten, Cartwright und

Fenner, uns hinlänglichen Bescheid tun, welcher Auffassung all die anderen anhingen. In seinem Buche „Sacra Theologia" (Kap. 13) legt Fenner dar, daß „wer wie ein Parlament die Macht dazu besitzt, entweder auf gütlichem Wege oder durch Anwendung von Gewalt einen Tyrannen absetzen" könne, den er als jemanden definiert, der vorsätzlich gegen sämtliche oder die entscheidenden Punkte des zwischen ihm und dem Gemeinwesen bestehenden Vertrages verstößt, und Cartwright erklärt in einem vorangestellten Briefe sein Einverständnis mit dem ganzen Buche.

Gilby, De obedientia, S. 25 und 105:

„Könige empfangen ihre Vollmacht aus der Hand des Volkes, das sie gegebenenfalls wieder an sich zurücknehmen darf."

Englands Klage wider die kanonischen Vorschriften

„Das Volk darf schlechte Fürsten genauso töten wie Ungeheuer und grausame Bestien."

Christopher Goodman: Über den Gehorsam

Kap. 10, S. 139: „Falls Könige oder Herrscher zu Gotteslästerern, zu Bedrückern und Mördern an ihren Untertanen werden, sollen sie nicht mehr als Könige oder rechtmäßige Obrigkeiten gelten, sondern als Privatpersonen, die nach göttlichem Gesetz der gerichtlichen Verfolgung, Anklage, Verurteilung und Bestrafung unterliegen, und wenn sie nach diesem Gesetz schuldig gesprochen und bestraft werden, ist das nicht Menschenwerk, sondern Gotteswille."
Kap. 11, S. 143 f.: „Nach bürgerlichem Gesetz wird jemandem, der bei der Geburt erwiesenermaßen schwachsinnig oder verrückt ist, der angeborene Anspruch auf Land- und Erbbesitz entzogen, weil er zu einem verständigen Gebrauche desselben unfähig ist, und insbesondere darf ihm unter gar keinen Umständen die Herrschaft über ein ganzes Volk überlassen werden. Indes kann dem Gemeinwesen durch Schwachköpfe und Verrückte kein derartiges Unheil erwachsen wie durch das Toben und Rasen eines gottlosen

Herrschers. Wer von Gott verlassen ist, darf mithin keine Gewalt über das Volk Gottes haben, der durch sein Gebot ja das Gegenteil erheischt."

Kap. 13, S. 184: „Niemand, ob König, Königin oder Kaiser, ist vermöge irgendeines Gottesgesetzes dieser Strafe enthoben. Er muß des Todes sterben, denn Gott hat ihn nicht über andere gestellt, damit er nach eigenem Belieben seine Gesetze übertrete, sondern damit er ihnen wie jeder andere gehorche, und wenn er seinen Gesetzen untersteht, so auch seiner Bestrafung, und dies um so mehr, je verwerflicher sein Beispiel ist."

S. 185: „Wenn Obrigkeiten aufhören, ihre Pflicht zu tun, so ist das Volk sozusagen ohne Obrigkeit, ja schlimmer noch daran als ohne Obrigkeit, und dann legt Gott das Schwert in des Volkes Hand und übernimmt selbst die unmittelbare Führung."

S. 190: „Wenn Fürsten recht handeln und ihr Wort halten, so gebührt ihnen in aller Demut Gehorsam; widrigenfalls aber ist man davon entbunden und hat dann Sorge zu tragen, wie man von Rechts wegen solch einen Gottesgegner und Bedrücker seines Landes absetzen und bestrafen kann."

Dieser Goodman war Geistlicher der englischen Kirche in Genf, ähnlich wie Dudley Fenner in Middelburg oder einem anderen Orte des betreffenden Landes. Sie waren die Hirten jener Heiligen und Bekenner, die nach der Flucht vor der blutigen Verfolgung durch die Königin Mary[210] ihre versprengten Getreuen schließlich in zahlreichen Gemeinden sammelten und sich teils in Ober- und Niederdeutschland und teils in Genf ansiedelten, wo unser Autor im Anschluß an eine sehr beifällig aufgenommene Predigt über diese Frage von etlichen gelehrten und frommen Männern aus seiner Zuhörerschaft mehrmals und mit großer Eindringlichkeit aufgefordert wurde, sich in einer Schrift noch ausführlicher darüber zu äußern. Also machte er sich ans Werk und veröffentlichte nach Konsultation der bedeutendsten Gelehrten jener Gegend (darunter Calvins[100], der damals in derselben Stadt wohnte) mit deren ausdrücklicher Billigung die vorliegende Abhandlung, deren Ziel, wie Whittingham im Vorwort bezeugt, vornehmlich darauf gerichtet war, seinen Brüdern in England, den Protestanten, die Richtigkeit der Lehre vom Gehorsam gegen die Obrigkeit vor Augen zu führen (Whittingham im Vorwort).

Das waren die wahren protestantischen Geistlichen Englands, unsere Väter in dem Glauben, zu dem wir stehen; so dachten jene, die, über so viele Jahre unter dem Prälatentum[8] ächzend, die Religion durch alle Stürme und Verfolgungen hindurch vor dem Untergang bewahrt und sie uns rein überliefert haben, bis sich plötzlich eine habsüchtige und ehrgeizige Rotte von Geistlichen (denn sie nennen sich selber Geistliche!) erhob und in der Verkleidung von Neubekehrten und Proselyten zu guter Letzt gegen das Episkopat[8], zu dem sie sich lange Zeit die Türen offengehalten hatte, das Maul aufriß: dem Scheine nach gegen die Pfründenanhäufung und das Prälatentum, aber tatsächlich in der Absicht, beides an sich zu reißen und sich wie Geier an den erschacherten Kirchenstellen und Amtswürden ihrer ausgebooteten Vorgänger als der eigentlichen Beute, auf die sie Jagd machte, zu mästen und nicht bloß ein paar, sondern ein Vielfaches jener Pfründen zu schlucken, deren Aneignung sie ihnen, ihren Brüdern, vorher angekreidet hatte, und so unter einem anderen Namen auf just dieselbe Obergewalt und Zwangsherrschaft über das Gewissen aller Menschen hinzusteuern.

Aus dieser Partei scheinen verschiedene „ehrwürdige und gelehrte Geistliche", wie sie auf dem Gebetsriemen ihres eigenen Titelblattes angepriesen werden, in einer Abhandlung[211] namens „Bibel und Vernunft", in der sie immerhin die Rechtmäßigkeit der bewaffneten Selbstverteidigung gegen den jetzigen König bejahen, den Worten nach dennoch jede Absetzung eines Königs rundheraus abzulehnen; aber sowohl die Bibel als auch die Vernunft, worauf sie sich berufen, ziehen Schlußfolgerungen nach sich, die auch ohne ihren Segen deren Rechtmäßigkeit zwingend nahelegen. Denn wenn der Bibel und besonders dem Römerbrief[212] zufolge, auf den sie den meisten Nachdruck legen, Widerstand gegen Könige für den Fall statthaft ist, daß sie etwas tun, das der von Sankt Paulus gegebenen Definition der Obrigkeit entgegensteht, so dürfen sie mit derselben logischen Schlüssigkeit auch abgesetzt oder bestraft werden. Und wenn der Vernunft zufolge, wie sie auf Seite 34 der besagten Abhandlung feststellen, die ungerechte Gewalt von Königen „im Falle der Bedrohung oder unmittelbarer Notwendigkeit teilweise verwirkt sein und deren Macht teilweise wieder an das Parlament oder das Volk fallen kann", so läßt sich keine Bibelstelle anführen und kein erdenklicher Vernunftgrund benennen, warum man bei kluger und pflichtbewußter Voraussicht solch einer fortdauernden – und womöglich immerwährenden – Notwendigkeit ihn nicht schließlich mit dem Verlust seines Königtums solle bestrafen können, da ja Besserung von seiner Seite nicht zu erhoffen ist. Und wenn sein Beharren auf einer einzigen schlimmen Tat gegen die Religion, die Gesetze und die Freiheiten uns bereits teilweise zu so vielem berechtigt, warum sollen wir dann bei vierzigmal so vielen Grausamkeiten, die er verübt hat, nicht berechtigt sein, ihn so lange weiter in die Schranken zu verweisen, bis diese absolut geworden sind? Denn der Gang der Gerechtigkeit zielt auf größtmögliche Angemessenheit: Wenn ein einzelner Übergriff eines Königs eine bestimmte Gegenmaßnahme oder Wiedergutmachung erheischt, dann erheischen zwanzigmal so verruchte Verbrechen auch das Zwanzigfache an Vergeltung, bis die Angemessenheit endlich jenen Punkt erreicht hat, der unter Menschen das Äußerste darstellt. Falls sie in diesem Verfahren gegen ihren König das einmal Begonnene nicht nach dem üblichen Gang der Gerechtigkeit nun auch zu Ende bringen können, so hätten sie es von Rechts wegen gar nicht erst beginnen dürfen. Denn nach der goldenen Regel nicht nur der Arithmetik, sondern auch der Gerechtigkeit und der Moral ist aus drei gegebenen Größen mit der gleichen Bestimmtheit und Unausweichlichkeit wie nur je bei einem Problem, für das Euklid oder Apollonius den Beweis geliefert haben, immer auch die vierte abzuleiten.[213]

Und wenn das Parlament, das – wie auf den Seiten 37 und 38 besagter Abhandlung festgestellt wird – durch niemanden absetzbar ist als einzig durch sich selbst, ihm bei gegebener Veranlassung zeit seines Lebens alle Macht, alle Gewalt und das Schwert aus der Hand nehmen und ihn damit faktisch seiner obrigkeitlichen Autorität entkleiden darf, warum soll es als die nunmehr alleinig amtierende Obrigkeit dann nicht auch den nächsten Schritt tun und ihn be-

strafen dürfen, da er ja auf rechtmäßige Weise all jener
Merkmale verlustig gegangen ist, die eine Obrigkeit kenn-
zeichnen, und er folglich jetzt nicht mehr wie ein Vertreter
der Obrigkeit in seinem Range verringert, sondern nur
noch wie ein Übeltäter bestraft werden kann? Warum,
schließlich, soll es denselben, dem es die Stirn bieten und
auf dem Schlachtfeld entgegentreten darf, nicht ebensowohl
auch vor die Schranken der Gerechtigkeit fordern dürfen?
Ein gerechter Krieg ist nämlich nichts anderes als die Vollstreckung der Gerechtigkeit an denen, die das Gesetz mißachten. Ist es von Rechts wegen erlaubt (was sie nicht bestreiten, vgl. Seite 19 und 20), darunter den König selbst zu
töten, wenn er sich auf eigene Gefahr in der vorderen
Reihe zeigt, warum soll dann nicht das Gesetz etwas vorsätzlich erwirken dürfen, das in den Unwägbarkeiten eines
Verteidigungskrieges durch Zufall, ja mit Berechnung hätte
unbeanstandet geschehen können, falls er unter den Kämp-
fenden gewesen wäre? Auf Seite 19 fragen sie: „Nach welcher Vorschrift des Gewissens oder Gottes ist ein Staatswesen gehalten, lieber die Religion, die Gesetze und die
Freiheiten zu opfern, als daß das Leben eines Fürsten in
Gefahr geraten dürfte, der sich vor diejenigen stellt, die sie
zuschanden machen?" Und ich frage: Inwiefern kann das
Gewissen oder Gottes Wort oder das Gesetz oder die Vernunft ein Staatswesen verpflichten, all diese geheiligten Belange lieber beständig dem Zufall und der äußersten Bedrohung zu überantworten, als einen schlimmen Fürsten
auszumerzen, der Tag und Nacht Ränke schmiedet, um sie
zuschanden zu machen? Sie sagen uns, nach dem Naturge-
setz sei jedermann zu seiner Verteidigung berechtigt, selbst
gegen den König in leiblicher Person; mögen sie uns dann
aber auch erklären, warum kraft des nämlichen Gesetzes
nicht in noch weit stärkerem Maße ein Staatswesen oder ein
ganzes Volk befugt sein soll, Gerechtigkeit an dem zu üben,
gegen den ein jeder sich von Rechts wegen persönlich zur
Wehr setzen darf, da doch feststeht, daß Gerechtigkeit, wo
immer sie vollzogen wird, den guten Menschen zum Schutz
gereicht und den schlechten zur Strafe, wobei die gegen einen Tyrannen geübte Gerechtigkeit nichts weiter ist als die
notwendige Selbstverteidigung eines ganzen Gemeinwesens. Krieg gegen einen König zu führen, damit seine

Werkzeuge die gebührende Strafe ereile, und hernach nur die Werkzeuge zu bestrafen, aber den eigentlichen Urheber nicht bloß straffrei ausgehen zu lassen, sondern zu rechtfertigen und zu ehren, ist wohl das merkwürdigste Beispiel von sogenannter christlicher Gerechtigkeit und sogenannter menschlicher Vernunft, das uns je von Leuten untergekommen ist, die Anspruch auf Ehrwürdigkeit und Gelehrsamkeit erheben. Im dritten und vierten Abschnitt behaupten sie, ein Richter oder eine untergeordnete Amtsperson sei von Gott gesalbt, sei ein Diener Gottes, halte das Schwert in der Hand und erheische nach des heiligen Petrus Geheiß[214] denselben – und nirgendwo als unterschiedlich geartet ausgewiesenen – Gehorsam wie der oberste Gebieter, und dennoch möchten sie, daß wir gegen den obersten Gebieter kämpfen sollen, bis daß er die untergeordneten Amtspersonen (die die ärgsten Frevler gewesen) entfernt und bestraft hätte, wo doch ersichtlich weder die Bibel noch die Vernunft uns zu mehr Widerstand gegen den einen als gegen die anderen, sondern uns durchaus gleichermaßen ermächtigt, den obersten Gebieter selbst zu bestrafen oder abzusetzen, wie so lange Krieg gegen ihn zu führen, bis er seine untergebenen Beamten bestraft oder ausliefert, denen Gehorsam und keinen Widerstand zu leisten uns nach denselben Worten zur Pflicht gemacht wird. Während sie sich also nur in ein paar vorsichtig hier und dort eingefügten Zeilen ausdrücklich gegen die Absetzung oder Bestrafung von Tyrannen wenden, läßt alles, was sie aus der Bibel oder an Vernunftgründen anführen, auf einer jeden Buchseite den unmittelbaren und logischen Schluß zu, daß beides ebenso vollkommen gerechtfertigt ist wie der Widerstand gegen sie. Dabei waren sie freilich in all ihren Predigten, wie andere treffend bemerkt haben, erheblich weitergegangen. Geistliche haben nämlich, wenn man ihnen zuschaut, nicht minder kunstreiche Posen und Gebärden zur Verfügung und sind nicht weniger auf Abwechslung bedacht als diejenigen, die bei einem Manöver glanzvolle Taten ausführen. Manchmal scheinen sie ungestüm draufloszumarschieren, doch im nächsten Augenblick schon schwenken sie in die entgegengesetzte Richtung, kommen allmählich zum Stehen und treten dann den Rückzug an, oder sie können, wenn nötig, mit fast unmerklicher

List und Behendigkeit auf der Stelle kehrtmachen oder sich um die eigene Achse drehen, um sich durch einen jähen Standortwechsel in eine günstigere Ausgangsstellung zu bringen. Und stets muß es die Vorsehung sein, die sie herbeitrommelt und durch himmlisches Kommandowort zur Tat ruft, während im Grunde nichts anderes im Spiel ist als eine lohnendere Pfründe oder die Aussicht auf Aufstieg und Beförderung. Niemand vermag sich geschickter zu drehen und zu wenden als sie, sei es nach rechts oder nach links, wobei sie unweigerlich das eigene Fortkommen im Auge haben und wunderbarerweise keine feste Vorstellung darüber besitzen, was links ist und was rechts, sondern dessen jeweilige Bestimmung davon abhängig machen, was ihnen den größten Vorteil verspricht. Und wenn es darauf ankommt, für eine Wahrheit einzustehen, die ihnen und ihrem diesseitigen Gewinn nicht so einträglich erscheint, so haben diese biegsamen Akrobaten auf einmal kein sicheres Standbein mehr und sind für eine nicht bloß oberflächliche, sondern durchgreifende Reformation oder die Beförderung der Wahrheit (die unter sterblichen Menschen stets im Vormarsch begriffen ist) von keinem größeren Nutzen, als wären sie unvermittelt mit Lahmheit geschlagen oder zum Krüppel gemacht worden. Und um dies schlauer zu verbergen oder ihr eigenes Hinken durch allgemeine Gleichrichtung in einem besseren Lichte erscheinen zu lassen, möchten sie am liebsten, daß auch die Bibel und die Vernunft ihnen zur Gesellschaft hinken sollen, und speisen uns mit lahmen Schlüssen ab, die auf noch schwächeren Füßen einhergehen und gar noch hinfälliger sind als die Prämissen. In dieser Pose scheinen sie mit großem Eifer und Selbstvertrauen auf der Mauer der Burg Zion zu stehen, wenngleich eher als Jabusiter denn als Israeliten oder Leviten: blind und lahm, wie sie sind, können sie David nicht von Adoni-Besek unterscheiden, sondern jubeln denjenigen zu dem Gesalbten des Herrn hoch, dem sie eben noch auf ihrem Kanzelkissen die Daumen an Händen und Füßen abgehauen hatten.[215] Er, der da ist unser alleiniger König, die Wurzel Davids, und dessen Reich ewige Gerechtigkeit verheißt, sowie alle, die unter ihm Krieg führen und deren Seligkeit und letztendliche Hoffnung in diesem einzig rechtmäßigen und gerechten Reiche beschlossen liegt (und die unablässig darum beten, daß es bald komme, und, indem sie darum beten, raschen Sturz und Untergang auf alle Tyrannen herabwünschen!): er selbst also, unser unsterblicher König, und alle, die ihn lieben, müssen diese blinden und lahmen Verteidiger Jerusalems mit Notwendigkeit verabscheuen, so wie David sie aus ganzer Seele haßte und ihnen den Zutritt zu Gottes und seinem eigenen Hause verwehrte.[216] Was aber die Erstgenannten, die vorher da waren, sowie noch manch andere Standhafte betrifft, die ihnen ohne lange Suche hinzuzufügen wären, auch wenn sie nicht in der Überzahl sind, so können wir uns getrost ihrer redlichen Führung überlassen, da sie unter allen protestantischen Geistlichen die wackersten und wichtigsten sind, und sie ohne jeden Zweifel in überreichem Maße zum Zeugnis dessen anrufen, was wir hier mit Bezug auf die Tyrannen dargelegt haben. Und tatsächlich stelle ich fest, daß alle, die über die Frage geschrieben haben (soweit sie nicht Prälaten[8] sind oder zu der neu erstandenen Partei der Afterprälaten gehören), gemeinhin den klaren und eindeutigen Standpunkt vertreten, daß es zwar für einen Privatmann ungesetzlich, aber für eine untergeordnete Obrigkeit von Rechts wegen erlaubt ist, gegen einen gesetzwidrig handelnden König, Gerechtigkeit zu üben, und wenn sie schon geteilter Meinung waren, so zählten doch immerhin die bedeutendsten und einflußreichsten Männer in der Kirche, die wir kennen, zu den Befürwortern des besagten Standpunktes. Falls irgend jemand sich bemüßigt fühlen sollte, diesen durch Beibringung anderslautender Zeugnisse entkräften oder durch Anführung gegenteiliger Zitate aus ihren eigenen Büchern widerlegen zu wollen, so wird es ihm nicht nur nicht gelingen, die falsche und unverschämte Behauptung jener aufsässigen Pfaffen zu beweisen (von der das gerade Gegenteil richtig ist), der zufolge die Absetzung und Bestrafung eines Königs oder Tyrannen „dem unabänderlichen Ratschluß aller protestantischen Geistlichen entgegensteht", sondern er wird, was nun freilich kaum in seiner Absicht gelegen haben dürfte, vielmehr zu erkennen geben, daß das Zeugnis von Geistlichen, wenn es derart unbeständig und widersprüchlich in sich selbst ist, überhaupt nicht ins Gewicht fällt oder irgendwelche Beachtung verdient. Ehe dem beizupflichten ist, was hoffentlich nie der

Fall sein wird, werden diese unwissenden Wortverdreher durch ihre eigenen Künste immer offener enthüllt haben, daß sie keine protestantischen Geistlichen sind, deren unabänderlichen Ratschluß in diesem Punkte sie so frech Lügen gestraft haben, sondern vielmehr ein Rudel hungriger Kirchenwölfe, die in den Fußtapfen des Zauberers Simon[217], ihres Stammvaters, der heißen Spur von Doppelversorgungen und vielfachen Pfründen, Patronatsrechten, Zuwendungen, Amtseinsetzungen und Aufstiegsmöglichkeiten folgen, ohne von der Herde Christi herbeigerufen zu sein, sondern, einzig von ihrer Gefräßigkeit angelockt, wie jene Baalpriester, denen Daniel hinter die Schliche kam,[218] die Kanzel in ihren Besitz gebracht oder besser: sich ihrer bemächtigt haben, damit sie ihnen als Bollwerk und Festung ihrer Aufsässigkeit und Rebellion gegen die staatliche Obrigkeit diene, deren gütige und siegreiche Hand sie von den Bischöfen, ihren anmaßenden Herren, errettet, ihnen sowohl öffentlich wie im stillen mannigfache Vergünstigungen gewährt, sie aus Armut und Verächtlichkeit zu Ansehen und Reichtum emporgehoben hat und lediglich ihre Habsucht und vermessene Begierde (die wie der Brunnen, dem die Heuschrecken, ihre Brutgefährten[219], entstiegen waren, seit jeher abgrundtief und grenzenlos ist) nicht dulden wollte, sich überall und bei jedermann mit ihrer dummdreisten Aufdringlichkeit einzumischen.

A TREATISE

OF

Civil power

IN

Ecclesiastical causes:

SHEWING

That it is not lawfull for any
power on earth to compell
in matters of

Religion.

The author J. M.

London, Printed by *Tho. Newcomb*,
Anno 1659.

Abhandlung

über

Die staatliche Gewalt
in Kirchenangelegenheiten[220]:

zum Exempel,

daß keine Macht auf Erden das Recht besitzt,
in Religionsdingen Zwang zu üben

Verfaßt von J. M.

London, gedruckt von Tho. Newcomb im Jahre 1659

*An das Parlament der Republik England
und der zugehörigen Herrschaftsgebiete*[142]

Allerhöchste Versammlung!
Die folgende Abhandlung habe ich noch vor Eurem unge-
duldig erwarteten Zusammentreten verfaßt und – obwohl
sie alle christlichen Obrigkeiten gleichermaßen angeht und
deshalb eigentlich in der üblichen Sprache der Christenheit
hätte geschrieben sein sollen[221] – aus natürlicher Pflicht
und Neigung zuerst meinem eigenen Volke vorbehalten
und zugeeignet, weil ihre ungesäumte Kenntnisnahme zu
diesem Zeitpunkt Euch vielleicht mancherlei Mühen und
Umwege bei der leichteren Vollbringung Eures großen
Werkes ersparen kann, insoweit darin von zwei Dingen die
Rede sein wird, die man für gewöhnlich als staatliche und
kirchliche Angelegenheiten bezeichnet, von denen ich
aber nur die staatlichen Eurer gebührenden Obhut anempf-
fehlen und die kirchlichen allein denen zugewiesen wissen
möchte, von denen sie sowohl ihren Namen als auch ihre
Wesensart herleiten. Aber nicht nur deshalb, sondern aus
noch zwei weiteren Gründen drängt es mich oder vertraue
ich darauf, Gehör zu finden: zum einen, weil ich klare Beweisgründe aus der Schrift und den protestantischen Lehr-
sätzen an das Parlament von England herantragen werde,
das in seinen jüngsten Erlassen ja bei mehreren Gelegenheiten erklärt hat, einzig für die wahre protestantische,
christliche Religion einstehen zu wollen, wie sie in der Heiligen Schrift enthalten ist, und zum anderen, weil es Euch
– angesichts dessen, daß Eure Macht ja nur zeitweilig besteht und Ihr selber eine christliche Freiheit in Euch tragt,
die irgendwann einmal unterdrückt werden könnte – gewiß
aufrichtig am Herzen liegen wird, solange Ihr an der Macht
seid, das Gewissen anderer Menschen genauso zu achten,
wie Ihr das für Euer eigenes Gewissen wünschen würdet,
wenn andere die Macht hätten, und zu bedenken, daß ein
jegliches wider das Gewissen verhängte Gesetz zugleich gegen jedermanns Gewissen in Kraft tritt und so auf diese
oder jene Weise gerechtermaßen auf Euch selbst zurückwir-
ken mag. Zum Glück sind unter denen, an die ich mich
hiermit wende, erwiesenermaßen viele hervorragende Per-

sönlichkeiten, die in diesem wichtigen Artikel des Christenglaubens bereits einen fest begründeten Standpunkt einnehmen. Einige davon haben, wie ich aus eigener Erinnerung weiß, über mehrere Jahre hinweg in einem an Autorität nur Eurer eigenen Versammlung nachgeordneten Gremium[222] zu wiederholten Malen die Religion so trefflich mit der Staatsklugheit in Einklang zu bringen und dabei – nicht nur bei Abstimmungen, sondern auch in häufigen Erörterungen, warum dies so sein müsse – die unterschiedliche Gewalt beider Dinge so sorgsam auseinanderzuhalten verstanden, daß, falls irgendeiner der Anwesenden vordem eine gegenteilige Auffassung gehabt hätte, er, nachdem er sie gehört, in diesem Punkte zweifellos als Bekehrter von dannen gegangen und zu der Überzeugung gelangt wäre, daß sowohl das Gemeinwesen als auch die Religion, falls überhaupt, in einer christlichen Ordnung letztendlich nur dann wirklich gedeihen können, wenn entweder die Regierenden Staat und Religion voneinander trennen oder nur solche Leute an die Regierung gelassen werden, die diese Trennung vornehmen. Bevor das nicht geschieht, wird man ständig auf Unruhen, Verfolgungen und Aufstände gefaßt sein müssen, auf den inneren Verfall der wahren Religion unter uns selbst und schließlich auf die vollständige Unterwerfung durch einen gemeinsamen Feind. Über die Freiheit des Staatsbürgers habe ich bereits zu früherer Zeit im Auftrage und nicht ohne Einverständnis der staatlichen Obrigkeit geschrieben;[223] jetzt nun schreibe ich über die Freiheit des Christen, und da andere lange vor mir sogar unter heidnischen Kaisern hierzu jede Möglichkeit besessen haben, dürfte der Argwohn fehl am Platze sein, dieselbe würde mir jetzt, unter christlichen Oberen, in einem geringerem Maße zugestanden, zumal sie sich so offen zur Verteidigung der christlichen Freiheit bekennen, auch wenn ich diesmal nicht im Auftrag oder auf Anraten anderer, sondern allein aus der inneren Überzeugung jener Christenpflicht schreibe, deren ich mich hiermit zum Nutzen dessen, der unser aller Herr und Gebieter ist, sowie in der zuversichtlichen Hoffnung auf seine zuallererst und zuvörderst zu erstrebende Billigung entledigen möchte und dessen gütiger Fügung ich mich und meine Gebete um vollen

Erfolg und gutes Gelingen Eurer öffentlichen Beratungen zum Wohl der wahren Religion und unserer staatsbürgerlichen Rechte anvertraue.

John Milton

ÜBER DIE STAATLICHE GEWALT IN KIRCHENANGELEGENHEITEN

Zwei Dinge haben der Kirche Gottes und der Verbreitung der Wahrheit schon immer großen Schaden zugefügt: daß nämlich deren Lehrer entweder durch Zwang geknebelt oder durch Bestechung verführt worden sind. Seit unseres Heilands Himmelfahrt ist es nur selten einmal vorgekommen, daß nicht eines davon oder auch beides zugleich vorgeherrscht hätte. Von diesen Dingen zu sprechen kann daher zu keiner Zeit unangebracht sein, weil durch ihr Verschulden die Kirche entweder ständiger Benachteiligung und Unterdrückung oder ständiger Gefährdung ausgesetzt ist. Das erstere soll für diesmal mein Thema sein, während das letztere zurückgestellt sei, bis Gott mich entsprechend geneigt machen wird und die Umstände danach verlangen mögen.[224] Was ich an Argumenten vorbringen werde, stützt sich allein auf die Bibel und darin wiederum auf die für alle wissenden Christen unumstößlichen Grundwahrheiten des Evangeliums. Und wenn auch die Regierenden dieses Gemeinwesens nach der Ausrottung der Prälaten[8] den wenigsten Zwang in der Religion gebraucht und – im Vergleich mit all ihren Vorgängern auf diesem Eiland seit der ersten Verkündigung des Evangeliums – am meisten für die christliche Freiheit getan haben (wofür Gott zu danken und sie gebührend zu preisen wir nicht vergessen wollen), so können sie, wie ich nicht zweifle, in dieser Abhandlung doch manches finden, was sie nicht nur bestärken wird, die christliche Freiheit zu verteidigen, deren wir uns erfreuen, sondern sie auch anspornen mag, sie zu erweitern, falls sie ihr noch irgendwelche Beschränkungen auferlegen. Denen, die als in der Religion vielleicht weniger Erfahrene dereinst über uns regieren oder uns Gesetze geben werden, mag sie oder ähnliches in der Art, falls es ihnen beliebt, zu rechtzeitiger Belehrung dienen; für die

Wahrheit aber wird sie zu allen Zeiten ein keineswegs überflüssiges Zeugnis ablegen und zumindest jener allgemeinen Pflicht Genüge tun, an die jeder Christ sich gebunden weiß, indem er nämlich, sobald ihm eine Erleuchtung zuteil wird, wie man dem Wohle der Religion in irgendeiner Form nützlicher sein könne als auf dem landläufig versuchten Wege, unumwunden davon Kenntnis zu geben hat.

Es wird keiner aufwendigen Vorrede bedürfen, um deutlich zu machen, was hier mit Religionsangelegenheiten gemeint ist. Darunter sind solche ebenso leicht begreiflichen wie bestimmbaren Dinge zu verstehen, die hauptsächlich zur Erkenntnis Gottes und zum Dienst an Gott gehören und die ohne himmlische Offenbarung dem natürlichen Begriffs- und Fassungsvermögen unzugänglich sind und deshalb der Möglichkeit verschiedenartiger Auslegung durch die menschliche Vernunft unterliegen, oder aber solche Dinge, die durch göttliche Weisung unmittelbar vorgeschrieben oder verboten sind und deren Befolgung oder Nichtbefolgung andernfalls, im Lichte der Vernunft betrachtet, als gleichgültig erscheinen würde, wie sie es ja zwangsläufig auch einen jeden Menschen anmuten muß, der die Weisung richtig verstanden hat. Daher meine ich, wenn ich von Gewissen oder von Religion spreche, hiermit jene tiefe Überzeugung, die uns die Gewißheit gibt, daß unser Glaube und dessen Ausübung dem Willen Gottes und seines uns innewohnenden Heiligen Geistes – soweit wir ihn überhaupt zu erfassen und in der rechten Weise zum Ausdruck zu bringen vermögen – entspricht, den wir höher zu achten haben als jedes Menschengesetz, wie nicht nur sein eigenes Wort es uns allenthalben befiehlt, sondern allein schon die Vernunft es uns gebietet: *Richtet ihr selbst, ob es vor Gott recht sei, daß wir euch mehr gehorchen als Gott* (Apg 4,19). Daß auf Grund einer derartigen Gewissensüberzeugung niemand durch irgendeinen wie auch immer gearteten Zwang auf Erden wegen seines Glaubens oder seiner Religionsausübung bestraft oder behelligt werden darf, werde ich nun, Gottes innig erflehten Beistand vorausgesetzt, an Hand der nachfolgenden Argumente zweifelsfrei nachweisen.

Erstens kann nicht bestritten werden, da dies doch die entscheidende Grundlage unserer protestantischen Religion ist, daß wir Heutigen – die wir keine andere göttliche Vor-

schrift oder äußere Gewalt als gemeinsame Plattform untereinander anzuerkennen haben als allein die Heilige Schrift
und keine innere als die Erleuchtung durch den Heiligen
Geist, welche allein über die Verbindlichkeit der Schrift für
uns selbst sowie für all jene entscheidet, deren Wissen wir
in diesem Sinne zu überzeugen vermögen – uns im Hinblick auf Glaubensangelegenheiten auf nichts anderes stützen können als einzig auf das Fundament, das die Bibel uns
bietet. Und da diese unmöglich ohne eine derartige göttliche Erleuchtung zu begreifen ist, von der keiner wissen
kann, daß sie jederzeit in ihm selbst – geschweige denn,
daß sie zu allen Zeiten mit Sicherheit auch bei jemand anderem – wirksam ist, so folgt eindeutig, daß kein einzelner
Mensch oder keine Gruppe von Menschen in Religionsangelegenheiten unfehlbar über irgendein Gewissen rechten
oder entscheiden kann außer allein über das eigene. Und
deshalb wird jenen Einwohnern von Beröa Lob gespendet,
die sogar nach den Predigten des heiligen Paulus noch *täglich in der Schrift forschten, ob sich's so verhielte* (Apg 17,11). Dabei taten sie nicht mehr, als was Gott uns an vielen Stellen
durch den Mund ebendieses Apostels anbefiehlt, nämlich
diese Dinge selber zu erforschen, zu prüfen und zu entscheiden, wofür er uns auch den Grund nennt (Gal 6,4 und
5): *Ein jeglicher aber prüfe sein eigen Werk; und alsdann wird er
an sich selbst den Ruhm haben und nicht an einem andern. Denn
ein jeglicher wird seine Last tragen.* Wenn wir es einem Papisten[122] als Torheit und Religionslosigkeit anrechnen, daß er
sich aus seiner Schuld gegen Gott entlassen wähnt, indem
er nur das glaubt, was die Kirche glaubt, um wieviel ver-
dammungswürdiger muß es dann sein, wenn der ihn ver-
dammende Protestant es seinerseits für gerechtfertigt hält,
nur das zu glauben, was der Staat glaubt! Mit gutem Grunde
sind sich alle vernünftigen protestantischen Autoren deshalb darin einig, daß die letzte Instanz oder Richtschnur in
Religionsangelegenheiten nicht die Bräuche, die Konzilsbe-
schlüsse und die kanonischen Regeln einer sichtbaren Kirche und schon gar nicht die Erlasse irgendeiner Obrigkeit
oder staatlichen Ratsversammlung sind, sondern daß nur
die Bibel dies sein kann und jeder Christ seine Entscheidung mit dem eigenen Gewissen abzumachen hat. Jener
Protest der ersten öffentlichen Erneuerer unserer Religion

gegen die kaiserlichen Edikte Karls des Fünften, denen zufolge in der Bibel nirgendwo vorgesehene Kirchenbräuche ertrotzt werden sollten, gab denn auch den Protestanten am Anfang ihren Namen, unter dem diese Lehre seither bekannt ist, welche die Bibel höher stellt als die Kirche und allein die Schrift als den alleinigen Dolmetsch ihrer selbst für das Gewissen anerkennt.[225] Wenn nämlich, wie wir meinen, die Kirche nicht so allwissend ist, daß wir ihr blindlings glauben können, welche der Kirche übergeordnete Autorität ließe sich dann noch nennen als das Gewissen, vor dem niemand größer ist als Gott allein (1 Jh 3,20)? Falls aber irgend jemand behauptet, daß nach seinem Gewissen die Schrift Richter sei über andere, so erhebt er sich nicht nur über die Kirche, sondern auch über die Schrift und über das Gewissen anderer Menschen, was für einen Sterblichen eine allzu unerhörte Vermessenheit darstellt, da ein jeder wahrhafte Christ, der imstande ist, Rechenschaft über seinen Glauben abzulegen, das Wort Gottes vor sich und die Verheißung des Heiligen Geistes sowie Christi Sinn in sich hat und somit einen viel besseren und zuverlässigeren Kompaß für sein Gewissen besitzt, dem er sich, soweit es ihn selbst betrifft, mit ungleich größerer Sicherheit anvertrauen kann als irgendeiner äußeren Regel, die andere ihm aufzwingen, von denen er in seinem Innern nichts weiß und nichts wissen kann außer dem einen, was er zumindest mit aller Bestimmtheit weiß, daß sie nicht Richter sein können über seine Religion: *Der geistliche Mensch aber ergründet alles und wird doch selber von niemand ergründet* (1 Ko 2,15). Alle wahren Protestanten halten den Papst hauptsächlich deshalb für widerchristlich, weil er sich Unfehlbarkeit sowohl über das Gewissen als auch über die Schrift anmaßt, indem *er sich setzt in den Tempel Gottes* – und zwar gleichsam als dessen Gegenüber – *und sich überhebt über alles, was Gott oder Gottesdienst heißt* (2 Th 2,4). Das bedeutet, nicht nur über sämtliche Richter und Obrigkeiten, die, wenn sie auch Götter genannt werden mögen, alles andere als unfehlbar sind, sondern auch über Gott selbst, da er sowohl die Schrift und das Gewissen als auch den in uns wirkenden Geist des leibhaftigen Gottes seiner Gesetzgebung unterwirft, obwohl doch geschrieben steht: *Einer ist Gesetzgeber, der retten und verdammen kann. Wer aber bist du, der du den an-*

dern richtest (Jak 4,12)? Daß Christus der alleinige Gesetzgeber seiner Kirche ist, womit hier die Angelegenheiten der Religion gemeint sind, wird kein glaubensfester Christ in Abrede stellen. So heißt es auch bei St. Paulus (Rö 14,4): *Wer bist du, daß du einen fremden Knecht richtest? Er steht oder fällt seinem Herrn. Er wird aber stehen bleiben; denn der Herr kann ihn wohl aufrecht halten.* Und darum fragen beide Apostel denjenigen, der so unsagbar kühn und vermessen ist: *Wer bist du,* daß du dich erfrechst, in der Religion andere Gesetze oder Urteile zu verhängen, als Christus, unser alleiniger Gesetzgeber und Richter, der allein retten und verdammen kann, sie dem Gewissen vorschreibt? Und eine vergleichende Betrachtung der oben zitierten Stelle aus dem Brief an die Thessalonicher gibt uns zu verstehen, daß all jene, wer oder wo auch immer sie sind oder sein mögen, weitaus weniger Autorität für sich in Anspruch nehmen können als die Kirche, der sie als Protestanten in dieser Hinsicht die Anerkennung verweigern, und nicht weniger widerchristlich in diesem Kernpunkt der Widerchristlichkeit, nicht weniger päpstlich oder papistisch (sondern eher noch mehr) als der in Rom sind, wenn sie als höchste Instanz zur Auslegung der Schrift entweder jene Theologen, denen sie folgen, oder, was weit ärger ist, sich selbst einsetzen und in der Art eines weltlichen Papsttums sich eine zu keinerlei Rechenschaft verpflichtete Oberhoheit nicht allein in staatlichen, sondern auch in kirchlichen Belangen anmaßen. Da wir also sehen, daß, wie bewiesen ist, niemand hienieden, und sei er selbst ein Mächtiger der Kirche, in Angelegenheiten der Religion gegen das Gewissen von anderen Gläubigen rechten oder entscheiden kann, lautet meine – oder, wie ich vielmehr richtiger sagen muß: unseres Erlösers eigene – Schlußfolgerung, daß in diesen Dingen dann auch niemand Befehle erteilen oder Zwang üben kann, ohne sich auf jene verhängnisvollen Folgen gefaßt machen zu müssen, vor denen das Gleichnis (Mt 13,26–31) warnt: *Auf daß ihr nicht zugleich den Weizen mit ausraufet, wenn ihr das Unkraut ausjätet. Lasset beides miteinander wachsen bis zur Ernte; und um der Ernte Zeit will ich zu den Schnittern sagen: Sammelt zuvor das Unkraut* etc., womit Matthäus ausdrücken will, daß weder seine Helfer noch andere dieses Werk ohne seine unmittelbare Anleitung zu gegebener Zeit mit genügender Einsicht oder Verständigkeit würden vollbringen können und daß man es also vorher gar nicht erst versuchen solle. Dies wird auch von Paulus (2 Ko 1,24) bestätigt: *Nicht daß wir Herren wären über euren Glauben, sondern wir sind Gehilfen eurer Freude.* Wenn also die Apostel schon keine Macht oder zwingende Gewalt über den Glauben oder das Gewissen gehabt haben, wieviel weniger ist sie dann gewöhnlichen Geistlichen gegeben. *Weidet die Herde Gottes nicht gezwungen* und *nicht als Herren über das Vermächtnis Gottes* (1 Pt 5,2 und 3). Mancher wird nun einwenden, es werde das Ende aller Kirchenzucht und aller Kritik gegenüber Verirrungen sein, wenn niemand entscheiden könne. Meine Antwort lautet: Alles, was ich gesagt habe, steht eindeutig so und nicht anders in der Schrift, die kirchliche Urteilssprüche oder Entscheidungen nur insofern untersagt, als sie auf eine Anwendung von Zwang gegen ein anderweitig überzeugtes Gewissen hinauslaufen. Mag da deuten oder entscheiden, wer will, solange es nur der wahren Kirchenzucht entspricht, die allein für diejenigen gilt, die sich diesem Gemeinschaftsbund aus freiem Willen eingegliedert haben, und sich allein auf eine Abgrenzung von allen übrigen Menschen, niemals aber bis zu körperlichen Zwangsmaßnahmen oder Geldbußen erstreckt, welche in geistlichen Dingen die beiden Waffen des Antichrists, nicht der wahren Kirche sind, deren eine Inquisition[129] und deren andere ein bestenfalls zeitweiliger, gegen Geldzahlung an die Kirche oder die Obrigkeit erkaufter Sündenablaß[226] ist – im einen wie im anderen Falle eine zeitweilige Begleichung jener Schuld, die Christus auf ewig beglichen hat, eine päpstliche Verkehrung der geistlichen in eine körperliche Buße, eine Gebühr für etwas, wofür wir niemandem, schon recht nicht der Obrigkeit, etwas schulden: Solches und ähnliches Unrecht ist die Folge von Zwang und Bußgeldern in der Religion, abgesehen davon, daß dies, worauf es mir am meisten ankommt, nachweislich gegen ein ausdrückliches Gottesgebot im Evangelium verstößt. Wenn somit die Oberhäupter der Kirche allein schon deshalb keinen Zwang in der Religion üben können, weil sie außerstande sind, unfehlbar über ein Gewissen zu entscheiden, das einer anderen Überzeugung anhängt, so hat erst recht die staatliche Obrigkeit keine Befugnis, einen Zwang in solchen Dingen zu üben, von denen sie ja noch viel weniger versteht, es sei denn, sie betrachte sich lediglich als staatliches Vollstreckungsorgan derer, die zur Erteilung eines derartigen Auftrags keinerlei staatliche – ja zu irgendwelcher Zwangs- oder Gewaltanwendung in der Religion nicht einmal die kirchliche – Macht haben. Kurzum, wenn wir glauben müssen, was die Obrigkeit festlegt, warum halten wir uns dann nicht lieber gleich an die Kirche, da doch ohne Überzeugung erwirkter Zwang hier wie dort ungesetzlich ist? Manche Leute werden nun gleich rufen, wie man denn da noch gegen Blasphemie vorgehen solle. Diesen möchte ich zunächst nahelegen, nicht solchermaßen mit einem griechischen Wort Schrecknis und Verwirrung in das Volk zu tragen, sondern ihm besser verständlich zu machen, was es bedeutet, ist es doch in jener Sprache ein ganz gewöhnliches und alltägliches Wort zur Bezeichnung jedweder Verleumdung, jedweder böswilligen oder üblen Nachrede, sei sie gegen Gott oder einen Menschen oder sonst irgend etwas Positives gerichtet: Blasphemie oder böswillige Gotteslästerung und religiöses Gewissen haben nämlich nichts miteinander gemein, denn wie es bei Markus (9,39) heißt: *Niemand, der ein Wunder tut in meinem Namen, kann bald übel von mir reden.* Falls das noch nicht genügt, verweise ich sie auf jenes kluge und wohldurchdachte Gesetz vom 9. August 1650, in dem das Parlament die Blasphemie wider Gott, insoweit sie als ein Verbrechen der staatlichen Rechtsprechung unterliegt, „plenius ac melius Chrysippo et Crantore" – oder, auf gut Englisch: sorgfältiger, einsichtsvoller und rechtgläubiger – definiert,[227] als doppelt so viele Theologen das in manch dickem Bande getan haben, obwohl diejenigen, deren gesamtes Forschen und Wirken auf diese Dinge gerichtet ist, aller Wahrscheinlichkeit nach am meisten davon verstehen und am sachkundigsten darüber befinden müßten, was sie auch größtenteils tun, ohne daß sie allerdings, ebensowenig wie die Vorgenannten, stets frei von Irrtümern oder unfehlbar wären. Aber das soll uns hier nicht weiter beschäftigen. Es stellt sich uns nämlich noch ein zweites Gespenst in den Weg, das unter den Namen „Häresie" und „Häretiker", also wiederum in einer ungeläufigen Sprache, daherkommt und dem Volke ähnlich übel mitspielt.[228] Man täte gut daran, diesem zunächst einmal zu erklären, daß das Wort Häresie in jener Sprache durchaus keinen negativen Sinn hat, sondern lediglich besagt, daß jemand, im Guten wie im Bösen, eine bestimmte Auffassung in der Religion oder einem beliebig anderen Wissensgebiet bevorzugt oder übernimmt, weshalb es nicht nur von heidnischen Autoren, sondern selbst im Neuen Testament ohne Tadel oder Mißbilligung verwendet wird: *etliche von der Pharisäer Sekte, die gläubig geworden waren* (Apg 15,5), und *nach der allerstrengsten Sekte unseres Glaubens habe ich gelebt als Pharisäer* (Apg 26,5). In diesem keineswegs abwertenden Sinne könnte man sehr wohl auch Presbyterianer[10] oder Independenten als Häretiker bezeichnen. Wo der Ausdruck tadelnd gebraucht wird, scheint er sich nur wenig von „Spaltung" im Sinne von Schisma[73] zu unterscheiden: *höre ich, es seien Spaltungen unter euch* etc., *denn es müssen ja wohl Spaltungen unter euch sein* (1 Ko 11,18 und 19). Gleichwohl möchten manche Leute, die nach ihrem eigenen Kopfe über Häresie schreiben, diese in einem weit ärgerlicheren Lichte erscheinen lassen als Spaltungen, während, gerade umgekehrt, Spaltung auf Uneinigkeit in des Wortes schlimmstem Sinne hinausläuft und Häresie nur die Bevorzugung einer abweichenden Meinung bedeutet, was durchaus nicht mit Zwietracht einhergehen muß. Zu der Apostel Zeiten, ehe also die Bibel noch geschrieben war, verstand man deshalb unter Häresie eine Lehre, die im Widerspruch zu deren Verkündern vertreten wurde, und auch in unseren Tagen kann man sie nicht anders definieren denn als eine Lehre, die gegen das Licht der Bibel vertreten wird, wie es uns jetzt leuchtet. Da wir also sehen, daß niemand – keine Synode, keine Menschenversammlung, auch die nicht, die man die Kirche nennt – endgültig über die Bedeutung der Bibel für das Gewissen eines anderen Menschen befinden kann, was bekanntlich ein Hauptsatz der protestantischen Religion ist, folgt ersichtlich, daß, wenn jemand einen Glauben oder einen Standpunkt in der Religion vertritt, den die Bibel seinem Gewissen nach gründlicher Prüfung mit der größten Eindringlichkeit oder Wahrscheinlichkeit als den richtigen nahelegt, er zwar in den Augen anderer im Irrtum sein mag, aber dennoch mit keinem größeren Recht als Häretiker kritisiert werden kann als seine Kritiker, die ja doch selber nichts anderes tun, als was sie an ihm kritisieren. Denn fragt man sie oder einen beliebigen Protestanten, was denn die größere Autorität für sie habe, ob die Kirche oder die Bibel, so werden sie zweifelsohne auf die Bibel weisen und unzweifelhaft bekennen, daß nur dem zu folgen sei, was die größere Autorität besitze. Somit ist nicht derjenige der Häretiker, der nach seinem besten geistigen Vermögen der Bibel folgt und sich dabei in irgendeinem Punkte der von der Kirche insgesamt anerkannten Lehrmeinung widersetzt, sondern vielmehr jener, der gegen sein Gewissen und seine biblisch begründete Überzeugung der Kirche folgt. Um dies noch zwingender zu veranschaulichen, will ich mir hier ein einfaches Gleichnis ausborgen, dasselbe, dessen unsere eigenen Autoren sich häufig in entsprechender Weise gegen die Papisten bedienen, wenn sie besonders sinnfällig zum Ausdruck bringen wollen, daß wir der Bibel mit Recht den Vorrang vor der Kirche einräumen. Wie nämlich die Samariter[229] an Christus zwar anfangs wegen der Rede der Frau, hernach jedoch viel lieber um seines eigenen Wortes willen geglaubt haben, also glauben auch wir der Schrift: am Anfang wegen des Wortes der Kirche, aber inzwischen weit mehr um ihres eigenen Wortes willen, welches das Wort Gottes ist, ja selbst der Kirche glauben wir nun mehr nach dem Willen der Schrift. Daraus ergibt sich zwangsläufig der Schluß: Wenn wir nach der protestantischen Lehre an die Schrift nicht nach dem Geheiß der Kirche, sondern um ihres eigenen Wortes willen glauben, das Gottes Wort ist, so haben wir auch zu glauben, was wir nach unserem Gewissen für die Botschaft der Schrift an uns halten, selbst wenn die sichtbare Kirche samt all ihren Theologen dem widerspricht, und diejenigen, die, ihrer Lehre eingedenk, der Kirche nur insoweit glauben, als es dem Willen der Schrift entspricht, sind keine Häretiker, sondern die wackersten Protestanten und können mit ihren Auffassungen, welcher Art sie auch sein mögen, keinen Protestanten verletzen, dessen Leitspruch ja lautet, sich nichts zu eigen zu machen, was nicht so in der Schrift geschrieben steht, die nur er selbst seinem Gewissen überzeugend auszulegen vermag, indem er sich von dem Heiligen Geiste leiten läßt, und wenn er sich dieser Leitung nicht anvertraut, kann niemand ihn schlimmer in die Irre führen als er sich selbst. Den Protestanten, deren gemeinsamer Kompaß und Prüfstein die

Schrift ist, kann man somit nichts zugestehen, was dem Gewissen, der Gerechtigkeit und dem protestantischen Denken besser zupaß käme als eine jederzeit freie und von Gesetzes wegen zugelassene Erörterung aller erdenklichen Auffassungen, sei es in Veröffentlichungen, Beratungen oder Streitgesprächen, die nach der Schrift anfechtbar erscheinen, da erwiesenermaßen heutzutage nur der ein wirklicher Häretiker in der Religion ist, der an Bräuchen oder Meinungen festhält, die durch die Schrift nicht nahegelegt sind, was, soweit ich weiß, nur die Papisten tun, die einzigen Häretiker, die alle anderen für Häretiker halten, bloß nicht sich selbst. Nach dem Gesetz des Mose[230] freilich wurden dergleichen Menschen als die einzig wahren Ketzer, Götzenanbeter, klaren und offenen Verräter wider Gott und sein bekannt gemachtes Gesetz mit dem Tode bestraft, während das Evangelium nur deren Ausstoßung verhängt: *Einen ketzerischen Menschen meide, wenn er einmal und abermals ermahnt ist* (Tit 3,10). Diejenigen allerdings, die das für nicht schwerwiegend genug halten und sich keinen rechten Begriff von der ehrfurchtgebietenden Erhabenheit und geistlichen Wirkungskraft der von dem Apostel so hochgepriesenen Kirchenzucht machen (wovon auch in 2 Ko 10,4ff. wieder die Rede ist), sondern kleinmütig glauben, die Kirche Gottes bedürfe, um auf Dauer bestehen zu können, der leiblichen Furcht, werden in Ermangelung anderer Beweise nun jene Stelle bei St. Paulus (Rö 13) unvermeidlich in ihrem Sinne verdrehen, um eine staatliche Inquisition zu errichten und die Obrigkeit zur staatlichen Rechtsprechung wie auch zur Strafzuweisung in kirchlichen Angelegenheiten zu ermächtigen. Wir wollen aber sehen, wie weit die Kraft ihrer Argumente reicht. *Jedermann sei untertan der Obrigkeit, die Gewalt über ihn hat.*[231] Wie beweisen sie, erstens, daß der Apostel eine andere Obrigkeit meint als die, welcher diejenigen, an die er schreibt, unterstanden und die sich in keiner Weise in kirchliche Angelegenheiten einmischte, außer wenn Tyrannen und Verfolger sie ausübten? Und von diesen werden sie hoffentlich weder das Recht der Obrigkeit zur Entscheidung über geistliche Belange noch eine diesbezügliche Gehorsamspflicht unsererseits herleiten wollen. Wie beweisen sie des weiteren, daß er hier denselben Männern eine Macht über geistliche Belange einräumt, denen er doch mit all seiner Kraft die staatliche Gerichtsbarkeit streitig zu machen suchte (1 Ko 6,1 ff.)? Wenn er selbst den Kaiser anrief, so geschah es deshalb, damit er Richter sei über seine Unschuld, nicht jedoch über seine Religion. *Denn die Gewalt haben, sind nicht bei den guten Werken, sondern bei den bösen zu fürchten:* Also braucht das Gewissen sie nicht zu fürchten, welches das Richtmaß oder der Prüfstein aller guten Werke im Sinne der Bibel ist! Die Ketzerei, sagen sie, gehöre aber nach Gal 5,20 zu den bösen Werken: als ob alle bösen Werke durch die Obrigkeit geahndet werden müßten, unter denen diese von ihnen selbst angeführte Stelle, ihnen zur Widerlegung, neben der Ketzerei eine stattliche Anzahl weiterer nennt: *Unreinigkeit, Ausschweifung, Feindschaft, Eifersucht, Zorn, Zank, Neid* – alles Dinge, welche die Obrigkeit weitaus leichter aufspüren und somit viel eher ihrem Richterspruch unterwerfen könnte als Ketzerei, wie sie dieselbe definieren, und dennoch glaube ich nicht, daß sie die genannten sowie viele andere solcher bösen Werke ihrer gerichtlichen Verfolgung und Ahndung überantwortet wissen möchten. *Willst du dich aber nicht fürchten vor der Obrigkeit, so tue Gutes; so wirst du Lob von ihr haben.* Dies zeigt, daß es hier nicht um Religionsangelegenheiten geht, in denen von der besagten Obrigkeit kein Lob zu erwarten war. Zwar heißt es weiter: *Denn sie ist Gottes Dienerin dir zugut,*[232] aber doch nur in solcher Eigenschaft, zu solchem Behufe und auf Grund solcher Mittel, wie sie aus der zitierten Stelle klar ersichtlich sein müssen, wenn sie diese zum Ausgangspunkt ihrer Beweisführung machen möchten. Und wie könnte etwas zu meinem Guten sein, das mein Gewissen drangsaliert, unterdrückt und knebelt? Der Diener Gottes gibt es gar viele, und ihre Ämter sind nicht weniger unterschiedlich als zahlreich; keines aber ist unterschiedlicher als die Leitung von Staat und Kirche. Wer beider Leitung erstrebt, muß mit Notwendigkeit schlimmer sein als ein Erzprälat oder kirchlicher Pfründenjäger, denn er macht sich entweder kraft seines eigenen Amtes und Berufes oder aber außerhalb dessen und vielfach ohne gründliche Kenntnis desselben zum Oberherrn und Papst der Kirche, soweit der Arm seiner staatlichen Rechtsprechung reicht, und alle Diener Gottes ringsum zu seinen eigenen Dienern oder vielmehr – was ihre Zweckbestimmung, nicht ihre Teilhabe an der Regierungsgewalt betrifft – zu seinen Statthaltern, während er selbst sich anmaßt, Dinge durch staatliche Gewalt zu regeln, die allein der geistlichen obliegen, wiewohl doch just dieses besagte Kapitel ihm in Vers 6 sein besonderes Amt zuweist, das äußerste Mühewaltung erfordert und ihm untersagt, sich (was noch verwerflicher ist als Pfründenschacher) von der vollen und pflichtbewußten Wahrnehmung jenes Auftrages abhalten zu lassen, wodurch allein er der *Diener Gottes* ist, *auf solchen Dienst beständig bedacht.* Es wird ihnen wenig nützen, wenn sie sich hier auf Mose berufen, der schließlich bei allem, was er tat, unmittelbarer göttlicher Weisung folgte, oder auf Asa, Josaphat und Josia,[233] denen Gott nicht nur auf Wunsch Antwort werden ließ, sondern auch einen Staat mit einer fest eingewurzelten Landeskirche übergeben hatte, die mehr Übung in leiblicher als in geistlicher Frömmigkeit besaß, so daß man die Kirche gleichsam als Staat und den Staat insgesamt als Kirche bezeichnen konnte, was man nun aber vom Christentum wahrhaftig nicht sagen kann, das ohne Mithilfe der Obrigkeit, ja gegen deren Widerstand überliefert worden ist: In welch geringem Maße kann also die Bezugnahme oder der Hinweis auf diese uns zu irgend etwas anderem verpflichten als einzig zum Gehorsam gegen ihre staatlichen Gesetze, insofern sie das Gute fördern und das Böse abschrecken? Denn darin liegt die eigentliche Aufgabe der Obrigkeit, wie sie auch in dem angeführten Verse beschrieben wird, und hier auch zeigt sich deutlich, worin sie die Dienerin Gottes ist, nämlich in ihrer Eigenschaft *als Rächerin zur Strafe über den, der Böses tut.* Zunächst aber muß man wissen, wer das ist, der Böses tut. Sie sagen, der Ketzer stehe ganz obenan. Darum sei hier eindeutig klargestellt, wer ein Ketzer ist: nämlich einzig und allein derjenige, der ohne – oder vielmehr: gegen – die Vollmacht der Schrift erklärtermaßen für Auffassungen in der Religion eintritt, die lediglich durch Tradition überkommen oder seinem eigenen Hirn entsprungen sind, obwohl selbst ein solcher Mensch, wie bereits bewiesen worden ist, so daß es nicht wiederholt zu werden braucht, nicht unweigerlich der Bestrafung durch die Obrigkeit anheimfallen muß, sondern nur dann, wenn er sich gegen ein staatliches Gesetz vergangen hat, das seinen Namen zu Recht trägt. *Tust du aber Böses,*

so fürchte dich.[234] Wer im Sinne der Schrift und des Evangeliums nach seinem Gewissen handelt, kann nichts Böses
tun; wenn wir also die Obrigkeit deshalb nicht fürchten
müssen, so soll sie uns durch ihre Richtsprüche auch keinen Grund dazu geben. Angelegenheiten der Religion sind
hier also nicht gemeint. *Denn sie trägt das Schwert nicht umsonst.* O doch, völlig umsonst, sofern sie sich an etwas vergreift, das sich ihrer Kenntnis entzieht: Wenn sie etwas als
Ketzerei bestraft – über die nicht einmal die Kirche, geschweige denn sie selbst mit letzter Gewißheit zu befinden
vermag –, wenn sie, die sich so oft als fehlbar erweist, die
Wahrheit an Stelle des Irrtums bekämpft, so trägt sie das
Schwert nicht nur umsonst, sondern zu Unrecht und zum
Verderben. *Darum ist's not, untertan zu sein, nicht allein um der
Strafe willen, sondern auch um des Gewissens willen.* Wie denn
aber um des Gewissens willen, wenn es dem Gewissen wi-
derstrebt? Aus all diesen Gründen folgt klärlich, daß der
Apostel an dieser Stelle der Obrigkeit, damals wie heute,
keinerlei Urteil oder Zwangsgewalt in Fragen der Religion
zubilligt und auch uns zu nichts anderem anhält als seinerzeit die Römer. Es geschieht nun schon zum zweitenmal,
daß ich, mit Gottes Hilfe, den Sinn dieser höchst mißver-
ständlichen und umstrittenen Bibelstelle geradegerückt
habe: damals zur Widerlegung des Salmasius[235] und der königlichen Tyrannei über den Staat, diesmal kontra Erastus[236]
und die staatliche Tyrannei über die Kirche. Wer die Obrigkeit unter Inanspruchnahme derart unsicherer oder vielmehr: unwahrscheinlicher Beweisgründe mit dem geistlichen Richteramte betrauen möchte, kann ihr in demselben
geistlichen Sinne ebensogut auch gleich die Vollmacht zu
der äußersten Strafe, der Exkommunikation, übertragen
und hernach aus der geistlichen eine körperliche Buße machen, wie das keine schlechteren Autoren als Chrysostomus, Hieronymus und Augustinus getan haben, die den
Erasmus[237] und andere in ihren Anmerkungen zum Neuen
Testament zitieren, indem sie jenen Wunsch des heiligen
Paulus, man solle diejenigen *abschneiden*, die bei den Gala-
tern die Beschneidung wiedereingeführt hatten, als Strafe
deuteten, die auf deren vollständige Entmannung zielte,
und Grotius[238] ergänzt, daß die Kastration der Beschneider
daraufhin bei den Westgoten tatsächlich als Strafgesetz in

Kraft trat: ein bedenkliches Beispiel dafür, wie etwas, das im Geiste begonnen hatte, am Fleische vollendet wurde, wohingegen das *Abschneiden* doch mit viel größerer Wahrscheinlichkeit den Ausschluß aus der Kirche bedeutet, den die Schrift ja nicht selten mit diesem Worte ausdrückt, und überdies kein Gebot, sondern eine inständige Verwünschung darstellt.[23ᶜ] Ich habe diese Stelle aber hier nur erwähnt, um zu zeigen, was für unsinnige Beweise oftmals von Leuten bemüht werden, die zwischen staatlicher und kirchlicher Macht nicht recht zu unterscheiden wissen. Wie viele Verfolgungen, Einkerkerungen, Verbannungen, Bestrafungen und Auspeitschungen, wieviel Blutvergießen haben also die Zwingherren des Gewissens zu verantworten, und zwar die Protestanten[225] eher noch als die Papisten! Der Papist nämlich, der nach seinen Grundsätzen richtet, bestraft jene, die anders glauben, als die Kirche es sagt, auch wenn sie gegen die Bibel verstößt; der Protestant indes, der einen jeden lehrt, allein der Bibel zu glauben, auch wenn es im Widerspruch zur Kirche geschehe, verketzert und verfolgt seinen eigenen Grundsätzen zum Trotz Menschen, die sich in irgendeinem besonderen Punkte just den Glauben zu eigen machen, den er sie im allgemeinen lehrt – Menschen, die die Heilige Schrift inbrünstigst verehren und an sie glauben, nicht aber irgendeiner von anderen Menschen ausgedachten Deutung folgen, die, wenn sie auch weithin verbreitet sein mag, im Widerspruch zu ihr steht – Menschen, welche die Schrift nur für sich selbst auslegen, die ja, seinem eigenen Leitsatz getreu, kein anderer für sie zu deuten vermag – Menschen, denen die Schrift, seiner eigenen Lehre zufolge, zu ihrer Erbauung dient, während er dieselbe zu nichts anderem gebraucht, als um sie zu geißeln und somit die nämlichen Menschen, die er nach seiner Lehre zu wahrhaft Glaubenden erklärt, mit seiner Kirchenzucht als Ketzer zu verfolgen! Der Papist erheischt unseren Glauben an die Kirche als eine Schuldigkeit, die über der Bibel stehe, und setzt die Kirche, also das gesamte Gottesvolk, mit dem Papst, den lediglich aus Prälaten zusammengesetzten allgemeinen Konzilen und den geheiligten Kirchenvätern gleich; der drangsalierende Protestant aber, mag er auch einen solchen Glauben an welche Kirche auch immer verwerfen, tut so, als hätten er und seine Lehrmeister den Glauben für sich gepachtet, obwohl sie viel weniger Autorität besitzen, als daß man sie mit der Kirche gleichsetzen und den Glauben an sie höher stellen könnte als an die Schrift: Daraus folgt, daß sein Verhalten nicht nur seinen eigenen Glauben Lügen straft, sondern weit schlimmer ist als der Glaube, um dessentwillen er den Papisten verurteilt. Wenn man all das recht bedenkt, hat er sich um so mehr noch als der Papist dafür zu verantworten, daß er jemanden verfolgt, je entschiedener er sich dazu bekennt, ein wahrhafter Protestant zu sein. Deshalb sollte kein Protestant, gleichgültig welcher Sekte, der sich allein von der Bibel leiten läßt (was die gemeinsame Sekte ist, über die allseitiges Einverständnis herrscht, und die erklärte Richtschnur für jedermanns Gewissen vor sich selbst), nach der gemeinschaftlichen Lehre der Protestanten um der Religion willen drangsaliert oder behelligt werden. Was aber nun die Frage betrifft, ob man auf Grund dessen nicht auch der Papisterei[122] und der Götzenanbetung mit Nachsicht begegnen solle, so kann ich mich hier sehr viel kürzer fassen. Je genauer man nämlich deren Religion besieht, desto weniger kann man sie überhaupt noch als eine solche gelten lassen, sondern sie ist vielmehr ein römisches Fürstentum, das seine alte Weltherrschaft unter einem neuen Namen und im Schatten einer katholischen Religion aufrechtzuerhalten bestrebt ist, die tatsächlich zutreffender eine katholische Ketzerei gegen die Schrift zu nennen ist und mittels einer staatlichen und – außerhalb Roms – fremdländischen Macht gestützt wird, so daß die Obrigkeit eines anderen Landes recht daran tut, ihr mit Argwohn statt mit Nachsicht zu begegnen. Überdies wird auf Grund des blinden Glaubens, zu dem sich diese Leute bekennen, auch das Gewissen blind und begibt sich so durch die freiwillige Unterwerfung unter das Menschengesetz seiner christlichen Freiheit. Wer also kann einem solchen Gewissen das Wort reden wollen, das, da es sich in blinder Hörigkeit zu des Menschen anstatt zu Gottes Knecht macht, erst gar nicht recht zu einem Gewissen wird, ähnlich wie ein Wille, der unfrei ist, nicht eigentlich als ein solcher gelten kann? Wenn sie gleichwohl nicht auf Nachsicht rechnen dürfen, so geschieht das allerdings eher aus triftigen Staatsrücksichten als um der Religion willen, und genausowenig Nach-

sicht verdienen auch diejenigen, die, ihrem protestantischen Bekenntnis zum Trotz, Zwang üben, da sie der
Papisterei überführt sind, indem sie sich in diesem Betracht
nicht minder päpstlich gebärden als der Papst. Was, schließlich, die Götzenanbetung betrifft, so weiß jeder, daß sie offen gegen alles verstößt, was die Bibel sowohl im Alten als
auch im Neuen Testament sagt, und deshalb eine wirkliche
Ketzerei oder vielmehr eine Gottlosigkeit ist, womit ein
rechtschaffenes Gewissen nichts zu tun haben kann, und
ihre Werke sind derart unmißverständlich, daß eine Obrigkeit schwerlich fehlgehen kann, wenn sie diese verbietet
oder zumindest deren öffentliche und anstoßerregende
Verrichtung gänzlich unterbindet.

Nach der Entkräftung dieser Einwürfe wende ich mich nun
einem weiteren Grund zu, aus dem die Anwendung von
Zwang in Religionsdingen durch die staatliche Obrigkeit
ungesetzlich ist: Selbst wenn wir ihr die Fähigkeit zuschrei-
ben wollten, deren sie erwiesenermaßen entbehrt, in solchen Fragen zu richten, so besäße sie dennoch als staatliche
Obrigkeit hierzu noch immer kein Recht. Christus verfügt
nämlich über eine eigene Regierung, die all seinen Zwek-
ken und Absichten bei der Leitung seiner Kirche vollständig gerecht zu werden vermag, aber von derjenigen der
staatlichen Obrigkeit grundverschieden ist, und die Ver-
schiedenheit in diesem Punkte besteht vornehmlich darin,
daß sie nicht durch äußeren Zwang regiert, wofür es zwei
Gründe gibt: erstens, weil sie nur auf den inneren Menschen und dessen Handlungen sieht, die durchweg geistlicher Art und äußerem Zwang unzugänglich sind; zweitens,
um uns die göttliche Herrlichkeit seines geistlichen Reiches
vor Augen zu führen, die ohne weltlichen Zwang sämtliche
Mächte und Königreiche hienieden zu unterwerfen vermag,
welche allein durch Zwang aufrechterhalten werden. Daß
der innere Mensch nichts anderes ist als das Innere des
Menschen, dessen Verstand und dessen Wille, und daß
seine sich hieraus, aber nicht einfach nur hieraus ergeben-
den, sondern durch das Wirken der Gnade Gottes gelenk-
ten Handlungen der gesamte Gegenstand der Religion aus
dem Blickwinkel des Evangeliums sind, wird sich klar erweisen, wenn wir uns bewußtmachen, was diese Religion
eigentlich kennzeichnet, woraus wir wiederum desto klarer

ersehen werden, daß man sie nicht unter Zwang stellen kann. Was die evangelische Religion kennzeichnet, ist mit zwei Worten gesagt: Gottvertrauen und Nächstenliebe oder Glaube und Handeln. Daß jedes davon zwar zuerst mit natürlicher Freiheit entweder einerseits dem Verstande und andererseits dem Willen oder auch beidem zugleich entspringt, jetzt aber ausschließlich von der erneuernden und treibenden Kraft der Gnade Gottes abhängt, ergibt sich zum einen offenkundig aus dem gesunden Menschenverstande und unumstrittenen Grundsätzen, zum anderen aus der Schrift; hinsichtlich unseres Glaubens steht geschrieben: *Fleisch und Blut hat dir das nicht offenbart, sondern mein Vater im Himmel* (Mt 16,17), und hinsichtlich unseres Handelns, insoweit es religiöse und nicht lediglich staatliche Dinge betrifft, heißt es in Gal 5,22 und 23 sowie an anderen Stellen, es sei allein die Frucht des Geistes. Ja, unsere gesamte Pflicht zu tätiger Religionsausübung ist in der Nächstenliebe oder der Liebe zu Gott und unserem Nächsten beschlossen, die, obgleich durch nichts erzwingbar, dennoch des Gesetzes – das heißt: unseres ganzen religiösen Handelns – Erfüllung ist.[240] Wenn demnach sowohl unser Glaube als auch unser Handeln als Inbegriff unserer gesamten Religion in der von Natur aus freien und nicht erzwingbaren Fähigkeit des inneren Menschen wurzelt und unser Handeln nicht allein dieser mit der Freiheit zur Entscheidung ausgestatteten Fähigkeit, sondern obendrein aus Liebe und Barmherzigkeit entspringt, die sich durch keinen Zwang erwirken lassen, was alles durch unsere frühere Missetaten erstorben war, jetzt aber einzig durch die Macht und die Gabe Gottes zu neuem Leben und Wirken in uns erwacht: wie kann eine Religion wie diese dann einen von Menschen geübten Zwang hinnehmen oder einer derartigen Religion, besonders in Anbetracht der durch das Evangelium uneingeschränkt gewährten Gnade, auf irgendeine Weise ein Zwang auferlegt werden, ohne daß er sowohl die Religion als auch das Evangelium auf der Stelle zugrunde richten und unwirksam machen müßte? Und daß die Erzwingung eines äußerlichen Bekenntnisses – das, wie sie vielleicht sagen werden, erzwungen werden müsse, auch wenn der inwendige Glaube dem widerstehe – darauf hinausläuft, Heuchelei zu erzwingen, statt der Religion förderlich zu sein, soll, obzwar es sich nachgerade von selbst versteht, vor dem Schlusse noch in anderem Zusammenhange verdeutlicht werden. Der andere Grund, weshalb Christus äußeren Zwang bei der Leitung seiner Kirche verwirft, besteht, wie ich schon sagte, in der Veranschaulichung der göttlichen Herrlichkeit seines geistlichen Reiches, die ohne weltlichen Zwang sämtliche Mächte und Königreiche hienieden zu unterwerfen vermag, welche allein durch äußeren Zwang aufrechterhalten werden. Demzufolge bedeutet eine anderweitige Aufrechterhaltung der Religion als durch die Verteidigung der Gläubigen gegen äußeren Zwang auch keinen Dienst, sondern eher eine Schmähung für Christus und sein Reich und würdigt es von einem göttlichen und geistlichen zu einem diesseitigen Reich herab, was es nach seinen Worten nicht ist, weil es nicht auf Zwang beruht: *Wäre mein Reich von dieser Welt, meine Diener würden darum kämpfen, daß ich den Juden nicht überantwortet würde* (Jh 18,36). Das beweist, daß das Reich Christi nicht durch äußeren Zwang regiert wird, da es nicht von dieser Welt ist, deren Reiche sich samt und sonders allein auf Zwang gründen; dennoch besagt es andererseits nicht, daß ein christliches Gemeinwesen sich in Religionsangelegenheiten oder anderen Dingen etwa nicht gegen äußeren Zwang schützen dürfte, obgleich Christus, der mit der Absicht erschienen war, für uns zu sterben, solchen Schutz für seine eigene Person zurückwies: *Was schwach ist vor der Welt, das hat Gott erwählt, damit er zuschanden mache, was stark ist* (1 Ko 1,27). Gewißlich hat er darum nicht den Zwang dieser Welt erwählt, damit er das Gewissen und gewissenhafte Menschen unterdrücke, die auf dieser Welt zu den Schwächsten zählen, sondern statt seiner vielmehr das Gewissen, das also, was am schwächsten ist, damit es den Zwang, der sein Widersacher und nicht sein Helfer und Beistand ist bei der Leitung seiner Kirche, unterwerfe und niederhalte: *Denn ob wir wohl im Fleisch wandeln, so streiten wir doch nicht fleischlicherweise. Denn die Waffen, mit denen wir kämpfen, sind nicht fleischlich, sondern mächtig im Dienste Gottes, zu zerstören Befestigungen. Wir zerstören damit Anschläge und alles Hohe, das sich erhebt wider die Erkenntnis Gottes, und nehmen gefangen alle Gedanken unter den Gehorsam Christi und sind bereit, zu strafen allen Ungehorsam* (2 Ko 10,3–6). Aus dem ersten und zweiten Vers dieses Kapitels ergibt sich eindeutig, daß der Apostel hier von jener geistlichen Macht spricht, mit der Christus seine Kirche regiert, wie allbeherrschend sie ist, wie machtvoll, um das Gewissen und den inneren Menschen für sich zu gewinnen, auf den sie vornehmlich gerichtet ist und keine andere Macht es sein kann. Wie kraftlos und schwach ist im Vergleich zu dem, was hier so großartig beschrieben wird, doch der äußere Zwang mit all seinen prahlerischen Handlangern, der jenen Christen und namentlich jenen Kirchenmännern zur Schande gereicht, die zur Durchsetzung der Kirchenzucht nicht müde werden, die staatliche Obrigkeit um Einschaltung ihres fleischlichen Zwanges anzurufen, was nur beweist, daß alle priesterliche und geistliche Kraft in ihnen erstorben ist, insofern sie meinen, daß das Evangelium, das mehr als dreihundert Jahre lang inmitten von Heiden und kaiserlicher Verfolgung seinen Anfang nahm und sich um die ganze Welt verbreitete, nicht Bestand haben oder bis zum Ende der Welt fortdauern könne, indem es sich wie bisher auf die Allgegenwart und den Schutz Gottes stütze, sondern zur leichteren Erreichung dieses Zweckes der begünstigenden Schirmherrschaft einer christlichen Obrigkeit unterstellt und vermittels des Staates durch einen Gesetzeserlaß oder eine Staatsreligion erwirkt und geregelt werden solle (wie sie es nennen), und nicht begreifen, daß nicht einmal die Kirche, geschweige denn der Staat, selbst nur die winzigste Kleinigkeit in der Religion regeln oder unserem blinden Gehorsam vorschreiben, sondern sie allenfalls unserer freien und gewissenhaften Prüfung anempfehlen oder nahelegen kann, sofern sie nicht im Hinblick auf die Religion den Staat über die Kirche stellen und in grobem Widerspruch zu sich selbst mit ihrer Bitte um Regelung dem Staat jene Befehlsgewalt über unseren blinden Gehorsam einräumen wollen, die sie nach den Regeln ihres Bekenntnisses sowohl dem Staat als auch der Kirche absprechen. Mögen sie deshalb die Obrigkeit nicht länger bedrängen und davon abhalten, ihre eigentliche Aufgabe in den Angelegenheiten des Staates und der Moral wahrzunehmen, also das zu regeln, was Gerechtigkeit und Anstand gebieten, die Dinge der Religion zu schützen, die innerhalb der Kirchen von diesen selbst geregelt sind, sowie all das niederzuhalten, was dem zuwiderläuft und zu dessen Er-

kenntnis das schlichte Licht der Natur hinreicht: Auf solche
Weise würden sie nämlich nicht die durch die Schrift be-
glaubigte Religion unterdrücken und niederhalten, sondern
deren Zwingherren und Verfolger. Mit alledem, was noch
ungetan ist und wonach das Land schreit, dieweil die Gerechtigkeit in die Brüche geht, hätten sie genug und mehr
als genug zu tun! Auch möge sie sich des Zwanges enthalten, wo sie kein Recht zum Urteilen hat – denn das Gewissen fällt nicht in ihre Zuständigkeit –, damit sie für ihre
noch schlimmeren Frevel nicht ein weit schlimmeres *Weh*
ereile, als unser Erlöser (Mt 23,23) es den Pharisäern ge-
weissagt hat: Ihr habt Zwang gebraucht wider das Gewissen, das keinem Zwang unterstellt werden soll; Recht und
Barmherzigkeit indessen habt ihr nicht geübt – dies aber
hättet ihr tun müssen und das andere bleibenlassen! Und da
es der Ratschluß und die erklärte Absicht Gottes im Evangelium ist, durch geistliche Mittel, die als schwach gelten,
alles Starke zu überwinden, das sich ihm entgegenstellt, so
sollen sie auch nicht darangehen, dasjenige mit weltlicher
Gewalt zu erwirken, was er ihnen nur mit solchen Mitteln
zu tun aufgetragen hat, die vor der Welt als schwach angesehen werden, damit nicht auch auf sie das Wort zuträfe,
das an anderer Stelle (Lk 7,30), wiederum an die Adresse
der Pharisäer, geschrieben steht, daß *sie verachteten, was Gott
ihnen zugedacht hatte*. Das von ihnen hauptsächlich angeführte und mit großem Nachdruck zur Nachahmung empfohlene Beispiel besagt, daß die Könige von Juda, wozu ich
mich bereits geäußert habe,[241] und besonders Josia über die
Religion sowohl zu Gericht gesessen als auch Zwang geübt hätten: er *brachte es dahin, daß alle in Israel dem Herrn,
ihrem Gott, dienten* (2 Ch 34,33), was, bei Licht besehen, ein
schlimmeres Argument ist, als der falsche Prophet Schemaja
es gegenüber dem Hohenpriester gebrauchte, daß nämlich
nach dem Beispiel des Jojada auch Jeremia in den Stock gelegt werden müsse (Jer 29,24 und 26 etc.), wofür Gott ihm
die gebührende Abfuhr erteilte. Darauf gebe ich im weiteren drei Dinge zur Antwort: Erstens besteht ein gewaltiger
Unterschied zwischen dem, was die Religion nach dem
Evangelium ist, und dem, was sie nach dem damaligen Gesetz war. Zu jener Zeit befand sie sich in einem Zustand
der Strenge, Unmündigkeit, Knechtschaft und Förmlich-

keit, gegenüber welchem die Anwendung von Zwang nicht fehl am Platze war; jetzt aber ist sie im Zustand der Gnade, der Mündigkeit, der Freiheit und des Glaubens, dem insgesamt Freiwilligkeit und Vernunft, nicht aber Zwang angemessen ist; damals ward das Gesetz auf steinerne Tafeln geschrieben und mußte, freiwillig oder unfreiwillig, seinem Buchstaben getreu erfüllt werden, wohingegen das Evangelium, unser neuer Bund, jedem Gläubigen ins Herz geschrieben ist und einen barmherzigen Sinn im Verein mit innerer Überzeugung voraussetzt, um verstanden zu werden. Das Gesetz sah keine gesonderte Regierung oder Oberen für die Kirche und das Gemeinwesen vor, sondern die Priester und Leviten waren Richter nicht nur in sämtlichen kirchlichen, sondern auch in sämtlichen staatlichen Belangen (5 Mo 17,8 etc.), was nach dem Evangelium allen Dienern der Kirche als etwas untersagt ist, das Christus, ihr Herr, mit solchem Dienste für unvereinbar (Lk 12,14) und für ihrer unwürdig (1 Ko 6,4) hielt und was auch viele unserer Gesetze ihnen verbieten, da ihnen ja ein ganz bestimmtes und davon grundverschiedenes Regiment zugewiesen ist. Wenn dem nicht so ist, warum haben wir dann überhaupt verschiedene Obrigkeiten? Warum werden dann nicht die Diener der Kirche zugleich mit Staatsgeschäften und die Diener des Staates mit Kirchenangelegenheiten betraut? Wenn Kirche und Staat wieder eines Fleisches werden sollen wie unter dem Gesetz, so sei daran erinnert, daß Gott, der sie damals vereinigte, sie jetzt geschieden hat – daß also das, was damals eine rechtmäßige Verbindung war, weil er sie geboten hatte, jetzt, wenn es von neuem zusammengefügt würde, nachdem er es getrennt hat, hier wie dort einer himmelschreienden Vermessenheit gleichkäme. Zweitens konnten, wie gesagt, die Könige von Juda und jene Oberen unter dem Gesetz gegebenenfalls auf göttliche Erleuchtung zurückgreifen, deren unsere Oberen unter dem Evangelium nicht mehr als diejenigen durch den nämlichen Geist teilhaftig werden, denen sie mit Zwang begegnen und die er vielfach in einem höheren Maße erleuchtet als sie selbst, so daß sie an Stelle des christlichen den Heiligen Geist niederzwingen und gegen den weisen Rat des Gamaliel[242] Krieg führen wider Gott. Drittens bedienten jene Könige und Oberen sich nur in solchen Dingen des Zwanges, die nach dem mosaischen Gesetz zweifelsfrei bekanntgemacht und verboten waren: Götzenanbetung und offene Zurückweisung jener landesüblichen und verbindlich vorgeschriebenen Gottesverehrung, wofür Gott selbst eine leibliche Bestrafung ausdrücklich vorgesehen hatte; die Oberen unter dem Evangelium, das die Verehrung Gottes unserem freien Ermessen, unserer eigenen Entscheidung und Urteilskraft anheimstellt, sind jedoch geheimhin am ehesten bei der Hand, um das zu erzwingen, was nach dem Evangelium entweder freigestellt, ja zuweilen sogar außer Kraft gesetzt worden ist, weil sie es gewaltsam erwirkt hatten, oder was bei Autoren beider Seiten als umstritten gilt, wobei hier die Gegenstimmen häufig überwiegen. Auf solche Weise unterbinden sie entweder das, was sie recht eigentlich fördern und schützen müßten, oder belegen nach eigenem Gutdünken etwas mit leiblicher Strafe, was zu bestrafen nicht ihnen, sondern allein der geistlichen Zuchtrute der Kirche aufgegeben ist. Trotzdem sind einige darunter so übereifrig in ihrer Bereitschaft zum Zwang, daß sie sich nicht entblöden, schließlich auf den äußersten Notbehelf jener gleichnishaften Belegstelle in Lk 14,16 etc. zu verfallen: *Nötige sie, hereinzukommen,* was besage, daß die Obrigkeit nötigend in die Religion eingreifen dürfe. Als ob man ein Gleichnis auf jedes einzelne Wort oder jede Redewendung hin abklopfen könnte, statt es vielmehr nach seinem allgemeinen Sinne zu deuten, der hier in nichts anderem besteht, als daß Gottes ernstliche Verärgerung über die unbotmäßigen Juden und seine Entschlossenheit ausgedrückt werden sollen, den Heiden unter allen Umständen den Vorrang vor ihnen einzuräumen, was hier mit dem Wort *nötigen* umschrieben ist. Wie aber nötigt er sie denn? Jedenfalls nicht anders, als indem er sie anzieht, denn auf andere Weise kann niemand zu ihm kommen (Jh 6,44), und dies geschieht dank der inneren Überzeugungen, die sein Geist bewirkt, sowie vermittels seiner Diener, nicht aber durch die äußerliche Gewaltanwendung einer Obrigkeit oder ihrer Amtleute. Nach der Verheißung in Ps 110,3 wird das wahre Volk Christi ein *willig folgendes Volk am Tage seiner Macht* sein; um so mehr ist es das also jetzt, da er alles durch äußere Schwachheit regiert, damit seine innere Kraft und die Redlichkeit seiner Getreuen desto deutlicher zum Vorschein kämen. *Einen fröhlichen Geber hat Gott lieb;*[243] gewiß ist ihm daher ein mißmutiger Anbeter nicht willkommen, was allein schon die Wortwahl seiner Einladungen zum Gnadenbunde erkennen läßt: *Wohlan, alle, die ihr durstig seid, kommt her* (Jes 55,1), *Wen da dürstet* (Jh 7,37), *Ich rate dir* (Off 3,18), *und wer da will, der nehme das Wasser des Lebens umsonst* (Off 22,17). Und in jenem großartigen Missionsbefehl, in alle Welt zu gehen und für das Evangelium zu predigen (Mk 16,16), ist sowohl der Lohn für die, welche dem Ruf folgen, als auch die Strafe derer, die es nicht tun, rein geistlicher Natur. Nun machen sie sich zur Rechtfertigung ihrer Zwangsgewalt aber ein Argument zunutze, das nicht unwidersprochen hingenommen werden kann: daß nämlich die Gemeinde von Thyatira darob getadelt worden sei, weil sie sich habe von der falschen *Prophetin lehren und verführen* (Off 2,20) lassen. Ich antworte darauf: Der Verführung muß man dadurch begegnen, daß man angemessene und geeignete Mittel im Rahmen der Kirchenzucht einsetzt, daß man unverzüglich und nachdrücklich den Gegenbeweis antritt, daß man Wahrheit und Irrtum, dieses gar nicht so ungleiche Paar, gegeneinanderstellt – die starke Wahrheit gegen die schwache, wenngleich findige und trickreiche Lüge. Zwang ist kein ehrenhaftes, sondern ein unwirksames und zumeist fruchtloses Mittel der Widerlegung, das nicht selten denen zum Verhängnis wird, die davon Gebrauch machen; die fest begründete, mit Fleiß und Gewissenhaftigkeit vermittelte Lehre ist aus eigener Kraft nicht nur stark genug, sondern (falls nicht ein geheimer Plan Gottes dem entgegenwirkt) immer auch mächtiger als alle Verführer. Dies hatten die Thyatirianer nicht bedacht, als sie, der Kirchenzucht zum Trotz, jenem Weibe gestatteten, mitten unter ihnen zu lehren und zu verführen; staatliche Gewalt stand ihnen nicht zu Gebote, denn sie waren nur der christliche Bevölkerungsteil jener Stadt und damals in besonderem Maße einer der zehn großen Verfolgungswellen – nämlich der zweiten, von Domitian[244] eingeleiteten – ausgesetzt, so daß man ihnen einen Zwang in diesen Dingen nicht abverlangen konnte, da sie ja selber unter Zwang standen.

Ich habe dargelegt, daß die staatliche Gewalt weder befugt ist noch recht daran tun kann, in der Religion etwas zu erzwingen; nunmehr will ich darlegen, was für ein Unrecht sie begeht, wenn sie den Grundanspruch des Evangeliums, das neue Geburtsrecht jedes wahrhaft Gläubigen, antastet: die christliche Freiheit. *Wo der Geist des Herrn ist, da ist Freiheit* (2 Ko 3,17). *Aber das Jerusalem, das droben ist, das ist die Freie; die ist unsre Mutter* (Gal 4,26), und *wir sind nicht der Magd Kinder, sondern der Freien* (Gal 4,31). Es mag hier genügen, über die christliche Freiheit nicht mehr zu sagen, als daß sie uns nicht nur von der Knechtschaft der vormaligen Zeremonien entbindet, sondern auch von der zwangsweisen Vorschreibung der Begleitumstände, der Zeit und des Ortes der Gottesandacht, die, obzwar Gott sie in dem alten Gesetz befohlen hatte, St. Paulus vom Standpunkt dessen, was nach dem Evangelium allein als wahr und freiheitlich gelten kann, dennoch verächtlich auf den gemeinsamen – das heißt die Zeremonien und die Begleitumstände gleicherweise einschließenden – Nenner *schwacher und dürftiger Elemente* (Gal 4,3,9,10; Kol 2,8 und 16) bringt, worin er sich in Übereinstimmung mit dem befindet, was unser Erlöser selbst gelehrt hat: *weder auf diesem Berge noch zu Jerusalem. Im Geist und in der Wahrheit; denn der Vater will haben, die ihn also anbeten* (Jh 4,21 und 23), was bedeutet, daß sie nicht nur redlichen Herzens sein sollen, denn andere hat er ja ohnehin niemals gewollt, sondern, was der Text hier hauptsächlich aussagt, daß sie nicht auf einen Ort und aus demselben Grunde auch nicht auf eine bestimmte Zeit festgelegt sind, ganz so, wie auch sein Apostel aus dem nämlichen Geiste es uns lehrt: *Wer auf die Tage hält, und wer* etc. (Rö 14,6 etc.); *Ihr haltet Feiertage und Neumonde* etc. (Kol 2,16). Diese und ähnliche Bibelstellen haben unsere besten und gelehrtesten protestantischen Autoren für hinlänglich aussagekräftig befunden, um uns über unsere Freiheit nicht nur im Hinblick auf die Zeremonien, sondern auch auf jene Begleitumstände zu unterrichten, die, wenn sie auch in vertrauensvoller Überzeugung von deren sittlicher Wirkung einst vorgeschrieben gewesen sein mochten, nach ihrer Auffassung dennoch unmöglich an Ort und Zeit gebunden sein können. Ich wünschte deshalb, man würde noch einmal darüber nachdenken, warum unsere Standpunkte und Handlungen in diesem Punkte neuerdings so ganz und gar im Widerspruch zu allen übrigen Protestanten stehen sollen und etwas, was diese rechtgläubig bedünkt, bei uns als anstößig und von Gesetzes wegen als strafbar gelten soll, sofern wir nicht etwa die Absicht haben, diesbezüglich unseren Abfall von den besten und am meisten reformierten Kirchen des Auslands zu erklären. Diejenigen, die den Anschein erwecken möchten, mehr von diesen Dingen zu verstehen, bekennen zwar, daß sie gleichgültig seien, möchten sie aber aus ebendiesem Grunde unter die Befehlsgewalt der Obrigkeit gestellt wissen. Als hätte Gott durch die besondere Gnade des Evangeliums uns von seinen Geboten in diesen Dingen nur zu dem einzigen Zwecke entbunden, damit unsere Freiheit fortan dem ungleich drückenderen Joch der Gebote von Menschen preisgegeben würde! Genausogut könnte die Obrigkeit das für gemein und unrein erklären, was Gott gereinigt und woran Hand zu legen er St. Paulus verboten (Apg 10,15) hat; genausogut könnte sie scheiden, was Gott zusammengefügt, oder zusammenfügen, was Gott geschieden hat, wenn sie in der Religion dasjenige, was Gott in das freie Ermessen gestellt, durch Zwang erwirken und jenes Joch auferlegen darf, das Gott fortgenommen hat. Denn er hat uns diesen besonderen Vorzug und Vorrang des freien Evangeliums gegenüber dem knechtischen Gesetz nicht bloß zum Geschenk gegeben, sondern den gestrengen Befehl daran geknüpft, es festzuhalten und davon Gebrauch zu machen: *Ihr seid zur Freiheit berufen* (Gal 5,13), *werdet nicht der Menschen Knechte* (1 Ko 7,23), *zur Freiheit hat uns Christus befreit! So stehet nun fest und lasset euch nicht wiederum in das knechtische Joch fangen* (Gal 5,1). Auch ist dies nicht ein bloßer Befehl, sondern steht in den meisten angeführten Stellen im unmittelbaren Zusammenhang mit den gewichtigsten und innersten Wesensgründen der christlichen Religion: *Denn dazu ist Christus gestorben und auferstanden und wieder lebendig geworden, daß er über Tote und Lebendige Herr sei. Du aber, was richtest du deinen Bruder* etc.? (Rö 14,9 und 10) – wie also kannst du dich vermessen, über ihn zu gebieten, wo doch Christus eigens dafür starb und auferstand und wieder lebendig wurde, damit er, zumindest in diesem Betracht, dessen alleiniger Gebieter werde? *Wir werden alle vor dem Richterstuhl Gottes dargestellt werden* – warum also betätigst du dich nicht nur als Richter, sondern auch als Verfolger in diesen Dingen, über die wir doch einzig vor dem Richterstuhl Christi, unseres Herrn und Gesetzgebers, werden Rechenschaft abzulegen haben? *Ihr seid teuer erkauft; werdet nicht der Menschen Knechte* (1 Ko 7,23) – nach dieser Leute Meinung doch wohl eher billig und um irgendwelcher nichtigen Vorspiegelungen willen erkauft, wenn wir, nachdem Gott selbst uns von dem befreit und entbunden hat, was uns einst zu Gottesknechten gemacht, erneut ins Joch gespannt und von Menschen gezwungen werden sollen, nunmehr nichts Besseres als Menschenknechte zu werden. *Wir sind nicht der Magd Kinder* etc. (Gal 4,31), *so stehet nun fest* etc. (Gal 5,1), *sehet zu, daß euch niemand einfange* etc., *gegründet auf die Elemente der Welt und nicht auf Christus* (Kol 2,8). Hierfür bietet das ganze Kapitel immer wieder triftige Gründe: *Ihr habt diese Fülle in ihm, welcher ist das Haupt aller Reiche und Gewalten* (Vers 10) – mithin werden jene Verordnungen der staatlichen Gewalt, von denen Christus, deren Haupt, uns entbunden hat, uns weder vollkommener noch gläubiger machen können. *Getilgt hat er den Schuldbrief, der wider uns war und gegen uns stand, und hat ihn aus der Mitte getan und an das Kreuz geheftet* (Vers 14) – wenn er also schon Vorschriften austilgte, die Gott selbst erlassen hatte, wieviel nachdrücklicher mußte dies dann erst für solche gelten, die so vorwitzig von Menschen verhängt worden waren, Vorschriften, die wider uns, das heißt: wider unsere Schwachheit waren, ganz zu schweigen von denen, die unserem Gewissen entgegenstehen? *So lasset nun niemand euch ein Gewissen machen über* etc. (Vers 16). *So auch wir: als wir unmündig waren, waren wir in der Knechtschaft der Elemente der Welt. Als aber die Zeit erfüllet ward, sandte Gott seinen Sohn …, auf daß er die, so unter dem Gesetz waren, erlöste, damit wir die Kindschaft empfingen … So bist du nicht mehr Knecht, sondern Kind … Nun aber …, wie wendet ihr euch denn wiederum zu den schwachen und dürftigen Elementen, welchen ihr von neuem dienen wollt? Ihr haltet Tage* etc. (Gal 4,3 ff.). Daraus läßt sich klar ersehen, daß wir, solange wir nicht frei sind, auch nicht zu Kindern werden, sondern weiterhin unbehütete Knechte bleiben, und wenn wir uns wiederum jenen schwachen und dürftigen Elementen zuwenden, so sind wir nicht frei, ja nicht einmal, falls wir ihnen freiwillig und aus einem irregeleiteten Gewissen dienen möchten, und erst recht nicht, wenn wir es gezwungenermaßen und gegen unser Gewissen tun! Wir wären ja durch den Wandel des Gesetzes zum Evangelium vom Regen in die Traufe gekommen, und das Evangelium hätte uns wenig Gewinn gebracht, wenn wir statt des uns verheißenen Geistes freier Gotteskindschaft uns von neuem den Geist knechtischer Furchtsamkeit zu eigen machen müssen, wenn unsere Furcht, die uns dereinst zu Knechten Gottes gemacht, uns hinsichtlich der Religion jetzt zu der Menschen Knechten machen soll – eine obendrein merkwürdige und widersinnige Furcht, wenn sie dort und in den Dingen, wo sie durch das Erlösungswerk unseres Heilands nur mehr eine kindliche vor Gott ist, jetzt eine knechtische vor der Obrigkeit sein soll, die, indem sie uns in diesen Dingen Strafen auferlegt, in die Religion erneut jenes Gesetz des Schreckens und der Vergeltung einführt, das jetzt bloß noch auf Verbrechen wider die staatliche Ordnung anwendbar ist, und somit das Evangelium faktisch dadurch wieder abschafft, daß sie das Gesetz bis zu einem weit schlimmeren Grade knechtischer Unterjochung über uns verhängt als vordem. Es ist deshalb nichts Ungebührliches, wenn selbst der allergeringste Christ die christliche Obrigkeit ermahnt – was er um so freimütiger tun darf, je mehr diese für eine christliche zu gelten wünscht (denn sie wird hierdurch, wie sich das in diesen Dingen geziemt, um so mehr zu unserem Bruder und um so weniger zu unserem Herrn) –, daß sie sich nicht unbedacht in die christliche Freiheit, in das Geburtsrecht und äußere Wahrzeichen unserer Gotteskindschaft einmischen solle, damit sie nicht, während sie es am wenigsten denkt, ja sogar Gott einen Dienst zu erweisen vermeint, wie die Kinder jener Magd als Verfolgerin derer entlarvt werde, die der Geist zu Freien gemacht, und durch eine Gottlosigkeit sondergleichen diejenigen ihrer geheiligten Freiheit beraube, die unser Heiland mit seinem eigenen Blute freigekauft hat.

Ein viertes Argument, weshalb die Obrigkeit in der Religion keinen Zwang üben sollte, leite ich aus der Prüfung all jener Beweggründe ab, die sie mutmaßlich für die diesbezügliche Einschaltung ihres Zwanges anführen wird, und diese können schwerlich andere sein, als, zum einen, dem Ruhme Gottes und, zum anderen, entweder dem geistlichen Wohl derer, die sie zum Gehorsam zwingt, oder der irdischen Bestrafung derer, die anderen ein Ärgernis geben, dienen zu wollen. Was die Mehrung von Gottes Ruhm angeht, so wird meines Erachtens kaum jemand sagen, daß seinem Ruhme in Religionsdingen durch unlautere, geschweige denn durch von ihm verbotene Mittel Vorschub zu leisten sei. Daß äußerer Zwang ein derartiges Mittel ist und der Ruhm Gottes bei der treulichen Erfüllung des Evangeliums seinem eigenen Willen und Ratschluß zufolge sich durch Sanftmut und widrigenfalls zumindest nicht durch Zwang – oder wennschon durch Zwang, dann nicht durch äußeren und leiblichen, sondern durch inneren und geistlichen – vollendet, habe ich bereits ausführlich dargetan. Es steht außer Frage, daß äußerer Zwang mitnichten dem Wohle dessen dienen kann, dem in der Religion etwas aufgezwungen wird. Was immer wir nämlich unter dem Evangelium in der Religion tun, muß unserer zweifelsfreien Überzeugung entspringen, und unsere Rechtfertigung liegt nicht in den Werken, die wir tun, sondern in dem Glauben, dem wir anhängen: *Ein jeglicher sei in seiner Meinung gewiß* (Rö 14,5). Der andere Grund, der zwangsläufig hieraus hervorgeht, tritt nach Gal 2,16 sowie vielen weiteren Stellen bei St. Paulus als Grundfeste und Unterbau des gesamten Evangeliums klar zutage: damit wir nämlich *gerecht werden durch den Glauben an Christus und nicht durch des Gesetzes Werke* – wennschon also nicht einmal durch die Werke des göttlichen, wie dann erst durch die Weisungen des menschlichen Gesetzes? Fraglos kann man vermittels Zwang keine Überzeugung, das heißt keinen Glauben erwirken und auf solche Weise das Gewissen weder rechtfertigen noch beruhigen. Was aber nach dem Evangelium nicht gerechtfertigt ist, das ist verdammt; es ist nicht nur nicht gut, sondern Sünde, wenn man es dennoch tut: *Was aber nicht aus dem Glauben geht, das ist Sünde* (Rö 14,23). Die Obrigkeit möge sich daher in acht nehmen, wenn sie in der Religion das Gewissen der Menschen einem Zwang aussetzt, damit sie, indem sie diesen etwas aufnötigt, was ihrer Überzeugung entgegensteht und sie selber für nicht gerechtfertigt, sondern vor ihrem eigenen Gewissen für verdammenswert halten, ihnen nicht im selben Augenblick, da sie deren geistliches Wohl im Auge zu haben wähnt, etwas Böses abverlange und sich – statt, wie sie meint, Asa, Josia und Nehemia zu gleichen – nicht vielmehr als ein Jerobeam erweise, der dem Hause Israel zur Sünde geriet,[245] und auf solche Art und Weise nicht all die erzwungenen Sünden und Verirrungen im Gefolge blinder Gläubigkeit und Gleichförmigkeit auf sie selbst zurückfallen mögen, mitsamt all den Wunden, die sie *diesen Kleinen* geschlagen, denen ein Ärgernis gegeben zu haben sie eines Tages als schlimmer empfinden wird als jene grauenhafte Ersäufung, von der in Mt 18,6 die Rede ist. Schließlich bedienen die Fürsprecher des Zwanges sich für gewöhnlich des Vorwands, daß man zwar einem heiklen Gewissen duldsam begegnen müsse, nicht aber das davon ausgehende Ärgernis straflos hinnehmen, nicht gottlose und zügellose Menschen auch noch ermutigen dürfe, unter dem Deckmantel irgendeines Gesetzes, das einem heiklen Gewissen seine Freiheit zusichere, die Verrichtung religiöser und heiliger Pflichten zu vernachlässigen. Dank dieser Vorkehrung ist der Weg für diejenigen frei, denen in der Zukunft vielleicht der Sinn danach stehen mag, jene Freiheit Schritt für Schritt abzubauen, die zu geben allein Christus und sein Evangelium, nicht jedoch die Obrigkeit das Recht hat, abgesehen davon, daß diese ja doch nur mit der rechten Hand wieder fortnehmen, was sie mit der linken Hand geben würde, welche Art von Geben eine Vortäuschung falscher Tatsachen ist. Was nun das Ärgernis betrifft, das jemandem die Gewissensfreiheit eines anderen bereitet, so erregt nicht jener den Anstoß, sondern er selbst nimmt ihn vielmehr. Um aber dem einen Gewissen Frieden zu schenken, dürfen wir ein anderes nicht verwunden, und es bedarf nicht des Zwanges der Obrigkeit, sondern des mahnenden Zuspruchs, um die Menschen davon abzuhalten, daß sie an der christlichen Freiheit ein Ärgernis nehmen, damit die Obrigkeit in dem Betreiben, das Ärgernis auszuräumen, von dem strittig ist, ob es nur subjektiv angenommen oder auch objektiv gegeben ist, nicht zugleich unsere Freiheit aufhebe, welche die unstrittige und geheiligte Gabe Gottes ist, die sie weder antasten darf noch wir selbst uns nehmen lassen dürfen. Niemand war eifriger darauf bedacht, kein Ärgernis zu erregen, als St. Paulus. Doch als er selber sich *jedermann zum Knechte* machte, damit er möglichst *viele gewinne,* tat er das gleichwohl aus freien Stücken und nicht einem äußeren Zwang gehorchend, denn im selben Atemzug erklärt er, daß er *frei* sei von *jedermann* (1 Ko 9,19), und ermahnt alsdann auch uns: *Ihr seid zur Freiheit berufen ..., aber durch Liebe diene einer dem anderen* (Gal 5,13) – nicht also durch Zwang! Was die Befürchtung angeht, gottlose und zügellose Menschen könnten ermuntert werden, die Verrichtung religiöser und heiliger Pflichten zu verabsäumen: wie kann eine solche Sorge der staatlichen Obrigkeit und wie insbesondere ihrem Zwang obliegen? Wenn nämlich gottlose und zügellose Menschen daran gehindert werden sollen, die Verrichtung religiöser und geheiligter Pflichten zu vernachlässigen, so schließt das doch ein, daß sie solche Pflichten überhaupt zu erfüllen imstande wären, was kein Protestant anerkennen wird. Wer darunter die äußerliche Verrichtung versteht, soll dies auch deutlich sagen, und dann wird sich nur um so augenfälliger zeigen, daß eine derartige Verrichtung religiöser und geheiligter Pflichten, besonders durch gottlose und zügellose Menschen, eher zur Unehre als zur Ehre Gottes gereicht, der sie nicht nur nicht fordert, sondern verabscheut: *Der Gottlosen Opfer ist ein Greuel, wieviel mehr, wenn man's darbringt für eine Schandtat* (Spr 21,27). Es läuft daher nach dem Evangelium auf dasselbe hinaus, einen Gottlosen in seiner Gottlosigkeit zu einer heiligen Handlung zu nötigen, als hätte man unter dem Gesetz einen Unreinen in seiner Unreinigkeit genötigt, ein Opfer darzubringen. Und ich füge noch hinzu, daß es keinen Unterschied macht, ob man den Zügellosen in seiner Zügellosigkeit oder den Gewissenhaften gegen sein Gewissen zwingt, denn es dient nicht der Ehre Gottes, sondern der Vermehrung und Verschlimmerung der Sünde, in die beide verstrickt werden. Wir wissen nur von einem Falle, in dem Christus jemals Zwang gebraucht hat, und das war, als er die Gottlosen zum Tempel hinaustrieb,[246] nicht hingegen, um sie hineinzuzwingen, und wenn schon ihr bloßer Aufenthalt darinnen Anstoß erregte, so entnehmen wir aus vielen weiteren Schriftstellen, welche Ungeheuerlichkeit darin lag, daß sie dort auch noch beteten, und dennoch war jenes Volk, einem Knechte gleich, an das jüdische Gesetz gebunden; vor dem Evangelium aber ist jeder sein eigener Herr und wird, einem Kinde gleich, allein durch die Predigt des Wortes herbeigerufen, ohne daß Verordnungen und Waffengewalt ihn willfährig machen könnten. Denn wenn der Apostel (Rö 12,1) uns *als*

Brüder durch die Barmherzigkeit Gottes ermahnt, unsere *Leiber zum Opfer* zu geben, *das da lebendig, heilig und Gott wohlgefällig sei,* was unser *vernünftiger Gottesdienst* oder unsere rechte Anbetung zu sein habe, dann darf doch niemand durch die Zwangsgesetze der Menschen dazu verpflichtet werden, seinen Leib als ein unlebendiges und folglich nach dem Evangelium zutiefst unheiliges und unerwünschtes Opfer darzubringen, indem sein Gottesdienst unvernünftig ist, das heißt, nicht nur widerwillig, sondern ohne Gewissensbeteiligung stattfindet. Wenn man aber gottlosen und zügellosen Menschen nicht erlauben darf, sich der Verrichtung heiliger Pflichten zu entziehen, warum sollen sie dann nicht auch an heiligen Dingen teilhaben dürfen, warum werden sie vom Abendmahl ausgeschlossen, zumal doch die eine wie die andere Handlung etwas Äußerliches sein und die äußerliche Pflichterfüllung wenigstens eine äußerliche Einbeziehung in den Segen erwirken kann? Da die Kirche ihnen ja mit gutem Grunde die Zugehörigkeit zu jenem Bund der Gnade und Lobpreisung verweigert, wie kann die Obrigkeit sie dann zwingen wollen, sich der Gemeinschaft durch die Verrichtung solcher Pflichten einzugliedern, die sie unmöglich reinen Herzens erfüllen können, weil sie selber unheilig sind, und deren scheinbare Ausübung Gott ebenso verabscheut, wie es vielleicht nicht minder bedenklich ist, wenn ein Ungläubiger heiligen Pflichten nachkommt, als wenn ein Unwürdiger heilige Zeichen oder Sakramente empfängt? Alle bekanntermaßen gottlosen und zügellosen Menschen sind entweder als dergestalt außerhalb der Kirche stehend anzusehen, als hätten sie ihr nie angehört, oder als freiwillig ausgeschieden oder als exkommuniziert. Wenn sie der Kirche niemals angehört haben, was bedeutet, daß der Apostel und folglich auch die Kirche, wie er bekennt (1 Ko 5,12), kein Urteil über sie zu fällen berechtigt sind, woher nimmt dann die Obrigkeit die Befugnis zum Urteil oder, was noch verwerflicher ist, zum Zwang bezüglich ihrer Kirchenzugehörigkeit? Falls sie wie jenes verlorene Schaf (Lk 15,4 etc.) freiwillig ausgeschieden sind, wird die wahre Kirche sie weder durch eigene noch durch anderweitig bemühte Gewalt wieder hineinpressen, sondern vielmehr in aller Barmherzigkeit nach ihnen Ausschau halten und sie, wenn sie ihrer habhaft geworden ist, liebevoll auf ihre Schultern nehmen und sie mitsamt ihren Lasten, ihren Verirrungen, all ihren überhaupt nur erträglichen Unvollkommenheiten heimtragen und *so das Gesetz Christi erfüllen* (Gal 6,2). Für den Fall, daß sie exkommuniziert worden sind, also die Kirche sie von sich gestoßen hat, in wessen Namen kann die Obrigkeit sie dann zur Rückkehr nötigen? Freilich hindert die Kirche niemanden, ihren öffentlichen Versammlungen beizuwohnen, denn ihre Türen sind jedermann aufgetan, und wen sie exkommuniziert, den will sie nicht vernichten, sondern möglichst seinem schließlichen Heil zuführen. Ihr Sinn muß daher mit Notwendigkeit darauf gerichtet sein, daß – ebenso wie ihre Verstoßung keine äußere Strafe mit sich bringt – auch kein äußeres Zwangsmittel oder Strafgericht einer ungebührlichen und lediglich vernichtenden Gewalt ihre kranken Schafe zurücktreibe, die doch allein um ihrer Krankheit willen ausgesondert worden waren und deren gewaltsame Rückführung nicht nur den starken und gesunden verhängnisvoll werden, sondern zugleich ihren eigenen völligen Untergang besiegeln würde. Wie denn also Zwang in Religionsdingen weder einsichtig macht noch Reue oder eine Besserung des Lebenswandels bewirkt, sondern im Gegenteil einer Verhärtung des Herzens, der Äußerlichkeit, der Scheinheiligkeit und, wie ich schon sagte, der Vermehrung der Sünde Vorschub leistet, so entfremdet er das Gemüt auch zunehmend gegen eine Religion, die mit Gewalt hinausstößt oder herbeizwingt, und versetzt es in einen Zustand, wie ihn ähnlich in der Geschichte unseres Landes weiland die Britannier beklagten, als sie sich zwischen den Pikten und der See hin und her getrieben sahen.[247] Wird jemand nach seiner Exkommunikation für verstockt, unbelehrbar und nicht gewillt befunden, auf die Kirche zu hören, so ist kein Unterschied mehr zwischen ihm und einem solchen, der ihr überhaupt niemals angehört hat, *einem Heiden und Zöllner* (Mt 18,17), und niemand darf fortan über ihn richten, auch die Obrigkeit nicht, außer wenn staatliche Belange betroffen sind, sondern er bleibt dem Gericht dessen preisgegeben, der da in feurigen Flammen erscheinen wird am Jüngsten Tag. Nichts kann für einen so Preisgegebenen schrecklicher sein und nichts insbesondere oftmals unverhoffter über ihn hereinbrechen als jenes *Maranatha*

(1 Ko 16,22), was bedeutet: Der Herr kommt. Bis dahin ist er dem Satan übergeben (1 Ko 5,5; 1 Ti 1,20), das heißt aus der Herde Christi und dem Reich der Herrlichkeit wieder in die Welt verwiesen, die das Reich Satans ist, und wie er vordem *bekehrt* ward *von der Finsternis zu dem Licht und von der Gewalt des Satans zu Gott* (Apg 26,18), so ist er nun aufs neue aus dem Licht in die Finsternis und von Gott zur Gewalt des Satans zurückgekehrt. Und dennoch geschieht dies, wie aus beiden Stellen hervorgeht, letztlich zu dem Zwecke seiner Errettung, da er weit eher durch geistliche als durch körperliche Härte zur Einkehr gebracht werden kann. Selbst unter der Voraussetzung jedoch, die Obrigkeit habe auch nur im entferntesten etwas damit zu schaffen, ob gottlose und zügellose Menschen den heiligen Pflichten nachkommen oder nicht – deren Verrichtung durch ihresgleichen schon unter dem Gesetz Gott verhaßt war und es nun erst recht unter dem Evangelium ist –, so müßte sie als eine *christliche* Obrigkeit trotzdem weit mehr darauf bedacht sein, das Gewissen keinem inneren Zwang auszusetzen, als die Zügellosigkeit in solchen Dingen zu äußerlichem Wohlverhalten einzuebnen, weil ihre christliche Gesinnung, die bei diesem Amte ungleich mehr zählt als ihre obrigkeitliche Stellung, ihr fraglos gebietet, in jeder Hinsicht ein größeres Gewicht auf die gewissenhaften als auf die gottlosen Menschen zu legen und nicht um der letzteren willen die rechtmäßige Freiheit des religiösen Gewissens abzuschaffen oder einzuschränken, während sie diese zu bewahren vorgibt.

Auf die genannten vier biblischen Gründe gestützt, wird diese Wahrheit, nämlich das Recht christlicher und evangelischer Freiheit, mit der Unerschütterlichkeit eines ehernen Felsens all den vermeintlichen Auswirkungen von Zügellosigkeit und Verwirrung standhalten, welche noch stets von Menschen, die zumeist entweder selber äußerst zügellos und wirr sind oder sich in ihrer Unerbittlichkeit weiser dünken als die Weisheit Gottes, mit beträchtlichem Geschick herbeigeredet worden sind, um sich den Wegen Gottes zu widersetzen: als ob Gott bei der Gewährung einer solchen Freiheit nicht auch ohne ihre Mithilfe um deren schlimmstmögliche Folgen sehr wohl gewußt hätte, die diese Menschen in ihrer Hoffart an die Wand malen – aber dennoch, obwohl er alles wußte, was sie schlimmstenfalls bewirken konnte, schenkte er uns diese Freiheit, weil er sich am meisten davon versprach! Was jene Vertreter der Obrigkeit anlangt, die sich zur Regelung von Religionsangelegenheiten ausersehen glauben, sowie solche Geistlichen und andere, die sie immer wieder hierzu anspornen, so vertraue ich darauf, daß nach sorgfältiger Erwägung der hier dargelegten Gründe künftig weder die ersteren an ihren Absichten noch die letzteren an den in sie gesetzten Erwartungen festhalten werden, da ihnen klargeworden sein sollte, daß die Regelung von Religionsangelegenheiten jeweils ausschließlich innerhalb der betreffenden Kirche durch die Mittel der Überzeugung und geistlicher Einflußnahme zu erfolgen und die Obrigkeit nichts anderes zu tun hat, als die Kirche zu schützen. Hätte sie früher begriffen, daß kirchliche Dinge sie weiter nichts angehen, so wäre ihr die Hälfte ihrer Mühen erspart geblieben und dem Gemeinwohl besser gedient gewesen. Diesem Zweck zuliebe ersuche ich sie abschließend, wovon ich am Anfang ausgegangen bin und was ich am entsprechenden Orte gründlicher behandelt habe, sich ernstlich bewußtzumachen, was die Religion ihrem eigentlichen Wesen nach ist, welches, wie sie sehen wird, insgesamt in nichts anderem besteht als in unserem einzig von Gott abhängenden Glauben und Handeln. Daß mithin kein Platz mehr für die Obrigkeit oder deren Zwangsgewalt sein kann, uns im Zuge der Regelung von Religionsangelegenheiten Vorschriften darüber zu machen, was wir in Gottesdingen glauben oder wie wir in Religionsdingen handeln sollen (wozu der Mensch weder sich selbst zu zwingen noch andere zu befähigen die Macht hat), dafür bürgt nach meiner Überzeugung der christliche Erkenntnisdrang aller religiösen Menschen, denn je tiefer sie der Sache auf den Grund gehen, desto klarer werden sie feststellen, wo die Wahrheit liegt und wie falsch und irreführend doch jene vielstrapazierte Spruchweisheit ist, daß die christliche Obrigkeit „custos utriusque tabulae", das heißt: der Wächter über beide Tafeln[248] sei (sofern man unter dem Wächter nicht bloß einen Beschützer versteht), welche Annahme durch keinerlei Beweise oder Argumente gestützt werden kann, die in dieser Abhandlung nicht früher oder später widerlegt worden sind. Denn die zwei Tafeln oder die Zehn

Gebote unterweisen uns über unsere Pflicht gegen Gott und unseren Nächsten, die in der Liebe zu beiden wurzelt, sie erteilen in der einen wie in der anderen Hinsicht der Obrigkeit keinerlei Vollmacht, sie zu erzwingen, obschon sie dieselbe auf Grund des richterlichen Gesetzes – und zwar fälschlich, wie ich besonders im Blick auf die erste Tafel dargelegt habe – für sich in Anspruch zu nehmen trachtet, wobei sie sowohl bezüglich der ersten als auch der zweiten diese Vollmacht nicht nach den richterlichen Gesetzen Gottes, sondern überwiegend nach ihren eigenen Gesetzen wahrnimmt. Was die Gewalt betrifft, die sie gegenüber staatsbürgerlichen Verbrechen und solchen des äußeren Menschen besitzt, die, wie das der Begehrlichkeit, alle nicht Bestandteil der zweiten Tafel sind, so war ihr diese von Anbeginn zu eigen, also lange bevor Mose oder die zwei Tafeln existierten. Und ob sie auch in der Gegenwart als Gesetzestafeln zweierlei Art für einen Christen überhaupt verbindlich sind, ist doch keineswegs so sicher, wie daß sie niemals dazu bestimmt waren, von einer christlichen Obrigkeit in eigene Zuständigkeit genommen zu werden. Aber dazu vielleicht bei anderer Gelegenheit mehr; was der Augenblick erfordert, ist im Voranstehenden unter Bezugnahme auf die Schrift bereits zur Genüge erörtert worden, wobei sich den schon angeführten Gründen Belege, Beispiele und Erfahrungen aus allen späteren Jahrhunderten bis auf den heutigen Tag hinzufügen ließen, um unseren Standpunkt zu untermauern. Indes, da die Schrift uns hierin so ausgiebig und unmißverständlich belehrt, ist uns alles an die Hand gegeben, was mit Recht als wahrhaft schlagend und zwingend gilt – alles übrige wäre nur Schaustellung und Pedanterie. Schaustellung und Bildungsprotzerei mögen zwar Eindruck auf den ungebildeten Pöbel machen, allein ist in der Religion noch allemal der am gelehrtesten, der sich der größten Schlichtheit befleißigt. Wenn ich mich daher so kurz gefaßt habe, daß ich kaum über ein schmales Heft hinausgegangen bin, so wird das, wie ich denke, der Gewichtigkeit dennoch keinen Abbruch tun, außer vielleicht bei denen, die da meinen, eine bedeutende Frage könne stets nur auch durch bedeutende Bücher entschieden werden. Ich halte mich lieber an die alte Regel, nicht viel Aufhebens zu machen, wo weniger genügt, bei deren Beherzigung Streitschriften, besonders solche religiösen Inhalts, oft nicht so langweilig wären und folglich häufiger sowie von mehr Menschen und mit größerem Gewinn zur Kenntnis genommen würden.

THE
READIE & EASIE
VVAY
TO
ESTABLISH
A
Free Commonwealth,
AND
The EXCELLENCE therof
Compar'd with

The inconveniences and dangers of
readmitting kingſhip in this nation.

The author J. M.

LONDON,
Printed by *T. N.* and are to be ſold by *Livewell Chapman*
at the Crown in Popes-Head Alley. 1660.

Der gerade und leichte Weg zur Herstellung einer freien Republik[249]

und deren Vorzüge
im Vergleich zu den Beschwernissen und
Gefahren, die eine Wiederzulassung des
Königtums in diesem Lande mit sich brächte

Zweite überarbeitete und vermehrte Auflage

– wir haben Sulla beraten,
beraten wir nun das Volk

Verfaßt von J. M.

London
Für den Autor gedruckt 1660

Obwohl die Lage sich seit der Niederschrift dieser Abhandlung etwas gewandelt zu haben scheint,[250] indem die Ausschreibung zu Neuwahlen widerrufen und der Ausschluß der zuerst gewählten Parlamentsmitglieder rückgängig gemacht worden ist, wobei die Nachricht keine geringe Freude ausgelöst hat, daß die Mächtigen im Lande entschlossen seien, auf die Errichtung einer freien Republik hinzuarbeiten und nach Möglichkeit jener gefährlichen Neigung zur Rückkehr in die Knechtschaft ein Ende zu machen, die neuerdings von gewissen Irrlehrern geschürt und von allzu vielen im Volke aus schlechten Grundsätzen oder falschen Befürchtungen unterstützt wird, erschien es mir dennoch als das beste, das damals Geschriebene nicht für mich zu behalten, weil ich hoffe, daß sein Nutzen und das Interesse daran noch viel größer sein werden, wenn es gerade jetzt – mitten in unseren Wahlen zu einem freien Parlament beziehungsweise während der Versammlung seiner Abgeordneten zwecks freier Erörterung der Regierungsform – freimütig an die Öffentlichkeit gegeben wird, denn diese dürfen schließlich erwarten, von allem in Kenntnis gesetzt zu werden, was für ihre diesbezügliche Entscheidungsbildung von irgendwelchem Wert sein könnte, und noch nie habe ich von einem Staate oder selbst von einem Tyrannen gelesen, der so unbelehrbar gewesen wäre, daß er die Empfehlungen, die ihm in Zeiten öffentlicher Beratschlagung von beliebiger Seite unterbreitet wurden, zurückgewiesen oder sich gar dadurch beleidigt gefühlt hätte. Sollten sie engültig beschließen, uns in Fesseln zu legen, so mögen sie vor dem Anbruch einer so langen Fastenzeit uns wenigstens noch die kurze Frist einer Fastnacht vergönnen, in der wir offen unsere Meinung sagen und Abschied von unserer Freiheit nehmen können. Und da die vorige Ausgabe in der Eile viele Fehler durchgehen ließ und im Handumdrehen viele Exemplare in Umlauf gebracht waren, ehe noch der Auftrag zur Berichtigung hätte ergehen können, habe ich mir diese günstige Gelegenheit zunutze gemacht und den ganzen Exkurs noch einmal durchgesehen und ihn an bestimmten Stellen – insbesondere dort, wo es um die Einsetzung eines unbefristet amtierenden Hohen Rates geht – erweitert. Hier ist nun der Wortlaut der durchgesehenen und erweiterten Fassung.

Getragen von der durch lange Erfahrung bekräftigten Einsicht, daß das Königtum eine unnötige, lästige und verderbliche Regierungsform darstelle, hat das Parlament von England unter Mithilfe vieler Menschen aus dem Volke, die zur Verteidigung ihrer Religion und ihrer bürgerlichen Freiheiten herbeigeeilt waren und ihm treulichst zur Seite standen, in einem Akt der Gerechtigkeit und der Hochherzigkeit dieses abgeschafft und zur Bewunderung wie zum Schrekken unserer mißgünstigen Nachbarn an die Stelle der königlichen Sklaverei eine freie Republik gesetzt.[251] Dabei hat es sich im Lichte der Natur oder der Religion durch keinerlei früheren Vertrag gebunden gefühlt, von dessen Pflichten gegen ihn und seine Nachkommenschaft nicht der König selbst durch seine vielfachen hernach begangenen oder ruchbar gewordenen Übergriffe uns bei reiflicher Erwägung der Sachlage mehr und mehr entbunden hatte, wie das schon immer der gerechte und kluge Standpunkt aller weisen Völker gewesen ist, die sich der Tyrannei entledigt haben. Es verpflichtete sich zwar, *des Königs Person und Autorität zum Zwecke der Bewahrung der rechten Religion und unserer Freiheiten zu schützen*,[139] nicht aber dies zu dem Zwecke zu tun, daß er versuchen würde, unser Gewissen einer papistischen Religion[122] zu überliefern, unsere Freiheit zu knebeln und unser Leben auszulöschen, indem er Anlaß, wenn nicht sogar, wie man später herausgefunden hat, Anstifter des irischen Blutbades[252] war, den Aufstand ermunterte und mit Waffen versorgte, heimlich mit den Aufständischen gegen uns paktierte und mehr als siebenmal jene höchst gerechten und für die wahre Religion und unsere Freiheiten ganz unverzichtbaren Vorschläge verwarf, die das englische sowie auch das schottische Parlament an ihn herangetragen hatten.[253] Als es diese Verpflichtung gegen ihn einging, lag ihm der Gedanke, daß kein Unterschied sei zwischen einem Könige und einem Gott, ebenso fern wie das Versprechen, welches Hiob dem Allmächtigen gab, *ihm zu vertrauen, obwohl er uns ja doch umbringen* werde;[254] es war sich darüber im klaren, daß das Feierliche Gelübde[255], durch das wir alle miteinander uns von dem Königtum lossagten, genausowenig im Widerspruch zu der abgegebenen Verpflichtung stand wie diese ihrerseits zu der vorherigen Protesterklärung[256], sondern ein redlicher und sinnvoller Schritt war, um die Verpflichtung ihren wohlerwogenen Worten und ihrem wahren Geiste gemäß *ohne Ansehen der Person*[139] zu erfüllen, da wir ja unmöglich zwei entgegengesetzten Herren gleichzeitig dienen konnten, nämlich Gott und dem Könige oder dem König und jenem durch unseren Eid besiegelten obersten Gesetz, daß der Bestand unserer Sicherheit und unserer Freiheit allem anderen überzuordnen wäre. Es wußte, daß das Volk von England ein freies Volk ist, und verstand sich als die Verkörperung dieser Freiheit, und obwohl viele Mitglieder ausgeschlossen worden waren und ebenso viele sich (wie sie behaupteten) vor den Unruhen nach Oxford abgesetzt hatten,[257] blieben doch immerhin noch genug übrig, um im Parlament handeln zu können, wobei sie an kein von früheren Parlamenten erlassenes Statut, sondern allein an das Gesetz der Natur gebunden waren, das einzige Gesetz unter allen Gesetzen, das von wirklich und wahrhaftig grundlegender Bedeutung für die ganze Menschheit ist, Sinn und Zweck jeder Regierung umschließt und von keinem Parlament oder Volk, dem es um eine gründliche Reform zu tun ist, aus den Augen verloren werden kann und darf, ähnlich wie man sich auch bei der Kirchenreformation[122] von den Regeln des Evangeliums hat leiten lassen und auch fürderhin wird leiten lassen müssen (wenn sie gründlich sein soll) statt von den kanonischen Vorschriften der Kirche, mögen sie auch noch so alt und hierzulande noch so rechtsgültig durch Statuten abgesegnet und in Kraft gesetzt worden sein, die ja überwiegend keine Natur- und Sittengesetze, sondern lediglich staatlich erlassene Gesetze sind und deshalb ohne weiteres von jedem Parlament aus gerechten und ernsthaften Gründen jederzeit wieder aufgehoben werden können. Wenn andere aus ihrer Mitte einem Zwang unterstanden, so galt das nicht für sie, denn sie unterstanden allein ihrem Gewissen; wenn andere durch eine Gewalt ausgeschlossen wurden, gegen die sie sich nicht zur Wehr setzen konnten, so hatten sie deshalb noch längst nicht das Recht, das Steuer des Staates herrenlos treiben zu lassen, ihre Verantwortung für den Frieden und die Sicherheit des Ganzen aufzugeben und das Volk schnöde der Anarchie und dem Chaos auszuliefern, und schon gar nicht durften sie dies, als so viele Mitglieder sich von ihnen abspalteten und unter dem äußeren Anschein größerer Gesetzlichkeit ein Dreiständeparlament[257] gegen sie bildeten. Auch war es, wenn die Auffassungen in wichtigen Fragen auseinandergingen, für die Treuesten und Besten aus dem Volke niemals von Interesse, auszurechnen oder nachzuzählen, welche Seite im Parlament die meisten Stimmen auf sich vereinigte, sondern auf welcher Seite die meiste Vernunft oder die größte Sicherheit für sie selbst läge; wurde ein Antrag einleuchtend begründet und befürwortet, so fragten sie sich nicht, ob denn nun Furcht oder Überzeugung den Ausschlag für dessen Annahme gegeben hätte, und sie schlossen auch nicht aus den abgegebenen Stimmen und Ratschlägen auf die Absicht derer, die abstimmten, da sie wohl wußten, daß Absichten sich immer nur entweder erahnen oder zumindest nicht früh genug durchschauen lassen und daß selbst gute Absichten nicht unbedingt gute Werke zeitigen müssen oder schlimme Folgen verhindern können, und selbst wenn mitunter niedrige Absichten bei einer ansonsten guten Tat im Spiele gewesen sein mochten, so wurde doch das, was man für wohlgetan hielt, darum nicht weniger bereitwillig beherzigt und befolgt, und zwar im Staate ebenso wie auch in der Kirche, denn wer hätte nicht lieber dem Judas Ischarioth oder dem Zauberer Simon[217] folgen wollen, die beide aus Habgier predigten, als Saulus[258], obgleich dieser aus redlichem Herzen gegen das Evangelium eiferte? Deshalb dünkte es sie sicherer, sich jenen Vorschlägen anzuschließen, die ihnen besser gefielen, mochten sie gleichwohl in niedriger Absicht eingebracht worden sein, als solchen ihnen weniger gut erscheinenden, die andere vielleicht in lauterster Gesinnung unterbreitet hatten. Noch freilich hatten sie nicht die Erfahrung machen müssen, daß die Mehrheit innerhalb der Mauern eines Parlaments genauso gewissenlos sein könnte wie innerhalb derjenigen einer Stadt, was sich jetzt aber, da Angelegenheiten von größter Tragweite zur Beschlußfassung anstehen, vor aller Menschen Augen sichtbar entscheiden wird, die es ihrerseits nicht einfach hinnehmen werden, daß das Übergewicht gewissenloser oder leichtfertig gegebener Stimmen in ihrem höchsten Rate sie in schlimmere Gefahr bringen solle als eine Übermacht von Feinden beim offenen Angriff, da sie der Meinung sind, daß die Stimmenmehrheit nicht immer den Ausschlag geben darf, wo es um große

Dinge geht. Wenn sie in den Augen anderer damit angeblich alle Beratungen stören, so braucht sie das nicht zu kümmern, da sie sich nicht in einer angeblichen, sondern in einer wirklichen Gefahr befinden, welche Auffassung sie mit vielen (wenn auch nicht mit den meisten) ihrer gewählten Vaterlandsfreunde teilen, deren Gewicht allerdings größer sein dürfte, als daß es durch die Überzahl der anderen aufgewogen werden könnte, da die Zahl an sich ja wenig besagt, sondern vielmehr alles, was geschieht, letztlich durch das Maß und das Gewicht der Weisheit bestimmt wird. Und bei nüchterner Abwägung der drohenden Gefahr sind sie nun zu dem folgenden Ergebnis gelangt: Sie liegt in dem Vertrag[193] – der kurzlebigen Frucht langer Mühen und sieben Jahre währender Kriegswirren[163] –, das Sicherheit verheißt für zwanzig Jahre, falls wir sie festhalten können, und das die Kirchenreformen auf drei Jahre befristet, wonach erneute Verhandlungen mit unserem besiegten Herrn aufzunehmen sind. Sein Recht, seine Ehre, sein Gewissen sind darin in völligem Gegensatz zu uns definiert, wodurch sich für ihn alle erdenklichen Hintertüren geöffnet haben, wie sich – beispielsweise in einem Buche mit dem Titel *Das Blutgericht*[259] – nur allzubald herausstellen sollte: Die Bischöfe wurden nicht vollständig entmachtet, sondern verblieben sozusagen im Hinterhalt oder in Wartestellung und sprachen auch weiterhin das letzte Wort bei allen Ordinierungen; ihre bereits verkauften Ländereien durften nicht auf neue Eigentümer überschrieben werden, sondern wurden lediglich verpachtet, und ihre Veräußerung galt als „Sakrileg"; nur wenige von vielen Gesetzesbrechern fanden ihre verdiente Strafe;[260] die Handlanger zog man zur Rechenschaft: der Hauptschuldige[261], über jede Verzeihung erhaben, wurde zwar nach erbittertster Gegenwehr niedergerungen, damit er künftig Gesetze empfange, statt sie zu geben, aber trotzdem hat man sich gegen ihn verhalten wie Bittsteller, hat mit ihm unterhandelt und gemeint, man müsse ihm für seine gnädigen Zugeständnisse noch dankbar sein und ihn darob verehren, rühmen und lobpreisen. Falls das der Inhalt unseres Schwurs gewesen sein sollte, wie wollen wir uns dann vor Gott rechtfertigen, woher die Gewißheit nehmen, daß wir durch einen solchen Eid nicht die Schuld an all dem Blute auf uns geladen haben, das in

solchen Strömen geflossen ist? Wenn wir uns demgegenüber für ein freiheitliches Staatswesen entscheiden, das
zwar im Augenblick noch nicht erreicht, dessen Schaffung
aber, wie sich zeigen dürfte, alle vorgebrachten Besorgnisse
und Schwierigkeiten mit Leichtigkeit entkräften wird, so
bringen wir uns letztlich vor der unerbittlichen Königsmacht in Sicherheit und entgehen ihren Schlingen; wir bewahren uns den besten Teil·unserer Freiheit, nämlich unsere Religion, und werden unsere staatsbürgerliche Freiheit
von denjenigen, die uns jetzt auf später vertrösten, sehr viel
leichter wiedergewinnen, weil sie weder so hinterhältig
noch so gnadenlos sind wie ein König, der auf den Thron
zurückkehrt. Immerhin sind ihre bisherigen Handlungen,
daheim wie auswärts, noch stets geeignet gewesen, den
Hoffnungen einer ruhmreichen aufstrebenden Republik
Nahrung zu geben, und ebenso hat das Verhalten der Armee und des Volkes bewiesen, wie es in öffentlichen Erklärungen und etlichen Schriftstücken zum Ausdruck gekommen ist, daß sich in dieser Nation ein nicht minder
edelmütiger und für die republikanische Freiheit aufgeschlossener Geist regt als einstmals bei den Griechen und
Römern. Nicht ohne Erfolg wurde die heroische Sache vor
aller Christenheit gegen den Einspruch eines berühmten
und für unüberwindlich gehaltenen Gegners verteidigt, und
es ist auch keineswegs der Fall, daß die Zielstrebigkeit und
Beharrlichkeit unseres selbstlosen Kampfes um die Freiheit,
daß unser gleichzeitiger Sieg über die beiden mächtigsten
Eroberer der Menschheit: den Aberglauben und die Tyrannei, nicht in einem schriftlichen Denkmal gefeiert und gerühmt worden wären, das alle Verleumdungen ebenso gewißlich überdauern wird, wie es schon in der Vergangenheit nicht wenige Verleumder, namentlich im Auslande,
eines Besseren belehrt oder zum Verstummen gebracht
hat.[235] Wenn wir nach diesem so segensreichen und (mit
Ausnahme jener unseligen Unterbrechungen, die Gott jetzt
beendigt hat) über viele Jahre von Erfolg gekrönten Ringen
um unsere Freiheit und Religion – zu einem Zeitpunkt, da
diese erlauchte und gepriesene Nation mit gutem Grund
ihre feste Hoffnung auf die nun bevorstehende unverzügliche und endgültige Errichtung einer sicheren und freien
Republik setzt – allein dabei gewonnenen Ehren und vom

Himmel gewährten Vergünstigungen zum Trotz in die zuvor aufgekündigte und verabscheute Knechtschaft des Königtums zurückfallen oder, besser gesagt, auf eine derart erbärmliche Weise, wie sie der Mehrheit als wünschenswert vorzuschweben scheint, zu dieser zurückkriechen, wenn wir unsere eigenen gerechten und frommen Taten selber verunglimpfen (die zwar bei manchen Leuten, die ihr Gewissen jetzt von derlei wohlgetanen Werken in Kirche und Staat reinwaschen wollen, von Habgier und Ehrsucht bestimmt gewesen sein mögen, ohne daß aber deren Niedertracht sie deshalb entweihen oder die Redlichkeit der übrigen überschatten könnte), wenn wir eine gerechte und edle Sache niederlegen und aufgeben oder vielmehr verraten, weil gewisse ruchlose Menschen sich in sie eingemischt und sie schlecht verwaltet und in Verruf gebracht haben (und wohin wäre es angesichts so vielfacher Einmischungen bestimmter eigennütziger und ehrsüchtiger Reformatoren nicht längst schon mit unserem Evangelium und der gesamten protestantischen Reformation gekommen, hätten auch unsere Väter so gehandelt und mit demselben Scheingrunde die wahre Religion im Stich gelassen?), und durch ein derartiges Zurückweichen all die bitteren Voraussagen unserer frohlockenden Feinde erfüllen, die nun meinen werden, sie hätten uns und unsere Handlungen gleich richtig durchschaut und mit Recht als unbesonnen, aufrührerisch, heuchlerisch und unfromm verurteilt, so bezeugt das nicht nur, daß wir unversehens von einem merkwürdig zersetzenden, uns für erneute Sklaverei empfänglich und geneigt machenden Gifte befallen sind, sondern es wird uns auch den Hohn und den Spott all unserer Nachbarn eintragen. Und was werden sie bestenfalls von uns und den Engländern insgesamt sagen? Daß wir nicht minder verächtlich seien als jener von unserem Heiland erwähnte törichte Baumeister, der einen Turm zu bauen begann und ihn nicht zu vollenden verstand![262] Wo ist nun dieser prächtige Turm einer Republik, den die Engländer erbauen zu wollen prahlten, um Könige in den Schatten zu stellen und ein zweites Rom im Westen erstehen zu lassen? Das Fundament dafür hatten sie gewiß schon nach besten Kräften gelegt, doch alsdann bemächtigte sich ihrer ein schlimmeres Durcheinander – nicht der Sprachen, sondern der Parteiungen –, als es einst die Turmbauer von Babylon beherrschte, und so haben sie denn kein anderes bleibendes Denkmal ihres Wirkens hinterlassen als das Gelächter, das ihnen überall von Europa her entgegenschallt. Und dessen Echo muß uns zwangsläufig um so beschämender in den Ohren dröhnen, wenn wir bloß zu unseren Nachbarn in den Vereinigten Provinzen[187] hinüberblicken, die uns doch in allen äußeren Vorteilen unterlegen sind, aber dieses Werk trotzdem unter großen Erschwernissen tapfer, klug und unbeirrt zu Ende geführt haben und sich heute im sicheren Besitz aller Segnungen und Wohltaten einer starken und aufblühenden Republik befinden.

Hinzu kommt: Wenn wir zum Königtum zurückkehren – was uns zweifellos rasch leid tun wird, sobald sich nämlich zeigt, daß unser Gewissen zunehmend wieder unter den alten Zwang gerät, der angesichts der zwischen König und Bischof[8] bestehenden Interessengemeinschaft gar nicht ausbleiben kann –, so werden wir vielleicht all unsere Kämpfe nochmals durchstehen und all unsere Opfer noch einmal bringen müssen, ohne indes wahrscheinlich je wieder so greifbar nahe bis zur Wiederherstellung unserer Freiheit vorzudringen, ohne uns ihrer je wieder in solchem Maße zu erfreuen wie jetzt und ohne für unsere Sache je wieder dieselben Gnadenzeichen und beispiellosen Vergünstigungen vom Himmel herab gewährt zu bekommen, falls wir sie durch unser unwürdiges Zurückweichen jetzt verspielen, indem wir zum Dank für seine göttliche Huld und seine gnädige Erhörung unserer einstigen flehentlichen Gebete gegen die Tyrannei, unter der wir damals hatten schmachten müssen, nunmehr bei königlichen Zugeständnissen unsere Zuflucht suchen und so tun, als zähle das Blut nicht und sei weniger als einen Dreck wert, das so viele Tausende braver und wackerer Engländer als Preis für unsere gegenwärtige Freiheit hingegeben haben, und in einem Nachspiel von seltener Torheit all unsere gewonnenen Schlachten einschließlich der vollständigen Unterwerfung Schottlands[263], das noch kein englischer König je zu besiegen vermocht hatte, in nachträgliche Niederlagen ummünzen und all die Güter, die wir dafür geopfert – nicht nur die vergänglichen, sondern besonders jenes ungleich kostbarere Gut unserer jüngst erworbenen herrlichen Freiheiten –,

wieder verlorengeben, wodurch wir all unsere verheißungs-
vollen Fortschritte auf dem Wege zur Reformation rückgängig machen, als wäre alles Mühen umsonst gewesen, und
uns auf die armseligste Weise um die greifbaren Früchte jenes freien Gemeinwesens bringen, für die wir so teuer bezahlt haben: einer freien Republik, die nicht nur den weisesten Männern jeder Epoche als die edelste, männlichste,
rechtschaffenste und gerechteste Form der Regierung gegolten hat, aller gebührenden Freiheit und verhältnismäßi-
gen Gleichheit in menschlicher, staatlicher und christlicher
Hinsicht am ehesten entspricht und der Tugend sowie der
wahren Religion am zuträglichsten ist, sondern die nach
meiner tiefsten Überzeugung auch unser Heiland selbst allen Christen ausdrücklich angeraten, ja sogar – in offener
Mißbilligung des Königtums und unter Brandmarkung desselben als *Heidentum* – anbefohlen hat. Gott verdroß es
sehr, den Israeliten einen König zu geben, und er rechnete
es ihnen als Sünde an, daß sie dennoch einen forderten;[264]
Christus aber erteilt seinen Jüngern den eindeutigen Befehl, kein derart heidnisches Regiment untereinander zu
dulden: *Die Könige der Völker herrschen,* sagt er, *und die Mächtigen heißet man gnädige Herren. Ihr aber nicht also! Sondern der
Größte unter euch soll sein wie der Jüngste, und der Vornehmste wie
ein Diener.*[265] Den Anlaß zu diesen seinen Worten hatte das
ehrgeizige Verlangen der beiden Söhne des Zebedäus gegeben, über ihre Brüder erhöht zu werden im Reiche Jesu,
von dem sie glaubten, daß seine Zeit auf Erden nahe bevor-
stünde. Daß er hier von der staatlichen Obrigkeit spricht,
ist aus dem ersten Teil des Vergleiches ersichtlich, von dem
ja stets auf die Gleichartigkeit auch des anderen Teiles geschlossen werden kann. Und welche Regierung käme diesem Gebot Christi wohl näher als eine freie Republik? Dort
nämlich sind diejenigen die Größten, die, ohne Kosten und
Anstrengungen zu scheuen, sich unablässig für die Allgemeinheit mühen und plagen, die eigenen Angelegenheiten
hintansetzen, sich dennoch nicht über ihre Brüder erhaben
dünken, ein ehrbares Familienleben führen, durch die Stra-
ßen gehen wie andere Menschen auch und freimütig, unge-
zwungen, freundschaftlich, ohne übertriebene Ehrfurcht
von jedermann angesprochen werden können. Demgegenüber will ein König so ehrerbietig behandelt sein wie ein

Halbgott, er umgibt sich mit einem ausschweifenden und hochmütigen Hofstaat von riesiger Verschwendungssucht und Prachtentfaltung, mit Maskenspielen und Lustbarkeiten, so daß die Männer und Frauen unserer ersten Adelshäuser im Innersten vergiftet werden, und zwar nicht nur in ihren Mußestunden, sondern vor allem durch das unzüchtige Treiben des Hofdienstes, der noch dazu als ehrenvoll gilt. Sodann ist noch eine Königin von der Partie, die nicht weniger Aufwand betreiben wird und obendrein höchstwahrscheinlich eine Ausländerin und Papistin ist;[266] des weiteren eine Königinmutter, auf die beides zutrifft; hinzu kommt deren jeweilige Hofhaltung nebst stattlichem Gefolge; alsdann die königlichen Sprößlinge, die über kurz oder lang jeweils ihren eigenen kostspieligen Hof unterhalten werden, wodurch die Schar der hilfreichen Diener nicht nur innerhalb des Gesindes, sondern auch bei den Angehörigen des hohen und niederen Adels immerfort anschwillt, die auf solche Art und Weise dazu erzogen werden, sich Hoffnungen auf höfische statt auf öffentliche Ämter zu machen, also Haushofmeister, Kammerherren, Zeremonienmeister oder Oberaufseher (und wäre es auch nur des Nachtstuhls!) zu werden, und je tiefer sie charakterlich sinken, indem sie gegen alle Tugend und Reformation sich die Denkungsart des Hofes zu eigen machen, desto hochnäsiger und anmaßender werden sie auch; wir können uns noch gut daran erinnern, wie es vor gar nicht langer Zeit bei uns daheim zugegangen ist, oder brauchen bloß den französischen Hof von heute zu betrachten, wo verlockende Angebote und Aufstiegsversprechungen den protestantischen Adel tagtäglich irreleiten und verführen. Was die Last der Ausgaben angeht, so werden wir sie auf unsere Kosten bald kennenlernen; ihr Gegenwert besteht für uns bestenfalls darin, daß sie der ungeheuerliche und maßlose Preis unserer Unterwerfung und ihrer Lasterhaftigkeit sind, um den wir jetzt so gierig feilschen und den wir doch am liebsten ohne Zögern an einen einzelnen Menschen entrichten möchten, der es in allen Dingen, zu denen die Allgemeinheit seiner wirklich bedürfen würde, dabei bewenden läßt, Speisen und Getränke von erlesener Köstlichkeit auftischen zu lassen, zu den oberflächlichsten Handlungen des Staates ein würdevolles Gesicht aufzusetzen und gravitätisch die

Reihen eines immerfort buckelnden und knicksenden Volkes von Kriechern abzuschreiten, die ihn ringsum vergöttern und anhimmeln, ohne daß er solches im geringsten verdient hätte. Denn was hat er anderen Menschen voraus, da er doch, wie sogar ein unlängst verstorbener Hofdichter es ausgedrückt hat, lediglich dahockt wie eine behäbige Null, die ohne ersichtlichen Grund einer langen Folge anderer bedeutsamer Zahlen vorangesetzt ist? Dabei können die Menschen noch von Glück sagen, wenn ihr König bloß eine Null ist, denn oft genug ist er ein Unheil, eine Pestilenz, eine Geißel für das ganze Volk und kann, was schlimmer ist, nicht einmal abgesetzt oder beaufsichtigt, geschweige denn unter Anklage gestellt oder der Bestrafung zugeführt werden, ohne damit die Gefahr des allgemeinen Unterganges, ohne die Erschütterung, ja fast den Umsturz des gesamten Landes heraufzubeschwören, während in einer freien Republik jeder Regierende oder oberste Ratsherr im Falle eines Vergehens ohne die leisesten Unruhen abgesetzt und bestraft werden kann. Gewiß muß also ein Volk mit Notwendigkeit entweder völlig von Sinnen oder merkwürdig verblendet sein, das seine Hoffnung auf die allgemeine Wohlfahrt und Sicherheit hauptsächlich von einem einzigen Menschen abhängig macht, der, falls er zufälligerweise gutwillig ist, ja doch nicht mehr vermag als ein anderer und es, falls er schlecht gesinnt ist, in der Hand hat, ungehindert mehr Unheil anzurichten als Millionen anderer Menschen. Das Wohl eines Volkes muß notwendigerweise bei einer mit allen Vollmachten ausgestatteten und freien Ratsversammlung, die es selber gewählt hat, am sichersten und besten aufgehoben sein, in der nicht ein einzelner Mensch, sondern allein die Vernunft das Sagen hat. Und wie sehr sind doch jene von allen guten Geistern verlassen, die, obgleich sie die eigenen Angelegenheiten sehr wohl mit Anstand selbst in die Hand nehmen könnten, trotzdem faul und träge alles auf eine einzige Person abschieben und – eher in der Art halbwüchsiger Knaben als von Männern – alles der Gönnerschaft und der Verfügungsgewalt dessen überlassen, der zu diesem Amte ja doch nicht taugt und, wenn er es dennoch unternimmt, wofür er dann noch königlich bezahlt wird, nicht ihr Diener, sondern ihr Herr sein will. Wie unmännlich muß es also zwangsläufig sein, einen solchen Menschen zum Nabel unserer Welt zu erklären und unsere gesamte Glückseligkeit, all unsere Sicherheit und unser Wohlbefinden allein von ihm abhängig zu machen, wohingegen wir, wenn wir nur etwas mehr sein wollten als lediglich faul und kindlich, diesbezüglich doch bloß auf Gott und unsere eigenen Ratschläge, auf die eigene Tüchtigkeit und Schöpferkraft zu vertrauen brauchten. *Geh hin zur Ameise, du Fauler,* sprecht Salomo[267], *sieh an ihr Tun und lerne von ihr! Wenn sie auch keinen Fürsten noch Hauptmann noch Herrn hat, so bereitet sie doch ihr Brot im Sommer und sammelt ihre Speise in der Ernte.* Hieraus folgt klärlich, daß diejenigen, mögen sie auch noch so würdig oder hochmütig dreinschauen, die ein Volk ohne einen König für verloren halten, weniger wahren Geist und Verstand besitzen als eine Ameise; auch darf man daraus nicht schließen, daß jene emsigen Geschöpfe etwa in gesetzloser Anarchie leben würden oder dieselbe uns anempfohlen werden solle, sondern sie werden uneinsichtigen und unbeherrschten Menschen als Beispiel einer genügsamen und sich selbst regierenden Demokratie oder Republik vorgeführt, die durch die gemeinschaftliche Fürsorge und Vorausplanung vieler fleißiger Menschen von gleichem Range stetiger und besser gedeiht, als es unter der Alleinherrschaft eines einzigen herrischen Gebieters möglich wäre. Man darf sich wohl darüber verwundern, daß Menschen, die sich selbst als ein freies Volk bezeichnen, irgend jemandem gestatten können, sich ihnen gegenüber auf ein erbliches Herrenrecht zu berufen, da sie ja durch die Anerkennung eines solchen Rechtes sich folgerichtig zu dessen Dienern und Vasallen erklären und somit auf die eigene Freiheit verzichten. Es ist nicht nur seltsam und unfaßbar, sondern der Gedanke tut der Seele weh, wie Menschen und namentlich deren Anführer hierzu imstande sind, die so heldenhaft für die Freiheit gekämpft haben, wie ihre edelmütigen Worte und Taten, die einst so trefflich von der Würde eines freien Volkes gekündet hatten, jetzt dem erniedrigenden Zwang höfischer Speichelleckerei und Kniefälligkeit weichen können. Daß ein Volk zugleich so tapfer und mutig sein solle, seine Freiheit auf dem Felde zu erringen, und, nachdem es sie errungen, so kleinmütig und engstirnig, daß es diese nicht zu gebrauchen versteht, ihren Wert nicht ermißt und weder mit

ihr noch mit sich selbst etwas anzufangen weiß, sondern
nach zehn oder zwölf Jahren erfolgreichen Ringens und
Kräftemessens mit der Tyrannei seinen Hals erbärmlich
und stumpfsinnig von neuem unter das Joch beugt, das es
zerbrochen hat, und all die Früchte seiner Siege für nichts
und wieder nichts dem besiegten Gegner in den Schoß legt,
wird, falls es dazu kommt – abgesehen davon, daß wir unseres Ruhmes verlustig gehen und ein Beispiel geben, dessen
noch nie ein König oder Tyrann sich hat rühmen können –,
uns zu solcher Schande gereichen, wie noch kein Volk, das
im Besitz seiner Freiheit gewesen, sie je zuvor auf sich geladen hat, das es auf Grund dessen wahrhaftig verdienen
würde, ungeachtet seiner jetzigen Lage auf immer in Sklaven verwandelt zu werden – was freilich für jenen (nach
meiner Überzeugung: beträchtlichen) Teil des Volkes nicht
gilt, der anders denkt und es wegen seiner ungleich auf-
rechteren Gesinnung mitnichten verdient hat, durch die
Machenschaften des übrigen Teils der gleichen Knechtschaft zum Opfer zu fallen. Wenn ich mir vergegenwärtige,
wie klar und einleuchtend diese Dinge doch sind, kann ich
nicht umhin, mich andererseits genauso darüber zu wundern, wie jemand, der die wahren Grundsätze der Gerechtigkeit und der Religion in sich trägt, sich überhaupt vermessen oder unterfangen kann, als König und Herr über
seine Brüder bestimmen zu wollen, da ihm doch bewußt
sein müßte, daß sie ihm als Menschen und Christen größtenteils ebenbürtig sind, wenn nicht sogar höher stehen als
er selbst; wie er sich in der Eitelkeit und Schaustellung seines königlichen Gepränges derart großtuerisch über andere
Sterbliche erheben oder wie er als Christ eine so außerge-
wöhnliche Verherrlichung oder Anbetung für sich beanspruchen kann, wo doch das Reich Christi, unseres gemeinsamen Herrn und Königs, nicht von dieser Welt ist und er
selber seinen Jüngern ausdrücklich untersagt hatte, dem
heidnischen Vorbild auf solche Weise zu folgen. Alle Protestanten gehen davon aus, daß Christus die Vollmacht über
seine Kirche keinem Statthalter hinterlassen habe, sondern
er selbst als ihr Oberhaupt sie ohne einen Stellvertreter
vom Himmel herab regiere: Wie also kann irgendein Chri-
stenmensch – außer mit schlimmerer Anmaßung als der
Papst[122] die Oberhoheit über die Kirche – seine königlichen

Rechte ausgerechnet von Christus herleiten wollen, da Christus nicht nur nicht den leisesten Schatten eines Gebots bezüglich solcher Stellvertreterschaft im Staate hinterlassen hat, wie der Papst sie seinerseits für die Kirche einfordert, sondern ausdrücklich erklärt, daß solche Königsherrschaft von den Heiden herkomme und nicht von ihm, und uns strengstens einschärft, ihnen darin nicht nachzueifern?

Alle denkenden und wissenden Menschen werden zweifellos bereitwillig mit mir übereinstimmen, daß eine freie Republik ohne einen Alleinherrscher oder ein Oberhaus mit Abstand die beste Regierungsform ist, falls wir sie erreichen können; es wird uns jedoch entgegengehalten, wir hätten nun schon die ganze Zeit darauf gehofft und sie doch noch immer nicht in die Tat umsetzen können. Es ist freilich nur allzu wahr, daß man nach der Auflösung der Monarchie[251] sogleich hätte die Form einer Republik ins Auge fassen und deren Aufbau unverzüglich in die Wege leiten sollen, um das Volk recht bald mit der Schicklichkeit ihrer Ordnung, ihren Freuden und Annehmlichkeiten zufriedenzustellen und zu beglücken; wäre dies geschehen, so hätten wir inzwischen längst sicheren Boden unter den Füßen, brauchten uns nicht mehr vor Aufruhr und Umsturz zu ängstigen und würden jetzt gedeihlich voranschreiten: Es ist unser Unglück gewesen, daß diese Sorge um die rechtzeitige Einführung einer neuen Regierungsform an Stelle der alten so sehr vernachlässigt worden ist. Allerdings muß die Hauptschuld daran wohl billigerweise den häufigen Störungen, Unterbrechungen und Auflösungen zugeschrieben werden, die das Parlament teils durch das aufgebrachte und unzufriedene Volk, teils von seiten gewisser ehrgeiziger Befehlshaber in der Armee[268] hat hinnehmen müssen, deren Verhalten, wie ich glaube, sehr im Gegensatz zu dem stand, was die Armee selbst und ihre übrigen Anführer im Sinne gehabt und gutgeheißen hätten, wären sie über die wahren Zusammenhänge unterrichtet oder im Besitze der Macht gewesen. Jetzt ist die Gelegenheit, jetzt die Stunde gekommen, da wir ohne Schwierigkeit und größeren Zeitverzug eine freie Republik erreichen und auf immer im Lande begründen können. Es sind Neuwahlen ausgeschrieben worden – und zwar bemerkenswerterweise nicht im Namen irgendeines Königs, sondern namens der Hüter unserer Freiheit[269] –, um ein freies Parlament zu berufen, das aber nur dann wirklich frei sein und dem wahren Anspruch dieses allerhöchsten Ehrentitels gerecht werden wird, wenn es unserem Volke seine Freiheit erhält. Dergleichen Möglichkeit hat noch nie ein Parlament in solchem Maße besessen, da es ja diesmal nicht, wie früher, auf Geheiß eines Königs zusammengerufen wird, sondern durch die Stimme der Freiheit. Und wenn das Volk, seine Voreingenommenheit und Ungeduld bezähmend, sein eigenes Wohl in der Religion wie im Staate, seine eigene Freiheit und den einzigen Weg zu diesem Ziele, wie er ihm im folgenden dargelegt ist, jetzt ernstlich und bedachtsam erwägt und als Vertreter seiner Städte und Grafschaften tüchtige Männer wählt, die den gerechtfertigten und notwendigen Anforderungen an ihr Amt genügen (welche meines Wissens unwiderrufen so fortbestehen, wie sie bei früherer Gelegenheit im Parlament festgelegt wurden[270]) und nicht einer Einzelperson oder dem Oberhaus hörig sind, so ist das Werk getan, ist zumindest das tragfähige Fundament einer freien Republik gelegt und überdies ein Gutteil des Haupttraktes bereits im Bau. Denn die Grundlage und Basis jeglicher gerechten und freiheitlichen Regierung ist (da die Menschen so vielfach dafür büßen mußten, daß sie alles in die Hand eines einzelnen gaben) eine Generalversammlung der fähigsten Männer, die das Volk erwählt hat, um von Zeit zu Zeit zum Wohle des Ganzen über die öffentlichen Angelegenheiten zu beratschlagen. In diesem Hohen Rat muß die oberste Gewalt verankert sein, aber sie darf ihm nicht bedingungslos übereignet, sondern lediglich zugeordnet und sozusagen in Verwahrung gegeben werden; von dieser Vorsichtsmaßnahme abgesehen, müssen ihm zur Wahrung des Friedens und der Freiheit des Ganzen die See- und Landstreitkräfte unterstellt sein, hat er die Staatseinkünfte zu sichern und zu verwalten, wobei ihm im Interesse des Volkes zumindest einige Prüfer zur Feststellung des jeweiligen Verwendungszweckes derselben beigesellt werden sollen, muß er des weiteren, wovon noch im einzelnen die Rede sein wird, staatliche Gesetze erlassen oder zur Annahme vorschlagen, mit fremden Völkern Handelsabkommen schließen, über Frieden oder Krieg unterhandeln und darüber hinaus zur

Wahrnehmung bestimmter Sonderaufgaben, die stärkere Geheimhaltung oder rascheres Handeln erfordern, entweder aus den eigenen Reihen oder unter Hinzuziehung anderer, wie es bereits geschehen ist,[271] einen Staatsrat wählen.

Und obschon es sich zunächst etwas eigenartig anhören mag, weil der Menschen Sinn sich mehr zu der Vorstellung einander ablösender Parlamente hingezogen fühlt, behaupte ich, daß der Hohe oder der Generalrat, falls man ihn gut ausgewählt hat, von Dauer sein muß, wie ja auch seine Obliegenheiten es sind oder sein mögen, von denen im übrigen nicht wenige oftmals kurzfristiger Erledigung bedürfen, denn die Gunst des Augenblicks kann durchaus jeweils über das Gelingen oder das Scheitern einer Sache entscheiden. Den Tag der Beratung kann man nicht wie einen Feiertag festlegen, sondern sie muß zu jeder beliebigen Zeit einberufbar sein, um allen Wechselfällen vorbeugen oder Rechnung tragen zu können. Dank dieser Dauereinsetzung werden die Ratsmitglieder ihren Sachverstand auf das glücklichste vervollkommnen, werden sie genauestens über alles Bescheid wissen, was im Auslande geschieht, und auch mit dem Volke daheim, so wie umgekehrt dieses mit ihnen, bestens vertraut sein. Das Schiff der Republik ist dann stets fahrtüchtig, sie führen das Steuer, und wenn sie den rechten Kurs halten, weshalb sollte man sie dann auswechseln, was ja schließlich nicht ganz gefahrlos ist? Hinzu kommt, daß der Hohe Rat sowohl das Fundament als auch der entscheidende Stützpfeiler des ganzen Staates ist, und wer die Pfeiler und Fundamente erneuert, ohne daß sie morsch sind, setzt die Sicherheit des gesamten Bauwerks aufs Spiel. Ich vermag deshalb nicht zu begreifen, was die Aufeinanderfolge und Befristung von Parlamenten uns nützen sollen, sondern halte es für viel wahrscheinlicher, daß sie für eine freiheitliche Regierungsform eher eine ständige Unsicherheit als eine Sicherheit bedeuten, daß sie mit Unruhen, Veränderungen, Neuerungen und Unwägbarkeiten einhergehen und eine Vernachlässigung drängender Geschäfte und günstiger Gelegenheiten bewirken, während jedermann seine Gedanken in gespannter Erwartung auf die nächstfolgende Versammlung richtet, die nun ihrerseits bis zur neuerlichen Amtsübernahme eine Menge Zeit verstreichen lassen wird. Wenn sie dann feststellt, daß es kein bedeutendes Werk zu vollbringen gibt, werden deren Mitglieder sich einfach eins ausdenken, indem sie entweder früher erlassene Gesetze abändern oder außer Kraft setzen oder eine Vielzahl neuer machen, bis endlich alles Recht unter einer Unmasse einander widersprechender Statuten begraben sein wird. Falls indes der Ehrgeiz solcher Menschen, die es kränkt, nicht gleichfalls an der Regierung beteiligt zu sein, und die voller Ungeduld darauf brennen, hineingewählt zu werden, die dauernde Amtsträgerschaft der vor ihnen Erwählten nicht zu ertragen vermag oder die Besorgnis wach wird, ein langwährender Machtbesitz könne sich selbst auf die redlichsten Menschen nachteilig auswirken, so lautet in diesem Falle das geläufige und neuerdings von verschiedenen Seiten empfohlene Heilmittel[272], daß jährlich (oder auch in längeren Abständen, was wohl vorzuziehen wäre) ein Drittel der Ratsmitglieder entsprechend dem Zeitpunkt ihrer Wahl ausscheiden und an deren Stelle ebenso viele neue gewählt werden können – was man als *teilweise Rotation* bezeichnet –, um die Errichtung einer allzu absoluten Gewalt auszuschließen, sofern deren Dauer nicht begrenzt werden soll. Mir wäre es allerdings lieber, wenn diese Umdrehung oder teilweise Umdrehung des Staatsrades wegen der allzu großen Ähnlichkeit mit einem Glücksrade möglichst vermieden werden könnte. Ein solches Verfahren birgt nämlich offensichtlich die Gefahr oder das Mißgeschick, daß ein Großteil der Besten und Fähigsten abberufen und im Zuge der Neuwahlen, sehr zum Schaden und Nachteil der Führung der Staatsgeschäfte, an ihrer Statt ebenso viele nachrücken könnten, die unbeholfen, kenntnislos und anderweitig interessiert sind. Auch glaube ich nicht, daß ein unbefristet amtierender Hoher Rat, den das Volk eigens erwählt und bevollmächtigt hat, hierzulande viele Befürchtungen wecken kann, wo die Gutgesinnten, sei es in einem stehenden Heer oder in einer wohlgeordneten Miliz, Gewehr bei Fuß stehen. Mich dünkt es daher am sichersten und am wenigsten riskant oder störend für die Staatsgeschäfte, wenn – außer im Todesfalle oder bei gerichtlich erwiesener Gesetzesübertretung – niemand seinen Platz in dem Hohen Rate vorzeitig räumen muß, denn wie könnte man von etwas Festigkeit und Dauerhaftigkeit erwarten, das auf schwankendem Grunde steht? Gleichwohl möchte ich bei Dingen dieser Art, über deren Für und Wider jeweils so gute Argumente beigebracht werden können, nicht jedes mutmaßliche Hilfsmittel oder jeden Ausweg von vornherein verwerfen. Damit jedoch nicht der Eindruck aufkomme, ich stünde mit meiner Meinung allein, will ich sie zusätzlich durch aussagekräftige Belege stützen. Das Königtum wird vornehmlich deshalb für besonders sicher und beständig gehalten, weil der König und in der Mehrheit auch dessen Rat zeitlebens nicht wechseln; eine Republik jedoch gilt als unsterblich und in diesem Sinne als etwas, das sich am beständigsten, sichersten und am wenigsten vom Zufall abhängig erweist: Während nämlich der Tod eines Königs nicht selten eine Fülle gefährlicher Veränderungen nach sich zieht, fällt der gelegentliche Tod eines Ratsmitgliedes nicht ins Gewicht, da bei den herrlichsten und edelsten Republiken die eigentliche Versammlung in ihrem Kern unverändert erhalten bleibt und gleichsam zeitlos fortbesteht. Darum wurden bei den Juden die Mitglieder des obersten Rates der siebzig Ältesten (jenes von Mose gegründeten sogenannten Sanhedrins), die des Areopags in Athen, des Ältestenrates in Sparta sowie des römischen Senats auf Lebenszeit gewählt und blieben also gewissermaßen für Generationen immer dieselben.[273] In Venedig freilich wechseln solche feststehenden Körperschaften wie der Rat der Sechs oder dergleichen öfter als einmal im Jahr, doch ist dort der eigentliche Senat, der die ganze Regierung trägt und stützt, mit der Gesamtheit des allgegenwärtigen Adels identisch.[274] Ebenso werden in den Vereinigten Provinzen[186] die Vertreter der Generalstaaten, die in Wirklichkeit nur ein von der ganzen Union abgeordneter Staatsrat sind, in der Regel auf nicht länger als drei oder sechs Jahre berufen, aber jeder der einzelnen Stadtstaaten, bei denen seit unerdenklichen Zeiten die höchste Gewalt ruht, bildet einen fest verankerten, unbefristeten Hohen Rat für sich, in dem man deshalb auch den eigentlichen Angelpunkt ihrer Freiheit sieht. Und warum dies in jeder wohlverfaßten Republik so und nicht anders zu sein habe, begründen Staatswissenschaftler[275] wie folgt: „Wer den Hohen Rat in seiner Amtsdauer befristet, tut nicht nur der Würde und dem Glanze desselben Abbruch, sondern schwächt auch das gesamte Gemeinwesen und setzt es einer offenen Gefährdung aus, weil dadurch oftmals Staatsgeheimnisse preisgegeben werden und Angelegenheiten von höchstem Rang, die bei vollständiger und gründlicher Kenntnis früherer Vergleichsfälle unschwer abzuwickeln wären, in die Hand von unerfahrenen und neu hinzugekommenen Ratsmitgliedern gelangen mögen." Ich weiß deshalb nicht, was in England so besonders sein soll, daß man meint, aufeinanderfolgende Parlamente seien am sichersten und hierorts zweckmäßiger als bei anderen Völkern, sofern man damit nicht etwa der Unbeständigkeit Rechnung tragen will, die uns als den Bewohnern einer Insel unterstellt wird; falls dem so ist, daß die Nähe zum Wasser dem Wankelmut Vorschub leistet, müßte sich dieser Fehler jedoch durch eine gute Erziehung und den Erwerb von Weisheit beheben lassen. Man wird einwenden, daß das Volk überall dort, wo der Hohe Rat unbefristet amtiert habe, stets auch im Besitz der Mittel gewesen sei, um dessen Drang zu übergroßer Herrschsucht in Grenzen zu halten: So gab es in Athen neben dem Areopag noch einen weiteren Rat von vier- oder fünfhundert Mitgliedern, in Sparta die Ephoren, in Rom die Volkstribunen.[276] Das Ergebnis belehrt uns jedoch, daß diese Hilfsmittel dem Volke wenig nützten oder ihm eine derart schrankenlose und ungezügelte Demokratie bescherten, daß es schließlich an seiner eigenen übersteigerten Machtfülle zugrunde ging. Somit straft die Erfahrung jenes mit Vorliebe angeführte Argument Lügen, daß des Volkes Freiheit besser bei Volksversammlungen aufgehoben sei als bei einem Gremium führender Persönlichkeiten, weil große Männer angeblich immer nur auf die Erweiterung ihrer Macht bedacht seien, während die einfachen Leute sich mit der Erhaltung ihrer eigenen Freiheit begnügen würden, denn niemand ist so maßlos und ehrgeizig auf die Vermehrung seiner Macht erpicht wie solche Volksvertretungen, wofür das Volk von Rom ein Beispiel gegeben hat, das – nachdem es zunächst damit zufrieden gewesen war, seine Tribunen zu haben – schließlich den Senat unter Druck setzte, daß anfangs nur einer der Konsuln, alsdann beide, hernach auch die Zensoren und Prätoren plebejischen Ursprungs sein und sämtliche Gewalt in sich vereinigen sollten, so daß es am Ende die schlimmsten Widersacher des Senats zu seinen Göttern erhob, bis Marius[277], indem er seine unmäßigen Wünsche erfüllte, es dann um all die Macht brachte, um die es so lange gekämpft hatte, und es der Tyrannei Sullas überlieferte. Das Gleichgewicht muß mithin so sorgsam bemessen sein, daß auf beiden Seiten – also bei dem Hohen Rate ebenso wie beim Volke – die gebührende Autorität gewahrt und aufrechterhalten bleibt. Und die kürzlich vorgeschlagene[272] jährliche Rotation eines dreihundert Mitglieder zählenden Rates bedingt gleichzeitig das Vorhandensein einer weiteren Volksversammlung von über tausend mit entsprechendem Wechsel. Abgesehen davon, daß sich sämtliche Unannehmlichkeiten einstellen werden, die für die vorgenannten Hilfsmittel festgestellt wurden, kann die Einberufung und Versammlung derart schwerfälliger Massen nur lästig und kostspielig für das ganze Land sein, deren große Zahl eine reifliche Erwägung, falls ihnen überhaupt eine abverlangt wird, unmöglich macht, wozu sie aber verpflichtet sind, damit sie nicht aus so vielen abgelegenen Gegenden zusammenkommen, um ohne erkennbaren Grund oder gemeinschaftlichen Ratschluß ein ganzes Jahr hindurch beständig an einem Orte herumzusitzen, ab und zu einen Wald von Fingern emporzurecken oder jedermanns Bohne oder Stimmkugel in die Wahlurne zu befördern, unfähig, ein Geheimnis zu hüten, falls ihnen eins anvertraut wird, voller Mißgunst und in fortgesetztem Hader gegen die andere Ratsversammlung lebend. Sehr viel besser dürfte es angesichts der jetzigen Unentschiedenheit unserer Lage sein, wenn man die Frage des Wechsels oder der Befristung unseres Hohen Rates im Interesse einer durchdachten Entscheidung bis zu jenem Zeitpunkt vertagte, da die Republik von Grund auf in Frieden und Sicherheit bestehen und er selbst uns Veranlassung dazu bieten wird. Militärs halten es für bedenklich, die Schlachtordnung im Angesicht des Gegners zu ändern; genausowenig legte das römische Volk sich mit seinem Senat an, solange nur noch einer der Tarquinier[278], der Feinde seiner Freiheit, am Leben war, noch suchte es durch die Ernennung von Tribunen der Furcht vor seinen Patriziern eher Herr zu werden, als bis es, sechzehn Jahre nach der Vertreibung der Könige und im Vollgefühl der Sicherheit seines Staates, hierzu von seiten des Senats gerechten Grund hatte oder zu haben glaubte. Ein anderer Weg bestünde in der wohldurchdachten Begrenzung und Weiterentwicklung des Wahlverfahrens, indem man nicht alles dem Geschrei und Gebrüll einer kopflosen Menge überläßt, sondern lediglich einer bestimmten Gruppe von Wahlberechtigten gestattet, ihrerseits beliebig viele Kandidaten aufzustellen, aus deren Reihen dann wiederum andere, die besser gebildet sind, eine noch verständigere Auswahl treffen können, bis nach einer dritten oder vierten Siebung und Auslese von peinlichster Sorgfalt nur noch diejenigen als gewählt übrigbleiben, die der geforderten Anzahl entsprechen und wegen ihres höchsten Stimmenanteils als die würdigsten erscheinen. Die Menschen werden am besten zu wählen und die Gewählten am besten zu regieren erst dann imstande sein, wenn wir unsere schlechte und fehlerhafte Erziehung verbessern, indem wir die Menschen zum Glauben anhalten, wozu Keuschheit, Mäßigkeit, Demut, Enthaltsamkeit, Gerechtigkeit gehören, wenn sie lernen, Reichtum oder Ehren zu verachten, Aufsässigkeit und Ruhmsucht zu hassen und ihr ganz persönliches Glück und Wohlergehen inmitten des Friedens, der Freiheit und der Sicherheit des Ganzen zu finden. Dann auch werden sie keinerlei besonderen Grund mehr haben, ihren gewählten Vaterlandsfreunden in dem Hohen Rate zu mißtrauen, die man fortan mit Recht als die wahren Hüter unserer Freiheit wird bezeichnen dürfen, obgleich der Schwerpunkt ihrer Tätigkeit nun auf den auswärtigen Angelegenheiten liegen wird. Um jedoch jedes etwaige Mißtrauen auszuschließen, werden die Menschen nunmehr in der Hauptstadt einer jeden Grafschaft jeweils über ihre eigenen ordentlichen Vertretungen verfügen (welche den verhaßten Machtapparat und Namen der Ortskomitees vollständig verdrängen werden), ohne daß all die Störungen, Unkosten oder Zeitverluste entstehen, die nicht ausbleiben können, wenn eine so große Anzahl sich von weit her einfindet und versammelt und auf eine so lange Zeit von ihrem eigenen Wohnsitz entfernt oder von ihren Familien getrennt lebt, um statt dessen, in ihren jeweiligen Heimatgrafschaften vereinigt oder weiter aufgegliedert, genausoviel für den Schutz ihrer Freiheit tun zu können, als würde man aus ihnen allen eine vielköpfige Versammlung mit dem ausgeklügeltsten Rotationssystem bilden und eigens zu diesem Zwecke einberufen. Hierzu werde ich mich gegen Ende dieser Abhandlung noch näher äußern, denn es mag der Zeit überlassen bleiben, solange wir uns nur weiterhin Schritt um Schritt auf die Vollkommenheit zubewegen. Bei gewissenhafter Prüfung und Ausführung dieser Dinge würde das Volk meines Erachtens keine Besorgnis zu hegen brauchen, wenn das Parlament – nach Ablegung dieses Namens, der ja ursprünglich nur das *Parlieren* unserer Lords und Gemeinen mit ihrem normannischen Könige bedeutete, falls es ihm beliebte, sie zusammenzurufen – unter dem Namen eines Hohen oder Generalrates mit gewissen Einschränkungen seiner Gewalt unbefristet im Amt verbliebe, sofern seine Absichten redlich und einer freien Republik förderlich sind. Ehe dies nicht geschehen ist, habe ich meine Zweifel, ob unser Staat überhaupt jemals auf festem und sicherem Grund stehen wird; vorher ist wahrscheinlich ein Ende unserer Schwierigkeiten und fortgesetzten Veränderungen oder zumindest die wirkliche Verankerung und Gewährleistung unserer Freiheit nicht abzusehen. Wenn der Hohe Rat solchermaßen für alle Zeit fest eingesetzt bleibt und im Falle, daß jemand verstirbt oder sich eines Vergehens schuldig macht, jeweils ergänzt und in seiner vollen Besetzung erhalten wird, so läßt sich kein Argument anführen, weshalb dann nicht Friede, Gerechtigkeit, ein blühender Handel und aller Reichtum rings im Lande die Folge sein sollen und mit solcher Bestimmtheit, wie sie nur immer menschlichen Angelegenheiten eigen sein kann, so lange fortdauern werden (falls Gott uns gnädig ist und wir ihn nicht durch unsere mutwillige Sünden herausfordern), bis daß unser wahrhaftiger, rechtmäßiger und allein zu ersehnender König kommt, dem allein diese Würde zusteht, weil nur er unser Heiland ist, der Messias, der Christus, der einzige Erbe seines ewigen Vaters, der, seit das Werk unserer Erlösung vollbracht ward, nur ihn allein weltweit zum Herrn über die gesamte Menschheit gesalbt und berufen hat. Der vorgeschlagene Weg ist leicht und einfach zu gehen und liegt offen vor uns; er ist mitnichten verzwickt, bedarf nicht der Einführung neumodischer oder verstaubter Formen und Begriffe oder exotischer Vorbilder, ist frei von solchen Ideen, die nichts anderes bewirken würden, als die der Menschheit angeborene Freiheit durch eine Vielzahl neuer

Vorschriften in Fesseln zu legen, indem sie zur großen Bedrängnis und zur Entmündigung der christlichen Freiheit jedwede Tugend dem Geheiß, der Knechtschaft und der Nötigung unterstellen. Ich sage noch einmal: Dieser Weg liegt frei und gerade vor uns, er ist nicht mühselig und gewunden, hält keine neuerlichen Beschwernisse bereit, erfordert keine gefährliche oder unliebsame Veränderung oder Begrenzung des Besitzstandes der Menschen an Land und Gut. Mit Gewißheit kann in dieser Republik, wenn die weltlichen und geistlichen Lords vertrieben sind, kein einzelner oder keine Gruppe von Menschen zu solchem Wohlstand und riesigen Besitztum gelangen, daß es der Schutzvorrichtung eines Agrargesetzes[272] bedürfen würde (das nie zum Erfolg führen kann, sondern eher Anlaß zum Unfrieden geben muß, es sei denn, es würde zur rechten Zeit schon bei den ersten Grundeigentümern in Anwendung gebracht), um der Gefährdung unserer öffentlichen Freiheit vorzubeugen. Kurzum, es kann kein gewichtiger Einwand geltend gemacht werden, warum dieser Weg nicht gangbar sein sollte, was hier festgestellt sei, damit es später nicht heißt, wir hätten unsere Freiheit in Ermangelung eines Vorschlags für einen leichten Weg zu einer freien Republik oder einer bestimmten Vorstellung über deren Aussehen hergegeben. Und wir werden jener uns am dichtesten benachbarten Republik[186] immerhin den Vorteil voraushaben (wenn wir uns den albernen Unsinn aus dem Kopfe schlagen, auf etwas Ähnliches wie den Dogen von Venedig hinzusteuern,[279] welcher neuerdings manchen Leuten von diesem oder jenem eingeblasen wird, der sich dieses Hirngespinstes arglistig bedient, um seine eigenen ehrgeizigen Pläne zum Erwerb einer Krone zu befördern), daß unsere Freiheit nicht durch irgendwelche Rücksichten auf ein so mächtiges Geschlecht wie das Haus Nassau[280], gegen das beständig Zweifel und Argwohn geboten sind, beschnitten oder bedroht sein wird, sondern daß wir als ein Volk auf der Welt leben werden, das in dem offenkundigsten und unbedingtesten Sinne frei ist. Man bedenke dagegen, wie viele von all den Segnungen, die uns in einer freien Republik augenblicklich zufallen werden, uns versperrt bleiben, wenn es einen König gibt, auf den die unbesonnene Menge jetzt so große Stücke hält. Erstens wird der Hohe Rat – der, wie oben dargelegt, unbefristet zu amtieren hätte (soweit ihm nicht in Zeiten der Ruhe gelegentliche Pausen oder Ferien vergönnt sind, in welchem Falle der ja unverändert weiteramtierende Staatsrat dann leicht einspringen könnte) – nach des Königs gutem Willen und äußerstem Trachten so selten wie irgend möglich einberufen werden. Dieser wird nämlich sagen, es sei des Königs Recht, ein Parlament einzuberufen, und wenn er dies überhaupt einmal tut, so wird es ihm in der Regel zuvörderst um seine eigenen Belange statt um die des Königreiches gehen, was sich deutlich zeigen wird, sobald es versammelt ist. Denn womit sonst wird es sich dann zu befassen und den Hauptteil seiner Zeit zu verbringen haben als mit einem endlosen Tauziehen zwischen der Bitte um Gerechtigkeit und der Prärogative des Königs, insonderheit mit dem Streiten um dessen Einspruchsrecht, um die Miliz und die abgeforderten Subsidien, deren Bewilligung oftmals erzwungen wird, ohne daß die Gemeinen hierfür einen vernünftigen Grund sehen, welche die einzig wahren Vertreter des Volkes und seiner Freiheit sind, unter die sich nun aber die Parteigänger des Hofes mischen werden; außerdem wird der redlich gesinnte Teil des Hauses, der treu zum Volke steht, es darinnen erneut mit zwei beschwerlichen, ihm entgegenarbeitenden Widersachern von draußen, bloßen Kreaturen des Königs, zu tun bekommen, nämlich mit den geistlichen und höchstwahrscheinlich auch mit der Mehrzahl der weltlichen Lords, die an der Freiheit des Volkes alles andere als interessiert sind. Falls diese nicht erreichen, was sie sich vorgenommen haben, und wäre es auch noch so sehr gegen die Belange des Volkes gerichtet, wird das Parlament kurzerhand aufgelöst werden oder untätig versammelt bleiben, ohne daß es die Möglichkeit hätte, irgendeinem Übelstande abzuhelfen oder ein für das Volk auch nur im mindesten vorteilhaftes Gesetz zu erwirken. Des weiteren wird nicht das Parlament den Staatsrat wählen, sondern der König wird es tun, und zwar stets aus den Reihen seiner eigenen Kreaturen, Hofleute und Günstlinge, bei denen man sich darauf verlassen kann, daß sie, soweit es in ihrer Macht steht, bei all ihren Ratschlüssen die Erhabenheit und unbedingte Gewalt ihres Herrn weit über die Freiheit des Volkes stellen werden. Ich bestreite nicht, daß es einen König geben kann, der das Gemeinwohl höher veranschlagt als das eigene, sich durch keinen boshaften Günstling beeinflussen läßt und allein auf die Weisesten und Redlichsten in seinem Parlamente hört, was jedoch selten vorkommt in einer Monarchie, die nicht auf Wahlen beruht, weshalb ein weises Volk sich lieber davor hüten möge, all sein Wohl und all seine Sicherheit einem glücklichen Zufall zu überlassen. Warum also sollte es überhaupt etwas Derartiges tun? Und wie widersinnig wäre dies doch, da es selbst, auf dessen Stimme zu hören des Königs vornehmste Tugend zu sein hätte, ja mit viel besserem und rascherem Erfolg und mit viel größerer Anerkennung seines eigenen Wertes und Edelmutes ohne einen König zu regieren vermag? Ist es nicht eine Torheit ohnegleichen, eine einzelne Person zu vergöttern und sich ihr zum Sklaven zu machen, damit sie etwas tue, wofür die Aussichten eins zu zehntausend stehen, daß sie es überhaupt kann oder will, und was wir selbst viel leichter, wirksamer und ehrenvoller ohne sie tun könnten? Sollen wir denn niemals alt und weise genug werden, um aus den zwingendsten Beweisen, Erfahrungen und Beispielen die rechten Lehren zu ziehen? Ist es solch eine unsägliche Lust, zu dienen, solche Glückseligkeit, ein Joch zu tragen – mit unseren Ketten zu rasseln, an die ein angemaßtes Herrenrecht uns geschmiedet hat, die aber ebendeshalb noch unerträglicher sind und von denen wir noch weniger hoffen können, sie je wieder loszuwerden, als wären sie uns gänzlich wider Recht und Gesetz und gewaltsam angelegt worden? Damit niemand diese Lehre für sektiererisch halte, wofür die Royalisten sie gern ausgeben möchten, führe ich Aristoteles[281] an, den wichtigsten Lehrmeister an unseren Hohen Schulen, der im dritten Buch seiner „Politik" sagt, daß das Volk am Anfange in kleineren Stadt- und Landgebieten bestimmte Männer wegen der von den übrigen unerreichten Vortrefflichkeit ihrer Tugend oder irgendeines großen Verdienstes um die Allgemeinheit oder in Ermangelung anderer, die ihnen gleichgekommen wären, zu Königen gemacht, dann jedoch – als diese ihre Macht mißbrauchten, die Staaten größer wurden und die Zahl verständiger Männer wuchs – seine Tyrannen schon bald abgesetzt und in allen zivilisierten Gegenden der Form einer freien Republik den Vorzug gegeben hätte. Und warum sollten wir unser eigenes Volk derartig herabwürdigen und im voraus verurteilen, daß wir befürchten, wir hätten zuwenig fähige und verdienstvolle Männer unter uns, die, zu einem Rate vereinigt, über uns regieren könnten, wo es doch nur der gewissenhaften und unvoreingenommenen Suche bedürfte, um sie herauszufinden und auszuwählen, so daß wir uns statt dessen lieber von einem einzigen Menschen unterjochen lassen wollen, dem natürlichen Widersacher und Unterdrücker unserer Freiheit, der, selbst wenn er gutwillig ist, durch das Übermaß der ihm zugewiesenen Macht und Hoheit weitaus leichter verführbar ist oder im günstigsten Falle die Last der Regierung dennoch nicht annähernd so gut zu tragen vermag oder dem es nicht gleichermaßen am Herzen liegt, uns dadurch glücklich zu machen, daß wir uns unter ihm unserer Freiheit erfreuen dürfen.

Aber selbst wenn wir einräumen, daß die Monarchie für manche Völker durchaus geeignet sein mag, kann deren Wiedereinführung sich für uns, nachdem wir sie abgeworfen haben, doch nur als unheilvoll erweisen. Kommende Könige werden nämlich, ihrer einstigen Vertreibung stets eingedenk, sich für die Zukunft mit Gewißheit gegen alle späteren derartigen Versuche von seiten des Volkes schützen und wappnen und dieses so scharf beaufsichtigen und niederhalten, daß es, auch wenn es dies noch so gern wollte und erneut im gleichen Umfange Gut und Leben dafür zu opfern bereit wäre, trotzdem das, was es jetzt erreicht hat und in Besitz nehmen mag, nie wieder wird zurückerlangen oder irgendein ihm auferlegtes Joch nimmermehr wird abschütteln können, ja, für die Zukunft zutiefst entmutigt, nicht einmal mehr danach auch nur zu trachten wagen wird, wenn seine hochherzigen Pläne jetzt scheitern, und alle späteren Tyrannen werden, sobald ein Volk sich der Unterdrückung widersetzt, dann triumphierend vor den anderen sagen: „Welches Ende nahm es mit den rebellischen Engländern?", und bei unseren Nachkommen wird es heißen: „Welches Ende nahm es mit den Rebellen, euren Vätern?" Dies habe ich mir nicht bloß ausgedacht, sondern aus Gottes wohlbekannter Absage an das heidnische Gebaren der Israeliten gefolgert, die sich zwar für die Untertanen eines von Gott selbst eingesetzten Reiches hielten, worin nur er ihr König und sie selbst ein bevorzugtes Volk wären, aber dennoch wie Heiden handelten, indem sie die Mißwirtschaft der Söhne Samuels[282] zum bloßen Vorwand für ihre Unzufriedenheit mit dem Staate nahmen, die kein besserer Grund war, nach einem König zu schreien, als hätte man für die Ruchlosigkeit der Söhne Elis[283] die damalige Priesterschaft oder Religion verantwortlich machen wollen. Der Wunsch wurde ihnen zwar erfüllt, aber mit folgender Kundgabe von Gottes Zorn: *Wenn ihr dann schreien werdet zu der Zeit über euren König, den ihr euch erwählt habt, so wird euch der Herr zu derselben Zeit nicht erhören.*[284] Wenn er uns also jetzt erhört, wieviel weniger wird er es dann tun, falls wir – nachdem wir durch sein Wirken und nicht ohne wunderbare Fügungen seiner Vorsehung für diesmal von einem Könige erlöst worden sind –, taub und unwürdig für jene hohen Gnadenerweise, nunmehr (sofern er uns nicht aufhält) schnurstracks in die Gefangenschaft zurückkehren, aus der er uns befreit hat! Dabei wird dieses neu vergoldete Joch, das uns so sehr ins Auge sticht, zu keinem billigen Preis zu haben oder zu erkaufen sein. Für den König und die Bischöfe sind neue Einnahmequellen zu erschließen, denn die alten sind ja längst in andere Hände übergegangen, und da diese inzwischen vollständig aufgeteilt oder von Privatleuten gekauft oder, insbesondere der Armee, für geleistete Dienste überschrieben worden sind, können sie nun nicht ohne beträchtliche Einbußen oder Wirrnisse für den Besitzstand der Menschen oder eine harte Belastung für jedermanns Geldbörse wiederhergestellt werden, woraus allenfalls die übelste und gemeinste Sorte von Menschen Gewinn ziehen wird, die sich entweder zum Werkzeug oder zum Nutznießer höfischer Ausschweifung und Verschwendungssucht zu machen hofft. Um aber nicht länger bei den Verlusten oder den außergewöhnlichen Beeinträchtigungen für unsere Besitztümer zu verweilen: Wie wird dann wohl die Rache und die Heimzahlung für die erlittenen Unbilden aussehen, und zwar nicht nur seitens der Hauptperson[261], sondern all ihrer Getreuen, was für Rechnungen und Wiedergutmachungsforderungen werden auf uns zukommen, Prozesse, Anzeigen, Nachforschungen, Enthüllungen, Klageschriften, Vorladungen, wer weiß, in welcher Zahl oder gegen wen zielend, darunter womöglich auch gegen solche, die es mit überhaupt keiner Partei gehalten hatten, an deren Ende dann, wenn schon nicht die äußerste Strafe, so doch zumindest Kerkerhaft, Geldbußen, Verbannung oder alle erdenklichen Mißhelligkeiten stehen dürften? Oder falls es nicht gar so weit geht, so werden doch diejenigen, die nicht bekanntermaßen Royalisten sind oder in des Königs Gunst stehen, immerhin dessen Ungnade, Ablehnung, Verachtung und Geringschätzung nachdrücklich zu spüren bekommen; auch sollten die neuerdings für das Königtum eintretenden Presbyterianer[190] sich keine Hoffnung machen, daß ihr früheres Tun, obgleich sie sich jetzt davon losgesagt haben, etwa vergessen sein werde, auf welche Bedingungen auch immer sie eingehen oder vertrauen mögen. Wollen sie das denn durchaus nicht glauben oder sich wenigstens in Erinnerung rufen, wie man den Friedensvertrag[193] mit den Schotten oder manch anderweitiges Versprechen uns gegenüber gehalten hat? Mögen sie doch bloß einmal die sich jetzt vorwagenden teuflischen Schmähschriften oder die Gesichter und Gebärden jener Leute in Augenschein nehmen, die sich gegenwärtig auf allen öffentlichen Plätzen am dreistesten und frechsten als die Vorboten derer nach vorn drängen, die schon darauf warten, uns zu regieren; mögen sie nur ihre Ohren auftun für die Unverschämtheiten, die Drohungen, die Lästerreden unserer neu erwachten gemeinsamen Feinde, die seit kurzem wieder aus ihrer Höhle oder, wie ich – nach der Sprache ihrer infernalischen Pamphlete zu urteilen, die es in ihrer Unflätigkeit mit jedem Trunkenbold und jedem Wüstling aufnehmen kann – vielleicht besser sagen sollte: aus ihrer *Hölle* hervorgekrochen kommen, Namenlose, die nicht etwa in Ermangelung einer Drucklizenz, sondern aus bloßer Scham über die eigene Verworfenheit ihren Namen nicht zu nennen wagen, wofür sie sich durch die Verleumdung von anderer Leute Namen schadlos halten, und die uns jetzt einen Vorgeschmack davon geben, daß sie entschlossen sind, ihren elenden Worten, falls sie die Macht dazu haben, noch elendere Taten folgen zu lassen. Mögen unsere beflissenen Renegaten jetzt beizeiten mit sich zu Rate gehen, wie sie wohl – ins Joch vereint mit diesen Bacchustigern, diesen neuen Heißspornen nicht der Kanzel-, sondern der Schwitztonne[285], die von nichts Heiligerem erfüllt sind als von der Lustseuche – in Anbetracht dieser jüngst ausgespienen Gotteslästerungen unter der Monarchie gemeinsame Sache mit ihnen machen können, was die Durchsetzung der Kirchenzucht betrifft. Indessen werden sie nicht einmal die Ehre haben, mit ihnen zusammen im Joch zu gehen, sondern jene werden vielmehr sie selbst hineinspannen und auf ihrem Rücken pflügen. Und denken etwa diejenigen, die sich so eifrig für einen einzelnen Menschen verwenden, daß er ihnen trauen oder lange gewogen bleiben werde? Sie werden just genausoviel Vertrauen oder Gewogenheit erwarten können, wie Könige sie ihren versöhnten Feinden zu schenken pflegen: Man wird ihnen die kalte Schulter zeigen und sie bald schon beiseite schieben, wenn nicht gar als einstmalige Verräter verfolgen, als diejenigen, die an allem, was hernach geschehen, als die auslösende Kraft, als Rädelsführer und zu mehr als einem Drittel Handelnde beteiligt gewesen waren. Auch wird man ein stehendes Heer dann für ebenso notwendig erachten wie jetzt (denn die Gegenseite wird immer gefürchtet bleiben), das aber mit Sicherheit nicht das jetzige sein, sondern aus den grimmigsten Kavalieren bestehen, nicht weniger Geld kosten und vielleicht wiederum von Rupert[286] befehligt werden wird: Die jetzige Armee aber kann sich getrost darauf verlassen, daß man sie schleunigst, und zwar sehr wahrscheinlich ohne Entgelt oder Nachzahlung des rückständigen Soldes, auflösen wird; und wenn sie erst einmal aufgelöst ist, wer will dann wissen, ob man sie nicht anschließend zur Rechenschaft zieht, weil sie die Waffen gegen ihren König erhoben habe? Dieselbe Besorgnis wird jeder hegen müssen, der ihr Geld beigesteuert hatte, so daß es auf nicht wenige zukommen wird, zu Übeltätern und Helfershelfern erklärt zu werden. Diejenigen, welche wider alle Vernunft unheilbar dem Königtum verfallen sind, werden nun vielleicht antworten, daß die weitaus überwiegende Mehrheit des Landes es schließlich so wolle und die anderen sich gefälligst zu fügen hätten. Nicht so sehr, um sie zu überzeugen, wozu ich wenig Hoffnung habe, als vielmehr um jene anderen zu bestärken, die sich nicht fügen wollen, erwidere ich: Diese Mehrheit hat sowohl nach der Vernunft als auch nach dem Ausgang eines ehrlichen Kampfes das Recht verwirkt, über die Art der künftigen Regierung zu befinden. Wer vermöchte schon mit Bestimmtheit zu sagen, ob von denen, die dieses Recht nicht verwirkt haben, die Mehrheit für das Königtum ist? Gesetzt, sie wären es tatsächlich, so haben doch an der Freiheit als dem Hauptzweck der Regierung alle Menschen gleicherweise teil. Wenn nun die Mehrheit sie nicht zu schätzen weiß, sondern charakterlos auf sie verzichten will, ist es dann recht oder billig, daß die Mehrheit der Stimmen im Gegensatz zu dem Hauptzweck der Regierung die Minderheit versklavt, die ihrerseits frei zu sein wünscht? Gerechter ist es zweifelsohne, wenn es zur Anwendung von Gewalt kommt, daß die Minderheit die Mehrheit zwingt, ihre Freiheit zu wahren, woraus dieser ja kein Nachteil erwachsen kann, als daß die Mehrheit ihrer eigenen niedrigen Gesinnung zuliebe die Minderheit zu deren äußerstem Schaden zwingt, ihr in die Sklaverei zu folgen. Wer nichts anderes erstrebt als die eigene rechtmäßige Freiheit, besitzt stets auch das Recht, sie zu erringen und zu behaupten, sofern es in seiner Macht steht, mögen die Stimmen auch noch so zahlreich sein, die sich dagegen aussprechen. Und wieviel mehr als anderen es uns am Herzen liegt, sie gegen das Königtum sowie gegen alle zu verteidigen, die, indem sie für dieses eintreten, uns und sich selbst auf so verwerfliche Weise der sichersten Not und Knechtschaft auszuliefern bereit wären, braucht hier nicht wiederholt zu werden.

Nachdem ich im Vorhergehenden aufgezeigt habe, wie leicht wir jetzt zu einer freien Republik und durch diese mit der gleichen Leichtigkeit zu aller nur wünschbaren Freiheit, Friedsamkeit, Gerechtigkeit und Güterfülle gelangen können, wohingegen es andererseits unter einem Monarchen schwierig, mühevoll, ungewiß, ja nachgerade unmöglich ist, sich dieser Dinge dauerhaft zu erfreuen, will ich nunmehr dazu übergehen, im einzelnen darzulegen, inwieweit unsere Freiheit und gedeihliche Entwicklung in einer freien Republik besser aufgehoben und gewährleistet sein werden als unter dem Königtum.

Alle Freiheit des Menschen besteht darin, daß er entweder in einem geistlichen oder in einem staatsbürgerlichen Sinne frei ist. Was seine geistliche Freiheit betrifft, wer kann mit sich selbst im reinen sein, wer irgend etwas hienieden in Zufriedenheit genießen, der nicht die Freiheit besitzt, nach dem bestmöglichen Verständnis, das Gott ihm zu diesem

Behufe durch die Kundgabe seines schriftlich offenbarten Willens und das Walten seines Heiligen Geistes eingepflanzt hat, Gott zu dienen und sein eigenes Seelenheil zu suchen? Daß solche Freiwilligkeit Gott am wohlgefälligsten ist und die gesamte protestantische Kirche in Fragen der Religion keinen anderen obersten Richter oder Gesetzgeber duldet als die Bibel, nach der allein diese auszulegen sind, was notwendigerweise die Freiheit des Gewissens voraussetzt, habe ich bereits in einer anderen Abhandlung[220] ausführlich nachgewiesen und könnte des weiteren durch die öffentlichen Verlautbarungen, Bekenntnisse und Ermahnungen ganzer Kirchen und Staaten erhärtet werden, für die es seit Eintritt der Reformation bekanntermaßen zahlreiche Geschichtsbelege gibt.

Kein anderes Staatswesen neigt entschiedener dazu, diese Gewissensfreiheit, die jedem Menschen teurer und kostbarer sein sollte als alles übrige, nicht nur zu fördern, sondern auch zu beschützen, als eine freie Republik, weil sie am hochherzigsten, unerschrockensten und am vertrauensvollsten von ihrem eigenen redlichen Handeln durchdrungen ist. Das Königtum dagegen, obwohl nach außen hin selbstbewußt erscheinend, ist in Wahrheit höchst kleinmütig, voller Furchtsamkeit und Argwohn, von jedem Schatten aus der Fassung zu bringen, und wie es von alters her dafür bekannt war, daß es stets diejenigen am meisten verdächtigt und belauert hat, deren Tugend und Edelsinn sich der höchsten Wertschätzung erfreuten, so sieht man auch jetzt, wie sein Mißtrauen und Argwohn sich am heftigsten gegen solche regt, deren Glaubensstärke das höchste Ansehen genießt. Die Königin Elizabeth[183], die doch in dem Rufe stand, selber eine so gute Protestantin, so mildherzig und der Zuneigung ihrer Untertanen so sicher zu sein, ließ es trotzdem, obwohl man sie (wie Camden[287] berichtet) immer wieder dazu gedrängt hatte, niemals auch nur bis zu einer presbyterianischen Reformation[10] in unserem Lande kommen, sondern deren bloße Fürsprecher einsperren und verfolgen, was sie mit ihrer unerschütterlichen Meinung und Überzeugung begründete, daß eine derartige Reformation die königliche Autorität schwächen werde. Welche Gewissensfreiheit aber können wir dann wohl erst von anderen erwarten, die seit Kindesbeinen weitaus schlechteren

Grundsätzen anhängen, deren Erziehung und Anleitung papistischen und spanischen Ratgebern oblag und deren ganze Existenz bis auf den heutigen Tag von diesen abhängt?[288] Was kann namentlich dieses letzte Parlament erwarten, das, indem es den Covenant[88] jüngst wieder in Geltung gesetzt und bekräftigt hat, von neuem die Verpflichtung eingegangen ist, nimmermehr zuzulassen, daß die Bischöfe[8] zurückkehren, wo doch mit Sicherheit feststeht, daß, wenn je ein Sohn von Charles wieder zur Macht gelangt, er dieselben in seinem unmittelbaren Schlepptau haben wird, sofern er sich an den letzten und gestrengsten Befehl seines Vaters hält, *nicht nur der Lehre, sondern auch der Herrschaft der Kirche Englands Bestand zu sichern und die rasche und wirksame Unterdrückung von Verirrungen und Abweichungen*[78] *nicht zu vernachlässigen,*[289] womit in der Hauptsache das Presbyterianertum gemeint gewesen war; oder falls er, dem väterlichen Befehl trotzend, sich dem Covenant dennoch unterwirft, wie will er dann im Angesicht unseres Ungehorsams Wort gegen uns halten oder das gegebene Versprechen erfüllen, was nur möglich sein würde durch den Bruch jenes letzten und feierlichsten Befehls des Vaters und die Überwindung der Abneigung, ja, wie ich wohl sagen darf, der Antipathie, die sich in noch allen Königen gegen die Kirchenregeln von Presbyterianern und Independenten[10] geregt hat? Denn im Evangelium ist an vielen Stellen von Freiheit die Rede, einem Worte, das bei der Monarchie und deren Bischöfen ebenso gefürchtet wie verhaßt ist, während eine freie Republik nicht allein das Wort, sondern auch die eigentliche Sache selbst begünstigt und befördert. Mögen unsere Regierenden sich jedoch beizeiten in acht nehmen, daß ihr engherziger Maßstab für die Gewissensfreiheit nicht zur Klippe werde, an der ihr eigenes Schiff zerschellt, wie es ihren jetzigen Vorgängern geschehen ist, denen Gott den Kurs in Richtung auf eine freie Republik gewiesen hatte, und daß ihre Abkehr von all denen, die sie ob der festgestellten Unredlichkeit und Ehrsucht einiger weniger als Sektierer bezeichnen, nicht einer willentlichen Preisgabe ihrer eigenen stärksten Anstrengungen und Einsatzbereitschaft für die Freiheit aller protestantischen Religion gleichkomme, mit welchen Schimpfnamen man diese auch versehen mag.

Der andere Teil unserer Freiheit besteht in den staatsbürgerlichen Rechten und Aufstiegsmöglichkeiten eines jeden Menschen nach seinem Verdienst, die nirgendwo sicherer gewährleistet und leichter zugänglich sind als in einer freien Republik und sich meines Erachtens am besten und schnellsten dadurch erreichen lassen, daß alle Grafschaftsbezirke im Lande zu einer Art Bürgergemeinschaft oder Republik und (entsprechend der Größe der betreffenden Grafschaft) eine oder auch mehrere wichtige Ortschaften darin zu Städten gemacht werden, sofern sie es nicht schon dem Namen nach sind, in denen die Angehörigen des hohen und des hauptsächlichen niederen Adels aus dem jeder solchen Stadt jeweils angegliederten Einzugsgebiet ihrem Stande angemessene Häuser oder Paläste erbauen, an der Regierung teilhaben, ihre eigenen richterlichen Gesetze erlassen oder sich der schon vorhandenen bedienen und diese bei allen Streitigkeiten der Menschen untereinander, welche die staatliche Obrigkeit angehen, kraft der von ihnen selbst gewählten Gerichte oder Richter unwiderruflich vollstrecken können. Auf diese Weise werden sie das Recht in ihre eigene Obhut nehmen, indem in ihren Grafschaften und Amtsbezirken dem Gesetz vollständig und endgültig Genüge getan wird, was in all der Zeit, in der man davon geträumt und geredet hat, noch nicht erreicht worden ist; sie werden dann niemanden als allein sich selbst zu tadeln haben, falls sie es nicht ordentlich verwalten; die Zahl der von der höchsten Obrigkeit zu erwartenden oder zu befürchtenden Gesetze wird sinken, oder wenn welche vorgesehen sind, die irgendeine herausragende Bedeutung für die öffentliche Freiheit haben, so können sie ohne Not in diesen Bürgergemeinschaften oder auch in allgemeineren, eigens dieserhalb aus dem gesamten Gebiet in ihre Städte einberufenen Versammlungen durch Abgeordnete, die innerhalb einer bestimmten Frist an den Hohen Rat zu entsenden sind, ihre Zustimmung oder Ablehnung kund und zu wissen tun, allerdings dergestalt, daß die von ihnen getroffene Entscheidung sich dem Mehrheitsbeschluß der übrigen Grafschaften oder Bürgergemeinschaften unterwirft und ihnen nicht das Recht gewährt, sich gegenüber den anderen von dieser Übereinkunft auszuschließen oder ihr zuwiderzuhandeln, wie das in jeder der Vereinigten

Provinzen[186] möglich ist, die ja jeweils souverän sind, was sich für diesen Staatenbund oftmals höchst nachteilig auswirkt. Durch derartige Betätigungen werden sie sich viel besser vervollkommnen und ertüchtigen als jetzt, bis das Los auf sie fällt – je nachdem, ob das Volk auf ihre Fähigkeiten und Verdienste aufmerksam wird oder nicht –, selber in den Hohen Rat gewählt zu werden. Was etwaige Streitigkeiten zwischen Bewohnern verschiedener Grafschaften anbetrifft, so mögen diese sich, wie es auch jetzt geschieht, in die Hauptstadt oder an einen beliebigen günstiger gelegenen Ort mit unparteiischen Richtern begeben. Es war meines Wissens in der antiken athenischen Republik Brauch, die als die erste und ehrwürdigste Stätte der Zivilisation in ganz Griechenland galt, daß man innerhalb der betreffenden Städte eine eigene und in Athen eine gemeinsame Obrigkeit besaß, die sich je nach Lage der Dinge in die Rechtszuständigkeit teilten.[290] Desgleichen sollten sie hier auch Schulen und Lehranstalten einrichten, an denen ihre Kinder unter ihren eigenen Augen in sämtlicher Gelehrsamkeit und edler Geistesbildung unterwiesen werden können, und zwar nicht nur in den klassischen Fächern, sondern auch in allen freien Künsten und Wissenschaften. Dies würde dazu führen, daß sich bald viel mehr Wissen und Lebensart, ja auch mehr Religion über das ganze Land ausbreiten dürften, indem der natürliche Funke der Bildung und Geisteskultur sich gleichmäßiger bis in die entlegensten Gegenden fortpflanzen würde, die jetzt dumpf und unbeachtet dahindämmern, und es würde dies die ganze Nation nicht nur wendiger und erfinderischer daheim, sondern auch ansehnlicher und staunenswerter in den Augen des Auslandes machen. Eine freie Republik wird hierfür leicht zu gewinnen sein (ja, das Parlament trägt sich bereits mit entsprechenden Plänen), denn von allen Staatsformen ist eine Republik am meisten darauf bedacht, das Volk zu Reichtum, Tugend, Edelmut und hohen Idealen hinzuführen. Monarchen indes werden dies niemals zulassen, deren Ziel es zwar ebenfalls sein mag, daß das Volk gut im Futter stehe und reichlich Wolle trage, aber doch nur deshalb, um es desto besser scheren und ihrer königlichen Verschwendungssucht frönen zu können, und die es ansonsten möglichst sanftmütig, fügsam, niedrig denkend, unterwürfig, leicht beherrschbar und nicht nur in seinem Vlies, sondern auch in seiner Gesinnung am liebsten den Schafen gleich wünschen und alle Richterbänke als ein Geschenk königlicher Gnade zum Anhängsel ihres Thrones gemacht wissen möchten, damit uns unser Recht widerfahre, während doch nichts wesentlicher für die Freiheit eines Volkes sein kann, als daß es über die Handhabung der Justiz und aller ehrenvollen öffentlichen Ämter unmittelbar dort, wo es lebt, auch selber entscheiden kann, ohne zur Erlangung seines Rechts oder irgendeiner staatlichen Vergünstigung lange umherreisen oder an fernen Orten vorstellig werden zu müssen, falls die Sache nicht in die allerhöchste Zuständigkeit fällt, sondern der allgemeinen Gewalt und gemeinschaftlichen Verantwortung der ganzen Republik zugeordnet ist. Somit werden wir, wie bereits in dem vorerwähnten Betracht, auch dank dieser segensreichen Einmütigkeit ungleich besser dastehen als die Vereinigten Provinzen[186], indem anders als dort (und zwar mit dem oftmaligen Ergebnis der Verzögerung oder Störung ihrer Beratungen oder unaufschiebbarer Angelegenheiten) nicht viele souveräne Einzelgewalten zu einer Republik vereinigt, sondern umgekehrt viele Republiken einer einzigen souveränen und bevollmächtigten Zentralgewalt unterstellt sind. Und wenn unsere See- und Landstreitkräfte, sei es in Gestalt einer zuverlässigen Armee oder einer wohlgeordneten Miliz, zum sicheren Aufbau einer freien Republik unserer Befehlsgewalt, die öffentlichen Ausgaben unserer Kontrolle, die allgemeinen Gesetze und Steuern samt ihren Gründen an Ort und Stelle unserem eigenen Ermessen, die richterlichen Erlässe, die Vergabe von Ämtern und Auszeichnungen unserer eigenen Weisung und Obhut unterliegen und jeder Unterschied zwischen Lords und Gemeinen, der das öffentliche Interesse irgendwie teilen oder spalten könnte, aufgehoben ist, wie sollte ein ständig amtierender Rat dann überhaupt imstande sein, aus der Art zu schlagen, sich an uns zu vergreifen oder sich über uns hinwegzusetzen, oder wie könnte er wohl zu fürchten sein, falls er dies täte? Sollte all dies noch immer nicht genügen, um die Besorgnisse oder die Bedenken im Zusammenhang mit einem unbefristeten Mandat zu zerstreuen, so wäre es leicht zu bewerkstelligen, daß, wie schon oben erwähnt, jährlich beziehungsweise alle zwei oder drei Jahre ein Drittel der Abgeordneten ausgewechselt oder es dann dem Volke jeweils zur Wahl gestellt wird, sie je nachdem, wozu es Veranlassung findet, abzulösen oder in ihrem Amte zu bestätigen.

Mehr habe ich im Augenblick nicht zu sagen: Schon wenige wohlbedachte Worte werden uns retten, wenige und leicht zu vollbringende Dinge, sofern sie jetzt rechtzeitig geschehen. Wenn aber der Sinn des Volkes danach steht, Religion und Freiheit um der unsinnigen und grundlosen Annahme willen zu opfern, daß nur das Königtum den Handel erneut in Schwung bringen könne – ohne dabei die häufigen Seuchen und Pestilenzen zu bedenken, die diese Stadt damals verheerten[291] und uns durch die Gnade Gottes seither erspart geblieben sind, und statt sich durch eigenen Augenschein zu überzeugen, wie doch der Handel heutzutage nirgendwo besser floriert als in den freien Republiken Italiens, Deutschlands und der Niederlande –, und daß, nachdem der Handel durch das üppige Leben der Kaufleute so gierig und gefräßig geworden sei, nur die verschwenderischen Ausgaben eines Landes für unnütze und entbehrliche Dinge ihm wieder auf die Beine helfen könnten, so daß, falls das Volk im allgemeinen sich zur Genügsamkeit bequeme, dies vielleicht gefährliche Folgen hätte, weil die Kaufleute wegen des mangelnden Handels womöglich meutern würden, weshalb wir, um den Handel in Gang zu halten, Religion, Freiheit, Ehre, Sicherheit, ja alles, was uns in geistlicher und weltlicher Hinsicht am Herzen liegt, zu Markte tragen und feilbieten müßten, und wenn schließlich, nach all dem Licht, das uns erleuchtet hat, dies auch noch als gleichsam selbstverständlicher Grund dafür gelten soll, unseren Hals von neuem unter das königliche Joch zu beugen (ein Grund, wie er ähnlich von den Juden für ihre Rückkehr nach Ägypten und zur Anbetung ihrer Götzenkönigin geltend gemacht wurde,[292] weil sie sich einbildeten, sie hätten früher in größerem Glück und Wohlstand gelebt), so ist unser Zustand nicht gesund, sondern vom Gesichtspunkt der Religion und jedweder bürgerlichen Klugheit überaus besorgniserregend, und er wird uns bei Fortsetzung des jetzigen Weges über kurz oder lang in jenes Unglück führen, das der Leichtfertigkeit stets und unvermeidlich auf dem Fuße folgt, wenn nämlich alle die Nation betreffenden Entscheidungen fremdländischer oder einheimischer Knechtschaft unterworfen sind, und genausowenig wird es uns gelingen, unseren Zustand durch die Umwandlung des Staates in eine Monarchie zu bessern, so günstig wir diese auch neuerdings beurteilen mögen. Im vollen Bewußtsein des Wagnisses habe ich mich gleichwohl nicht gescheut, das, was ich für meine Pflicht hielt, im rechten Augenblick auszusprechen und mein Land beizeiten zu warnen, in welchem es allerorten und innerhalb jedes Standes fraglos viele weise Männer gibt – allein ist von der Wirkung dieser Weisheit zu meinem Leidwesen bislang nur wenig zu spüren. Ich hätte den Dingen, von denen ich gesprochen habe, manche Nebenumstände und Einzelheiten hinzufügen können, aber ein paar wenige jetzt unverzüglich in die Tat umgesetzte Hauptsachen werden bereits vollauf genügen, um die Gefahr zu bannen und alles ins rechte Lot zu bringen, und wir werden nimmer um Leute verlegen sein, die sich auf Nebensächlichkeiten verstehen, während ich in diesen äußerst schwierigen Zeiten nicht eben viele entdecke, die ihren Sinn auf die Hauptsachen richten und ihnen gehörigen Nachdruck verleihen. Was ich gesagt habe, ist die Sprache dessen, was man mit Recht die *gute alte Sache*[293] nennt; wenn sie sich auch für manch einen seltsam anhören mag, so wird sie für die Renegaten doch hoffentlich weniger seltsam als überzeugend klingen. All dies hätte ich vermutlich auch dann gesagt, wenn ich sicher gewesen wäre, lediglich zu den Bäumen und Steinen zu reden, und – wie der Prophet[294] mit seinem *O Land, Land, Land!* – niemanden hätte anrufen können als die nackte Erde, um ihr das zu sagen, wofür ihre verstockten Bewohner taub sind, und wäre es selbst (was du, der du alle Menschen frei erschaffen hast, ebensowenig zulassen wirst wie jener hernach, der uns davon erlöst hat, der Menschen Knechte zu sein!), daß meine Darlegungen die letzten Worte unserer sterbenden Freiheit gewesen sein sollten. Ich vertraue aber darauf, daß recht viele vernünftige und unbefangene Menschen sich meiner Überzeugung anschließen werden, darunter vielleicht manche, die Gott von den Steinen zu Kindern der wiedererstehenden Freiheit erwecken[295] und, wiewohl sie sich jetzt einen Anführer für ihre Rückkehr nach Ägyptenland zu wählen scheinen, dazu bestimmen wird, ein wenig nachzudenken und zu überlegen, wohin sie sich da Hals über Kopf aufmachen, des weiteren den wilden Strom des Volkes zu ermahnen, daß er nicht aus dem ihm zugewiesenen Bett treten solle, und schließlich – da sie ja sehen, wie offen und bodenlos die Unverschämtheit und Wut unserer gemeinsamen Feinde jetzt schon geworden ist – sich auf ihre besseren Vorsätze zu besinnen und fest zusammenzustehen, damit diese verhängnisvolle Entwicklung aufgehalten werde, indem sie mit gutem Grund und zur rechten Zeit den Abgrund der Vernichtung fürchten lernen, in den die Sintflut dieser ansteckenden Tollheit infolge der allgemeinen Treulosigkeit einer irregeleiteten und verblendeten Menge uns unweigerlich stürzen würde.

ANHANG

Chronologie

1608   John Milton am 9. Dezember in London, Cheapside, Bread Street, als Sohn eines Notars und Geldmaklers geboren.

1609   Gerrard Winstanley geboren.

1611   Publikation der autorisierten Bibelübersetzung (King-James-Version).

1616   Tod von William Shakespeare.

1618   Beginn des Dreißigjährigen Krieges in Europa; Francis Bacon Lordkanzler.

1620   Ansiedlung puritanischer Emigranten, der sog. Pilgerväter, in Massachusetts, Nordamerika.
Vermutlicher Eintritt Miltons in die St.-Pauls-Schule (bis 1624).

1624   Der fünfzehnjährige Milton beginnt – mit zwei auch erhalten gebliebenen Paraphrasen zu Psalm 114 und 136 – zu dichten, in den Folgejahren in englisch, in lateinisch und später auch in italienisch.

1625   James I., aus dem Hause der Stuarts, seit 1603 König von England und mit göttlich-absolutem Herrschaftsanspruch, stirbt; sein Sohn tritt als Charles I. die Nachfolge an. Immatrikulation Miltons am Christ's College in Cambridge für die nächsten sieben Jahre.

1626   Francis Bacon, Stammvater des englischen Materialismus, stirbt.

1628   *Petition of Rights,* vom britischen Parlament beschlossenes Forderungsprogramm vor allem auf Schutz von Person und Eigentum vor staatlicher Willkür, von Charles I. zunächst akzeptiert, in den Folgejahren aber systematisch verletzt. Milton schreibt (in lateinisch) ein 69-Zeilen-Gedicht mit dem programmatischen Titel: Die Natur kennt keine Altersschwäche.

1629   Charles I. löst das Parlament auf und regiert in den nächsten elf Jahren unparlamentarisch, gestützt auf Adel und Kirche, hauptsächlich von Erzbischof William Laud und dem Earl of Strafford beraten. Milton erwirbt den akademischen Grad eines Bakkalaureus der Philosophie (B. A.); zu Weihnachten dichtet er die Ode *On the Morning of Christ's Nativity,* ein „Weihnachtslied eigener Prägung, Schlachtruf und Triumphgesang" (Schlösser).

1632   Samuel Pufendorf, Baruch Spinoza und John Locke geboren. Milton erwirbt den akademischen Grad eines Magisters der Philosophie (M. A.). Sein schon zwei Jahre zuvor geschriebenes Gedicht *Epitaph on the Admirable Dramatick Poet,*

W. Shakespeare, wird in der zweiten Folioausgabe von dessen Dramen publiziert.

1637 Milton publiziert sein bereits drei Jahre zuvor erstmals aufgeführtes Maskenspiel *Comus.*

1638 Milton beginnt seine Bildungsreise nach Frankreich (hier: Zusammentreffen mit Grotius) und vor allem nach Italien; seine Elegie *Lycidas* wird publiziert.

1639 Die Einführung der englischen Bischofskirche in dem presbyterianischen Schottland ruft den bewaffneten Widerstand hervor: Bischofskrieg. Milton kehrt aus Italien zurück, läßt sich in London als Privatlehrer nieder.

1640 Charles I. beruft zur Bewilligung von Kriegssteuern gegen die aufständischen Schotten notgedrungen das Parlament ein, löst es aber nach drei Wochen Amtsdauer wieder auf, da es antiabsolutistische Forderungen erhebt, ist aber gezwungen, ein neues Parlament zu berufen; dieses sog. Lange Parlament erzwingt die Auflösung absolutistischer Willkürorgane sowie die Absetzung und Verhaftung von Strafford und Laud, den Ratgebern des Königs; die Revolution beginnt; Thomas Hobbes emigriert für elf Jahre nach Paris.

1641 Volksaufstand in Irland; Beginn bäuerlicher Widerstandsbewegungen in England; Hinrichtung von Strafford; Übergabe der Grand Remonstrance, eines parlamentarischen 204-Punkte-Forderungsprogramms, an Charles I.; Milton publiziert drei puritanische Pamphlete gegen die Bischofsverfassung, u. a. *Of Reformation touching Church-Discipline in England and the Causes that hitherto have hindered it,* worin er die Bischöfe als tyrannische Betrügerbande charakterisiert.

1642 Erster Bürgerkrieg zwischen König und Parlament beginnt. Milton publiziert zwei weitere Pamphlete gegen die Bischofsverfassung; er heiratet die aus königsfreundlicher Familie stammende Mary Powell, die ihn nach wenigen Wochen wieder verläßt.

1643 *The Solemn League and Covenant:* Feierlicher Beschluß eines Bündnisses zwischen den Parlamenten Englands und Schottlands, durch das sich die drei Königreiche England, Schottland und Irland verpflichten, gemeinsam das Anliegen der Reformation durchzusetzen, Papismus und Bischofsverfassung auszurotten, die Rechte und Privilegien des Parlaments, die Freiheiten im Königreich, des Königs Person sowie die wahre Religion zu schützen; Isaac Newton geboren. Milton publiziert seine Abhandlung *The Doctrine and Discipline of Divorce,* worin er die Ehe nur so lange für berechtigt erklärt, solange ihr Liebe zugrunde liegt, woraus sich wiederum die Berechtigung der Ehescheidung ergibt.

1644   Oliver Cromwell, independenter Puritaner, zum General-leutnant der Armee berufen; Sieg des Parlamentsheeres bei Marston Moor. Milton publiziert unter Umgehung der Zensur eine kleine pädagogische Abhandlung *Of Education* und sein wortgewaltiges Pamphlet für die Gedanken- und Pressefreiheit: *Areopagitica*, gerichtet auch gegen das Parlament, dessen presbyterianische Mehrheit im Jahr zuvor eine Zensurverordnung erlassen hatte.

1645   Oliver Cromwell de facto Oberbefehlshaber des Parlamentsheeres, das bei Naseby die königlichen Truppen schlägt: Hinrichtung von Laud. Milton publiziert eine erste Ausgabe seiner gesammelten Gedichte: *Poems of Mr. John Milton, both English and Latin, compos'd at several times;* er publiziert weitere Ehescheidungspamphlete; seine Frau Mary kehrt zu ihm zurück.

1646   Verwandlung der Ritterlehen in bürgerliches Eigentum; Beseitigung der Bischofsverfassung; Verkauf der bischöflichen Ländereien; Flucht von Charles I. zu den Schotten. Geburt von Miltons erster Tochter Anne.

1647   Gründung von Soldatenräten; Veröffentlichung des *Agreement of the People,* eines von den Levellern innerhalb und außerhalb der Armee konzipierten Grundsatzprogramms verfassungsähnlichen Charakters einer kleinbürgerlichen Demokratie; die Parlamentsarmee besetzt London; Charles I. wird verhaftet, entkommt aber.

1648   Beginn des zweiten Bürgerkrieges, der mit dem Sieg Cromwells über die von Schottland aus operierenden Königlichen endet; Verhaftung von Charles I.; Pride's Purge: Säuberung des Parlaments von den Presbytern, den schwankenden Elementen, durch die Armee. Geburt von Miltons zweiter Tochter Mary.

1649   Verurteilung von Charles I. durch ein parlamentarisch eingesetztes Hochgericht als Tyrann, Verräter, Mörder und Volksfeind zum Tode; Hinrichtung am 30. Januar. Noch im Februar publiziert Milton *The Tenure of Kings and Magistrates,* sein Rechtfertigungspamphlet, daß Könige wie alle Obrigkeiten jederzeit vom Volk zur Verantwortung gezogen werden können; im März werden Monarchie und Oberhaus abgeschafft, und im Mai wird England auch formell zur Republik erklärt. Milton wird Secretary for Foreign Tongues to the Council of State (nach heutigen Begriffen etwa: Chef der Auslandspropaganda des Staatsrates) und publiziert *Eikonoklastes*, ein antimonarchistisches Pamphlet. Gerrard

Winstanley publiziert utopisch-kommunistische Pamphlete und beginnt mit anderen eine Digger-Kommune zu errichten, die zerstört wird. Beginn des grausamen Eroberungskrieges gegen das aufständische Irland.

1650 Oliver Cromwell zum Oberkommandierenden der Streitkräfte des Commonwealth berufen; militärische Zurückweisung aller Versuche, von Schottland aus mit dem herbeigerufenen Sohn des hingerichteten Königs die Monarchie zu restaurieren.

1651 Cromwell schlägt den in England eingefallenen Sohn von Charles I. bei Worcester vernichtend; Navigationsgesetz fördert englischen Überseehandel auf Kosten der bürgerlichen Niederlande; Thomas Hobbes publiziert *Leviathan*, sein sozialphilosophisches Hauptwerk. Geburt von Miltons einzigem Sohn John; Milton publiziert *Pro populo anglicano defensio*, ein Verteidigungspamphlet für die Sache der Revolution und der Republik von England.

1652 Handelskrieg gegen die Niederlande beginnt; Gerrard Winstanley publiziert *Law of Freedom*, sein kommunistisches Gesellschaftsprogramm. Geburt von Miltons dritter Tochter Deborah; Tod seiner Frau Mary und seines Sohnes John; Milton vollständig und unheilbar erblindet.

1653 Instrument of Government: Oliver Cromwell errichtet als Lordprotektor eine Militärdiktatur.

1654 Kolonialkrieg gegen Spanien beginnt. Milton publiziert sein zweites Verteidigungspamphlet für die Sache Englands.

1655 Auflösung des ersten Protektoratsparlaments; Einführung des Regiments der Generalmajore. Milton publiziert *Pro se defensio*, eine Zurückweisung persönlicher Angriffe von Alexander More auf ihn.

1656 Eröffnung des zweiten Protektoratsparlaments. Milton heiratet Katherine Woodcock. Harrington: *Oceana*.

1657 Aufhebung des Regiments der Generalmajore; Beginn des zweiten Protektorats von Cromwell. Geburt von Miltons vierter Tochter Katherine.

1658 Auflösung des zweiten Protektoratsparlaments; Oliver Cromwell stirbt; sein Sohn Richard Cromwell wird Lordprotektor. Tod von Miltons Frau Katherine und ihrer Tochter.

1659 Auf Drängen des Parlaments und der Armee: Abdankung von Richard Cromwell als Lordprotektor. Milton publiziert *A Treatise of Civil power in Ecclesiastical causes*, ein Verteidigungspamphlet der Religionsfreiheit.

1660 Milton publiziert im März *The Ready and Easy Way to Establish a Free Commonwealth*, sein unabänderliches Bekenntnis zur Sache der Revolution und der Republik. Am 29. Mai zieht der Sohn des elf Jahre zuvor hingerichteten Königs als Charles II. wieder in London ein: mit ihm restaurieren Adel und Bourgeoisie die Stuart-Monarchie nebst Oberhaus; die Theater, seit 1642 geschlossen, beginnen ihre Spielzeit; die noch lebenden Königsmörder, aber auch andere konsequente Republikaner, werden ermordet. Milton geht für einige Monate in den Untergrund, wird, wiederauf-getaucht, für einige Wochen inhaftiert, und Exemplare sei-ner Werke werden auf Befehl des Königs vom Henker ver-brannt.

1661 Corporation Act verpflichtet alle Beamten zum Abendmahl nach anglikanischem Ritus.

1662 Uniformitätsgesetz stellt Anglikanische Staatskirche wieder her; Lizenz-Gesetz etabliert strenge Zensur.

1663 Milton heiratet Elizabeth Minshull.

1664 Conventicle-Gesetz stellt Teilnahme an Sektenzusammen-künften unter Strafe; die Pest wütet in London.

1665 Fünf-Meilen-Gesetz verbannt alle nichtkonformistischen Geistlichen aus den größeren Gemeinden.

1666 Große Feuersbrunst in London.

1667 Milton publiziert (für 10 Pfund Honorar und nach gehöri-gem Passieren der Zensur) *Paradise Lost, A Poem Written in Ten Books,* eines der bedeutendsten Epen der Weltliteratur, den Kampf der himmlischen mit den satanischen Heerscha-ren und den Sündenfall des Menschen, sein Verlorenes Pa-radies schildernd, das Symbolgedicht über die englische Re-volution.

1670 Geheimvertrag zwischen England und Frankreich gegen die Niederlande; der dort lebende Baruch Spinoza publiziert seinen *Tractatus theologico-politicus,* in dem er die Autonomie des politischen Denkens von der Theologie und die Not-wendigkeit von Gedankenfreiheit begründet. Milton publi-ziert *History of Britain.*

1671 Milton publiziert *Paradise Regained. A Poem in IV Books. To which is added Samson Agonistes,* sein zweites großes Epos: Das wiedereroberte Paradies, und sein (drittes, sein bedeutend-stes) Drama über Simson, den Blinden und Kämpfer bis zu-letzt.

1672 Teilnahme Englands am zweiten Raubkrieg gegen die Nie-derlande. Milton publiziert *Artis logicae plenior institutio,* seine Kunst der Logik.

1673 Testgesetz schließt alle Katholiken von Staatsämtern aus. Milton publiziert *Of True Religion, Heresy, Schism and Tolera-tion,* Über wahre Religion, Häresie, Schisma und Toleranz, die zweite, erweiterte Auflage seiner *Poems* erscheint zusammen mit seinem *Tractate of Education.*

1674 *Paradise Lost* erscheint in zweiter, veränderter Auflage; John Milton stirbt am 8. November; er hinterläßt sein erst 1825 publiziertes umfangreiches religionsphilosophisches Werk *De doctrina christiana,* in dem er die Dreieinigkeitsthese und die andere offiziell-christliche Lehre leugnet, daß die Seele des Menschen unsterblich sei. Als unsterblich aber hat sich Miltons Werk erwiesen.

J. M., das gute Gewissen der Revolution

Am 29. Mai 1660, seinem Geburtstag, zog der dreißigjährige Charles Stuart, von Holland kommend, im Triumphzug in London ein. Seine Residenz bezog er im Whitehall-Palast, vor ebendem am 30. Januar 1649, auch einem Dienstag, sein Vater, Mary Stuarts Enkel: Charles I., als gerichtlich verurteilter „Tyrann, Verräter, Mörder und Feind des Volkes" enthauptet worden war.[296] In den dazwischenliegenden Jahren hatte in Whitehall Oliver Cromwell regiert und, für zwei Dutzend Monate zumindest, der nicht weniger republikanische John Milton gewohnt.[297]

Elf Jahre *Republik von England,* das waren Charles' II. ungebrochen gebliebener Meinung nach elf Jahre zuviel. Und nicht nur *seiner* Meinung nach. „Meine eigene Schuld ist es", soll er sich angesichts der Freudenfeuer und Glockengeläute und des royalistischen Gewinsels der City sarkastisch gesagt haben, „meine Schuld ist es, daß ich nicht früher wiedergekommen bin, da mir doch jedermann versichert, nach meiner Rückkehr geschmachtet zu haben". Jedenfalls hatte es in einer drei Wochen zuvor von beiden Häusern des Parlaments verabschiedeten Proklamation geheißen: Entsprechend unserer Pflicht und Untertanentreue anerkennen und verkünden wir, die Lords und Gemeinen, aufrichtig und freudig und einstimmig, daß die Reichskrone von England unmittelbar nach dem Ableben unseres seligen Souveräns und königlichen Herrn Charles durch Erbschafts- und Geburtsrecht sowie durch rechtmäßige und zweifelsfreie Thronfolge der vortrefflichsten Majestät, Charles dem Zweiten, zugefallen ist.[298] Nicht zum ersten- und nicht zum letztenmal in der Staatengeschichte wird so historische Diskontinuität in legitimistische Kontinuität umgefälscht, denn *unmittelbar* nach der verharmlosend als „Ableben" bezeichneten Exekution von Charles I. waren durch gültige Gesetze[251] das ganze Königsamt für abgeschafft, England zur Republik, jegliche monarchistische Aktivität im allgemeinen und im besonderen der Thronanspruch von Charles Stuarts ältestem Sohn zu Hochverrat erklärt worden.

Jetzt aber, während dieser älteste Sohn seines hingerichteten königlichen Vaters erstmals seit Beginn des Bürgerkrieges, also seit nunmehr achtzehn Jahren, in Whitehall übernachtete, hatte mit anderen durch die Rache der Royalisten Gefährdeten auch jener Poet und Publizist in den Untergrund zu gehen, dessen Namensinitialen J. M. auf den Titelseiten revolutionärer, die Rechenschaftspflicht von Königen gegenüber ihrem Volk ganz generell, die blutige Tat des englischen Volkes gegenüber seinem König aber auch speziell rechtfertigender Pamphlete prangten. Bis zum heutigen Tag wissen wir nicht, wo Milton sich vor dem Zugriff gedungener

Mörder und dem seit Mitte Juni 1660 auch offiziell vorliegenden Verhaftungsbefehl verbarg.[299] Zwar wurden auf Grund eines vom Parlament untertänigst erbetenen königlichen Spezialbefehls mehrere Exemplare von zweien seiner Revolutionstraktate vor dem Gerichtsgebäude Old Bailey durch den Henker verbrannt, aber ihm selbst blieb das tödliche Schicksal seiner Gesinnungsgenossen erspart. Während Thomas Harrison, wie Milton der Guten alten Sache der Freiheit bis zuletzt verbunden, oder Hugh Peter, wie Milton stets die Bibel nach antiroyalistischen Passagen absuchend, oder Henry Vane, dem Milton sein Sonett XVIII gewidmet hatte, ihr republikanisch-politisches Engagement mit dem Leben büßten, kam ihr Mitstreiter J. M. mit einigen Monaten Gefängnis (als er nämlich aus dem Untergrund auftauchte) und dem Verlust von 2000 Pfund Sterling davon. Während die Leichname von Oliver Cromwell, dem Milton seine Feder geliehen, und von John Bradshaw, dem er in seiner *Defensio secunda* ein literarisches Denkmal gesetzt hatte, aus den Gräbern gezerrt und am Galgen von Tyburn aufgehängt, deren abgeschnittene Köpfe aber als stinkender Schmuck in jener Westminster-Halle aufgespießt wurden, in der das Todesurteil über Charles I. gefällt worden war, entging derjenige der mehr bis minder legalen Vergeltung, der als erster und öffentlich dieses Todesurteil wie jede andere Art, in der ein Volk seine Obrigkeit, sei sie gekrönt oder ungekrönt, zur Verantwortung zieht, als gut und gerechtfertigt nachgewiesen und der noch wenige Tage vor der Restauration der Monarchie tausend Gründe dafür namhaft gemacht hatte, warum den weisesten Männern aller Zeiten die freie Republik als die edelste, überzeugendste und gerechteste Staatsform gegolten hat.[300]

Gewiß wurde Milton in Flugschriften aller Art attackiert und hatte doch keine Chance mehr zu antworten. Begnügen wir uns mit einigen Titeln solcher Pamphlete, alle im Frühjahr 1660 vertrieben, im Auszug: „Confutation of the Diabolical Rebel Milton" (Widerlegung des teuflischen Rebellen Milton); „Royal and other Innocent Blood Crying Aloud to Heaven for Due Vengeance" (Das königliche und anderes unschuldiges Blut verlangt dringend vom Himmel gebührende Rache); „Britains Triumph" (mit der Empfehlung an Milton, Selbstmord zu begehen); „Free Parliaments Quaeres" (mit der Frage, ob Erhängen oder Ertränken die bessere Art sei, unsere vormaligen Republikaner in die Gemeinwesen Utopia oder Oceana zu befördern). Dann erschien da ein Flugblatt unter dem Titel „The Picture of the Good Old Cause … with Several Examples of Gods Judgement on some Eminent Engagers against Kingly Government", als drittes Beispiel aber für die Gottesstrafe, über diejenigen verhängt und an ihnen vollstreckt, die sich für die Gute Alte Sache[293], für die Freiheit nämlich und wider die Königsherrschaft, engagiert hatten, war Milton genannt und seine Blindheit gemeint, mit der der Himmel ihn geschlagen. Obschon möglicherweise Miltons bereits 1652 endgültig gewordene Blindheit seinem Freundeskreis geholfen hat, ihn vor dem Schlimmsten zu bewahren – nicht jeder irdische Richter wünscht Gottes Zorn den Rang abzulaufen –, Milton selbst sah die Sache anders. Wie eine vorweggenommene Replik auch auf ein unter dem Titel „No Blind Guides" (Keine blinden Führer) im April 1660 publiziertes Pasquill liest sich sein fünf Jahre zuvor gedichtetes Sonett[301]:

> Drei Jahre schon entbehr' ich jetzt das Licht,
> nimmt dieser Augen Spiegel, scheinbar klar,
> in seinem stumpfen Glase nicht mehr wahr
> des Himmels und der Menschen Angesicht.
> Doch groll' ich darob meinem Schicksal nicht,
> bin nicht verzweifelt, allen Mutes bar;
> ich bleibe standhaft: wie ich immer war.
> Dich wundert, Freund, daß mir das Herz nicht bricht?
> Mich tröstet, daß ich dieser Augen Nacht
> in Kauf nahm für ein Werk von edlem Geist,
> denn für die Freiheit zog ich ja auf Wacht,
> wofür Europa heut mich ringsum preist.
> Und mein Gewissen hat mir jenes Licht entfacht,
> das auch im Dunkel meinen Weg mir weist.

Die Schlüsselworte dieses Sonetts *in liberty's defence* (zur Verteidigung der Freiheit) und *conscience* (Gewissen) sind programmatischer Natur, und zwar für das ganze publizistische Werk Miltons. Man hat es sich nämlich bisher zu leicht gemacht, wenn es galt, den inhaltlichen Beitrag des blinden Barden zur sozialphilosophischen Gedankenentwicklung seines Landes zu charakterisieren. Noch immer scheint sich derjenige, der Wissenschaftsrelevantes schön schreibt, dem Verdacht auszusetzen, nicht auch Gutes geschrieben zu haben. Von Milton, dem nach Shakespeare unstreitig bedeutendsten Poeten englischer Zunge (diesen Platz könnten ihm höchstens Chaucer, Shelley oder Byron streitig machen, und von denen geschlagen zu werden, wäre mehr Ehre denn Schande), wird immer wieder behauptet, daß seine Traktate hauptsächlich wegen ihrer prachtvollen literarischen Form denkwürdig seien, in die er seine bereits jedermann bekannten Ideen eingekleidet habe.[302] Dann bliebe also nur, uns an der Schönheit des Sprachkleides zu ergötzen, das J. M. den Trivialgedanken anderer übergezogen hat, und vielleicht noch den Mut zu bewundern, mit dem er sich in den zwanzig Jahren englischer Revolution, einbegriffen sieben Jahre Bürgerkrieg, der Verantwortung des informierten Christenmen-

schen gestellt hat, als Anwalt einer entmutigten Wahrheit
(MW 3/369: the duty and the right of an instructed Christian calls
me through the chance of good and evil report to be the sole (!) ad-
vocate of a discountenanced truth) zu wirken?
Wir werden noch ausführlich darüber zu schreiben haben, daß und
warum Miltons Revolutionspamphlete politische Publizistik in einer Qualität geboten haben, die seither nur selten wieder erreicht
werden konnte (im deutschen Sprachraum von Heine, Ruge, Marx,
Engels, Mehring, Liebknecht, Luxemburg, Ossietzky, Brecht etwa),
von der also zu wünschen bleibt, daß sie als Vorbild begriffen und
benutzt wird. Auch vermögen wir die Meinung von Sauertöpfen aller Sorten nicht zu teilen, nach der Trockenheit und Monotonie der
Argumente, wie glanzlose Langeweile des Stils, zu den notwendigen, wenn vielleicht auch nicht hinreichenden Bedingungen gesell-
schaftswissenschaftlicher Literatur gehören. Als ob ärmliche Form
das Signum reichen Inhalts wäre!
Natürlich ist Milton, und mit Recht, berühmt vor allem dafür, daß
er der Republik offen bis zu deren Untergang und danach hinein-
geheimnist in seine epischen Dichtungen die Treue hielt[303]:

> Inmitten Treuloser blieb er sich treu,
> umringt von zahllosen Verrätern, focht
> er standhaft, trotzig, furchtlos, unbeugsam
> mit heißem Herzen für sein Ziel; es wich,
> von Zahl und Beispiel andrer ungerührt,
> sein grader Sinn vom rechten Weg nicht ab,
> obschon ihm keiner folgte.

> Ich singe ... unbeirrt, obzwar
> vor Tauben oder Stummen, preisgegeben
> der Zeiten Mißgunst, boshaftem Gerede,
> der Finsternis, rings lauernden Gefahren
> Und der Verlassenheit.

> Bleib treu dir! stehe oder falle!
> Dies zu entscheiden liegt allein bei dir:
> Entschlossenheit sucht Helfer nicht von außen.

Gewiß hat er mit seiner Areopagitica-„Rede" den argumenten-
reichsten Angriff auf jede Vorauszensur vor Fichtes frecher „Zu-
rückforderung der Denkfreiheit von den Fürsten Europens, die sie
bisher unterdrückten", und Marxens beiden souveränen Zensurab-
handlungen geliefert, was ihn, nebenbei, nicht daran gehindert hat,
seiner Revolutionsregierung (Vergleichbares ist auch von Fichte zu
berichten) als Zensor zu dienen![304] Gewiß hat er die gelehrtesten

und doch zugleich auch Vitriolpolemiken ohnegleichen geführt; sein Gegner Salmasius auch kein Dummer[235], mußte sich durch ihn der literarischen Mitwelt und seiner königlichen Gönnerin schwarz auf weiß als faselnder Bösewicht, namenloser Schmierer, prinzipienloser Schurke, unbedeutender Klopffechter der Tyrannei, Schreihals aus dem Bordell und so weiter und so fort präsentiert sehen (MP 4/548 ff.). Gewiß hat er wie kein anderer Beweise und Belege aus Weltliteratur und Weltgeschichte zusammengetragen, um die schärfste aller möglichen Maßnahmen gegen Tyrannen zu legitimieren. Die Macht seiner Worte ist oft genug mit der Macht von Cromwells Armee verglichen worden, das literarische mit dem militärischen Bollwerk von Revolution und Republik.

Ist es aber deshalb gerechtfertigt, von Miltons Publizistik zu behaupten,[305] daß sich ihre Bedeutung in den Forderungen des Tages, seines, nun mehrere Jahrhunderte zurückliegenden Tages gleichsam erschöpft hat? Daß seine Argumente jeglicher Originalität entbehrten, bloße Gemeinplätze, wenn auch auf hohem Niveau, im Überfluß böten? Daß er in der Substanz nicht mehr getan habe, als den uralten Gedanken, wenn auch besonders gekonnt, zu repetieren, daß Widerstand gegen einen Diktator zu leisten naturrechtlich erlaubt, ja geboten sei?

Tatsächlich stellt Miltons sozialphilosophisches Denken *gegen* das feudalabsolutistische Gedankengut von Sir Robert Filmer und *neben* den Theorien von Thomas Hobbes, James Harrington, Gerrard Winstanley und John Locke die andere Alternative progressiver Ideen im England des 17. Jahrhunderts dar. Gegenüber Hobbes und seiner unübertroffen antifeudalen rationalistisch-destruktiven Sprengkraft, gegenüber Harrington und seiner besitzbürgerlichen Ableitung der politischen aus der ökonomischen Macht, gegenüber Winstanley und seiner proletarisch-plebejischen Kommunismus-Utopie, gegenüber Locke und seiner so probürgerlichen wie antiproletarischen Kapitalismus-Konzeption entwickelt J. M. die ideale, die schöne, die göttliche, die vom Gewissen jedes einzelnen getragene Freiheitsvariante republikanischen Miteinanders in einem bürgerlichen Gemeinwesen.

Mag auch Milton mit der Brisanz eines Hobbes oder der Phantasie eines Winstanley nicht mithalten können, mag er seine Gesellschaftskonzeption mehr als andere einer schöpferischen Begegnung mit dem intellektuellen Erbe der Menschheit verdanken, auf ihn gekommen in klugen Büchern und in nicht weniger klugen Zeitgenossen – ihn unter die Schön- oder Nachredner zu katalogisieren, heißt seinen Wert völlig zu verkennen. Sein eigenes Wunschziel bestand darin, daß der Historiker in das Amt des Redners und des Polit.-Propagandisten eindringen möge.[306] Das ist um so eher verständlich, als er der historischen Dimension englischer

Reformation und Revolution gewiß war: er verstand Zeitgeschichte als Weltgeschichte. An seinem Epochenbewußtsein ist nicht zu zweifeln. Daher aber auch die von ihm durchaus angestrebte Verallgemeinerungsfähigkeit seiner Gedankengänge.

Gewiß war sein Ausgangspunkt immer wieder das beseitigungswerte, freiheitsnegierende, totalitäre Regime des Königs samt der Bischöfe. Seine Medizin gegen diese pathologischen Zustände in England aber war ein für ganz Europa gedachtes Rezept[307]:

> Mein Volk war unterworfen euren Herrn!
> Eroberung durch Gewalt war's. Doch ist's gut,
> Gewalt gewaltsam abzuwerfen – wenn der
> Unterworfne kann.[308]

Es ist einfach nicht wahr, daß J. M. nur die antityrannischen Passagen aus den Werken anderer zusammengetragen hat, obwohl auch das von ihm getan werden mußte. Die herrschende Meinung nämlich als die Meinung der Herrschenden, wie sie von James I., Charles I., Erzbischof William Laud und Sir Robert Filmer machtvoll vorgetragen wurde, lief zu Miltons Zeiten immer noch darauf hinaus, daß die Könige nicht ihren Untertanen und die Bischöfe nicht ihren Gläubigen gegenüber verantwortlich seien; der König sei seinen Landeskindern vielmehr ein Vater wie der Bischof seinen Seelenschafen ein Hirte.[309] Folgerichtig wurden die am Todesurteil gegen Charles I. durch Votum oder Tat Beteiligten von den Royalisten nicht bloß als regicides (Königsmörder), sondern auch als parricides (Vatermörder) diffamiert. Milton hat sich also der Forderung des Tages gestellt, als er, um das Maul eines „zudringlichen Schreiers zu stopfen", gegen dessen broschürte Verleumdungsarie: The Cry of the Royal Blood to Heaven against the English Parricides (Des königlichen Blutes Aufschrei zum Himmel gegen die englischen Vatermörder) eine sarkastische Vaterlands- und Revolutionsverteidigungsschrift Pro populo Anglicano defensio secunda von 1654 veröffentlichte, so wie er zuvor bereits auf dem Titelblatt seines The Tenure of Kings and Magistrates (Der Anspruch von Königen und Obrigkeiten) jedem, der dazu die Macht hat, einen üblen König zur Verantwortung zu ziehen, ihn nach angemessener Verurteilung abzusetzen, notfalls auch hinzurichten, zu dieser Macht die Legitimation geliefert hat, damit den Anspruch des Monarchen ins Herz treffend, daß er als irdischer Hochkommissar des Himmels für ein Gemeinwesen fungiere, dem er sowenig Rechenschaft schuldig sei wie Gott ihm.

Aber Miltons theoretische Leistung liegt eben nicht nur und nicht einmal in erster Linie darin, daß er zwischen guten und schlechten Königen, zwischen eigentlichen Königen und Tyrannen zu unterscheiden geraten hat, auch nicht darin, daß er Monarchen erforderlichenfalls mit Leib und Leben haften ließ – Monarchomachen, progressive wie reaktionäre, hat es lange vor Milton gegeben. Vielmehr ist es die von Milton zu Ende gedachte demokratische Denkstruktur, die ihn zum Vordenker der Gesellschaftsvertragskonzeption eines Jean-Jacques Rousseau hat werden lassen.[310] Die entscheidenden Passagen lauten so: It is thus manifest that the power of Kings and Magistrates is nothing else but what is only derivative, transferred and committed to them in trust from the People to the Common good of them all, in whom the power yet remaines fundamentally, and cannot be taken from them, without violation of their natural birthright [...] Since the King or Magistrate holds his authority of the people, both originally and naturally for their good in the first place, and not his own, than may the people as oft as they shall judge it for the best, either choose him or reject him, retaine him or depose him though no tyrant, merely by the liberty and right of free born men, to be governed as seems to them best (MW 5/10,14 = MF 76 f., 79 f.: Es steht somit fest, daß sämtliche Gewalt von Königen und Obrigkeiten allein auf das Volk zurückgeht und ihnen zum gemeinschaftlichen Wohle aller vom Volk übertragen und zu treuen Händen gegeben wurde, bei dem die Gewalt dennoch im Grunde verbleibt und dem sie nicht ohne Verletzung seines natürlichen Geburtsrechts genommen werden kann [...] Da König wie Obrigkeit ihre Vollmacht ursprünglich und auf natürliche Weise vom Volke herleiten, um zuvörderst dessen eigenem Wohl und nicht sich selber zu dienen, folgt daraus, daß das Volk, wann immer es dies für das beste hält, sie dann auch wählen oder verwerfen, im Amt belassen oder absetzen kann, selbst wenn sie keine Tyrannen sind, einfach weil es die Freiheit und das Recht frei geborener Menschen ist, sich die Regierung zu geben, die ihnen am besten geeignet erscheint).

Was hier Milton mit Vernunft und Bibel (auch mit der Vernunft der Bibel) konstruiert, was er mit Beispielen aus der Mythen- und Realgeschichte heidnischer, jüdischer und christlicher Völker, ihrer Poesie und Prosa belegt, sind Momente einer antiabsolutistischen Staats-, einer antifeudalen Gesellschaftskonzeption, also genau das, was als die progressive Lösung des politischen Kernproblems der englischen Revolution bezeichnet werden kann: Unterordnung der Gesellschaft unter die als Staatsinteressen ausgegebnen Schmarotzerbedürfnisse von König und altem Adel *oder* Unterordnung des Staates unter die Produktivitätsbedürfnisse der Gesellschaft. Indem Milton dem König jegliches Erbrecht auf seine Krone abstreitet, ihn nicht als gleichberechtigten Partner der anderen Gesellschaftsmitglieder, geschweige denn als deren Übergeordneten, sondern nur als deren Bediensteten anerkennt, hat er sich gegen die Adels- und für die Volkssouveränität, die wie bei Rousseau un-

übertragbare Volkssouveränität entschieden. Des Volkes Freiheits-
anspruch ist permanent! Keiner könne wirklich frei sein, sagt Milton, wie unter anderem Winstanley vor und Hegel nach ihm,[311]
wenn nicht sein Mitmensch auch frei ist, denn die Natur der Dinge
sei eine solche, daß derjenige, der die Freiheit des anderen negiert,
der erste ist, der die seine verliert.

Auch wenn J. M., der, anders als Rousseau, zu den situativen Denkern zu zählen ist, diesen Ansatz nicht systematisiert, ihn nicht auf
seine staatsrechtlichen Folgerungen durchdekliniert, so wird hier
während einer praktischen Revolution ein Pfad eingeschlagen, der
auch im Theoretischen zu einer Revolution führen mußte. Und
zwar im Praktischen wie im Theoretischen zu einer Revolutionierung *Europas*. Denn in Frankreich, Spanien, Deutschland usw. vollzog sich die Machtausübung der herrschenden Gesellschaftsklassen
vermittels eines Mysteriums, ohne das nun einmal eine Herrschaft
„von Gottes Gnaden" regierender Könige und Kanzler nicht zu haben ist. Jedes Mysterium aber beansprucht, auch dem intellektuellen
Fortschritt absolute Grenzen zu setzen. Früher oder später wird
seine Entlarvung folglich zur absoluten Notwendigkeit. Indem die
Engländer Charles I. aufs Blutgerüst brachten – Heinrich Heine[312]:
Die Briten zeigten sich sehr rüde / Und ungeschliffen als Regicide –,
haben sie im Tatsächlichen den Damm gebrochen, den Milton dann
im Ganzen wegtheoretisiert hat: Könige stehen wie alle anderen
Obrigkeiten auch den Völkern zur beliebigen Disposition.

Man mißverstehe uns nicht: sowenig Englands Revolution die französische vorweggenommen, geschweige denn ausgelöst oder gar
verursacht hat, sowenig hat Milton Rousseaus Theorie antizipiert.
Immerhin gibt es auch ein sozial bedingtes intellektuelles Konti-
nuum. Keiner auch von den allergrößten Denkern hat das Denken
erfunden und den ganzen Inhalt seiner Gedanken.

Obschon Miltons Basisthese, „that all men naturally were born
free" (MP 3/198), eigentlich nicht mit „jedermann", sondern mit
„jeder Mann ist von Natur aus frei geboren" zu übersetzen wäre
oder, noch korrekter, mit „jeder selbständige Mann", widerspiegelt
sein Volksbegriff das zu seiner Zeit breitestmögliche Bündnis der
ihrer Potenz nach revolutionären Kräfte. Rousseaus kleinbürgerli-
ches Postulat, daß keiner so reich sein dürfte, um einen anderen
kaufen zu können, und keiner so arm, daß er gezwungen wäre, sich
zu verkaufen,[313] hat in J. M. keinen Befürworter gefunden, erst
recht natürlich nicht des Kommunismus-Utopikers Winstanley
Verbotsnorm jeglichen Kaufens und Verkaufens. Aber, und das ist
das eigentlich Erstaunliche, bedenkt man Herkunft und Lebens-
weg: Milton hat niemanden angegriffen, der links von Cromwell
stand oder dachte, und damit hat er sich von Cromwells harter Politik gegen rechts *und* links sehr wohl unterschieden.

Miltons „schöner", von den Antagonismen eines ländlichen Feuda-
lismus und eines städtischen Kapitalismus gereinigter Volksbegriff
ist noch mit dem Unschuldsschimmer einer jungfräulichen Probür-
gerlichkeit versehen. Man hat daher J. M. einen Bärendienst erwiesen, als man, in gewiß allerbester Absicht, auf ihn jenen Ruhm ge-
häuft haben wollte,[314] den ein John Locke, der Standardtheoretiker
des siegreichen Kapitalismus, geerntet hat. Milton verkörpert die
Idealität der bürgerlichen Gesellschaft, deren *Realität* von Locke reflektiert wird. Milton bediente die Revolutionäre, Locke deren Pro-
fiteure.

War aber nicht dieser J. M. ein Lohnschreiber der Republik, bezahlt für seine Meinungen? Ja, er hat das ihm am 13. März 1649 zunächst für ein Jahr angebotene Amt eines *Secretary for the Foreign
Tongues* beim Staatsrat der Republik von England (nicht, wie man
auch heute noch lesen kann, eines Außenministers, aber immerhin
eines Auslands-, das heißt Sprachen- und Propagandasekretärs) angenommen.[315] In dieser von Jahr zu Jahr verlängerten Funktion –
das Gehalt wurde 1655 auf etwa die Hälfte reduziert und zugleich
in eine lebenslängliche Jahrespension von 150 Pfund umgewandelt
– hat er zuweilen den Beratungen des Staatsrates beigewohnt,
ohne Stimmrecht natürlich, hat er bei offiziellen Audienzen und
Konferenzen als Dolmetscher gedient, hat er beim Staatsrat ein-
gehende und von diesem an die Höfe anderer Staaten adressierte
Schreiben aus dem Französischen oder in das Lateinische übersetzt, und vor allem hat er die republikanische Praxis Englands gegen ihre in- und ausländischen Gegner mit seinen Revolutions-
pamphleten, dem *Eikonoklastes*, der *Pro populo anglicano defensio* und
der *Defensio secunda pro populo anglicano* verteidigt.[233] Durch diese
Schriften zuerst ist er zur europäischen Berühmtheit geworden. Politische Macht aber hat er weder gesucht noch gefunden. Anders als
Francis Bacon hat er also auch nicht, indem er sich der Macht ver-
schrieb, seine Freiheit verloren. Gewiß hat er, da er mit denen zu
polemisieren gezwungen war, die auf des Königs Kosten gedruckt
Cromwells Independenten als „tolle Hunde" in den Kot zogen und
wutentflammt zu einem „Kreuzzug" gegen die „Feinde des Men-
schengeschlechts" aufriefen[235] – Reagans Kreuzzug gegen den
Kommunismus hat seine gelehrte Tradition –, nicht vermocht,
weise zu reagieren. In Revolutionen hat Parteilichkeit selten die
Chance, in Weisheit zu agieren. Aber deswegen war er noch lange
kein Kosmetiker der Macht, kein Soldschreiber der Republik. Auf
deren Seite stand er nämlich nicht, weil er von ihr bezahlt wurde;
er wurde vielmehr von ihr bezahlt, weil er für sie arbeitete, und er
arbeitete für sie, weil es seine Republik war.

Wie sollte ausgerechnet derjenige, in dessen höchstpersönlicher
Hierarchie der Werte die Berechtigung jedes Menschen, sein Han-

deln in Übereinstimmung mit dem Maß seiner eigenen Einsichten zu bringen, also seinem Gewissen gemäß handeln zu dürfen, ganz obenan steht, gewissenlos gehandelt haben? Milton war Independent.[10] Die von ihm wohl am häufigsten zur Begründung seiner Ansichten herangezogene Vokabel lautete *conscience*, das Gewissen verlangt's: the liberty of consciense ought to be above all other things to all men dearest and most precious / die Freiheit des Gewissens sollte allen Menschen wertvoller und kostbarer sein als alles übrige (MW 6/142). Milton mobilisiert das Gewissen gegen die Gewohnheit (MW 3/367), gegen die petrifizierten Tabus der alten Adelsherrschaft. Häretiker ist für ihn nicht derjenige, der sich gegen die Doktrin der Kirche wendet, sondern derjenige, der dieser Kirche gegen sein Gewissen, gegen seine Überzeugung Folge leistet (MW 6/12f.). Selber denken führt zu richtiger Meinung, selber bewerten führt zu guter Tat.

Miltons Gewissen war nicht von der Art, die Feige aus uns allen macht. Sein frommer Subjektivismus radikalisiert vielmehr den Denkansatz der Reformation. Weder Luther noch Calvin haben nämlich aus dem Priestertum aller Gläubigen ein Rechthaben aller Bürger abgeleitet.[316] Gewiß hat der Wittenberger gefordert, man solle die Ketzer nicht mit Feuer, sondern mit Argumenten überwinden (sonst wären die Henker die gelehrtesten Doctores auf Erden), gewiß hat er, auch dies aus Roms Sicht ein häretischer Satz, gesagt, der Staat solle nicht wehren, was jedermann glauben will, „es sei Evangelion oder Lügen", aber unter *einer* Obrigkeit solle es nur *eine* Lehre geben, sei es die päpstliche oder die evangelische, denn wenn man in einem Kirchspiel widersprechende Lehren ins Volk gehen lasse, dann würden daraus nur Rotten, Unfried, Haß und Neid auch in weltlichen Sachen entspringen.

Für J. M. aber war selbst die Hinrichtung eines das Volk verratenden (statt ihm gehorchenden) Königs staatsbürgerliche Konsequenz der Reformation. Die religiöse Fahne, die er in England zum Flattern brachte, war von Beginn an auch und vor allem gegen jeden Zwangsglauben, gegen jede Staatskirche gerichtet. Vor 1640 aber hatte in England da, wo die Religion anfing, die Toleranz aufgehört: englisches Staats- und Kirchenvolk galten als identisch, denn jeder Engländer hatte Christ zu sein, und zwar Mitglied der Anglikanischen Staatskirche[8], an deren Sonntagsgottesdienst er Woche für Woche in der für ihn zuständigen von den zehntausend Gemeindekirchen teilzunehmen und an die er den Zehnten[140] zu zahlen hatte und deren Gerichtsbarkeit er unterstand wie der staatlichen auch. Miltons Mündigkeitserklärung des independenten Individuums, seines Wissens und Gewissens, gehörte zu den intellektuellen Voraussetzungen für die konsequenzenreiche Transformation der Ehe aus einem Sakrament, das heißt einem durch ein

Kirchenritual vermittelten göttlichen Gnadenakt, in einen Vertrag
zweier sich wechselseitig sehr irdisch bedürfender Personen verschiedenen Geschlechts, wie für die Revolutionierung der Unterta-
nenverhältnisse gegenüber ihrer angestammten Obrigkeit in ein
Gesellschaftsvertragsverhältnis Gleichberechtigter. Die gegen die
angeblich göttliche Inspiration von oben behauptete göttliche Inspiration von unten[317] hat schließlich zu einer Privatisierung sozialer Bereiche, zu einer Säkularisierung des Sozialen überhaupt geführt. Der „göttliche Milton" hat den Weg von einer Glaubensgemeinschaft zu einer Interessengesellschaft ebnen geholfen. Sein
Gott war vernunftgezeugt, seine Revolution gewissensgeboten,
sein Recht normierte Vernunft. –

He who would write of worthy deeds worthily must write / Wer
über große Taten schreibt, muß es in großer Weise tun (MS 363).
Hätte Milton diese Einsicht nicht beherzigt, gehörten seine Revolutionspamphlete auch nicht unter den mehr als zwanzigtausend
überlieferten, anders als die zweihundert, die allein William
Prynne beisteuerte, zu den wenigen, deren Gültigkeit sich nicht
mit ihrem Entstehungsanlaß erschöpfte. Weil sich Miltons pracht-
volle Poesie und seine puritanische Publizistik nicht wechselseitig
behinderten, sondern sich, im Gegenteil, an Inhalt und an Form
wechselseitig bereicherten, scheint es den Endesunterzeichneten
aber auch geboten, den Versuch einer wenigstens summarischen
Bestandsaufnahme seiner ureigenen Art und Weise zu wagen, in
und mit der er den großen Taten seiner Zeit den ihnen würdigen
polit.-propagandistischen Ausdruck verlieh.

Klassische Taten – klassischer Stil. Als Folge seiner lebenslangen
Versenkung in die Handlungs- und Geisteswelt der Antike standen
Milton die Redemuster der klassischen Rhetorik schöpferisch zu
Gebote. Das zeigt sich im Bau der Sätze, die in ihrer fächerartigen
Ausbreitung eines aussagebestimmenden Grundgedankens als ma-
jestätische Kolossalgebilde edler Logik von hohem ästhetischen Ei-
genreiz sein können, indem sie ein Argument in gleichsam orche-
stralem Anschwellen der rhetorischen Register durch die verschiedenen Stadien des Wenn und Aber, des Verwerfens und Bejahens,
der Vernichtung und Beschwörung bis zum erlösenden sinfoni-
schen Schlußakkord der so sorgsam vorbereiteten Botschaft hin-
durchführen, effektbewußt auf dieses Ziel hinsteuernd und die kal-
kulierte Umständlichkeit der eingeschobenen Divertimenti als
Mittel zu agitatorischer Verstärkung nutzend, wozu im übrigen
eine wortflüssige, „attische", kaum das Atemholen gestattende Beredsamkeit, eine üppige Metaphorik, eine schwelgerische Synony-
mik, ein Stakkatorhythmus der einander jagenden Einfälle ein weiteres beitragen, um die Überzeugung des Lesers in die
gewünschten Bahnen zu lenken. Exempel solchermaßen gefertigter

Satzperioden sind schon die voll durchkomponierten Einleitungs-
abschnitte zu den Texten, die – die gesamte Argumentation vor-
wegnehmend oder resümierend – die Funktion einer komplexen
Einstimmung mit der Absicht zur Parteinahme des Lesers für die
derartig vorangestellte Grundhypothese verbinden. Es kann aber
auch geschehen, daß der Verfasser in dem ehrgeizigen Bemühen,
allzu vieles (und Inkommensurables!) in einem und demselben
Satze unterzubringen, jede syntaktische Übersicht zu verlieren
droht. In ihrer zornigen Atemlosigkeit und affektbewegten Leidenschaft bleiben auch solche hektischen Tiraden nie ohne zündende
Wirkung – selbst wenn die rhetorischen Kanonen nun gewissermaßen über das Ziel hinausschießen. Allein wir finden auch Sätze, die
in ihrer mechanischen Wenn-dann-Abfolge und steifledernen Syl-
logistik ermüden, die durch ihren Verzicht auf überschaubare Ordnung, in ihrer pausenlosen Aneinanderreihung von Beispielen und
Beweisen aus dem Rahmen fallen, die nicht frei sind von scholasti-
scher Begriffsklauberei, deren irritierende Weitschweifigkeit und
bombastisches Wortgeklingel mit einem Wort zu Lasten der Klarheit (und Lesbarkeit) gehen. Sie wechseln mit einem oft sentenziö-
sen Lapidarstil, dessen aphoristische Eleganz gleichwohl über die
fehlende Durchschlagskraft der Argumente nicht hinwegzutäu-
schen vermag. Dies alles steht bei Milton unverbunden, ja schroff-
gegensätzlich nebeneinander und scheint den Kritikern seines
sprunghaften Prosastils genauso rechtzugeben wie den Verteidi-
gern seiner überlegenen Wortmagie.
Unbestritten bleibt jedoch, daß Milton wie kein anderer Autor des
17. Jahrhunderts Entscheidendes, ja Unentbehrliches zur Entwicklung der englischen Literatursprache beigetragen, wenn nicht überhaupt deren Grundstein gelegt hat. Während Bacon, der hierin als
einziger mit ihm vergleichbar ist, den Lakonismus und die epi-
grammatische Präzision eines streng funktionalen Wissenschafts-
stils bevorzugte, Hobbes nur ganz selten und fast widerwillig seiner am Lateinischen geschulten Diktion so etwas wie sprachlichen
Glanz verlieh und Locke schließlich die englische Sprache zum bloßen Transportmittel seiner Ideen herabwürdigte, ist Miltons Ver-
fasserschaft – auch wenn er sozusagen mit der linken Hand
schreibt – stets unverwechselbar. Dort, wo er ganz er selbst ist, gewinnt seine Sprache eine nahezu unwiderstehliche Begeisterungs-
kraft, ist sie atemberaubend in der Kühnheit ihrer treffsicheren Bilder, beeindruckend in ihrer Prägnanz und Innerlichkeit, kurzum:
poetisch beseelt, von bezwingender Klangfülle und erlesener
rhythmischer Schönheit. Es gibt Sätze und Passagen in jeder der
hier abgedruckten Schriften, die allein für sich genommen den Anspruch rechtfertigen können, Milton als den sprachgewaltigsten
englischen Schriftsteller des 17. Jahrhunderts zu reklamieren.

Milton war ein Zeitzeuge von hoher künstlerischer Sensibilität, der die Ereignisse und Sehnsüchte der ihn umgebenden Wirklichkeit in gleichnishaften Bildern zu erfassen und zu verarbeiten gewöhnt war. Seine Stärke und Domäne war die poetische Durchdringung einer Welt, die sich ihm als erklärbarer und mithin gestaltbarer Teil einer alles umspannenden kosmischen Ordnung darstellte. Wie er als Dichter aufs Ganze geht, indem er die optimistische Vision eines Gottesreiches auf Erden mit der politischen Wunschvorstellung einer freien Republik verschmilzt, so äußert und bewährt sich sein humanistischer Fortschrittsglaube auch in seiner revolutionär-didaktischen Essayistik, die sich stets als konkreter Dienst an dem hier und jetzt Gebotenen versteht. Milton transportiert dabei durch das Medium der Sprache Gedanken, deren lebensbedrohliche Gefährlichkeit ihm sehr wohl bewußt war. Er ist sich im klaren, daß er – zumal als dezidierter Parteigänger und langjähriger Auftragsschreiber Cromwells – Kopf und Kragen riskiert, wenn er die Tyrannei der Könige zu einem todeswürdigen Verbrechen und den gewaltsamen Widerstand dagegen zur gottgefälligen Christentugend erklärt. Im Wissen um das persönliche Risiko hätte Milton, der die Feinheiten der Sprache, deren Hintersinnigkeiten und Zwischentöne so souverän beherrschte wie kaum ein zweiter, mühelos den Weg einer behutsamen, vorsichtig taktierenden und auf Rückversicherung bedachten, sich also nicht eindeutig festlegenden Wortwahl mit allen zu seiner Zeit üblichen Ambivalenzen und opportunistischen Lauheiten beschreiten können. Daß er es dennoch nie tat, bezeugt nicht nur die Integrität seiner Gesinnung, sein gutes Gewissen, sondern auch, daß er die Brücken zur Monarchie abgebrochen hatte, als die Republik begann. Miltons wissenschaftliche Prosa ist wissentlicher Hochverrat gegenüber den Stuarts!

Weiter verdient der Umstand hervorgehoben zu werden, daß zumindest die letzten beiden der in unsere Auswahl aufgenommenen Texte entgegen dem geläufigen Vorstellungsbild von einem Schriftsteller nicht eigenhändig am Schreibtisch entworfen und unter Heranziehung einer reichhaltigen Sekundärliteratur zu Papier gebracht, sondern vom Anfang bis zum Ende *diktiert* wurden. Wie der ertaubte Beethoven seine späten Kompositionen nicht hören konnte, so hat der um die Lebensmitte nach fortschreitender Beeinträchtigung seiner Sehkraft 1652 völlig erblindete Milton diese seine Schriften niemals zu Gesicht bekommen, hat er sie einer fremden Feder anvertrauen, seine Belesenheit in dem zeitgenössischen Schrifttum sich durch fremde Augen und Zungen vermitteln lassen müssen – angewiesen übrigens auf geistig weit unter ihm stehende Vorleser, die der von ihm fließend beherrschten Fremdsprachen (darunter des Griechischen, Lateinischen, Hebräischen, Italienischen und Französischen) nicht nur nicht mächtig waren, sondern ihm die Wörter ohne Verständnis ihres Sinnes sozusagen nachbuchstabierend radebrechten, worauf der für seine Ungeduld bekannte Zuhörende sich dann seinen Reim machen mochte!

Die Blindheit Miltons hat in seiner Textkomposition sicherlich Spuren gezeitigt, welche die Fähigkeit des Sehenden, Zusammenhängendes kenntlich zu machen und durch Zäsuren von neu einsetzenden Gedankengängen abzuheben, kaum so stehengelassen hätte. Das betrifft zum Beispiel die wachsende Unübersichtlichkeit der so extrem verschachtelten Satzgebilde und den zunehmenden Verzicht auf typographische Ordnungsprinzipien in seinen späten Pamphleten, in denen den Lesevorgang erleichternde Absätze und Hervorhebungen (ganz zu schweigen von den sonst üblichen minutiösen Quellenangaben) verständlicherweise fast völlig fehlen. Es hätte nahegelegen, hier die textlichen Proportionen durch redaktionelle Eingriffe im nachhinein geradezurücken, wozu wir uns aber keineswegs entschließen durften – welch ein jämmerliches Bild gibt ein Herausgeber ab, der den Autor von *Areopagitica* nicht ediert, sondern zensiert! Warum sollte man auch die sich mit den Jahren verstärkende, tief anrührende Neigung des von seinem Schicksal so schwer Gezeichneten, Blindheit und Sehtüchtigkeit in metaphorischer Überhöhung ihres engen physiologischen Bedeutungspotentials zu zentralen Begriffen seines Bildes vom künftigen Menschen zu machen, nivellieren wollen?

Gleichwohl ist seine in arabeskenreichem Schmuck prangende, ungemein variationsfreudige und wandlungsfähige Diktion durch ein relativ starres Denkmuster geprägt, das mit bemerkenswerter innerer Konsistenz die unverrückbar feststehenden Prämissen von Miltons politischem Programm widerspiegelt. Eine begrenzte Anzahl von kaum variierten Leitvorstellungen, die im Hinblick auf das jeweilige Thema in gewissermaßen linearer Abfolge an ihren kritisch beleuchteten Gegenbildern gemessen werden, begründet Miltons Weltanschauung und bildet den ordnungsstiftenden Rahmen, innerhalb dessen sich seine Argumentation vollzieht. Eine selbst nur flüchtige Analyse des lexikalischen Repertoires seiner Texte läßt die gleichsam leitmotivische Dominanz bestimmter, sich unablässig wiederholender Fahnenwörter erkennen, die in einem unlöslichen Beziehungszusammenhang zueinander stehen, so daß sich allein schon von der sprachlichen Seite her ein kaum gewandeltes Schema oder besser: ein engmaschiges Netz von zentralen Denkkategorien ergibt, die sich für jede Interpretation – und damit übrigens auch für jeden auf funktionale Äquivalenz zielenden Übertragungsversuch – in ihrer strukturbildenden Transparenz als überaus bedeutsam erweisen. So wie Milton durch Beharrung auf der einmal eingenommenen Position über Jahre hinweg inhaltlich gewissermaßen auf der Stelle tritt, genauso ist auch in seiner Sprache keine wirkliche innere Entwicklung festzustellen: sie wird allenfalls schärfer, drohender und polemischer, schreibt also Bekanntes in immer kunstvollerer Modifikation fort, ohne sich für grundsätzlich neue Denkansätze zu öffnen. Miltons Dialektik umkreist sozusagen ein stehendes Inventar von „Reizwörtern", denen er die entscheidenden Schlüsselbegriffe seines politischen, religiösen und ethisch-moralischen Forderungskatalogs gegenüberstellt, so daß sich eine paarweise Gruppierung ergibt, wobei jeder der in die Diskussion eingebrachten neuralgischen Begriffe seinen festen Platz in diesem hierarchischen Begriffssystem besitzt und dort wahlweise entweder unter dem Generalnenner der Freiheit oder der Knechtschaft subsumiert werden kann. Aus solchem begrenzten lexikalischen Fundus gewinnt Milton alle konstitutiven Elemente seiner philosophischen Weltbetrachtung. Wir wollen am Beispiel verdeutlichen, daß tatsächlich nur etwa drei Dutzend Wörter, die durch ihre ständige Wiederkehr in den Rang von Termini erhoben werden, für die sprachliche Manifestation seines sozialpolitischen Denkens bestimmend sind.

	Freedom Free commonwealth (kingdom of God)		Thraldom Kingship (tyranny)		
democracy	freedom of conscience	Christian virtue	one man single (lordliness)	episcopacy (prelates)	imposed conformity
government by election (Grand Council)	reformation gospel (sons of God)	yearning for truth learning	hereditary monarchy House of Lords	papism superstition inquisition	error hypocrisy
accountability toward the people	(true) religion	justice	despotism encroachment	visible curch	injustice corruption
freedom of unlicensed printing	faith and belief practised	peace of mind contentment	censorship	idolatry heathendom	forced obedience
law and order	heavenly law (light) from Scripture	reason selfdiscipline	everything turned upsidedown chaos anarchy	man-made prescriptions (darkness from Antichrist)	unbridled, unlicensed liberty
free people (innate freedom of belief and civil liberty)	priestly herding of the flock	subordination under the common good	blinded and seduced crowd	church pluralism	domination of others arrogance

| Freiheit Republik (Reich Gottes) | | | Knechtschaft Königtum (Tyrannei) | | |
politisch	religiös	sittlich	politisch	religiös	sittlich
Demokratie	Gewissensfreiheit	christliche Tugend	Diktatur (Einzelregiment)	Bischofsherrschaft (Prälatentum)	erzwungene Konformität
gewählte Obrigkeit (Hoher Rat)	Reformation Evangelium (Gotteskindschaft)	Wahrheitsliebe Wissen	Erbmonarchie Oberhaus	Papismus Aberglaube Inquisition	Lüge Scheinheiligkeit
Rechenschaftspflicht vor dem Volk	(wahre) Religion	Gerechtigkeit	Selbstherrlichkeit Unumschränktheit	„sichtbare" Kirche (als autoritäre Institution)	Ungerechtigkeit (Korruption)
Redefreiheit	tätiges Christentum Bekennermut	innerer Friede	Zensur	Götzendienst Heidentum	seelische Not und Bedrängnis
Gesetz und Ordnung	Gottesgebot (Licht der Bibel)	Vernunft Selbstzucht	Gesetzlosigkeit Chaos Anarchie	Obrigkeitsgesetz (Finsternis des Satans)	Zügellosigkeit Ausschweifung
freies Volk gleichberechtigter Bürger	geistliche Seelsorge	Unterordnung unter das Gemeinwohl	blinde Masse (von Befehlsempfängern)	Pfründenschacher	Herrschsucht Anmaßung

Die durch die voranstehende schematische Übersicht nahegelegte Schlußfolgerung, daß das Vorhandensein solcher begrifflichen Konstanten dem Vortragsstil Miltons insgesamt eine hochgradige sprachliche Durchsichtigkeit verleihen werde, bedarf nun freilich aus mehr als den bereits genannten Gründen der entschiedenen Relativierung. Auch sollte das Vorhandensein eines Begriffsgerüstes nicht als Ansatz einer temperamentlosen Nüchternheit oder gar eines Kathederstils mißverstanden werden.

Es wurde schon hervorgehoben, wie außerordentlich wirkungsbewußt Milton seine Formulierungen zu wählen pflegt, sooft es ihm als Autor um die Markierung einer für die Gesamtaussage belangvollen Position zu tun ist. Während er im Trachten nach stilistischer Eleganz üblicherweise ein ganzes Füllhorn von erfinderischen Synonymen über dem nach Atem ringenden Leser ausschüttet und seine gesamte barocke Sprachgewalt aufbietet, um Wiederholungen zu vermeiden, bedient er sich andererseits mitunter der wohlbedachten Redundanz völlig deckungsgleicher Wortreihen in unterschiedlichem Kontext, um schlaglichtartig und höchst hintersinnig eine versteckte Gemeinsamkeit der gegebenen Sachbezüge zu erhellen. Dieses von Milton mit großem Raffinement angewendete Kunstmittel der sprachlichen Satire kommt zum Beispiel in der „Areopagitica" zum Tragen, in der zunächst in einem scheinbar affektfreien, amtlich-nüchternen Kanzleiton die vom englischen Parlament am 14. Juni 1643 erlassene Verordnung zur Regelung des Druckwesens (sicherheitshalber in Kursivsatz!) zitiert wird, wonach künftig „keinerlei Bücher, Pamphlete oder Schriften mehr im Druck erscheinen dürfen, ohne zuvor von einer oder mehreren dazu bevollmächtigten Personen gutgeheißen oder freigegeben worden zu sein" (MW 4/297), und derselbe Wortlaut wenige Seiten danach, ergänzt durch hämische Verbalinjurien, kurzerhand dem Konzil von Trient und der spanischen Inquisition in den Mund gelegt wird, durch welchen sprachlichen Taschenspielertrick in assoziativer Rückkopplung jenes von Milton angezielte Aha-Erlebnis des Lesers ausgelöst wird, daß beim Erlaß der ärgerlichen Parlamentsverordnung letztlich nichts weniger als papistische Umtriebe im Spiel gewesen seien.

Faszinierend, und von subalterner Seite mit „egozentrisch" plakatiert,[318] ist auch die gewollte Subjektivität von Miltons Redestil, der immer wieder aus der schriftsprachlichen Reserviertheit ausbricht und persönliche Betroffenheit, Leidenschaft, Pathos, ja Sendungsbewußtsein zum Klingen bringt. Dieser stark expressive Grundzug seiner Sprache ist besonders in seiner letzten Schrift nicht ohne Anklänge von menschlicher Tragik, indem Milton sich dort mit schon spürbar erschütterter Siegeszuversicht fast krampfhaft durch beschwörende Leserappelle über die eigene beginnende Desillusionierung hinwegsetzt und sich mit einer in der zeitgenössischen Dissidentenliteratur nahezu beispiellosen Unbeugsamkeit immer wieder selber Mut zuzusprechen scheint. Wir haben schon in anderem Zusammenhang erwähnt, welch aufopfernde Gesinnungstreue dazu gehörte, im Angesicht der unverkennbar vorrückenden Stuartrestauration nicht der politischen Resignation zu verfallen und sein Vertrauen, allen schmählichen Enttäuschungen zum Trotz, äußerlich ungebrochen auch weiterhin auf die parlamentarischen „Hüter der Freiheit" zu setzen – zu einem Zeitpunkt, wohlgemerkt, als ein weitverbreiteter Fluch in der Londoner City statt „Leck mich am Arsch" nun „Leck mich am Parlament!" lautete[319] –, noch im Februar des schicksalhaften Jahres 1660 also, wie zu Steinen und Bäumen redend, die Fahne der Revolution hochzuhalten, als sie bereits verloren war!

Miltons Sprache ist aber auch gelegentlich als rauh und hart bezeichnet worden. Diese „Rauheit" wird immer dann fühlbar, wenn er die seiner Muttersprache fremden Ausdruck- und Gestaltungsmittel des Lateinischen dem Englischen aufzumontieren sucht. Bei der Betrachtung dieses Mankos gilt es freilich im Auge zu behalten, daß zu seiner Zeit das heimische Idiom gerade erst begonnen hatte, sich von dem hergebrachten Exklusivitätsanspruch des Lateinischen zu emanzipieren. Wer außerhalb Englands verstanden und gelesen werden wollte, griff ja gemeinhin zum Lateinischen als der internationalen Verkehrssprache der Gebildeten. Die Verwendung des Englischen als Literatursprache war immer noch die Ausnahme von der Regel, eine halbherzige Konzession für den inländischen Hausgebrauch (und wer ganz sicher gehen wollte, seine Perlen nicht bloß vor die Säue zu werfen, entschied sich, wie Bacon oder Hobbes, tunlichst für zweisprachige Ausgaben seiner Werke). Der von dem Hofdichter John Dryden[320] noch 1685 ausgesprochene Verdacht ist nicht von der Hand zu weisen, daß viele der bedeutenden Denker des 17. Jahrhunderts in England sich in den Regeln der lateinischen Grammatik sehr viel besser auskannten als in den noch wenig erprobten und entwickelten Ausdrucksmöglichkeiten des Englischen, das ja damals noch nicht einmal über eine gefestigte Orthographie, geschweige denn über ein Regelwerk von akzeptierten sprachmeisterlichen Normvorgaben verfügte.

Miltons prinzipielle Option für die Sprache seines Volkes – des Lateinischen bediente er sich, wenn er auf dem Kontinent verstanden werden wollte – ergibt sich aus seiner vaterländischen Verantwortung; hier gedachte sich keiner als Dazugehöriger einer internationalen Bildungselite zu profilieren, sondern hier solidarisierte sich ein kämpferischer Patriot mit dem Wohl und Wehe seiner Nation, an die er sich zuvörderst wandte und von der er in erster Linie gehört und verstanden sein wollte. Es ist jedenfalls keineswegs ausgemacht, ob man sich Milton in dieser Lage nach dem dichterischen Bilde, das Johannes Tralow in seinem Cromwell-Roman von ihm gezeichnet hat, als ein „Magisterlein" und einen „halbblinden Narren" vorstellen darf, der „nichts hat als einen Gänsekiel und ein Siegerlächeln um seine dünnen, hochmütigen Lippen".[321] Der da mit spitzer Feder polternd und respektlos gegen König und Bischöfe zu Felde zog, saß gewiß nicht in einem Elfenbeinturm: Was er zu sagen hatte und wie er es sagte, verweist solche Behauptung in die Narrenfreiheitszonen von Romanciers.

Und wie von ungefähr paart sich – in für das ganze Zeitalter der Reformation bezeichnender Volksverbundenheit – die Hinwendung zur Sprache des gemeinen Mannes (wenn auch nicht zu dessen schlichter Redeweise, denn im Unterschied etwa zu Gerrard Winstanley, dem Plebejer, bleibt Milton stets ein aus dem klassischen Bildungsreservoir der *ars rhetorica* schöpfender bürgerlicher Gelehrter) ostentativ mit einer Kritik an der zu seiner Zeit vielfach reaktionären Rolle des Lateinischen, das indirekt als Geheimcode der Unfreiheit denunziert wird (und von daher mit vollem Recht in unseren voranstehenden antithetischen Begriffskatalog hätte aufgenommen werden können), wenn es zum Beispiel in der „Areopagitica" heißt, daß eine derart knechtische Buchstabenverbindung wie das lat. Imprimatur sich nicht leicht ins Englische „als die Sprache von Männern" werde übersetzen lassen, „die für ihre Freiheitstaten auf immer berühmt und unerreicht sein werden" (MW 4/305). Aus derselben Haltung grenzt Milton sich gleich zu Beginn seiner Abhandlung „Über die staatliche Gewalt in Kirchenangelegenheiten" von der Gepflogenheit ab, derlei Disputationen in der „üblichen Sprache der Christenheit" auszutragen (MW 6/1), sind doch seine Adressaten auch hier nicht (oder erst in zweiter Linie) die Gebildeten, sondern die – nach seinem Demokratieverständnis durch das Parlament repräsentierten – Menschen aus dem Volk (so dumpf und geistig schwerfällig sie ihm in ihrer gestaltlosen Masse auch erscheinen mögen). Milton weiß um die immanente Ideologiefunktion der Sprache, und wenn er sich hier wie andernorts (so in dem gedankenreichen Aufsatz „On Education") zum Englischen bekennt, so geschieht dies zugleich als Affront gegen die überlieferte Sprache des (zumal katholischen) Klerus und dessen als zutiefst volksfeindlich und autoritär erkanntes Bildungsmonopol. Er durchschaut und demaskiert dessen Praktiken, das einfache (und einfältige!) Volk von der Kanzel herab mit unverstandenen griechischen und lateinischen Fremdwörtern zu tyrannisieren, und läßt es sich folgerichtig angelegen sein, solche Schlüsselbegriffe der Kirchenzucht wie Häresie und Schisma mit exegetischer Gründlichkeit bis in ihre linguistischen Wurzeln zurückzuverfolgen und sie so der ihnen (fälschlich) unterstellten negativen Konnotationen zu entkleiden. Die Entscheidung für das Englische als Reverenz vor dem Volke wird damit zu einem politischen Bekenntnisakt des Republikaners Milton, und ihr auslösendes Moment ist die unmittelbare bewußtseinsbildende Wirkungsabsicht eines auf Veränderung zielenden volkstümlich-humanistischen Aufklärers.

Ein zweiter Grund mag mitgespielt haben. Er hat mit der linguistischen Kompetenz des Lateinischen als Mittlersprache für die von Milton zur Diskussion gestellten neuzeitlichen Probleme zu tun, nämlich mit der objektiv begrenzten Leistungsfähigkeit einer toten Sprache bei der präzisen Benennung (und nicht selten: utopischen Antizipation) von Erscheinungen und Entwicklungen, die ihrem Wesen nach einer lebendigen, sich dynamisch verändernden gesellschaftlichen Wirklichkeit zugehören. Wie nach dem bekannten Marx-Wort die Sprache nichts anderes ist als die unmittelbare Wirklichkeit des Gedankens (MEW 3/432), so muß diese notgedrungen auch den erreichten Erkenntnis- und Reifezustand ihrer jeweiligen Benutzer widerspiegeln. Die neuen geistigen Inhalte des Reformations- und Revolutionszeitalters waren jedoch mit dem einer anderen historischen Epoche und sozialen Erfahrungswirklichkeit entstammenden Lateinischen nur unvollkommen und bestenfalls näherungsweise in Worte zu fassen, oder anders ausgedrückt: die Sprache Cromwells und seiner Getreuen war längst nicht mehr identisch mit der Sprache Ciceros, dazwischen lagen nicht nur anderthalb Jahrtausende, sondern ganze Welten. Milton, der aus seiner Zeit für seine Zeit schrieb, mochte sich wohl in der Kultur der Antike als seiner geistigen Wahlheimat zu Hause fühlen, aber er *dachte* in seiner Muttersprache, und auch wenn er lateinisch schrieb, verblieb er unweigerlich in der vermittelnden Rolle eines Übersetzers.

Durch die Verwendung des Englischen wurde dieses Dilemma zwar gemildert, aber nicht grundsätzlich aufgehoben. Denn die historischen Umwälzungen, deren Augenzeuge Milton wurde und deren progressiver Weichensteller und Mitgestalter er gern sein wollte, vollzogen sich derart abrupt, daß die Sprache der Zeit damit kaum Schritt zu halten vermochte. Die Benennung des Neuen mußte hier gleicherweise unter (vielfach umdeutender und sinnerweitender) Nutzung des Gegebenen erfolgen. Auch dort, wo Milton der Entwicklung im Schrittmaß einer konstruktiven Utopie – von der beengenden Wirklichkeit zur erahnten Idealität hin – vorauseilte, sah er sich zwangsläufig auf das entwicklungsgeschichtlich sozusagen nachhinkende Inventar seiner Muttersprache zurückverwiesen. Wie weit seine notwendige Befangenheit im sprachhistorisch aktuell Möglichen trotz aller diesbezüglichen funktionalen Überlegenheit des Englischen gegenüber dem Lateinischen reicht, wie jäh sich Mittelalter und Neuzeit gerade auf der Ebene des sprachlichen Zeichensystems immer wieder kreuzen und überlappen, zeigt sich besonders auffällig an Miltons Bildersprache, in der sich Altes und Neues zuweilen grell-disharmonisch mischen. Allerdings werden die traditionellen Denkinhalte schon merklich mit den realgeschichtlichen Erfahrungen des 17. Jahrhunderts angereichert, etwa wenn Milton beiläufig die Frage aufwirft: „Welchen Gewinn (!) bringt uns das Evangelium?" (MW 6/32).

Wer aber wie Milton in einer Zeit lebte und wirkte, in der buchstäblich alles im Fluß war, sah sich genötigt, auch solchen Dingen einen Namen zu geben, für die im damaligen Sprachgebrauch exakte Bezeichnungen noch fehlten. Ein verallgemeinerungsfähiges Beispiel, das zugleich den Übergang (oder die „Monosemierung") eines semantisch vielschichtigen Sammelbegriffs zum wissenschaftlich definierten Terminus illustriert, ist das Wort „commonwealth", das – bislang ein Synonym für jeder Art von Gemeinwesen, Staat, (biblisches) Reich usw. – um die Jahrhundertmitte einen radikalen Bedeutungswandel erfährt, indem es nunmehr für die Staatsform der unter Cromwell ausgerufenen (freien) Republik steht und sich in Miltons Texten den älteren Varianten als gleichberechtigtes Novum hinzugesellt, ohne durch klare Orientierungshilfen des Autors von diesen jeweils mit der wünschenswerten Trennschärfe abgegrenzt zu werden. Die Vermeidung des antiken Gleichworts „republic" – aus lat. *res publica* – ist bei Milton vorsätzlich, gilt es doch eine zuinnerst nationale Errungenschaft zu bezeichnen, wofür ihm nur ein angelsächsisches Wort tauglich erscheint. In dieselbe Richtung zielt auch Miltons – nicht ganz konsequentes – Abrücken von dem durch feudalistische Praktiken diskreditierten französischen Lehnwort „Parlament", für das er in deutlich republikanischer Tendenz einheimische Alternativen vorschlägt. Schließlich bedurfte auch der uns heute so vertraute Revolutionsbegriff für ihn noch der sinngemäßen Umschreibung, wobei er sich vorzugsweise mit dem über dessen theologische Implikationen weit hinausgehenden Äquivalent „reformation" behilft, das er damit in seine politische Programmatik gleichsam einfunktioniert.

Unter diesen auch wirkungsgeschichtlichen Aspekten ist es nun sinnvoll und möglich, die volkstümlichen Elemente in der Sprache Miltons näher zu bestimmen. Sie zeigen sich nicht vordergründig in seinem Vokabular, das, zumindest in den hier vorgestellten Proben, überwiegend innerhalb der hochsprachlichen Norm verbleibt. Auch die Syntax weist ein hohes Maß von abstrakter Regelhaftigkeit und intellektueller Organisiertheit auf. Miltons Nähe zum Volk, seine Volksverbundenheit, die ihn „aus natürlicher Pflicht und Neigung" (MW 6/1) drängt, sich zuerst seinen eigenen Landsleuten verständlich zu machen, äußert sich vielmehr darin, daß dieser Empfänger seiner Botschaft auch sprachlich stets präsent bleibt. Allein daß der Verfasser – entgegen dem verbreiteten Standpunkt, daß „eine bedeutende Frage stets nur durch bedeutende Bücher entschieden werden" könne (MW 6/41) – für die Propagierung seiner Ideen die sozusagen kleinkalibrige literarische Waffengattung der Flugschrift wählt, spricht für sich. Milton meditiert oder doziert niemals ins Leere, sondern redet sein Publikum unmittelbar an. Seine Rhetorik bleibt auch dann immer partnerbezogen, wenn das gewählte Textgenre (wie in der „Areopagitica") die direkte Anrede nicht ohnehin zwingend bedingt. Nicht also in der äußeren Form der eingesetzten Sprachmittel, sondern in der kommunikativen Grundhaltung des Autors wird seine Volkstümlichkeit spürbar. Sein Vortragsstil ist durch den Gestus der gesprochenen Sprache geprägt, seine Schriften sind in Wahrheit Reden und seine Leser Zuhörer. In Miltons Prosa gibt es eine Fülle typischer *Rede*figuren wie rhetorische Fragen, innere Monologe, pronominale und andere Formen persönlicher Kontaktsuche, das unverkrampfte Vordrängen des eigenen Subjekts, die gehäuften Parenthesen, wiederholt auch wörtliche Rede. Die plastischen Vergleiche sind zum übergroßen Teil der sinnlich-gegenständlichen Erlebnissphäre des Volkes entnommen: Da ist von Geizhälsen und Figuren der Puppenbühne die Rede, von Fastnachtbräuchen und anderen Volksbelustigungen, immer wieder wird die Symbolik der Verdauung strapaziert, es begegnen Bilder des Wachsens und Vergehens aus der Natur und vor allem solche aus der bäuerlichen und handwerklichen Arbeitswelt, Allegorisches und Mythologisches wird in der Regel erklärt, um das Verständnis zu erleichtern. Stets überwiegen – reale oder simulierte – *Dialog*situationen, die mit stereotypen Fertigteilen der mündlichen Rede einhergehen: *„wer da sagt"*, *„sie sagen ..."*, *„ich antworte darauf"*, *„mögen/sollen sie deshalb ..."* etc. Milton macht sich als Autor zum Anwalt und Sprecher „aller denkenden und wissenden Menschen" (MW 6/124), führt vor deren Ohren öffentliche Zwiesprache und läßt vor diesem Richterstuhl der Vernunft die Widersacher von der Gegenpartei gleichsam nacheinander aufmarschieren, um ihre Argumente im Wechsel von Rede und Gegenrede säuberlich zu zerpflücken, also in für jedermann nachvollziehbarer Dialektik ad absurdum zu führen. Stets hat er „etwas an die Adresse" (MW 5/44) der in so verschiedener Gestalt auftretenden Feinde der Volkssouveränität zu sagen, und immer geht es ihm darum, sich „Gehör" zu verschaffen, im offenen Streitgespräch gegensätzliche Meinungen auszudiskutieren. Aus diesem Ansatz bezieht seine Prosa letztlich jene aufrüttelnde und weiterwirkende Kraft, deren progressive Traditionslinie in England über Toland, Swift, Godwin, Wollstonecraft, Cobbett, Carlyle und Ruskin bis in die Gegenwart führt.

Kann man das auch über die von Milton vermittelten Argumentations*inhalte* sagen? Sind diese nicht längst durch Tatsachen überholt und von Denkern widerlegt? Hat nicht jener schwarzhaarige und großwüchsige Charles II., gegen dessen Thronübernahme Milton all seine Beredsamkeit vergeblich aufgeboten hatte und von dem überliefert ist, daß er die Mätressen zu akzeptieren gewohnt war, die man für ihn aussuchte (und mit denen er vierzehn Kinder zeugte), J. M.s Idee, daß Liebe das Maß der Ehe sei, genauso widerlegt wie das königliche Bündel gewissensuniformierender, die Staatskirche restaurierender Gesetze[322] der Independenten Verteidigung individueller Freiheit? Hat nicht selbst Thomas Hobbes von Milton gesagt: very good Latin, very ill reasoning,[323] ein ganz guter Lateiner, aber ein schwacher Argumentator? Sind nicht beider Werke, die von Hobbes *und* die von Milton, an ein und demselben Tag, am 21. Juli 1683, in einem Freudenfeuer an Oxfords Universität verbrannt worden, und hatte nicht die andere Universität, die von Cambridge, in einer hündischen Adresse dem besagten Charles II. versichert,[324] daß Könige ihren Titel nicht vom Volk haben, sondern von Gott, dem allein sie verantwortlich seien, denn der Untertanen Sache sei es, ihren Souverän nicht zu kreieren, sondern sich ihm zu subordinieren? Und machen nicht selbst noch in diesem unseren, ach so aufgeklärten Jahrhundert weißgardistische Emigranten mit dem von Charles I. abgekupferten, schon von Milton in seinem *Eikonoklastes* voll aufs Horn genommenen Argument zaristische Propaganda,[325] Nikolaus II. sei the martyred Tsar, the holy martyr?

Gewiß, auch Miltons schöne Ideen blamierten sich, soweit sie von dem herrschend werdenden Interesse unterschieden waren. Zwischen den Zielen der Revolutionäre und den Möglichkeiten der Revolution ist eine Deckungsgleichheit ohnehin selten zu finden; überdies gehört der Widerspruch zwischen dem subjektiven Wollen und dem objektiven Sollen zu den Triebkräften des Fortschritts. Milton, dessen Blindheit nicht das einzige war, was ihn mit Homer verband, und der, nach Friedrich Schillers gutem Wort,[326] es nicht zu dulden vermochte, daß einer über ihm war, hat am Ende doch bloß denen den Weg zur Macht freiargumentiert, die nicht das Gewissen, sondern das Eigentum zum A und O, zur Grundlage und zum Zweck der Gesellschaft gemacht haben: der Eigentümer an den Produktionsmitteln dominiert, exploitiert und manipuliert den Nichteigentümer.

Ist es dennoch nicht vermessen, zu erwarten — und dafür auch das Seine zu tun—, daß John Miltons großer Versuch, das Schiff einer Republik, eines wirklichen Gemeinwesens gleich Freier unter Segel zu bringen, triumphieren wird? (MC 207 = ML 3/334–340):

The world shall burn and from her ashes spring
New Heav'n and Earth, wherein the just shall dwell
And after all their tribulations long
See golden days, fruitful of golden deeds,
With joy and love triumphing, and feir truth.
For regal scepter then no more shall need ...

Indes verbrennt die Welt; aus ihrer Asche
Steigt Erd und Himmel neu, worin Gerechte wohnen,
Die hier nach langem Leiden goldne Tage
Voll goldner Taten Frucht genießen und den Sieg
Der Liebe und der Wahrheit feiern werden.
Dann braucht es keines Königszepters mehr ...

Hermann Klenner / Klaus Udo Szudra

Abkürzungsverzeichnis

A   Anmerkung(en) zu MF
Am   AT: Der Prophet Amos
Apg   NT: Die Apostelgeschichte des Lukas
AT   Das Alte Testament der Bibel

1 Ch, 2 Ch   AT: Das 1./2. Buch der Chronik

Dan   AT: Der Prophet Daniel

ed.   Herausgeber
Eph   NT: Der Brief des Paulus an die Epheser
Esr   AT: Das Buch Esra
Est   AT: Das Buch Esther

FM   J. M. French (ed.), *The Life Records of John Milton*, New
           Brunswick 1949–1958 (Band/Seite)

Gal   NT: Der Brief des Paulus an die Galater
GD   S. R. Gardiner (ed.), *The Constitutional Documents of the Puri-
           tan Revolution*, Oxford 1968
GH   S. R. Gardiner, *History of the Great Civil War*, London 1893
           (Band/Seite)
GP   S. R. Gardiner, *History of the Commonwealth and Protectorate*,
           London 1903 (Band/Seite)

Hab   AT: Der Prophet Habakuk
Hag   AT: Der Prophet Haggai
HD   Ch. Hill/E. Dell (ed.), *The Good Old Cause*, London 1969
Heb   NT: Der Brief an die Hebräer
Hes   AT: Der Prophet Hesekiel
Hi   AT: Das Buch Hiob
Hl   AT: Das Hohelied Salomos
HM   Ch. Hill, *Milton and the English Revolution*, London 1979
Hos   AT: Der Prophet Hosea

Jak   NK: Der Brief des Jakobus
Jer   AT: Der Prophet Jeremia
Jes   AT: Der Prophet Jesaja
Jh   NT: Das Evangelium des Johannes
1 Jh–3 Jh   NT: Der 1.–3. Brief des Johannes
Jo   AT: Der Prophet Joel
Jon   AT: Der Prophet Jona
Jos   AT: Das Buch Josua
Jud   NT: Der Brief des Judas

Klg   AT: Die Klagelieder Jeremias
1 Ko, 2 Ko   NT: Der 1./2. Brief des Paulus an die Korinther

1 Kö, 2 Kö   AT: Das 1./2. Buch von den Königen
Kol   NT: Der Brief des Paulus an die Kolosser

Lk   NT: Das Evangelium des Lukas

MA   Milton, *Samson Agonistes* (Vers)
Mal   AT: Der Prophet Maleachi
MB   Milton, *Politische Hauptschriften* (ed.: W. Bernhardi), Berlin/
         Leipzig 1874–1879 (Band/Seite)
MC   Milton, *The Complete Poems* (ed.: B. A. Wright), London
         1980
MEGA   Marx/Engels, *Gesamtausgabe*, Berlin ab 1975 (Abteilung/
         Band, Seite)
MEW   Marx/Engels, *Werke*, Berlin 1956–1983 (Band/Seite)
MF   Milton, *Zur Verteidigung der Freiheit*, Reclam, Leipzig 1987
MH   *Milton on Himself* (ed.: J. Dieckhoff), London 1965
Mi   AT: Der Prophet Micha
Mk   NT: Das Evangelium des Markus
ML   Milton, *Paradise Lost* (Buch/Vers)
MM   D. Masson, *The Life of John Milton*, New York 1946 (Band/
         Seite)
1 Mo–5 Mo AT: Das 1.–5. Buch Mose
MP   Milton, *Complete Prose Works* (ed.: D. M. Wolfe), New Ha-
         ven 1953–1982 (Band/Seite)
MR   Milton, *Paradise Regain'd* (Buch/Vers)
MS   Milton, *Selected Prose* (ed.: C. A. Patrides), Harmondsworth
         1974
Mt   NT: Das Evangelium des Matthäus
MT   Milton, *The Prose* (ed.: J. M. Patrick), Garden City 1967
MU   *Milton und der Ursprung des neuzeitlichen Liberalismus.* Studien-
         ausgabe der politischen Hauptschriften (ed.: E. W.
         Tielsch), Hildesheim 1980
MW   Milton, *The Works* (ed.: F. A. Patterson), New York
         1931–1940 (Band/Seite)

Nah   AT: Der Prophet Nahum
Neh   AT: Das Buch Nehemia
NT   Das Neue Testament der Bibel

Ob   AT: Der Prophet Obadja
Off   NT: Die Offenbarung des Johannes

Phl   NT: Der Brief des Paulus an die Philipper
Phm   NT: Der Brief des Paulus an Philemon
PM   W. R. Parker, *Milton.* A Biography, Oxford 1968 (Band/
         Seite)
Pr   AT: Der Prediger Salomo
Ps   AT: Der Psalter

1 Pt, 2 Pt   NT: Der 1./2. Brief des Petrus

Ri   AT: Das Buch der Richter
Rö   NT: Der Brief des Paulus an die Römer
Rth   AT: Das Buch Ruth

Sa   AT: Der Prophet Sacharja
SG   A. Stern, *Geschichte der Revolution in England*, Berlin 1898
SM   A. Stern, *Milton und seine Zeit*, Leipzig 1877–1879 (Buch/
        Seite)
1 Sm, 2 Sm   AT: Das 1./2. Buch Samuel
Spr   AT: Die Sprüche Salomos
1 Th, 2 Th   NT: Der 1./2. Brief des Paulus an die Thessalonicher
1 Ti, 2 Ti   NT: Der 1./2. Brief des Paulus an Timotheus
Tit   NT: Der Brief des Paulus an Titus

Zep   AT: Der Prophet Zephanja

Anmerkungen

1 *Areopagitica:* Die berühmteste seiner Prosaschriften hat der
35jährige Milton Ende November 1644 publiziert. Verkauft
wurde sie für vier Pfennige je Pamphlet, dessen Titel eine Unterstellung und eine Anspielung enthält: Auf dem Areopag
(= Hügel des Ares, des Kriegsgottes), südwestlich der Akro-
polis von Athen gelegen, hatte vor dem Zerfall der Gentilord-
nung der Rat der Stammesältesten, später der Rat des grundbe-
sitzenden Adels in Attika mit höchster gesetzgebender und
richterlicher Gewalt getagt, dessen Zuständigkeit seit Solon
(594 v. u. Z.) und Ephialtes (461 v. u. Z.) auf Fälle schwerer
Kriminalität, insbesondere auf Religionsverbrechen einge-
schränkt worden war. In seiner Schrift *Areopagiticos* ist der
Athenienser Isokrates (vgl. A 6) um 350 v. u. Z. für eine Wiederherstellung der alten Vollmachten des Areopag, des Ältestenrates, eingetreten. An den Titel dieser als Rede formulier-
ten Schrift knüpft Milton mit seiner angeblichen Rede an, die
natürlich erst recht nicht vor dem englischen Parlament gehalten wurde. Vielmehr handelt es sich um eine Streitschrift gegen dieses Parlament, das anderthalb Jahre zuvor durch eine
Verordnung – Ordinance to prevent and suppress the licence
of printing vom 14. Juni 1643 (vgl. MM 3/269) – nur noch re-
gistrierte und lizensierte Publikationen für zulässig erklärt
hatte. Außerdem hatte am 13. August 1644 der puritanische
Geistliche Herbert Palmer (1601–1647) vor beiden Häusern
des Parlaments gepredigt (vgl. PM 1/263), daß irrige Auffassungen von Autoren – und er nannte als Beispiel Miltons Meinungen über die Zulässigkeit von Ehescheidungen – auch unter dem Vorwand der Gewissensfreiheit nicht toleriert werden
dürften. Den gegen ihn eingeleiteten parlametrischen Unter-
suchungen scheint Milton sich zu entziehen vermocht zu haben. Im Gegenteil: er veröffentlichte *Areopagitica*, seine Streitschrift gegen jede Vorauszensur von Druckerzeugnissen, ohne
die gesetzlich erforderliche Zensurerlaubnis, jedoch unter
Nennung seines vollen Namens, lediglich Buchdrucker und
Buchverkäufer werden verschwiegen. Die zu Miltons Lebzeiten einzige Ausgabe seines Pamphlets ist u. a. zugänglich in:
MS; MT; MW 4/293–354; MP 2/486–570 (beste Edition); an-
notierte Einzelausgaben von „Areopagitica" sind erschienen
in: Philadelphia 1972 (ed.: E. Arber), Cambridge 1973 (ed.:
I. Rivers), Folcroft 1974 (ed.: R. Jebb); eine nunmehr freilich
in mancherlei Beziehung veraltete deutsche Edition bietet
MB 1/38–75, nachgedruckt in MU 79–124. – Für den Inhalt

der nachfolgenden Anmerkungen weiß sich der Herausgeber besonders den in der Bibliographie von MF ausgewiesenen Werken von Christopher Hill, Arthur L. Morton, William R. Parker, Constantinos A. Patrides, Frank A. Patterson, Don M. Wolfe verpflichtet, für anderweitige Hilfe hat er Günter Baranowski, Karin Gurst, Gundel Jankowiak und Annelies Schwarzer zu danken.

2 Vgl. Euripides, *Die Hilfeflehenden* (Werke, Bd. 1, Berlin 1966, S. 286, Vers 426 ff.), es ist Theseus, Nationalheld der attischen Sage und angeblicher Gründer der Stadt Athen, der also spricht:

Nichts ist dem Volk so sehr verhaßt wie ein Tyrann.
Dort gelten nicht als Höchstes die gemeinsamen
Gesetze, wo einer schaltet als Gesetzesherr
Ganz unumschränkt; und da ist keine Gleichheit mehr.
Doch werden die Gesetze schriftlich festgelegt,
Genießt der Reiche wie der Arme gleiches Recht;
Die freie Rede steht dem Armen zu wie dem
Vom Glück Gesegneten, wenn er beleidigt wird,
Und hat er recht, besiegt der kleine Mann den großen.
So klingt der Ruf der Freiheit: „Wer will einen Rat,
Der unsrem Staate nützt, vor die Versammlung bringen?"
Und wer es wünscht, der erntet Ruhm, wer nicht, kann
schweigen.
Wo gibt es größre Gleichheit noch in einem Staat?

3 Milton meint hier seine fünf gegen die papistische und die anglikanische Bischofsverfassung (vgl. A 8) der Kirche gerichteten Reformationspamphlete, mit denen er „die Unterwerfung des Volkes unter den langen Fuß, der es in den Nacken tritt", zu mildern gedachte (MW 1/37: how to mould the sufference and subjection of the people to the length of that foot that is to tread on their necks), nämlich:
a) *Of Reformation touching church-discipline in England: And the Causes that hitherto have hindred it,* London 1641 (MP 1/519–617; MB 2/295–353);
b) *Of Prelatical Episcopacy and whether it may be deduc'd from the Apostolical Times,* London 1641 (MP 1/624–652);
c) *Animadversions upon the Remonstrants Defence, against Smectymnuus,* London 1641 (MP 1/662–735);
d) *The Reason of Church-government urg'd against Prelaty by Mr. John Milton,* London 1641 (MP 1/746–861; MB 3/1–66);
e) *An Apology against a Pamphlet call'd a Modest Confutation of the Animadversions upon the Remonstrant against Smectymnuus,* London 1642 (MP 1/868–953; MB 3/67–126).

Von den voranstehenden (auch in MW, Bd. 3 zugänglichen) puritanischen Reformationspamphleten erschienen die unter a), b), c) und e) genannten anonym. Über die späteren religionstheoretischen und kirchenpolitischen Traktate Miltons vgl. A 220.

4 Gemeint ist Joseph Hall (1574–1656), Bischof von Exeter und Norwich, gegen dessen *Episcopacy by Divine Right* (1640) und vor allem *An Humble Remonstrance to the High Court of Parliament* (1641) Milton u. a. seine Anti-Bischofspamphlete (vgl. A 3) gerichtet hatte.

5 Gemeint ist die in A 1 genannte Zensurverordnung des englischen Parlaments vom 14. Juni 1643 (abgedruckt in MP 2/797). Vgl. GH 1/149 sowie allgemein zur obrigkeitlichen Kontrolle des Preß- und Druckereiwesens: W. S. Holdsworth, *A History of English Law,* Bd. 6, London 1966, S. 360 ff., sowie MP 2/158 und A 131.

6 Anspielung auf den einflußreichen Theoretiker und Praktiker der Beredsamkeit Isokrates (436–338 v. u. Z.), der mit seinen als Reden verfaßten Broschüren, von denen 21 formvollendete überliefert sind, Einfluß auf die Politik eines unter Athens Führung zu einigenden Griechenlands zu nehmen versuchte. In seiner „Rede" *Areopagiticos* (vgl. A 1) hatte Isokrates den Athenern geraten, zur Verfassung Solons zurückzukehren. Milton hat in seiner Schrift „Of Education" empfohlen, neben Platon und Aristoteles auch die Werke des Isokrates zu studieren (MW 4/28). Vgl. E. Mikkola, *Isokrates. Seine Anschauungen im Lichte seiner Schriften,* Helsinki 1954, bes. S. 227 f.; H. Kreißig, Geschichte des Hellenismus, Berlin 1982, S. 34 f.; Ch. Eucken, *Isokrates,* Berlin (W) 1983.

7 Dion Chrysostomos (etwa 40–112 u. Z.) aus Prusa (jetzt: Bursa im türkischen Kleinasien), griechischer Rhetoriker und Popularphilosoph, hatte den Bewohnern von Rhodos abgeraten, die auf den öffentlichen Statuen stehenden Namen längst vergangener Herrscher durch die der neueren zu ersetzen.

8 Als *Prälaten* wurden in der katholischen Kirche die Inhaber der mit Jurisdiktion verbundenen Ämter bezeichnet (u. a. Papst, Kardinäle, Bischöfe, Patriarchen), die sich als Angehörige des höheren Klerus in unüberbrückbar privilegierter Weise vom Kirchenvolk, den Laien, unterschieden, hinzu kamen Standesvorrechte ökonomischer und politischer Art; da nach katholischer Lehre (vgl. A 122) die gültige Aufeinanderfolge (Apostolische Sukzession) der jeweiligen Amtsinhaber eine ununterbrochene Kontinuität in einer letztlich in göttlicher Einsetzung gipfelnden Hierarchie der von Christus selbst

gestifteten Kirche garantiert, hat die römisch-katholische Kirche eine päpstlich-monarchische, keine demokratische Struktur. – Die während der Reformation (vgl. A 122), beginnend mit dem Suprematsgesetz von 1534 unter Henry VIII. (vgl. A 64), sich herausbildende *Anglikanische Kirche* (The Established Church of England) ist zwar eine vom Papst unabhängige Landes-, ja Staatskirche, sie wahrt aber in ihrer Verfassung und Liturgie weitgehend die Kontinuität mit dem mittelalterlichen Katholizismus, ist also in Apostolischer Sukzession eine Bischöfliche (Episkopal-) Kirche mit, wenn auch dem Zölibat nicht unterliegenden, Priestern. Gegen diese hierarchisch organisierte, mit dem Staatsabsolutismus organisch verbundene anglikanische Bischofskirche (vgl. A 80) samt der *Prälatenwirtschaft* entwickelte sich seit der Mitte des 16. Jahrhunderts die kirchlich-politische Reformbewegung des Puritanismus, zu dessen besonders konsequenten und jedenfalls wortgewaltigsten Vertreter später John Milton wurde. – Vgl. A 3 und 10 sowie O. Chadwick, *The Reformation,* Harmondsworth 1977; H. Grünert, *Großbritannien,* in: Kleine Enzyklopädie. Weltgeschichte, Bd. 1, Leipzig 1979, S. 398–436.

9 Vgl. Publius Ovidius Naso (vgl. A 28), *Metamorphoses,* Buch 3, Vers 101ff. (Ovid, *Werke,* Bd. 1, Berlin 1968, S. 59).

10 Die in England seit etwa 1565 entstandene kirchlich-politische Reformbewegung des *Puritanismus*, in der sich Bürgertum und nonkonformistische Intellektuelle als politische und religiöse Opposition gegen Staatsabsolutismus und Anglikanische Hochkirche (vgl. A 8) formierten, erwies sich während der 1640 einsetzenden, seit 1642 als Bürgerkrieg geführten Revolution als Kern der Königsgegner. Er spaltete sich bald in einen linken und einen rechten Flügel: Während die *Presbyterianer* ihren früheren Gegensatz zu dem sie unterdrückenden König in einem schwankenden Verhalten (vgl. A 190) aufhoben, bildeten die *Independenten*, die sich als die eigentlichen Puritaner fühlten, das Sammelbecken aller konsequenten Revolutionäre und unter Oliver Cromwells Führung (vgl. A 191) den Kern des reorganisierten Parlamentsheeres sowie, nach dem Sieg der Revolution, des republikanisch gewordenen Staates. In dem Gegensatz Presbyterianer/Independenten spiegelte sich der Gegensatz zwischen den Großbürgerlichen und Neuadligen einerseits und andererseits den kleinen und mittleren Landadligen, den Handwerkern und progressiven Intellektuellen wider. Miltons Position ist eindeutig: er blieb bis zu seinem Tod ein in jeder Beziehung nonkonformistischer Independent, ein Gegner nicht nur jedes feudalen, sondern auch jedes bürgerlichen Absolutismus und Monarchismus. Vgl. A 3,

100 und 133 sowie Ch. Hill, *The Century of Revolutin* London 1978, S. 145–164.

11 *Protagoras*, griechischer Philosoph aus Abdera (etwa 480–410 v. u. Z.), Sophist. Bekannt vor allem durch seinen Homo-mensura-Satz: „Der Mensch ist das Maß aller Dinge, der Seienden, wie sie sind, und der Nichtseienden, wie sie nicht sind" (zitiert von Platon, *Werke*, Bd. II/1, Berlin 1985, S. 141). Sein Buch über die Wahrheit, das mit den Worten begann: „Von den Göttern weiß ich nicht, weder daß sie sind, noch daß sie sind; denn vieles hemmt uns in der Erkenntnis, sowohl die Dunkelheit der Sache wie die Kürze des Lebens", wurde auf dem Markt verbrannt. Er selbst soll wegen Asebeia (Gottlosigkeit, Atheismus) angeklagt und aus Athen vertrieben worden sein; auf der Flucht nach Sizilien ist er angeblich ertrunken. Vgl. Platon, *Werke*, Bd. I/1 (ed.: Schleiermacher/Irmscher), S. 151–221: Protagoras, sowie vor allem: Diogenes Laertius, *Leben und Meinungen berühmter Philosophen* (9/50–56), Berlin 1955, S. 185–188. In „Of Education" hat Milton empfohlen, Diogenes Laertius zu studieren (MW 4/284).

12 Gemeint sind die Komödien vor allem des *Aristophanes* (etwa 445–386 v. u. Z.), des bedeutendsten Komödiendichters der Antike. Vgl. A 15 und Aristophanes, *Komödien*, Bd. 1–2, Weimar 1963.

13 Vgl. Marcus Tullius Cicero (106–43 v. u. Z.), *De natura deorum/ Das Wesen der Götter* (1/23). Vgl. Cicero, *Scripta*, Teil 4, Bd. 2, Leipzig 1890, S. 24.

14 *Epikuros* (341–270 v. u. Z.), bedeutender griechischer Philosoph eines frühen Materialismus; *Aristippos von Kyrene* (etwa 435–355 v. u. Z.), Schüler des Sokrates, Hedonist, Begründer der Philosophenschule der Kyrenaiker; die an Sokrates anknüpfende Philosophenschule der *Kyniker*, bekanntester Vertreter: Diogenes von Sinope (etwa 412–323 v. u. Z.), lehrte Bedürfnislosigkeit als Tugendinhalt und Voraussetzung für die Unabhängigkeit von Eigentum, Stand und der Nationalität. Vgl. insgesamt: W. C. Guthrie, *A History of Greek Philosophy*, Bd. 1–3, London 1962–1969; H. Ley, *Geschichte der Aufklärung und des Atheismus*, Bd. 1, Berlin 1966; R. Müller, *Die epikureische Gesellschaftstheorie*, Berlin 1972; H. Seidel, *Aristoteles und der Ausgang der antiken Philosophie*, Berlin 1984.

15 *Platon* (427–347 v. u. Z.), der große idealistische Philosoph Griechenlands, versuchte um 390 v. u. Z. am Hofe von Syrakus den sizilianischen Tyrannen *Dionysios* I. (ebendenselben, der in Schillers „Bürgschaft" am Ende gar kein Tyrann mehr war) zu beeinflussen, nicht sehr erfolgreich, denn, in Ungnade ge-

fallen, soll er von diesem schließlich als Sklave verkauft worden sein. Seine prinzipielle Meinung zu Komödiendichtern und dergleichen Possenreißern findet sich in seinen Werken: *Der Staat,* Leipzig 1978, S. 428–432; und *Gesetze,* Leipzig 1945, S. 48, 455, 464. Vgl. auch A 12 und 69.

16 Johannes *Chrysostomos* (etwa 345–407 u. Z.), Patriarch von Konstantinopel und bedeutendster Kanzelredner des christlichen Altertums, wegen seiner ethisch-puristischen Kritik sozialer Mißstände bei Kirche und Hof gefürchtet und daher mehrfach verbannt. Vgl. B. Hägglund, *Geschichte der Theologie,* Berlin 1983, S. 69.

17 *Lykurgos,* sagenhafter Gesetzgeber Spartas, soll auf Weisung des Delphischen Orakels oder nach kretischem Vorbild etwa im 9. Jh. v. u. Z. die spartanische Verfassung geschaffen haben, wie Herodot berichtet: *Das Geschichtswerk des Herodotos von Halikarnassos,* Leipzig 1956, S. 37. – Als Geburtsort des *Homeros,* des großen Epikers am Beginn der europäischen Literatur, über dessen Leben wir keine gesicherten Nachrichten haben, kommt Smyrna im ionischen Kleinasien in Frage. *Thaletas* von Gortyn (etwa 7. Jh.), griechischer Musiker und Dichter aus Kreta, soll in Sparta die Flötenmusik eingeführt haben. – Die Quelle für Milton scheinen die „Parallelbiographien" des griechischen Schriftstellers *Plutarchos* (etwa 46–119 u. Z.) gewesen zu sein, den zu studieren er in seiner Schrift „Of Education" empfiehlt (MW 4/284).

18 *Archilochos* (7. Jh. v. u. Z.), Sohn eines verarmten Aristokraten und einer Sklavin, setzte in seinen Dichtungen (vgl. *Griechische Lyrik,* Berlin 1976, S. 60ff.) dem homerischen Menschenbild der Heroenzeit das des natürlichen Individuums entgegen; führte neue Versformen ein, die er auch für Spott- und Schimpfgedichte verwandte.

19 Vgl. *Euripides* (etwa 485–406 v. u. Z.), Andromache, Vers 590ff. (Euripides, *Werke,* Bd. 1, Berlin 1966, S. 208).

20 *Zwölftafelgesetze* (451/50 v. u. Z.): früheste, nur in abschriftlichen Bruchstücken erhalten gebliebene Niederschrift des römischen Rechts (vgl. *Römisches Recht,* ed.: L. Huchthausen, Berlin 1983, S. 3–7). *Auguren*: im alten Rom vom Senat beamtete Angehörige der Priesterkaste, die mit seiner prophetischen Auslegung beauftragten Deuter des Vogelflugs und anderer als göttliche Zeichen verstandener Erscheinungen. *Flamen*: Sonderpriester einer römischen Gottheit.

21 Der stoische Philosoph *Karneades* (214–129 v. u. Z.), *Kritolaos* und der Stoiker *Diogenes* Babylonios nahmen 155 v. u. Z. an der sog. Philosophengesandtschaft Athens in Rom teil; ihr Rednertalent erregte bei der römischen Jugend großes Aufsehen,

zumal sie zunächst für, danach aber gegen Recht und Gerechtigkeit mit gleich glänzender Dialektik sprachen, was freilich den konservativen römischen Staatsmann Marcus Porcius *Cato* (234–149 v. u. Z.) sehr erbost haben soll.

22 Publius Cornelius *Scipio* Aemilianus (etwa 185–129 v. u. Z.), römischer Feldherr und Konsul, dessen Hellenismus im Widerspruch zur Kulturpolitik des sabinischen Cato (vgl. A 21) stand. Miltons Quelle scheint Ciceros Schrift *De senectute*/Über das Alter (8/26) gewesen zu sein. Vgl. Cicero, *Scripta*, Teil 4, Bd. 3, Leipzig 1890, S. 140.

23 Über Gnäus Naevius (gest. etwa 200 v. u. Z.), Titus Maccius *Plautus* (etwa 250–184 v. u. Z.), Menandros (etwa 342 bis 290 v. u. Z.) und *Philemon* (etwa 365–264 v. u. Z.) vgl. R. Müller (ed.), *Kulturgeschichte der Antike,* Bd. 1 (Griechenland), Bd. 2 (Rom), Berlin 1978/80, sowie Menander, *Stücke,* Leipzig (Reclam) 1975; Plautus, *Komödien,* Berlin 1980.

24 *Augustus* (63 v. u. Z.–14 u. Z.), seit 27 v. u. Z. Imperator Roms. Tacitus (etwa 55–120 u. Z.) berichtet in seinen „Annalen" (1/72) über die von Milton referierte Begebenheit. Vgl. Tacitus, *Annalen,* München 1954, S. 99.

25 Sein von Epikur (vgl. A 14) beeinflußtes materialistisches Lehrgedicht De rerum natura hatte der römische Dichter Titus Lucretius Carus (etwa 97–55 v. u. Z.) seinem Gönner *Memmius* (gest. etwa 46 v. u. Z.) gewidmet. Es wurde später von Marcus Tullius *Cicero* (106–43 v. u. Z.) herausgegeben. Vgl. Lukrez, *Über die Natur der Dinge,* Berlin 1957; F. Jürss/R. Müller/ E. G. Schmidt (ed.), *Griechische Atomisten.* Texte und Kommentare zum materialistischen Denken der Antike, Leipzig (Reclam) 1977.

26 Die Werke der römischen Dichter Gaius *Lucilius* (etwa 180–102 v. u. Z.), Quintus Horatius *Flaccus* (65–8 v. u. Z.) und Gaius Valerius *Catullus* (etwa 87–54 v. u. Z.) sind zugänglich in: *Römische Satiren,* Berlin 1970; Catullus, *Gedichte,* Leipzig (Reclam) 1981; *Horaz,* Werke, Leipzig (Reclam) 1984.

27 Von dem monumentalen Werk des Titus Livius (59 v. u. Z. bis 17 u. Z.), *Römische Geschichte seit Gründung der Stadt,* Bd. 1–2, Berlin 1978, sind u. a. die Bücher 109–116, die den Kampf zwischen Caesar und Pompeius (106–48 v. u. Z.) schildern, verlorengegangen; mit *Octavius Caesar* dürfte Augustus (vgl. A 24) gemeint sein, der in den erhalten gebliebenen Büchern des Livius nur gelegentlich (1/19; 4/20) erwähnt wird.

28 Vgl. Publius Ovidius Naso (etwa 43 v. u. Z.–18. u. Z.), *Die Liebeskunst,* Leipzig (Reclam) 1978. Auch die freimütigsten Passagen dieses Werkes (3/769–812) waren höchstens einer der Gründe, warum Augustus (vgl. A 24) den *Ovid* ans Schwarze

Meer verbannte, wo er dann fern der Heimat, Trauerlieder dichtend, verstarb. Vgl. A 36.

29 Flavius Valerius Gaius *Constantinus* (272–337 u. Z.), seit 306 u. Z. römischer Kaiser, führte das orientalische Hofzeremoniell ein, vollzog 313 u. Z. durch das Mailänder Toleranzedikt die staatliche Anerkennung des Christentums, dem er den Weg zur Staatsreligion bahnte (vgl. A 40); er leitete das 1. ökumenische Konzil von Nikaia (325 u. Z.), auf dem die Lehre des Arius (Leugnung der Gottesgleichheit von Christus) verdammt wurde, benutzte die christliche Religion als Mittel seiner Machtpolitik. Kirchenhistoriker feierten den ersten getauften Kaiser als Konstantin den Großen, dessen auf einer gefälschten Urkunde beruhende angebliche Übertragung der Herrschaft über das weströmische Reich auf den Papst (sog. Konstantinische Schenkung) späteren Päpsten als Waffe in ihren Auseinandersetzungen mit dem Kaisertum diente.

30 *Porphyrios* (233–304 u. Z.) und *Proklos* (410–485 u. Z.), beides griechische Philosophen eines Neuplatonismus; 398 u. Z. fand ein *Konzil zu Karthago* statt.

31 Die Beschlüsse des von Papst Paul III. einberufenen und von 1545 bis 1563 in Trient abgehaltenen *Tridentischen Konzils* trennten endgültig die katholische von der protestantischen Kirche. Abdruck der wichtigsten Beschlüsse dieses Konzils, darunter auch die Regeln über den Index verbotener Bücher, bei C. Mirbt (ed.), *Quellen zur Geschichte des Papsttums,* Tübingen 1924, S. 291–342. Pater *Paolo Sarpi* (1552–1623), von der Inquisition verfolgter Theologe und Ordensbruder, von Milton als „groß und gelehrt" bezeichnet (MS 102), hat in seiner „Istoria del concilio Tridentino" (London 1619) die kritische Sicht über die machtpolitischen Vorgänge in Trient geliefert. Milton hat dieses Werk in der zweiten Jahreshälfte von 1643 studiert (vgl. MP 1/396, 451).

32 Papst *Martin V.* (1368–1431) hatte in seiner Bulle „Inter cunctas" vom 22. Februar 1418 die Lehren des großen englischen Reformators *John Wyclif* (etwa 1320–1384) und des bedeutenden tschechischen Reformators *Jan Hus* (1371–1415) verurteilt. Das Konzil von Konstanz hatte zuvor Hus unter Bruch des zugesagten freien Geleits verbrannt; die Gebeine Wyclifs wurden erst 1428 ausgegraben und ebenfalls verbrannt. Vgl. A 105 und E. Winter, *Ketzerschicksale,* Berlin 1979, S. 64 ff.

33 *Leo X.* (1475–1521), bereits mit 17 Jahren Kardinal, seit 1513 Papst, verschärfte mit der Bulle „Inter sollicitudines" vom 4. Mai 1515 die Zensur. Der von Papst Paul IV. 1557 erstmals eingeführte „Index librorum prohibitorum", das Verzeichnis

der von der katholischen Kirche verbotenen Bücher, ist bis 1965 weitergeführt worden, besteht also seit immerhin schon zwanzig Jahren nicht mehr. Vgl. J. R. Grigulevič, *Ketzer – Hexen – Inquisitoren*, Bd. 2, Berlin 1976, S. 545–555. Über das Konzil von Trient vgl. A 31. – Die *Inquisition*, das Ketzergericht der katholischen Kirche (Inquisitio haereticae pravitatis), wütete mit besonderer Grausamkeit in Spanien; an ihrer Spitze stand seit 1483 ein vom König ernannter und vom Papst bevollmächtigter Großinquisitor, zunächst der Dominikanerprior Thomas de Torquemada. Unter seiner Leitung sind allein bis 1498 etwa 8800 Menschen zunächst gefoltert, dann lebendigen Leibes verbrannt und ihr Eigentum konfisziert worden. Vgl. H. C. Lea, *A History of the Inquisition in Spain*, Bd. 1–4, New York 1906.

34 *Imprimatur*, „es werde gedruckt": Formel, mit der die Zensurbehörde ihre Druckerlaubnis erteilt.

35 *Lambeth Palace* ist seit dem 13. Jh. die Londoner Residenz des Erzbischofs von Canterbury, des Primas der Anglikanischen Hochkirche (vgl. A 8); in der *St. Paul's Street* liegt der Palast des Bischofs von London. Über beider Bischöfe Rolle als Zensoren vgl. A 131. Vgl. S. Pepys, *Das geheime Tagebuch*, Leipzig 1980, im Anhang ein Stadtplan Londons aus dem 17. Jh. und eine Ansicht des Lambeth House.

36 Publius Ovidius Naso (vgl. A 28) erzählt in seinen „Metamorphoses" (9/285–315), daß Göttin *Juno* die Geburt des von ihrem Gatten Jupiter mit Alkmene gezeugten Herkules durch den von Milton geschilderten Trick, vergeblich natürlich, zu verhindern suchte. Vgl. Ovid, *Werke*, Bd. 1, Berlin 1968, S. 220.

37 *Rhadamantus*, Sohn von Jupiter und Europa, fungierte, jedenfalls in der Mythologie, mit seinem Bruder Minos und mit Aiakos als Totenrichter in der Unterwelt.

38 Raimundus *Lullus* (1235–1315), der Scholastik zugehöriger Philosoph, Logiker und Chemiker; doctor illuminatissimus aller späteren Alchimisten.

39 Über die Gelehrtheit von *Mose* und *Daniel* vgl. Apg 7,22 bzw. Dan 1,17; *Paulus* zitierte, freilich ohne Quellenangabe, Sentenzen von Aratos (Apg 17,28), Epimenides (Tit 1,12: alle Kreter sind Lügner) und Euripides (1 Ko 15,33). Groß ist die Ausbeute nicht.

40 Flavius Claudius *Julianus* (331–363 u. Z.), Neffe von Constantinus (vgl. A 29), seit 361 u. Z. römischer Kaiser, im gleichen Jahr öffentliche Abwendung vom Christentum (daher auch Apostata, der Abtrünnige, genannt), entzog den Christen alle Privilegien und förderte den Neuplatonismus. Seine Nachfol-

ger im Kaiseramt Jovianus, Valentinianus, Gratianus usw. stellten jedoch die alten Verhältnisse wieder her; Flavius Theodosius I., seit 379 u. Z. römischer Kaiser, erhob das katholische Christentum durch das von ihm einberufene 2. Konzil von Konstantinopel 381 u. Z. ausdrücklich zur Staatsreligion; die Ausübung des überkommenen römischen Götterkultus ließ er zum Majestätsverbrechen erklären, 394 u. Z. wurden auch die Olympischen Spiele verboten; fanatisierte Christen zerstörten zahlreiche antike Tempel. Unter seinen Söhnen zerfiel das römische Weltreich endgültig in ein West- und ein Ostreich.

41 Über die beiden frühchristlichen Apologeten *Apollinaris* von Hierapolis und Apollinaris von Laodikeia vgl. A. Harnack, *Geschichte der altchristlichen Literatur,* Bd. 1, Leipzig 1893. – Unter den *freien Künsten,* den artes liberales, verstand man im Altertum diejenigen Wissenschaften, die einem freien Mann anstehen, im Gegensatz zu den mit körperlicher Arbeit verbundenen, den artes illiberales. Seit der Spätantike wurden die „Wortwissenschaften" Grammatik, Dialektik, Rhetorik als trivium (Dreiweg) und die „Zahlenfächer" Arithmetik, Geometrie, Astronomie, Musik als quadrivium (Vierweg) zusammengefaßt.

42 Über den Kirchen*historiker Sokrates* Scholastikus (etwa 380 bis 450) vgl. Harnack (A 41) sowie MP 1/376.

43 Gaius Messius Quintus Trajanus *Decius* (201–251 u. Z.), ordnete als Kaiser 250/51 u. Z. die erste systematische Christenverfolgung im ganzen Römischen Reich an; Gaius Aurelius Valerius *Diocletianus* (etwa 245–316 u. Z.), förderte als römischer Kaiser den Jupiterkult und versuchte ab 303 u. Z. gewaltsam die Ausbreitung des Christentums zu verhindern. Vergeblich, vgl. A 29.

44 *Hieronymus* (etwa 347–420 u. Z.), Gelehrter der Alten Kirche, dem wir u. a. die Vulgata, die von der katholischen Kirche bis heute als verbindlich anerkannte Übersetzung der Bibel ins Lateinische, verdanken, berichtet in seinen Briefen an die Nonne Eustochium (Nr. 18) über den von Milton wiedergegebenen Traum.

45 Der heilige *Basilius* (etwa 330–379 u. Z.), Kirchenvater der griechischen Kirche, Bischof und theologischer Schriftsteller, ermunterte generell die christliche Jugend, auch nichtchristliche Literatur zu benutzen. – *Margites*: Titelheld einer fälschlicherweise Homer zugeschriebenen, nur fragmentarisch erhalten gebliebenen Epenparodie aus dem 6. Jh. v. u. Z. – Luigi Pulci (1432–1484) publizierte in Venedig 1481/83 ein freches Rittergedicht in 28 Gesängen *Il Morgante.*

46 *Eusebius* (etwa 260–339 u. Z.), Bischof und Vater der Kirchen-

geschichtsschreibung; Vertrauter des ersten Christenkaisers Constantinus (vgl. A 29). – Über *Hieronymus* vgl. A 44. – *Dionysius*, 246–265 u. Z. Bischof von Alexandria.

47 So Paulus in: 1 Th 5,21.

48 Tit 1,15.

49 Apg 10,13.

50 John Selden (1584–1654), *De iure naturalis et gentium*, London 1640. Vgl. auch MP 1/403; 2/350, 513.

51 Vgl. 2 Mo 16,16.

52 Mt 15,17ff.

53 Pr 12,12: denn viel Büchermachens ist kein Ende, und viel Studieren macht den Leib müde.

54 Apg 19,19.

55 Es war Venus, die der allzu schönen Königstochter Psyche die reinliche Scheidung eines vermischten Haufens von Samenkörnern abverlangte. Vgl. Apuleius (etwa 125–180 u. Z.), *Amor und Psyche,* Leipzig (Reclam) 1972, S. 63.

56 Vgl. dagegen den biblischen Fluch: Im Schweiße deines Angesichts sollst du dein Brot essen (1 Mo 3,19). In seinem „Verlorenen Paradies" (ML 4/222) hat Milton wiederum den „eigentlichen" Fluch formuliert: Knowledge of Good bought dear by knowing ill / Erkenntnis des Guten teuer erkauft durch die des Bösen (MC 221). Miltons Interpretation steht dem verführerischen Schlangenwort sehr nahe: ... und werdet sein wie Gott und wissen, was gut und böse ist (1 Mo 3,5). Vgl. auch A 75.

57 Thomas *Spenser* (1552–1599), englischer Renaissancedichter, hier entgegengestellt zwei führenden Vertretern der Hochscholastik, nämlich dem Franziskaner Johannes Duns *Scotus* (etwa 1265–1308), der wiederum mit dem Dominikaner Thomas von *Aquin* (1225–1274) nicht voll übereinstimmt. Sir Guyon ist eine Gestalt in Spensers Hauptwerk The Faerie Queene. Vgl. K. William, *Milton, Greatest Spenserian,* in: J. A. Wittreich (ed.), *Milton and the Line of Vision,* Madison 1975, S. 25–55.

58 Im Talmud, einem Hauptwerk der jüdischen Glaubenslehre, wird im *Keri*, der Marginale, oft der eigentliche Text, das *Chetiv*, korrigiert.

59 Die Synode zu Toulouse hat 1229 den Laien das Bibellesen verboten, ein Verbot der Bibelübersetzung hat das Konzil von Oxford 1408 beschlossen, ein *Bibelverbot* hat Papst Sixtus V. 1590 ausgesprochen.

60 Titus Flavius *Clemens* (etwa 150–215 u. Z.), Begründer der Alexandrinischen Schule der altchristlichen Theologie; in seinem Sammelwerk „Stromata" (= bunter Teppich) bietet er eine Darstellung der wichtigsten Glaubenslehren vermischt

mit einschlägigen Zitaten griechischer Denker und Dichter. – Zu den Werken des *Eusebius* (vgl. A 46) gehört auch seine Streitschrift gegen die Heiden „Praeparatio evangelica", in der sich zahlreiche Zitate griechischer Philosophen finden, alles „heidnischer Unflat", wie Milton es der katholischen Kirche in den Mund legt.

61 *Irenaeus*, griechischer Kirchenvater und seit 178 u. Z. Bischof von Lyon; in seinem Hauptwerk „Adversus haereses" polemisiert er nicht sonderlich klug gegen die Gnostiker. – *Epiphanius* (etwa 315–403 u. Z.), griechischer Kirchenschriftsteller und seit 367 Bischof von Salamis auf Zypern, fanatischer Orthodoxer; in seinem Werk „Panarion" (Apothekerkasten) polemisiert er ziemlich einfältig gegen achtzig Häresien unter Einschluß heidnischer Philosophenschulen. – Über *Hieronymus* vgl. A 44.

62 *Petronius* Arbiter, von Kaiser Nero (vgl. A 135), an dessen Hof er der „elegantiae arbiter", der Schiedsrichter des feinen Geschmacks, war, wegen seiner angeblichen Beteiligung an einer Verschwörung 66 u. Z. zum Selbstmord getrieben, Autor eines in größeren Bruchstücken von Poesie und Prosa erhalten gebliebenen satirisch-erotischen Sittenromans. Vgl. Petronius, *Satiricon*, Berlin 1973.

63 Pietro Aretino, auch nach seiner Geburtsstadt *Arezzo* genannt (1492–1556), italienischer Renaissancedichter, dessen „Hurenspiegel" teils wegen (angeblicher) Pornographie, teils wegen (wirklichem) Antiklerikalismus mehr verboten als erlaubt, aber immer gelesen waren und werden. Vgl. Aretino, *Gespräche*, Leipzig 1985.

64 *Henry VIII.* (1491–1547), seit 1509 (skrupelloser) König von England, vollzog 1534 aus ökonomisch und moralisch eigensüchtigen Motiven den Bruch mit der römisch-katholischen Kirche und ließ sich auch als obersten Kirchenherrn anerkennen (vgl. A 189), perfekter Absolutismus. Sein *Höllenvikar* war nicht Kardinal Thomas Wolsey (wie MB 1/50 meint), sondern vermutlich Sir Francis Brian, wie H. F. Fletcher herausgefunden hat: *Milton's Vicar of Hell*, in: Journal of English and Germanic Philology, Jg. 47, 1948, S. 387.

65 *Kitai:* China.

66 Apg 8,31.

67 Jakob *Arminius* (1560–1609), bedeutender niederländischer Theologe und Begründer der „remonstrantischen Bruderschaft", ursprünglicher Anhänger von Calvins strenger Prädestinationslehre, die er aber aufgab, als er Dirck Coornharts (1522–1590, Miltons *Namenloser*) antikalvinistische Auffassungen zu widerlegen versuchte.

250

68 Vgl. des bedeutendsten Denkers der Antike *Aristoteles*
(384–322 v. u. Z.) *Nikomachische Ethik,* Berlin 1983, S. 7 (1/1),
oder dessen *Eudemische Ethik,* Berlin 1979, S. 7 (1/3). – *Salomo*:
Rede nicht vor des Narren Ohren; denn er verachtet die Klugheit deiner Rede (Spr 23,9). – Jesus Christus, *unser Erlöser*: Ihr
sollt das Heiligtum nicht den Hunden geben, und eure Perlen
sollt ihr nicht vor die Säue werfen (Mt 7,6).

69 *Platon* (vgl. A 15) hat nicht nur in seinem Hauptwerk „Der
Staat" seine (aristokratische) Theorie eines idealen Gemeinwesens und später in seinen „Gesetzen" eine pragmatische Polit.-
Konzeption publiziert (und ist in seinen letzten Lebensjahren
zweimal bei dem Versuch gescheitert, seine Staatstheorie in
Syrakus, wo er auf Einladung des Königs Dionysios II.
[367–344 v. u. Z.] weilte, in die Wirklichkeit umzusetzen),
sondern er ist auch der Autor einer ganzen Reihe von Epi-
grammen, von denen einige sich würdig in die Liebesepigram-
matik seiner Zeit und seines Landes einreihen. Vgl. *Griechische
Lyrik,* Berlin 1976, S. 296 f.; *Die griechische Anthologie,* Bd. 1, Berlin 1981, S. 75, 95.

70 Über *Platon* und *Dionysius* vgl. A 15 und 69; über *Aristophanes* vgl. A 12; *Sophron* aus Syrakus gab im 5. Jh. v. u. Z. den
volkstümlichen Darstellungen typischer Einzelszenen des täglichen Lebens literarische Form, freilich sind nur wenige Frag-
mente seiner u. a. von Platon sehr geschätzten Mimen überliefert.

71 Platon pries den angeblich männlichen *dorischen* Stil, während
er den lydischen aus seinem Idealreich auszuschließen gedachte: dieser sei „selbst für Weiber von anständiger Denkart,
geschweige denn für Männer vom Übel" (Platon, Der Staat,
Leipzig 1978, S. 148).

72 *Arkadien*, griechische Landschaft inmitten des Peloponnes, gilt
seit Theokrit als paradiesisches Hirtenland. In der Nachfolge
des italienischen Dichters Jacopo Sannazaro (1458–1530) und
von dessen Hirtendichtung „Arcadia" von 1502/04 haben der
spanische Dichter Jorge de *Montemayor* (etwa 1520–1562) erstmals 1542 „Diana" und der englische Prosaiker Philip Sidney
(1554–1586) „Arcadia", beides Schäferromane, veröffentlicht.

73 Hiermit verwirft Milton, jedenfalls für eine Zeit, in der revolutionäre Veränderungen auf der Tagesordnung der Geschichte
stehen, Platons Konzept eines Idealstaates (vgl. A 15 und 69),
aber auch die englischen Utopien: Thomas Morus
(1478–1535), *Utopia,* Leipzig (Reclam) 1976; Francis Bacon
(vgl. A 91), *Neu-Atlantis,* Berlin 1984. Vgl. A. L. Morton, *The
English Utopia,* Berlin 1978; J. C. Davis, *Utopia and the Ideal So-*

ciety. A Study of English utopian writing 1516–1700, Cambridge 1981.

74 Vgl. Platon (vgl. A 15), *Gesetze,* Bd. 2, Leipzig 1945, S. 271: die ererbten Bräuche sind die eigentlichen *Bänder des Gemeinwesens,* die Mittelglieder zwischen den geltenden und den kommenden Gesetzen. In seinem *Der Staat* (Leipzig 1978, S. 181) hat Platon noch seine Aversion gegen alles geschriebene Recht uneingeschränkt dem Sokrates in den Mund gelegt.

75 Vgl. Miltons Deutung des biblischen Fehltritts von Adam (1 Mo 3,6) im „Verlorenen Paradies" (ML 3/102–111); auch hier eine großartige Apotheose der Erkenntnis, daß der Mensch dazu verurteilt ist, frei zu sein! Milton läßt Gott so sprechen: Freely they stood who stood, and fell who fell / Not free, what proof could they have given sincere / Of true allegiance, constant faith or love, / Where only what they needs must do, appear'd, / Not what they would? what praise could they receive? / What pleasure I from such obedience paid, / when will and reason (reason also is choice) / Useless and vain, of freedom, both despoil'd / Made passive both, had serv'd necessitiy, / Not me. ... I formed them free, and free they must remain, / Till they enthrall themselves: I else must change / Their nature and revoke the high decree / Unchangeable, eternal, which ordained / Their freedom (MC 202 f.) = Frei stand, wer stehen blieb, frei fiel, wer fiel. / Wenn unfrei, welches Zeugnis können sie / Von Pflichterfüllung, Treu und Liebe geben? / Wenn nicht aus freiem Willen, nur aus Zwang / Sie alles tun, welch Lob verdienten sie? / Und welch Gefallen fänd ich am Gehorsam, / Wenn Wille wie Vernunft (auch sie ist Wahl), / Unfrei und nutzlos beid und ungebraucht, / Nur folgten der Notwendigkeit, nicht mir? ... Ich schuf sie frei, / Frei müssen sie verbleiben, bis sie selbst / Sich unterjochen; ändern müßt ich sonst / Ihr Wesen, widerrufen das Gesetz, / Das unabänderlich zur Freiheit sie / bestimmt (Milton, Das verlorene Paradies, Berlin 1984, S. 66). Vgl. auch A 56.

76 Mit der *Kavaliersgazette* ist die royalistische Wochenzeitung Mercurius aulicus, Höfischer Merkur, gemeint, die seit 1642 reaktionäre Propaganda betrieb.

77 Vgl. A 31 und 33.

78 *Sekten:* ursprünglich bezeichnete man mit Sekte (von lat. Sequi, „folgen") allgemein eine Menschengruppe, die einer bestimmten Denk- und Handlungsweise „folgt", speziell eine politische Partei, eine juristische Schule, eine philosophische Richtung oder eine Religionsgemeinschaft (Apg 26,5; 24,14). Im späteren kirchlichen Sprachgebrauch bedeutete „Sekte" eine vor der angeblich alleinseligmachenden Konfession abge-

spaltene, Irrlehren bekennende (2 Pt 2,1) Glaubensgemeinschaft. Dabei unterschied die römisch-katholische Kirche zwischen Sektenanhängern, die eine offizielle Glaubenslehre der Kirche leugneten, den *Häretikern* (vgl. A 228), und denjenigen, die, ohne von dieser amtlichen Glaubenslehre abzuweichen, die Unterordnung unter den Papst verweigerten, den *Schismatikern*. (Für Katholiken sind folglich die Protestanten als Häretiker, die Griechisch-Orthodoxen „nur" als Schismatiker einzustufen.) Im juristischen Sprachgebrauch werden diejenigen Religionsgemeinschaften als Sekten bezeichnet, die nicht privilegiert, also keine Staatskirchen, Körperschaften des öffentlichen Rechts o. ä., sondern lediglich Vereine des Privatrechts sind. – Milton, der das Christentum historisch zutreffend als ein Schisma vom Judentum charakterisierte, hat in einem seiner letzten Reformationspamphlete „Of True Religion, Haeresy, Schism, Toleration and what best means may be used against the growth of Popery" / Von wahrer Religion. Ketzerei, Schisma, Toleranz und den geeignetsten Mitteln, die gegen das Anwachsen des Papsttums angewendet werden können (MW 6/165–180 = MB 3/331–342) Toleranz für alle sich streitenden Sekten, eingeschlossen sogar die lateinisch geschriebenen Abhandlungen der von ihm für götzendienerisch gehaltenen Papisten (MW 6/14: the papist ist the only heretic), gefordert. Vgl. A 3, 8, 90, 122, 220.

79 *Palladisches Öl:* nach Pallas Athene, der aus dem Kopf von Zeus gebornen Göttin der Weisheit gebildete Floskel.

80 Gemeint ist William *Laud* (1573–1645), Kirchenminister unter Charles I. (vgl. A 163) und seit 1633 Erzbischof von Canterbury, hauptverantwortlich für die „Bischofsverfassung" der Established Church of England (vgl. A 8), Rekatholisierungsneigungen in der Hoffnung, „Patriarch" der Westkirche zu werden, mit Beginn der Revolution vom Parlament 1640 in den Anklagezustand versetzt, 1645 schließlich hingerichtet. Milton hat die von Laud in den Staatsabsolutismus integrierte Anglikanische Kirche, bei der derjenige, der die Weihen empfangen wollte, sein Sklaventum unterschreiben mußte (MW 3/242: he who would take Orders must subscribe slave), als Tyrannei empfunden und entsprechend gehandelt.

81 Vgl. Francis Bacon (vgl. A 91), *Das neue Organon* (1620), Berlin 1982, S. 91.

82 John *Knox* (1505–1572), der Reformator Schottlands, Jurist und Theologe, persönlich beeinflußt von Calvin (vgl. A 100), inspirierte den Bürgerkrieg in Schottland gegen die Katholikenherrschaft. Vgl. A 179 und 181.

83 Vgl. 1 Sm 13,20.

84 Zu Miltons Zeit beherbergte das am Tiberufer zu Rom gelegene *Kastell St. Angelo* ein päpstliches Gefängnis.

85 Galileo *Galilei* (1564–1642), bedeutender italienischer Naturforscher, dessen „Dialogo" von 1632 das kopernikanische Weltsystem gegen das Weltbild der Scholastik verteidigte. Im Ergebnis eines Schauprozesses der Inquisition mußte der 70jährige Galilei schwören, daß er „immer geglaubt habe, gegenwärtig glaube und mit dem Beistand Gottes auch in Zukunft all das glauben werde, was die heilige apostolische Römische Kirche lehrt". Daraufhin wandelte der Papst in einem Gnadenakt die verhängte Kerkerstrafe in Hausarrest um. Hier hat ihn Milton 1639 aufgesucht (PM 1/178f.). Erst 340 Jahre später (!) hat der Papst die Galilei und die Freiheit der Wissenschaft treffende Unterdrückungssentenz des mit zehn Kardinälen besetzten Inquisitionstribunals aufgehoben. Vgl. E. Schmutzer/W. Schütz, *Galileo Galilei,* Leipzig 1977, S. 84; K. Fischer, *Galileo Galilei,* München 1983.

86 Gaius *Verres* (gest. etwa 42 v. u. Z.), verbrecherischer Statthalter, von Cicero (vgl. A 13) in mehreren Prozeßreden angeklagt, wurde er zu Verbannung und 40 Millionen Sesterzen Schadenersatz verurteilt.

87 *Bakkalaureus:* Inhaber des untersten akademischen Grades, Vorstufe zum Lizentiat.

88 Am 25. September 1643 hatte das House of Commons durch *feierlichen Beschluß* ein Bündnis zwischen den Parlamenten Englands und Schottlands durch einen Schwur besiegelt (A Solemn League and Covenant), durch das sich die drei Königreiche England, Schottland und Irland verpflichteten, gemeinsam das Anliegen der Reformation durchzusetzen (Art. 1), Papismus und Bischofsverfassung auszurotten (Art. 2), die Rechte und Privilegien des Parlaments, die Freiheiten im Königreich, des Königs Person sowie die wahre Religion zu schützen (Art. 3). A Solemn League and Covenant ist abgedruckt bei: GD 267–271. Vgl. A 139.

89 Das heißt das Herrschaftsgebiet von Erzbischof Laud (vgl. A 80) auszuweiten.

90 *Konventikel:* außerkirchliche Zusammenkunft von Kirchenmitgliedern zu gemeinsamer Andacht. Von vielen Kirchen aus Angst vor Abspaltungen und Sektenbildungen (vgl. A 78) verboten.

91 Francis *Bacon* (1561–1626), seit 1618 Baron Verulam, seit 1621 *Viscount St. Albans,* bedeutender englischer materialistischer Philosoph und Staatsmann. Vgl. Bacon, *Essays,* Leipzig 1979, besonders I (Über die Wahrheit), III (Über die Einigkeit in der

Religion), XVI (Über den Atheismus), XVII (Über den Aberglauben).

92 Milton spielt hier auf Psalm 85 des AT an, dessen Vers 11 in der in England autorisierten King James Version lautet: Truth shall spring out of the earth; and righteousness shall look down from heaven / Wahrheit wird aus der Erde quellen, und Gerechtigkeit wird vom Himmel herabsehen. In der Lutherbibel ist Miltons Bezugspunkt nicht gegeben: daß Treue auf der Erde wachse und Gerechtigkeit vom Himmel schaue (Ps 85,12).

93 *Loreto:* Wallfahrtsort der Katholiken in der mittelitalienischen Provinz Ancona: das in der Domkirche befindliche Heilige Haus (La casa santa) soll nach der Legende Maria, die Mutter Jesu, bewohnt haben; es soll von Engeln 1291 aus Nazareth nach Loreto gebracht worden sein.

94 Womit Jesus Christus gemeint ist. Vgl. Mk 11,12–14.

95 *Catena* (lat.: Kette): exegetische Sammlungen zu den biblischen Büchern, so genannt, weil die Interpretationen früherer Interpreten einfach aneinandergereiht sind; der Name (nicht die Sache!) findet sich zuerst in dem Titel eines Sammelwerkes des Thomas von Aquino (vgl. A 57) zu den Evangelien (Catena aurea / Goldene Kette). – Im Unterschied dazu ist eine *Bibelkonkordanz* ein in alphabetische Ordnung gebrachtes Verzeichnis aller im AT und NT vorkommenden sinntragenden Wörter mit Angabe ihres jeweiligen Vorkommens.

96 Vgl. Jh 18,20.

97 Vgl. 1 Ko 13,12.

98 *Osiris,* Bruder von *Typhon,* Bruder und Gemahl von *Isis* – Göttergestalten der ägyptischen Mythologie mit folgender Bewandtnis (griechische Version): Typhon zerstückelt den Körper des von ihm und seinen Mitverschworenen ermordeten Osiris; Isis sucht die vierzehn Leichenteile und begräbt jeden Teil da, wo sie ihn findet; Osiris kehrt aus der Unterwelt zurück und rüstet seinen und Isis' Sohn Horus zum (siegreichen) Kampf gegen Typhon.

99 Huldrych *Zwingli* (1484–1531), schweizerischer Reformator (vgl. A 122). Beginnt seine Reformationstätigkeit unabhängig von Martin Luther (vgl. A 206) und ist radikaler als dieser. Faßt Abendmahlselemente Brot und Wein nur als Symbole auf, während der Wittenberger in ihnen Leib und Blut von Jesus Christus sieht. Daher scheiterte die 1529 im Marburger Religionsgespräch versuchte Vereinigung der beiden Reformatoren. Zwingli fiel als Feldprediger mit der Waffe in der Hand bei Kappel im Kampf gegen die katholisch gebliebenen Kantone. Sein Leichnam wurde vom Henker geviertelt und ver-

brannt. 1549 vereinigten sich die Anhänger Zwinglis mit denen von Calvin (vgl. A 100).

100 Johann *Calvin* (1509–1564), Jurist, neben Luther (vgl. A 106) und Zwingli (vgl. A 99) bedeutendster Reformator. Nach seinem Übergang vom Reformkatholizismus zum reformatorischen Wirken publiziert er 1535 in Basel sein Hauptwerk: Institutio religionis christianae / Unterweisung im Christentum. Beginnt ab 1541 von Genf aus, auch mit brutalen Mitteln (Verbrennung des Antitrinitariers Serveto), die Reformation in Europa auszubreiten. Bruch mit den Lutheranern. Calvins Prädestinationslehre: das Schicksal jedes Menschen ist durch die erwählende Barmherzigkeit oder aber durch die verwerfende Gerechtigkeit Gottes determiniert, mit der Folge, daß sich die Auserwähltheit eines Menschen durch den das Gute wie das Böse schaffenden Gott am Arbeitserfolg des einzelnen zeigt, reflektiert und motiviert Bedürfnisse und Interessendurchsetzung des aufsteigenden Bürgertums. Calvins Lehre prägt auch den englischen Presbyterianismus. Vgl. A 10 sowie H. Ley, *Geschichte der Aufklärung und des Atheismus,* Bd. 3/1, Berlin 1978, S. 51–99.

101 Gnaeus *Julius Agricola* (40–93 u. Z.), römischer Militärführer, als Offizier, Legionsbefehlshaber und zwischen 77 und 85 u. Z. als Statthalter in Britannien. Sein Schwiegersohn, der bedeutendste der römischen Historiker, Cornelius Tacitus (etwa 55–120 u. Z.), publizierte eine Biographie über ihn, aus deren Kapitel 21 sich ergibt, daß Agricola der natürlichen Begabung der Briten den Vorrang gegenüber dem Lerneifer der Gallier gab. Vgl. Tacitus, *Das Leben des Julius Agricola,* Berlin 1976, S. 35. – Der von *Pythagoras* (6. Jh. v. u. Z.), dem griechischen Philosophen aus Samos, gegründete aristokratische Geheimbund, die Schule der Pythagoreer, eine religiös-ethische Gemeinschaft, war zugleich ein Zentrum der mathematischen Forschung, der Musiktheorie, aber auch des Mystizismus.

102 Zu Miltons Zeiten unterstand *Transsilvanien*, das vom Karpatenbogen umrahmte protestantische Siebenbürgen, als autonomes Fürstentum dem Osmanischen Reich.

103 Antike Geographen bezeichneten mit *Herzynischem Wald* die sich vom Rhein bei Basel bis zu den Karpaten erstreckenden Waldgebirge. Seit dem 2. Jh. u. Z. sind speziell Thüringer Wald und Erzgebirge gemeint.

104 *Zion*, ursprünglich Name einer Bergfeste, durch deren Eroberung König David von Israel im 10. Jh. v. u. Z. die Jebusiter und deren Stadt Jerusalem unterwarf (2 Sm 5,7), dichterisch dann für Jerusalem selbst gebraucht. Nach Rö 11,26 wird ganz Israel selig werden, wenn der Erlöser aus Zion kommt, was

versprochen sei in Jes 59,20, und nach Jo 2,1 soll die Posaune zu Zion geblasen werden, da der Tag des Herrn nahe sei. – Hier wie anderwärts vermag Milton die Bibel auch metaphorisch zu lesen: Reformation (und Revolution) in England werden als Trompetensignale für eine internationale Reformation (und Revolution) verstanden, als das aus Zion kommende Zeichen. MW 3/5: England bläst durch Gottes Gnade the first Evangelic Trumpet to the Nations. Wie andere seiner Zeitgenossen entlehnt auch Milton „dem Alten Testament Sprache, Leidenschaften und Illusionen für ihre bürgerliche Revolution" (MEW 8/116).

105 *Hieronymus von Prag,* tschechischer Reformator, studierte seit 1396 in Oxford, von wo er die ersten Schriften Wyclifs (vgl. A 32) nach Prag brachte. Freund und Gesinnungsgenosse von Hus (vgl. A 32). Auch er erlitt im Ergebnis des Konzils zu Konstanz den Tod auf dem Scheiterhaufen.

106 *Martin Luther,* in Eisleben 1483 geboren und dort 1546 gestorben, seit 1512 Inhaber der biblischen Professur an der Universität Wittenberg, neben Zwingli (vgl. A 99) und Calvin (vgl. A 100) bedeutendster Reformator der christlichen Kirche (vgl. A 122). Formte mit seiner Bibelübersetzung die deutsche Schriftsprache. Trotzte der Bannandrohungsbulle des Papstes und der Achterklärung des Kaisers (vgl. A 225). Initiator einer antifeudalen Volksbewegung, die zum revolutionären deutschen Bauernkrieg führte, in dem er freilich die Bauern verriet. Vgl. A 226 sowie *Martin Luther Kolloquium anläßlich der 500. Wiederkehr seines Geburtstages* (Sitzungsberichte der Akademie der Wissenschaften der DDR, Jg. 1983, 11 G), Berlin 1983; G. Vogler (ed.), *Martin Luther,* Berlin 1983.

107 Vgl. MW 3/377: England has had this honour vouchsafed from heaven to give out reformation to the world. Let not England forget her precedence of teaching nations how to live. – Ehe man solche und ähnliche Äußerungen (vgl. A 104) als nationalistisch brandmarkt, nehme man Miltons schlichten Satz zur Kenntnis: I do not regard any good man as a foreigner or stranger / Ich betrachte keinen guten Menschen als einen Ausländer oder Fremden (MW 12/74).

108 *Pyrrhos* (319–272 v. u. Z.), König der Molosser in Epirus, Sieger über die Römer bei Heraclea (280 v. u. Z.) und bei Ausculum (279 v. u. Z.) trotz schwerster Verluste: „noch ein solcher Sieg, und ich bin verloren" (Pyrrhussieg).

109 Vgl. 4 Mo 11,29.

110 *Josua:* nach der alttestamentarischen Mythologie Sohn des Nun aus dem Stamme Ephraim, Begleiter von Mose und dessen Nachfolger (5 Mo 31,14–23); hier bezogen auf 4 Mo 11,28.

111 *Hannibal* (247–183 v. u. Z.), bereits mit 25 Jahren Oberbefehlshaber des karthagischen Heeres, in mehreren Schlachten gegen die Römer erfolgreich. Die von Milton erwähnte Geschichte ist entnommen: Livius (vgl. A 27), „Römische Geschichte seit Gründung der Stadt", Buch 26, Kapitel 11.

112 Robert Greville, *Lord Brooke* (1608–1643), fiel als Oberst der Parlamentsarmee im Kampf gegen die Königlichen. Autor eines Antibischofspamphlets (vgl. A 8): *A discourse opening the nature of the episcopacy which is exercised in England,* London 1641, auf das Milton hier anspielt.

113 Vgl. die sog. Abschiedsreden von Jesus Christus, in: Jh 14,15–31.

114 *Janus:* alter römischer Gott der Torbögen, speziell des Doppeltores am Marktplatz, dem Forum Roms, das im Kriege geöffnet, im Frieden geschlossen war. Als Gott des Anfangs und des Endes wurde Janus zweigesichtig dargestellt, nach vorn und nach hinten blickend.

115 Vgl. Mt 13,44.

116 *Proteus:* in der griechischen Mythologie ein Meeresgott, der zwar weissagen konnte, aber durch seine Fähigkeit, jederzeit seine Gestalt zu ändern, schwer zu fassen war. Vgl. Homer, *Odyssee* (4/382–424), Leipzig (Reclam) 1984, S. 47 f.

117 Vgl. 1 Kö 22,14 ff.

118 Vgl. Kol 2,14.

119 Vgl. Rö 14,3 und 6.

120 Vgl. 1 Ko 3,12.

121 Vgl. Mt 13,24–50.

122 *Papst:* nach römisch-katholischer Auffassung Statthalter von Jesus Christus auf Erden: Jesus habe den Apostel Petrus zu seinem Stellvertreter gemacht und ihm die Schlüsselgewalt (vgl. A 177) übertragen (Mt 16,18–19); von Petrus als Bischof von Rom wiederum sei durch persönliche Amtsnachfolge die monarchische Leitungsgewalt (vgl. A 8) in der katholischen Kirche auf den jedesmaligen Bischof von Rom übergegangen, dessen Macht also auf göttlichem Recht beruhe. Auch wenn sich die historische Herleitung (wie die göttliche auch) der Papstposition nicht beweisen läßt – im NT ist nicht einmal von einem Romaufenthalt des Apostels Petrus die Rede, und erst seit dem 5. Jh. (Papst Leo I., etwa 450 u. Z.) beanspruchen die römischen Bischöfe als Päpste den Primat über die christlichen Kirchen –, jedenfalls realisierten die Bischöfe von Rom, begünstigt durch die Eigenschaft des katholischen Christentums, Staatsreligion des Römischen Reiches zu sein (vgl. A 29 und 40), ihren Anspruch auf die potestas suprema et plena, die höchste und volle Hirtengewalt über die ganze Kirche in Sa-

chen des Glaubens, der Sitten und der Disziplin, und zwar mit
gesetzgebender, richtender und verwaltender Gewalt. Im Mittelalter entwickelte sich das Papsttum zur Weltmacht mit dem
Anspruch auf Weltherrschaft (Bulle Unam Sanctam, 1302).
Päpste beanspruchten u. a. das Recht, die Erde zwischen Spanien und Portugal aufzuteilen (Bulle Inter caetera divinae,
1493), den Kaisertitel zu verleihen, christliche Könige – etwa
Henry VIII. (vgl. A 64) – zu bannen, staatliche Gesetze (etwa
die Magna Charta, 1215) für ungültig zu erklären oder gar
Könige abzusetzen und deren Untertanen vom Treueid zu
entbinden (Bulle Regnans in excelsis, 1570, bezieht sich
auf Queen Elizabeth von England). – Gegen die para-
sitäre Papstkirche entwickelte sich die von Luther (vgl.
A 106), Zwingli (vgl. A 99) und Calvin (vgl. A 100) initiierte
Reformation, eine Bewegung zur Neugestaltung der kirchlichen, zunehmend aber auch der gesellschaftlichen Verhältnisse. Die Reformation führte zum Protestantismus (vgl.
A 225), zu nichtkatholischen Kirchengemeinschaften. Die
in England entstandene Anglikanische Kirche (vgl. A 8)
bedeutete allerdings eine Stärkung der Refeudalisierungs-
und Rekatholisierungstendenzen des Staatsabsolutismus
und wurde daher notwendigerweise zum Angriffsobjekt aller
bürgerlichen Revolutionäre Englands, also auch Miltons
(vgl. A 3). Das der Reformation eigene Beharren auf
einem gleichberechtigten Priestertum aller Gläubigen führte
zu einem Demokratieverständnis auch der politischen
Macht.
123 Vgl. Eph 4,3.
124 *Jesuiten:* von Ignatius von Loyola (1491–1556) gegründeter,
von Papst Paul III. 1540 approbierter Orden („Gesellschaft
Jesu", S. J.) der römisch-katholischen Kirche mit dem speziel-
len Auftrag gegenreformatischer Tätigkeit. Zu den Ordensre-
geln gehört auch die Verpflichtung, „von dem Weißen, das ich
sehe, glauben, daß es schwarz ist, wenn die hierarchische Kirche es so bestimmt" (vgl. I. Loyola, *Geistliche Übungen und erläu-
ternde Texte,* Leipzig 1978, S. 152), was gemeinhin als Ausdruck
von Heuchelei, Verschlagenheit, Unredlichkeit gilt, tatsächlich
aber nur die von der Wissenschaft her gesehen paradoxe
Struktur aller purer Glaubensinhalte belegt.
125 Die Anglikaner (vgl. A 8) pflegten sich im *Synodenhaus,* die
Presbyterianer (vgl. A 10) in der Kapelle Henrys VII. zu versammeln.
126 *Henry VII.* (1457–1509), seit 1485 König von England, been-
dete durch seine Ehe mit der York-Erbin die wechselseitige
Abschlachtung des alten Adels in den Rosenkriegen; Begrün-

der der Tudordynastie und des absolutistischen Königtums in England. Vgl. A 131.

127 Nachdem Englands König Charles I. (vgl. A 163) nach elfjähriger absoluter Herrschaft das im April 1640 einberufene sog. *Kurze Parlament* bereits am 5. Mai 1640 wieder aufgelöst hatte, war er im November 1640 gezwungen, das Parlament erneut einzuberufen, um die erforderlichen Finanzmittel für den Krieg gegen die aufständischen Schotten genehmigt zu erhalten. Dieses bis 1660 tagende sog. *Lange Parlament,* das durch ein Gesetz vom 10. Mai 1641 (vgl. GD 158) jede Auflösungs- oder Vertagungsorder des House of Commons für null und nichtig erklärte, entwickelte sich in den ersten zehn Jahren seiner Existenz zu einer revolutionären, den Kampf gegen die Königspartei der Kavaliere organisierenden Volksvertretung. Vgl. A 163.

128 Vgl. 4 Mo 11,27–29; Lk 9,49–50.

129 Papst Gregor IX. entzog 1232/33 die Ketzerverfolgung, die *Inquisition* (vgl. A 33), der bischöflichen Jurisdiktion und bestellte ständige Inquisitoren, zumeist Angehörige des *Dominikanerordens* der katholischen Kirche.

130 Bezieht sich auf die Verordnung vom 29. Januar 1642. Vgl. auch A 5.

131 Die *Sternkammer* (Star Chamber): englisches Ausnahmegericht ohne feste Umgrenzung seiner Zuständigkeit und seiner Zusammensetzung, vor allem seit einem entsprechenden Gesetz von 1487, erlassen durch Henry VII. (vgl. A 126), ein politisches Instrument des königlichen Despotismus; in dem Verfahren wurde der Angeklagte zumeist unter Eid genommen und dadurch gezwungen, dann gegen sich selbst auszusagen. Unter den Stuartkönigen wurde die willkürliche Gerichtsgewalt durch den inappellablen Staatsgerichtshof auch dazu benutzt, Meinungsäußerungen gegen die geistliche Diktatur der Staatskirche (vgl. A 8) zu unterdrücken. Demgemäß Verurteilten wurden die Ohren abgeschnitten, sie wurden ausgepeitscht, an den Pranger gestellt und durften dem König obendrein Strafe zahlen (vgl. die bei HD 128 mitgeteilten Fälle, William Prynne und John Lilburne betreffend). Die Sternkammer wurde wie ihr kirchliches Pendantorgan, die Hochkommission (High Commission), durch ein spezielles Gesetz des Langen Parlaments (vgl. A 127) vom 5. Juli 1641 ersatzlos abgeschafft. Vgl. GD 179–186: An act for taking away the Court commonly called the Star Chamber. Der von Milton im Text erwähnte Erlaß, in dem für alle Drucksachen die im wesentlichen von Bischöfen auszuübende Vorauszensur dekretiert wird, ist abgedruckt in MP 2/793. In diesem Star Chamber De-

cree vom 11. Juli 1637 heißt es in Art. 1, daß alle aufrührerischen, schismatischen oder für Kirche und Staat anstößigen (!) Bücher und Broschüren verboten sind; im Art. 2 wird verordnet, daß niemand etwas drucken oder drucken lassen darf, was nicht zuvor ordnungsgemäß genehmigt ist; im Art. 3 wird festgelegt, daß als Lizenzbehörde für alle juristischen Bücher der Justizminister, für alle historischen und politischen Bücher der Staatssekretär und für alle anderen Bücher (ob theologischen, naturwissenschaftlichen, philosophischen oder poetischen Inhalts) der Erzbischof von Canterbury, der Bischof von London oder, in begrenzten Spezialfällen, die Kanzler der Universitäten fungieren.

132 *The Tenure of Kings and Magistrates / Der Anspruch von Königen und Obrigkeiten:* Die berüchtigtste seiner Prosaschriften hat der knapp 40jährige Milton Mitte Februar 1649, also knapp zwei Wochen, nachdem King Charles I. (vgl. A 163) als „Tyrann, Verräter, Mörder und Feind des Volkes" – so das Todesurteil des High Court of Justice (GD 380) – hingerichtet worden war, publiziert. Als Autor des in jeder Beziehung Revolutionspamphlets war ein gewisser J. M. ausgewiesen. Ein jeder, der lesen und schreiben konnte damals, wußte, wer sich hinter diesen zwei Buchstaben, nein, nicht verbarg, sondern als Stimme derjenigen artikulierte, die die Verantwortung für das *regicide*, den Königsmord, zu übernehmen bereit waren. Obschon in diesem Pamphlet weder Charles Stuart genannt noch seine am 30. Januar 1649 vor seinem eigenen Königspalast erfolgte Exekution erwähnt wird, gilt sein Verfasser völlig zu Recht als der erste Verteidiger der vollzogenen Tat. Friedrich Engels: Let us never forget Milton, the first defender of regicide (MEW 4/428). Man hat Milton der intellektuellen Anstiftung zum Königsmord bezichtigt. Auf den Vorwurf, er habe der Cromwellpartei im Parlament geschrieben und sie zu der abscheulichen Tat angetrieben, erwiderte Milton, weder habe er an die Parlamentarier geschrieben, noch sei er von ihnen um Rat gefragt worden, vielmehr habe er zu jenen gehört, die der Meinung waren, es sei völlig überflüssig, das Parlament zu etwas zu nötigen, was zu tun es ohnehin entschlossen sei (MH 16; MW 8/150); vielmehr habe er sein Buch, in dem er ganz allgemein nachgewiesen habe, was man rechtens gegen Tyrannen tun könne, erst nach dem Tod des Königs publiziert, er habe beabsichtigt, rather to compose the minds of men than to settle anything relating to Charles, that being the business of the magistrates instead of mine (MH 25).

Jedenfalls erschöpft sich die Bedeutung dieses Traktats gewiß nicht in seinem damaligen Zeitbezug. Milton entwickelte nämlich eine systematisch begründete und historisch belegte Argumentation dafür, daß der Herrschaftsanspruch jeglicher Obrigkeit, ob von Gottes oder sonstwessen Gnaden, ob monarchisch oder republikanisch ausgeübt, im Volk, und zwar ausschließlich im Volk, begründet ist, das ihn jederzeit und mit welchen Gründen auch immer annullieren könne!

Das in London spätestens am 13. Februar 1649, vier Tage nach dem Begräbnis von Charles I., in den Händen des Publikums nachweisbare 42-Seiten-Pamphlet (vgl. PM 1/347), ein Jahr später nochmals aufgelegt, ist u. a. zugänglich in: MS; MT; MW 5/1–59; MP 3/190–258 (beste Edition). Eine sprachlich und in ihrem Anmerkungsapparat veraltete deutsche Ausgabe bietet MB 2/257–294, nachgedruckt in MU 125–164.

133 Gemeint sind die Presbyterianer (vgl. A 10, 190), die ursprünglich dem Lager der Königsgegner angehörten und deren sich daran anschließendes Schwanken sich inzwischen zu einem konterrevolutionären Verhalten entwickelt hatte. Vgl. HM 165–186.

134 Vgl. Jer 48,10.

135 Claudius Drusus Germanicus Caesar *Nero* (37–68 u. Z.), römischer Kaiser seit 54 u. Z., seit 62 u. Z. despotische Willkürherrschaft, u. a. grausame Juden- und Christenverfolgung. Selbstmord.

136 Vgl. Spr 12,10.

137 *Agag:* König der Amalekiter, vom Judenkönig Samuel (11. Jh. v. u. Z.) getötet (vgl. 1 Sm 15,33).

138 *Jonathan:* Sohn des ersten Königs in Israel Saul (etwa 1000 v. u. Z.), zunächst in Kämpfen erfolgreich, am Ende doch von den Philistern erschlagen (vgl. 1 Sm 14; 31,2).

139 *Covenant:* In dem Solemn League and Covenant, dem Feierlichen Bündnisvertrag von 1643 (vgl. A 88), lautete eine Passage im Art. III, daß die Vertragspartner Seiner Majestät gerechte Macht und Größe nicht zu verkleinern, sondern auch des Königs Person und Autorität zu verteidigen beabsichtigen (GD 269). Das nun durch ein Parlamentsgericht verkündete und vollstreckte Todesurteil gegen Charles Stuart war nicht gerade das, was den Autoren des Covenant sechs Jahre zuvor mit der königlichen *Schutzklausel* vorgeschwebt hatte.

140 Die Abschaffung des *Zehnten*, ursprünglich einer kultischen Abgabe an das Heiligtum (1 Mo 14,20), stand in der englischen Revolution auf dem Forderungsprogramm aller Linken (vgl. HD 335), das auch von Milton unterstützt wurde (vgl. seine „Considerations touching the likeliest means to remove hirelings out of the church", in: MW 6/43–100), dessen Hoffnungen sich freilich nicht erfüllten: der Zehnte überdauerte

die Revolution. Vgl. auch G. Winstanley, *Gleichheit im Reiche der Freiheit*, Leipzig (Reclam) 1983, S. 180 ff.

141 Nach biblischer Mythologie lehnten sich *Korah, Dathan* und *Abiram* gegen die göttlich verordnete Führerschaft des legendären Begründers der jüdischen Religion, Mose, auf, ihre Anhänger wurden dafür durch Feuer verzehrt, sie selbst von der Erde verschlungen (4 Mo 16,1–35).

142 Also: England, Schottland und Irland. Vgl. A 88.

143 Claude de Seyssel (1450–1520), *La Grande Monarchie de France*, Paris 1519, von Milton im Rahmen seines umfangreichen Studienprogramms gelesen und exzerpiert (MP 1/459). Seyssel vertrat die Meinung, daß die königliche Gewalt durch Religion, Justiz und die gewohnheitsrechtlichen Befugnisse der Ständevertretungen gezügelt werde.

144 Der normannische Herzog wurde nach seinem Sieg über die Angelsachsen (vgl. A 176) bei Hastings (1066) als William I., der Eroberer, König von England. Bei seiner Krönung schwor er, die „guten Gesetze" des letzten angelsächsischen Königs, Edward des Bekenners (vgl. A 171), zu befolgen, womit er die gesetzliche Kontinuität seiner eigenen Herrschaft hervorkehren wollte. Vgl. A. L. Morton, *A People's History of England*, Berlin 1977, S. 59 ff.

145 So: Aristoteles (vgl. A 68), *Nikomachische Ethik*, Berlin 1983, S. 184 (1160b).

146 Quintus Septimius Florens *Tertullianus* (etwa 160–220 u. Z.): Rechtsanwalt in Rom und Karthago, einflußreicher christlicher Schriftsteller, dem die beweisbaren Vernunfterkenntnisse weniger galten als die unbeweisbaren Glaubensinhalte. Milton bezieht sich im Text auf Tertullians Schrift *„De corona"*.

147 Vgl. 1 Sm 8,4–22.

148 Genau das aber war die Staatsdoktrin der Stuartkönige. James I. (1566–1625), Vater des gerade hingerichteten Charles I. (vgl. A 163), hatte folgenden Herrschaftsanspruch erhoben: God has power to judge all and to be judged nor accountable to none; and the like power have Kings: judges over all their subjects and in all causes, and yet accountable to none but God only / Gott hat die Gewalt, alle zu richten und von keinem gerichtet zu werden; und die gleiche Gewalt haben Könige: über alle ihre Untertanen in allen Angelegenheiten zu richten und doch keinem gegenüber verantwortlich zu sein außer Gott (James I., *The Political Works*, New York 1965, S. 307).

149 Aristoteles (vgl. A 68), *Politik*, München 1978, S. 150 f. (1295a).

150 Vgl. Ps 51,6; 2 Sm 11,4 und 17. Milton entstellt etwas die biblische Geschichte: nachdem nämlich der Judenkönig David die

üppige Bathseba verführt und vergeblich versucht hatte, deren Mann Uria die Vaterschaft des von ihm gezeugten Kindes aufzubürden, ließ er seinen Untergebenen Uria heimtückisch ermorden, um Bathseba heiraten zu können.

151 Euripides (etwa 485–406 v. u. Z.), *Werke*, Bd. 1, Berlin 1966, S. 246 (Die Kinder des Herakles, Vers 23f.).

152 Marcus Ulpius *Traianus* (53–117 u. Z.), seit 98 römischer Kaiser, unter dessen die Rechte des Senats respektierender Herrschaft das Reich Roms seine größte Ausdehnung erlebte (vgl. W. Seyfarth, *Römische Geschichte. Kaiserzeit*, Bd. 1, Berlin 1980, S. 179–193). – *Dion Cassius* (etwa 150–235 u. Z.), griechischer Historiker und römischer Senator, in dessen „Römischer Geschichte" (Buch 68, Kapitel 16) die von Milton berichtete Geschichte zu finden ist.

153 *Theodosius* II. (401–450 u. Z.), oströmischer Kaiser, dessen von ihm veranlaßte Sammlung der kaiserlichen Verordnungen als Codex Theodosianus 438 u. Z. mit Gesetzeskraft publiziert wurde. – *Justinianus* I. (482–565 u. Z.), oströmischer Kaiser, christlich, schloß die Philosophenschule in Athen, den Hort des Neuplatonismus, veranlaßte die Sammlung und Kodifizierung des geltenden römischen Rechts in den „Digesten", den „Institutionen" und dem „Codex" (die, 529/33 u. Z. veröffentlicht, in ihrer Gesamtheit seit 1583 als „Corpus iuris civilis" bezeichnet werden). Milton beruft sich auf Buch 1, Titel 24 des Codex Justinianus, in dem ein Erlaß des Theodosius rezipiert wird.

154 Vgl. 1 Kö 12,16.

155 Livius (vgl. A 27), *Römische Geschichte*, Berlin 1978, Bd. 1, S. 68, 93. Während Pompilius *Numa*, nach der Sagenüberlieferung der zweite König Roms, vorwiegend eine Friedenspolitik getrieben haben soll, wird von *Tarquinius* Superbus, dem angeblich siebenten König Roms, behauptet, er habe 25 Jahre tyrannisch geherrscht, bevor er verbannt worden sei, womit zugleich die republikanische Periode Roms begann. Vgl. W. Fietz, *Sagen der Römer*, Leipzig 1980, S. 80ff.

156 Vgl. 1 Pt 2,16. Freilich heißt es im Vers 18 des gleichen Kapitels: Ihr Knechte, seid untertan mit aller Furcht den Herren, nicht allein den gütigen und gelinden, sondern auch den launenhaften.

157 Vgl. Off 13,2.

158 Vgl. Rö 13,3f.

159 *Chrysostomos* (vgl. A 16), Predigt über die Genesis.

160 *Basilius* (vgl. A 45): Ein Tyrann unterscheidet sich von einem König insofern, als dieser für das sorgt, was seinen Untertanen nützlich ist, während jener ausschließlich auf seinen eigenen

Vorteil aus ist. So exzerpiert von Milton in seinen sog. Commonplace Book, in: MP 1/453.

161 Lucius Annaeus Seneca (etwa 4 v. u. Z.–65 u. Z.), Multimillionär, römischer Staatsmann, stoisch-philosophischer Schriftsteller (MEW 19/298: Onkel des Christentums) und Dramendichter; verübte auf Befehl Neros (vgl. A 135) Selbstmord (vgl. Tacitus, *Annalen*, München 1954, S. 795–801). Die von Milton zitierte Passage findet sich in seiner Tragödie „Der rasende Hercules", Vers 822 f. Vgl. Seneca, *Sämtliche Tragödien*, Bd. 1, Zürich 1961, S. 126: Kein ansehnlicheres Opfertier und kein fetteres könnte Jupiter geschlachtet werden als ein ungerechter König.

162 Vgl. Ri 3,14–17. *Eglon*, die Israeliten unterdrückender Moabiterkönig, wurde nach 18 Jahren akzeptierter Herrschaft in (vermutlich) Jericho meuchlerisch von Ehud ermordet.

163 Auch wenn er nicht mit Namen genannt ist, hier ist unmißverständlich *Charles I.* (1600–1649), seit 1625 König von England, gemeint. Charles Stuart regierte, gestützt auf Adel und Kirche und mit Hilfe von Graf Strafford (vgl. A 260) und Erzbischof Laud (vgl. A 80), von 1629 bis 1640 ohne Parlament und setzte die absolutistische Regierungsweise seines Vaters James I. (vgl. A 148) fort mit Refeudalisierungs- und Rekatholisierungstendenzen. Aus ökonomisch-finanziellen Gründen gezwungen, das Lange Parlament (vgl. A 127) einzuberufen, holte er sich ein revolutionsorganisierendes Zentrum nach London, das prompt Strafford und Laud verhaften ließ, in Gestalt der Großen Remonstranz (in: GD 202–232) ein 204-Punkte-Forderungsprogramm beschloß und dadurch den König zwang, London zu verlassen, um sein Heil im Bürgerkrieg zu versuchen. Im Ergebnis eines am 2 August 1642 von Charles I. begonnenen *7 Jahre langen Krieges* gelang es den revolutionären Elementen des Parlaments unter Cromwell (vgl. A 191), den König und seine Kavaliere zu schlagen, die schwankenden Presbyterianer zu neutralisieren, Charles Stuart gefangenzunehmen (vgl. A 192), ihn am 27. Januar 1649 zum Tode verurteilen und vier Tage danach hinrichten zu lassen: das erste Mal in Europa, daß ein König nicht von seinesgleichen, sondern von einem Gericht seiner Untertanen umgebracht wurde. Vgl. auch A 296.

164 Vgl. 1 Sm 15,33.

165 Den mörderischen Auftrag, Ahabs Sohn *Jehoram* zu erschlagen, hatte *Jehu* von Gott persönlich: 2 Kö 9,7. Dieser Gott jedenfalls hat die Bergpredigt nicht halten lassen.

166 Vgl. 1 Sm 26,9; bei dem Gesalbten des Herrn handelt es sich um Saul: 1 Sm 24,6.

167 Vgl. Lk 22,25: „Die weltlichen Könige herrschen, und die Gewaltigen heißt man gnädige Herren. Ihr aber nicht also! Sondern der Größte unter euch soll sein wie der Jüngste, und der Vornehmste wie ein Diener." – Als voranstehende Zeilen gesprochen und geschrieben wurden, war das Christentum jedenfalls noch keine Staatsreligion (vgl. A 29 und 40).

168 Der hier von Milton zitierte Vers gehört zum sogenannten Magnificat, dem mit den Worten „magnificat anima mea Dominum / meine Seele erhebt den Herrn" beginnenden (1 Sm 2,1–10 nachgebildete) Lobgesang der Maria (Lk 1,46–55), in dem es auch heißt Gott „stößt die Gewaltigen vom Thron und erhebt die Niedrigen. Die Hungrigen füllet er mit Gütern und läßt die Reichen leer" (Verse 52 f.). – Texte dieser Art machen die Meinung plausibel, daß das Christentum ursprünglich eine Bewegung Unterdrückter, eine Religion von Sklaven, Freigelassenen, von Armen und Rechtlosen, von Angehörigen unterjochter Völker war (so: MEW 22/449). Milton, wohlgemerkt, war dieser Meinung nicht.

169 *Ludwig I. der Fromme* (778–840), fränkischer Kaiser, hat im Rahmen einer auch schon von seinem Vater *Karl dem Großen* (742–814) betriebenen Christianisierungs- und Konsolidierungspolitik in die inneren Fehden des zwischen Oder und Elbe ansässigen slawischen Stammesverbandes der *Wilzen* eingegriffen und 823 u. Z. entschieden, daß nicht *Milegost*, der älteste Sohn des gefallenen Wilzenkönigs Liub, sondern sein jüngerer (vermutlich schwächerer) Bruder Cealadrag die Herrschaft ausüben solle. Vgl. J. Herrmann (u. a.), *Deutsche Geschichte*, Bd. 1, Berlin 1982, S. 322. Miltons Quelle ist der von ihm auch in seinen Notizbüchern exzerpierte Bernard de Girard, Seigneur du Haillan (etwa 1535–1610), *L'Histoire de France*, Paris 1576 (PM 2/883).

170 *Leo III.* (etwa 675–741), seit 717 byzantinischer Kaiser.

171 *Edward der Bekenner* (etwa 1002–1066), seit 1042 (letzter) angelsächsischer König, ohne großen Einfluß, 1161 heiliggesprochen. Vgl. auch A 144 und 176 sowie MP 1/447.

172 Matthew *Paris* (etwa 1199–1259), Mönch und Gelehrter, dessen „Chronica majora" von 1253 erstmals unter dem Titel „Flores Historiarum" in London 1571 gedruckt vorliegt.

173 *Richard II.* (1367–1400), aus dem Haus Plantagenet, seit 1377 König von England, wegen seiner 1397 einsetzenden Willkürherrschaft schließlich von Henry IV. aus dem Hause Lancaster gefangengenommen und mit Zustimmung des Parlaments abgesetzt. Am Ende ermordet.

174 Peter Martyr = Pietro *Martire* (1500–1562), florentinischer Reformer, vgl. MP 1/455.

175 *Thomas Smith* (1513–1577), Staatsmann und Gelehrter, dessen erstmals 1583 in London veröffentlichtes Werk „De republica Anglorum" ab 1589 unter dem Titel „The Commonwealth of England" erscheint.

176 *St. Gildas* (etwa 516–570 u. Z.), Mönch und Historiker, Autor von „De excidio et conquestu Britanniae". Vgl. J. M. French, *Milton's Annotated Copy of Gildas*, in: Harvard Studies and Notes in Philology, Bd. 20, 1938, S. 75. Soweit sich die von Milton aus Gildas entnommene Darstellung belegen läßt, ergibt sich folgendes Bild: Die Invasion der Römer in das von ihnen Britannia genannte, vor Kelten besiedelte Gebiet begann 43 u. Z. und führte zu dessen Eingliederung in das Römische Reich (vgl. auch A 101). Anfang des 5. Jh. wurden infolge der Krise des römischen Sklavenhalterstaates die römischen Truppen abgezogen, etwa 446 u. Z. weigerte sich der römische Feldherr Flavius Aetius, der einheimischen britischen Oberschicht zu Hilfe zu kommen, so daß germanische Stämme: Angeln, Sachsen und Jüten, in Auseinandersetzung mit den britischen Fürsten keltisches Stammesterritorium erobern konnten. Etwa hundert Jahre später ziehen sich die keltischen Stämme nach Wales und die Briten in die Bretagne zurück: die angelsächsische Herrschaft beginnt, deren Ende dann 1066 William der Eroberer herbeiführt (vgl. A 144 und 171).

177 Die gemäß Mt 16,19 dem Apostel Petrus (vgl. A 122) übertragene *Schlüsselgewalt* wurde als biblische Legitimation auch für die Jurisdiktion der jeweiligen Bischöfe und Kirchenoberen gedeutet und benutzt, um gegen „halsstarrige Sünder" den *Bann* (Versagung bestimmter kirchlicher Amtshandlungen – Trauung, Begräbnis –, Ausschluß vom Abendmahl, Exkommunikation –, vollständiger Ausschluß aus der Gemeinschaft der Christen) zu verhängen.

178 *Johann* Friedrich I., der Großmütige (1503–1554), seit 1532 Kurfürst von Sachsen, vereinigte sich mit *Philipp I.*, dem Großmütigen (1504–1567), seit 1509 Landgraf von Hessen, und anderen protestantischen Fürsten 1530/31 zum *Schmalkaldischen Bund,* einem wechselseitigen Beistandsversprechen gegen jeden Angriff auf den protestantischen Glauben (vgl. A 225), insbesondere gegen den katholischen Kaiser Karl V. (1500–1558) gerichtet, der freilich den Schmalkaldischen Krieg 1546/47 gewann, bis dann im Augsburger Religionsfrieden 1555 die konfessionelle Spaltung Deutschlands zwischen Evangelischen und Katholischen endgültig sanktioniert und die territoriale Zersplitterung ebenso religiös legitimiert wurde wie das Untertanenverhältnis: die freie Wahl des Glaubensbekenntnisses galt nur für die jeweiligen Landesherren,

deren Entscheidung sich die jeweiligen Untertanen anzuschließen hatten. Vgl. A. Laube/G. Vogler (u. a.), *Deutsche Geschichte*, Bd. 3, Berlin 1983, S. 207–234. – Miltons Quelle ist Johann Philippi, genannt *Sleidanus* (1506–1556), dessen in Straßburg 1555 erschienenes mehrbändiges Werk „De statu religionis et reipublicae Carolo V. Caesare commentarii" von ihm exzerpiert wurde (FM 5/129).

179 George *Buchanan* (1506–1582), schottischer Humanist und Historiker, trat in seiner Schrift „De jure regni apud Scotos" von 1579 für Volkssouveränität und Tyrannenmord ein und veröffentlichte 1582 in Edinburgh eine von Milton benutzte Geschichte Schottlands „Rerum Scoticarum historia". Im Jahre 1559 kam es zu einer von John Knox (vgl. A 82) inspirierten, von Englands Königin Elizabeth (vgl. A 183) unterstützten Erhebung des kalvinistisch-protestantischen Adels von Schottland gegen die Mutter Mary Stuarts (vgl. A 182), die katholische Regentin von Schottland Mary von Guise (1515–1560).

180 John *Craig* (1512–1600), Parteigänger von John Knox (vgl. A 82).

181 John Knox, *History of the reformation of religion within the realm of Scotland,* 1560. Vgl. A 82.

182 *Mary Stuart* (1542–1587), Tochter von Mary Guise und James V., Königin von Schottland seit ihrer Geburt, als Katholikin im Gegensatz zu dem durch Parlamentsbeschluß zur Staatsreligion gewordenen Kalvinismus (vgl. A 100) stehend, wurde sie 1567 von ihrem Adel zur Abdankung zugunsten ihres Sohnes James, des späteren Königs von England (vgl. A 148), gezwungen. Vgl. A 183.

183 *Elizabeth I.* (1533–1603), Tochter von Henry VIII. (vgl. A 64), anglikanische und absolutistische Königin von England, förderte den Kapitalismus, begünstigte durch drakonische Gesetze die Verwandlung vertriebener Bauern in Lohnarbeiter, wehrte die Umsturzversuche der katholischen Feudalreaktion ebenso ab wie das Invasionsvorhaben der katholischen Spanier, setzt die bei ihr Asyl suchende Mary Stuart (vgl. A 8), auch auf Drängen des schottischen Adels, gefangen und unterzeichnete das gegen diese ergangene Todesurteil. Mit ihrem Tod ging der Thron vom Hause der Tudors auf die Stuarts über. Vgl. A 148 und 182.

184 James *Gibson* soll 1586 James VI., seit 1567 König von Schottland, seit 1603 als James I. König von England, entsprechend gewarnt haben. Vgl. MP 3/226 und A 148.

185 Mit dem *„Sohn"* ist, wiederum ohne Namensnennung und Zweifel, Charles I. (vgl. A 163) gemeint, der nunmehr hingerichtete Sohn und Nachfolger von James I. (vgl. A 148).

186 Mit einer Erklärung vom 26. Juli 1581 sagten sich im Ergebnis einer Unabhängigkeitsrevolution die bis dahin der spanischen Weltmonarchie einverleibten sieben nördlichen, überwiegend kalvinistischen niederländischen Provinzen von Spanien los und begründeten einen eigenen republikanischen, allerdings allzusehr dezentralisierten Staat, während die südlichen, überwiegend katholischen belgischen Provinzen dem Hause Habsburg verblieben. Vgl. Die Unabhängigkeitserklärung der Generalstaaten der Vereinigten Niederlande in: E. H. Kossman/ A. F. Mellink (ed.), *Texts concerning the Revolt of the Netherlands,* London 1974, S. 216. – Miltons Quelle ist die fünfbändige in Genf 1620 publizierte „Historia sui temporis" des Jacobus Augustus Thuanus = Jacques Auguste de Thou (1533–1617), die er selbst besaß (PM 2/830).

187 Wie andere Staaten hatten auch die republikanischen Niederlande förmlich gegen die Hinrichtung von Charles I. protestiert (vgl. GH 4/316), die doch den Weg zu einem republikanischen England bahnen sollte. Nichtsdestoweniger galt Miltons heimliche Bewunderung den niederländischen Republikanern und ihrer erfolgreichen Politik.

188 Die um 1175 von dem Franzosen Petrus Waldus (gest. etwa 1218) in Lyon gegründete, sich von der südfranzösischen Provinz *Languedoc* nach Norditalien, Spanien, Deutschland, Österreich, Böhmen Polen und Ungarn ausbreitende mittelalterliche Laienbewegung der *Waldenser* erstrebte ein Leben nach urchristlichem Vorbild in apostolischer Armut und lehnte daher Liturgie, Heiligenverehrung, Ablaß, Kriegsdienst, Todesstrafe, Besitz- und Pfründenwesen der Kirche wie die Kirchenhierarchie ab. Von Papst Lucius III. 1184 auf der Synode zu Verona, von Papst Innozenz III. 1215 auf dem Laterankonzil mit dem Bann (vgl. A 177) belegt, schlossen sich die den blutigen Ketzerverfolgungen der Inquisition (vgl. A 33) Entkommenen später im wesentlichen den Anhängern Calvins (vgl. A 100) an. Milton, der wie andere seiner Zeitgenossen auch in den Waldensern die Kontinuität des Protestantismus von der frühchristlichen bis zur Reformationszeit verkörpert sah (vgl. HM 85), schrieb 1655 eines seiner, wie allgemein angenommen wird: wirkungsvollsten Sonette „On the late Massacher in Piemont" (MC 83) gegen den Papst und gegen den Herzog von Savoyen, dessen französische und irische Truppen am 24. April 1655 ein Blutbad unter den waldensischen Bewohnern des Vaudois-Tales anrichteten, nachdem diese sich geweigert hatten, binnen zwanzig Tagen katholisch zu werden; in Cromwells Auftrag verfaßte Milton auch offizielle Protestbriefe, u. a. an Herzog Carlo Emanuele II., Prinz von Piemont,

wegen der Ermordung von etwa 1700 Protestanten (FM 4/25 ff.). Vgl. A. Molnár, *Die Waldenser*, Göttingen 1980.

189 Der letztlich auf das Suprematsgesetz von 1534 unter Henry VIII. (vgl. A 8 und 64) mit seiner Klausel, daß der König das einzige Oberhaupt der weltlichen und der geistlichen Untertanen sei, zurückgehende Supremateid (Oath of Supremacy), die feierliche Beteuerung, daß nach der Ansicht des Schwörenden nicht der Papst die oberste Kirchenmacht in England habe, mußte ebenso wie der Treueid (Oath of Allegiance) von allen Parlamentsmitgliedern und Beamten geleistet werden. Vgl. C. H. William (ed.), *English Historical Documents*, Bd. 5 (1485–1558), London 1967, S. 745: An Act for the King's Highness to be supreme head of the church of England and to have authority to reform and redress all errors, heresies and abuses in the same, 1534.

190 Die Presbyterianer (vgl. A 10 und 133), Ausdruck ihres allgemeinen Schwankens zwischen Reaktion und Revolution, stimmten zeitweise im Oberhaus für den König und im Unterhaus gegen ihn. Sie waren es dann auch, die 1660 den Sohn des hingerichteten Charles I. als künftigen König ins Land zurückholten. Vgl. A 250.

191 Auch wenn er, wie sein Gegenspieler Charles I. (vgl. A 163), nicht mit Namen genannt wird, hier kommt Oliver *Cromwell* (1599–1658) ins Spiel. Dem niederen Landadel entstammend, seit 1628 aktives Oppositionsmitglied gegen feudalklerikalen Absolutismus, Mitglied des Langen Parlaments (vgl. A 127), beteiligte er sich seit 1642 an den militärischen Kämpfen gegen den König, reorganisierte das Parlamentsheer, siegte mit seiner Elitetruppe Freiwilliger, den „Eisenseiten", 1644 bei Marston More und 1645 bei Naseby, wurde im gleichen Jahr De-facto-Oberbefehlshaber, ließ als politischer Führer der Independenten (vgl. A 10) im Dezember 1648 das Parlament von den kompromißlerischen Presbyterianern reinigen (vgl. GH 4/270) und erzwang im Januar 1649 die Hinrichtung des Königs durch ein Parlamentsgericht. Sicherte ab 1650 an der Spitze des Staatsrates der Republik England den Erfolg der Revolution nach außen und nach innen, indem er u. a. die mit dem Stuartprinzen, dem späteren Charles II. (vgl. A 288), verbündeten Schotten besiegte, Seesiege über die Niederlande und Spanien erfocht, den irischen Volksaufstand ebenso unterdrückte wie die kleinbürgerlichen Leveller unter Lilburne und die plebejisch-proletarischen Digger unter Winstanley. Er errichtete 1653 eine Militärdiktatur und regierte als Lordprotektor bis zu seinem Tod. Friedrich Engels: Cromwell ist Robespierre und Napoleon in einer Person (MEW 1/554). – Mil-

ton, seit März 1649 hoher Beamter des Staatsrates, hat in seiner „Defensio secunda" 1654 ein nicht unkritisches Loblied auf Cromwell untergebracht (MW 8/206 ff.). Bereits im Mai 1652 hatte er ein Sonett „To the Lord General Cromwell" gedichtet (MC 82; SM 3/121), welches so endet:

> ... yet much remaines
> To conquer still; peace has her victories
> No less renownd than warr; new foes arise
> Threatning to bind our soules with secular chaines:
> Help us to save free Conscience from the paw
> Of hirelings wolves whose gospel is thir maw.

> Es bleibt uns vieles, was noch nicht erfochten,
> und seine Siege hat der Frieden auch.
> Ein neuer Feind will unsre Seelen ketten,
> Hilf, des Gewissens Freiheit zu erretten
> Vor Mietlingswölfen, deren Gott ihr Bauch.

Zu Cromwells Biographie vgl. Ch. Hill, *God's Englishman,* Harmondsworth 1979; H. Kathe, *Oliver Cromwell,* Berlin 1984.

192 Ende April 1646 gelang es dem in Oxford eingekreisten Charles I. (vgl. A 163), zu den (presbyterianischen) Schotten zu entkommen, die ihn seit dem 13. Mai 1646 in *Newcastle* gefangenhielten (GH 3/104). Er selbst legte, vermutlich im Rahmen seiner Verzögerungstaktik, Wert darauf, mit dem *Lord Chancellor of Scotland,* John Campbell (1598–1663), Earl of Loudoun, zu verhandeln, der ihn zu überreden versuchte, den Presbyterianismus anzuerkennen, aber der König vermochte wie auf die monarchische Verfassung des Staates so auch auf die Bischofsverfassung der Kirche (vgl. A 8) nicht zu verzichten. Die Schotten jedenfalls verschacherten Charles I. an die Engländer, als deren Gefangenen ihn Campbell nochmals am 22. Oktober 1647 in Hampton Court besuchte (GH 4/1).

193 Gemeint sind die zwischen Charles I. und den Presbyterianern im September und Oktober 1648 geführten Vertragsverhandlungen von Newport, die aber schließlich gescheitert sind. Vgl. GH 4/212 ff.

194 Im Vertrag von Newport (vgl. A 193) hatte es geheißen, daß der vom Parlament geführte Krieg (vgl. A 163) rechtmäßig und gerecht (just and lawful) sei. Vgl. SG 189 f.

195 *Ahab,* 9. Jh. v. u. Z. König über Israel, beging aus Habsucht einen Justizmord, jedenfalls nach 1 Kö 21; *Antiochus IV. Epiphanes,* 175–164 v. u. Z. syrischer König, veranlaßte durch die gewaltsame Hellenisierung der Juden seines Landes deren 167 v. u. Z. unternommenen Aufstand unter Judas Makkabäus, was

im ersten (apokryphen) Buch der Makkabäer des AT,
Kap. 1–4, beschrieben wird.

196 In Ri 5,23 werden die Einwohner von *Meros* verflucht, weil sie
nicht die göttliche Sendung eines gewissen Barak unterstützten.

197 Auch hier ist ohne Namensnennung Charles I. (vgl. A 163) gemeint.

198 *Christian II.* (1481–1559), König von Dänemark und Norwegen, nach jahrelangen Auseinandersetzungen auch in Schwe-
den zum König gewählt, hat unmittelbar nach der Huldigung
das sog. Stockholmer Blutbad (8.–10. November 1520) unter
seinen ehemaligen Gegnern angerichtet.

199 *Maximilian I.* (1459–1519), deutscher Kaiser seit 1493, war als
bereits erwählter und an den Regierungsgeschäften teilneh-
mender römischer König 1488 von den Bürgern zu Brügge
eine Zeitlang in Haft gehalten, dann aber wieder freigelassen
worden. Die Empörungsaktion endete mit einer strengen Bestrafung der Stadt durch Maximilian.

200 *Karl IX.* (1550–1574), katholischer König von Frankreich,
schloß mit den (protestantischen) Hugenotten 1570 den Vertrag zu St. Germain-en-Laye, der ihnen freie Religionsausübung garantierte, was den König aber nicht daran hinderte,
die von seiner Mutter ausgelöste Ermordung von 2000 Hugenotten in der sog. Bartholomäusnacht (zum 24. August 1572)
zuzulassen. – Erst während der Französischen Revolution
wurde die staatsbürgerliche Gleichberechtigung auch der Kal-
vinisten Frankreichs verwirklicht.

201 Im spanisch besetzten Neapel wurde 1648 eine Revolte nie-
dergeschlagen. – Zu Belgien vgl. A 186.

202 Vgl. 1 Sm 19,6; 26,11. – Vgl. aber auch das Klagelied Davids
über den Tod seines Vorgängers im Amt Saul, des ersten Königs in Israel (etwa 1012–1004 v. u. Z.), in: 2 Sm 1,19–27.

203 Vgl. 1 Ti 5,13; 2 Ti 4,2.

204 Das *Zionskollegium* (Sion College) war von 1647 bis 1659 der
Sitz der presbyterianischen Provinzialversammlung. Die Anmaßung lag bereits im Namen Zion (vgl. A 104), den Milton
lieber für die Sache der Independenten (vgl. A 10), für seine
eigene Sache also, bewahrt wissen wollte. Das presbyterianische Zionskollegium hatte aber vor allem im Dezember 1647
Miltons Befürwortung freier Ehescheidung unter die 32 ver-
dammenswerten Irrtümer der Zeit katalogisiert (MM 3/676),
und im Januar 1649 hatten 47 presbyterianische Geistliche im
Zionskollegium ein Protestschreiben gegen die Machtüber-
nahme durch die Militärs und den Prozeß gegen den König
(vgl. A 163) aufgesetzt (PM 1/346), zu einem Zeitpunkt etwa,

da Milton sein Revolutionspamphlet gegen den Herrschaftsanspruch der Könige schrieb.

205 Die Traktate der Presbyterianer zeichneten sich durch – nach Miltons Ansicht – ungebührlich große Lettern auf den Titelseiten aus.

206 Bei den Autoren der nachfolgend von Milton gebotenen Exzerpte ausländischer Reformatoren, zumeist entnommen dem klassischen Werk zur Reformationsgeschichte des *Sleidanus* (vgl. A 178), handelt es sich um solche von *Luther* (vgl. A 106), *Zwingli* (vgl. A 99), *Calvin* (vgl. A 100), von *Martin Bucer* (1491–1551), dem Exdominikaner und Parteigänger Sickingens und Luthers, der ab 1549 die Einführung der Reformation (vgl. A 122) in England unterstützte, von *Martire* (vgl. A 174) und *David Paraeus* (1548–1622), einem von Milton oft zitierten deutschen Theologen, dessen Hauptwerk „Irenicum sive de unione et Synodo Evangelicorum concilianda" 1614 erschienen ist.

207 Zum *Vertrag von Schmalkalden,* einem am 27. Februar 1531 geschlossenen Schutzbündnis der protestantischen Reichsstände, gerichtet gegen den katholischen Kaiser Karl V., vgl. A 178.

208 *Phalaris* (6. Jh. v. u. Z.), Tyrann von Akragas an der Südküste von Sizilien.

209 Die zur Ergänzung der ausländischen Reformatoren (vgl. A 206) angeführten einheimischen reformierten Geistlichen sind: Thomas *Cartwright* (1535–1603), Dudley *Fenner* (etwa 1558–1587), Anthony *Gilby* (gestorben 1585), Christopher *Goodman* (etwa 1520–1603) und William *Whittingham* (etwa 1524–1579).

210 *Mary I.,* die Katholische, die Blutige (1516–1558), Tochter von Henry VIII. (vgl. A 64), seit 1553 Königin von England, wurde von der englischen und spanischen Feudalreaktion benutzt, ihr Land gewaltsam zu rekatholisieren: 200 Protestanten, darunter Thomas Cranmer (1449–1556), Erzbischof von Canterbury, der den Erfolg der Reformation und der Anglikanischen Staatskirche gesichert hatte, starben als Ketzer auf dem Scheiterhaufen.

211 Die Abhandlung *Bibel und Vernunft* (Scripture and Reason) war im April 1643 auf Anordnung des englischen Parlaments veröffentlicht worden.

212 Vgl. Rö 13,1–4. Das von Milton klar erkannte Problem ist natürlich, wann und wodurch eine existierende Obrigkeit aufhört, eine wirkliche Obrigkeit zu sein.

213 *Euklid* (etwa 365–300 v. u. Z.) und *Apollonios* von Perge (etwa 262–190 v. u. Z.), griechische Mathematiker, die Schule der

Pythagoreer (vgl. A 101) fortsetzend, denen die Lösung des Teilungsproblems einer Größe c in zwei Teilgrößen a und b dergestalt, daß sich a : b = b : c verhalten (Goldener Schnitt), bekannt war. Wie man lange Zeit der Meinung war, ideale Schönheit von Figuren liege dann vor, wenn die Einzelteile zueinander in einem dem Goldenen Schnitt entsprechenden Verhältnis stehen, so hat man sich auch eine Art *Goldener Regel* für die moralischen und rechtlichen Quantitäten erhofft, mittels derer man aus drei bekannten Größen die vierte, die Unbekannte, zu erschließen vermag.

214 Vgl. 1 Pt 2,13–14.

215 Hier haut Milton den Presbyterianern (vgl. A 133), die in ihrem Zionskollegium (vgl. A 204) auf den Mauern der Burg Zion (vgl. A 104) zu stehen sich einbilden, die im AT, Ri 1,4–7, wiedergegebene nicht gerade menschenfreundliche Geschichte um die Ohren.

216 Vgl. 2 Sm 5,8.

217 Vgl. Apg 8,9–25.

218 Im apokryphen Buch des AT „Bel zu Babel" deckt *Daniel* die sehr irdischen Hintergründe der Gefräßigkeit des Abgotts von Babylon namens Bel auf. Vgl. *Die heiligen Schriften des Alten und Neuen Bundes,* deutsch von Martin Luther, Bd. 3: Die Apokryphen, Berlin 1920, S. 689.

219 Aus dem Brunnen des Abgrunds stieg ein Rauch auf, und aus dem Rauch kamen die *Heuschrecken,* die hatten Haare wie Weiberhaare und Zähne wie Löwenzähne und Stacheln wie Skorpione, und die Heuschrecken beschädigten nicht das Gras auf Erden, sondern allein die Menschen, die nicht haben das Siegel Gottes auf ihren Stirnen, und quälten sie fünf Monate lang, bis sie alle zu sterben begehrten – so posaunte es jedenfalls der fünfte Engel, der da stand vor Gott laut Off 9,1–11.

220 *A Treatise of Civil power in Ecclesiastical causes / Abhandlung über die staatliche Gewalt in Kirchenangelegenheiten:* das seine politische Konzeption der Reformation noch einmal komprimierende und schließlich auf den Begriff bringende Traktat hat der 50jährige, inzwischen unheilbar erblindete Autor, wiederum bloß mit seinen Initialen J. M. firmierend, im Februar 1659 (MM 5/581) erstmals (und zum einzigen Mal) veröffentlicht. Mit dieser Schrift greift er noch einmal sein altes Doppelthema auf: der Staat habe sich nicht in die Religionsangelegenheiten seiner Bürger, die Kirchenleute nicht in deren Staatsangelegenheiten einzumischen. Damit wird die Linie seiner fünf Antibischofspamphlete (vgl. A 3) fortgeführt, an die sich anreihen:
   a) *Considerations touching the likeliest means to remove Hirelings out of the Church,* London 1659 (MW 6/43–100; MB 3/127–164).

b) *Of True Religion, Haeresy, Schism, Toleration And what best means may be used against the growth of Popery*, London 1673 (MW 6/165–180; MB 3/331–342).

c) *De doctrina christiana* (1655–1674), London 1825 (MP 6/117–807).

Die nachfolgend abgedruckte Abhandlung, nach der es so unrechtmäßig wie zwecklos für die Staatsgewalt sei, sich in die Kirchenangelegenheiten einzumischen, da sie auf diesem Gebiet dazu weder legitimiert noch urteilsfähig sei, ist u. a. zugänglich in: MS; MT; MP 7/229–272; MW 6/1–41; deutsch in: MB 1/6–27.

221 Also in Latein, einer Sprache, in der Milton außer einer ganzen Reihe von Gedichten (MC 104–148), seiner Logik (Artis logicae plenior institutio, 1672, in MW 11/3–515) und seiner Theologie (De doctrina christiana, 1655–1674, in: MP 6/117–807) vor allem seine drei großen England und sich selbst verteidigenden Revolutionspamphlete (vgl. A 223) geschrieben hat.

222 Gemeint ist der *Staatsrat* (Council of State), den das Parlament der Republik England (Commonwealth of England) mit einem Gesetz vom 13. Februar 1649 etabliert hatte (Text in: GD 381) und zu dessen Auslandssekretär (Secretary for Foreign Languages) John Milton am 20. März 1649 berufen worden war (vgl. PM 1/352 ff. sowie A. N. Wilson, *The Life of John Milton*, Oxford 1984, S. 157–185).

223 Gemeint sind Miltons nachfolgende Veröffentlichungen:

a) *Eikonoklastes*, Oktober 1649 (MP 3/337–601; MB 2/1–174).

b) *Pro populo anglicano defensio*, Februar 1651 (MP 431–537; MB 1/163–321).

c) *Pro populo anglicano defensio secunda*, Mai 1654 (MP 4/548–686; MB 2/175–256).

d) *Pro se defensio*, August 1655 (MP 4/698–825; MB 3/215–274).

224 Bereits ein halbes Jahr später, im August 1659, hat es Milton mit seinen „Betrachtungen über die geeignetsten Mittel, um Mietlinge aus der Kirche zu entfernen" (MW 6/43–100) für erforderlich gehalten, das zunächst zurückgestellte Thema zu behandeln (vgl. A 220).

225 *Protestantismus* (von lat. protestari = Einspruch erheben): Gesamtbezeichnung für die aus der Reformation (vgl. A 122) des 16. Jh. in den verschiedenen Ländern Europas hervorgegangenen Kirchengemeinschaften im Unterschied zur römisch-katholischen und griechisch-orthodoxen Kirche. Der Name „Protestanten" leitet sich historisch ab von der feierlichen Protestation, die die 19 evangelischen Reichsstände am 19. April

1529 auf dem Reichstag zu Speyer gegen den alle kirchlichen Reformen verbietenden Beschluß der Mehrheit eingereicht hatten, mit dem das sog. Wormser Edikt, der alle Anhänger Luthers (vgl. A 106) ächtende und die Lektüre seiner Schriften verbietende Erlaß Kaiser Karls V. (vgl. A 178) von 1521, wiederhergestellt wurde. Abdruck des Wormser Edikts, des Reichstagsabschieds zu Speyer und des schließlichen Augsburger Religionsfriedens von 1555 in: C. Mirbt (ed.), *Quellen zur Geschichte des Papsttums,* Tübingen 1924, S. 260–285.

226 *Ablaß*: nach katholischer Lehre seit dem 11. Jh. die durch kirchliche Autoritäten gewährte Nachlassung der Sündenstrafen Lebender oder Verstorbener auf Erden und im Fegefeuer, gewonnen durch gute Werke, einschließlich Geldzahlung. Gegen den Mißbrauch der zu einer wichtigen Einnahmequelle der Kurie gewordenen Ablaßverteilung (nicht gegen den Ablaß selbst) wandte sich der 33jährige Theologieprofessor Luther (vgl. A 106) in seinen vermutlich am 31. Oktober 1517 an die Schloßkirche zu Wittenberg angeschlagenen 95 Thesen, womit er Reformation (vgl. A 122) und Revolution auslöste. Vgl. *Die 95 Thesen Martin Luthers,* herausgegeben und übersetzt von I. Ludolphy, Leipzig 1979.

227 In seinen Episteln hat Flaccus Quintus Horatius (65–8 v. u. Z.) vom Dichter Homer behauptet, daß er uns besser als der Akademiephilosoph Krantor und der Stoiker Chrysippos lehrt, was nützlich und was schön sei. Vgl. Horaz, *Werke,* Leipzig (Reclam) 1984, S. 215. – Mit dem von Milton genannten, gegen atheistische und gotteslästerliche Meinungsäußerungen gerichteten Parlamentsgesetz vom 9. August 1650 wie mit dem vom 27. September des gleichen Jahres (Act repealing several clauses in Statutes imposing penalties for not coming to church) haben die Independenten (vgl. A 10) begonnen, eine reformationsgemäße, republikanische Kirchenpolitik zu betreiben. Vgl. GP 2/2.

228 *Häresie*: von griechisch: hairesis = das Erwählte abgeleitet, bedeutete ursprünglich nichts anderes als selbstgewählte Denk- und Lebensweise, seit dem 2. Jh. wurde zur Hauptbedeutung des Wortes die im Widerspruch zur (göttlichen) Kirchenmeinung stehende (willkürliche) Menschenmeinung. Die Häretiker oder, wie sie seit dem 13. Jh. auch genannt wurden: Ketzer (abgeleitet von der im 14. Jh. ausgerotteten Sekte der „Katharer") wurden von der katholischen Kirche, insbesondere ihrer Inquisition (vgl. A 33), als allerschlimmste Sünder mit Folter und Verbrennung verfolgt, zumal Häresie auch als Staatsverbrechen galt, eine Folge der Etablierung des katholischen Christentums als Staatsreligion (vgl. A 29,40).

229 Nach den Erzählungen des NT waren das Volk der Juden und das Volk der *Samariter* miteinander verfeindet, Jesus Christus aber machte ein Zusammengehen möglich. Vgl. Jh 4,7 und 39; Lk 10,33–37; 17,6.

230 Vgl. etwa 2 Mo 32,15–35.

231 Vgl. Rö 13,1; vgl. auch A 212.

232 Vgl. Rö 13,3–4.

233 Im AT beseitigen *Asa, Josaphat* und *Josia*, zwischen 908 und 609 v. u. Z. Könige der Juden, den Götzendienst und etablieren dafür wahren Gottesdienst und gute Rechtspflege. Vgl. 2 Ch 14 und 15; 19,3–7; 34,1–33.

234 Vgl. Rö 13,4.

235 Gegen die von Claudius *Salmasius* = Claude de Saumaise (1588–1653) vermutlich im November 1649 auf königliche Kosten publizierte Verteidigungsschrift für die Monarchie und den hingerichteten Charles I. „Defensio regia, pro Carolo I." hatte Milton im Auftrag des Staatsrates seine Verteidigungsschrift der englischen Revolution „Pro populo anglicano defensio" (vgl. A 223) veröffentlicht. Mit dieser Schrift, innerhalb eines Jahres in elf Auflagen erschienen (PM 2/1206), wurde Milton eine Berühmtheit in der europäischen Gelehrtenwelt, der Ruhm des nach dem Urteil seiner Zeitgenossen hochbedeutenden Gelehrten Salmasius aber war zerstört.

236 Thomas *Erastus* (1524–1583), deutscher Theologe, Philosoph und Mediziner, der Zwinglis Auffassung vom Abendmahl (vgl. A 99), aber auch Hexenverbrennungen verteidigte. Da er die Suprematie, also die Oberhoheit der staatlichen über die kirchliche Gewalt in Wort und Schrift vertrat, fand sein „Erastianismus", die Legitimierung jeder Unterstellung des Kirchenregiments unter die Staatsautorität, in England einen günstigen Nährboden (vgl. A 189).

237 *Erasmus von Rotterdam,* eigentlich: Gerard Gerhards (1469–1536), Hauptgestalt des europäischen Humanismus, katholisch bleibender Vorbereiter der Reformation; *Aurelius Augustinus* (354–430), Bischof sowie hochbedeutender Religions- und Gesellschaftstheoretiker (Autor von: De civitate dei), Einflüsse auch auf den Augustinermönch Luther; zu *Chrysostomos* vgl. A 16, zu *Hieronymus* vgl. A 44.

238 Hugo *Grotius* (1583–1645), niederländischer Jurist und Staatsmann, Arminianer (vgl. A 67), Autor von „De jure belli ac pacis" und des bei Anhängern aller Konfessionen weitverbreiteten „De veritate religionis christianae". Auf seiner Europareise hatte Milton den in Paris als Botschafter Schwedens agierenden Grotius aufgesucht (PM 1/170) und in seinem Ehescheidungspamphlet dessen Meinung ausgenutzt (vgl. MW 3/487).

239 Deutung und Übersetzung des Galaterbriefes von den in A 237 und 238 Genannten (und so fort bis auf den heutigen Tag!) weichen insofern voneinander ab, als umstritten ist, was nach des Paulus Meinung in Gal 5,12 mit denen geschehen solle, die unter den Christen Verwirrung stiften, indem sie ihnen jüdische Zeremonien predigen und zum Beispiel das israelitische Sakramentalzeichen der Zugehörigkeit zum Gottesvolk, die Beschneidung aller Knaben am 8. Tag nach der Geburt (1 Mo 17,12), abverlangen: die Interpretationsbreite umfaßt ausrotten, verschneiden, entmannen oder nur aus der Glaubensgemeinschaft ausstoßen, für den Betroffenen ein ziemlicher Unterschied ...

240 So Paulus in: Rö 13,10; vgl. auch Miltons „Verlorenes Paradies" (ML 12/403): The Law of God exact he shall fulfill / Both by obedience and by love, though love / Alone fulfill the Law (MC 383) = Das göttliche Gesetz erfüllt er ganz / Durch Liebe wie Gehorsam; doch die Liebe / Allein erfüllt es.

241 Vgl. Text zu A 233.

242 Die weise Empfehlung des Schriftgelehrten *Gamaliel*, dem Paulus übrigens seine ganze pharisäische Erziehung verdankt (Apg 22,3), bestand darin, den Hohepriestern von einer Unterdrückung der Apostel abzuraten, deren Werk, sei es bloß Menschenwerk, von allein untergehen werde, sei es aber Gotteswerk, ohnehin nicht zu besiegen sei (Apg 5,38 und 39).

243 Vgl. 2 Ko 9,7.

244 Titus Flavius *Domitianus* (51–96 u. Z.), römischer Kaiser seit 14. September 81, mußte die Offensive des Agricola (vgl. A 101) in Britannien (vgl. A 176) einstellen, berüchtigt wegen seiner gelegentlich auch gegen Christen gerichteten Willkür- und Mordpolitik.

245 *Jerobeam*, im 10. Jh. v. u. Z. König von Juda, wurde wegen seiner Einführung des Götzendienstes (1 Kö 12,28) vom Jahwegott schwer gestraft: ich will ausrotten von Jerobeam alles, was männlich ist, und will die Nachkommen des Hauses Jerobeam ausfegen, wie man Kot ausfegt, bis es ganz mit ihm aus sei (1 Kö 14,10). – Zu Asa, Josia und Nehemia vgl. A 233.

246 Vgl. Jh 2,13–15.

247 Die Britannier sollen im 5. Jh. beim römischen Feldherrn Aetius (vgl. A 176) militärische Hilfe (vergeblich) mit der Begründung erbeten haben, daß sie sonst von den Pikten (einem von Nordbritannien und Irland aus agierenden Volk von fraglicher, eventuell keltischer Herkunft) in die See und von der See zu den Pikten getrieben werden: wir gehen unter entweder durch das Schwert oder durch die See.

248 Vgl. die beiden Versionen der Zehn Gebote in: 2 Mo 20,1–17

und 5 Mo 5,6–21, wie sie nach alttestamentarischer Überlieferung auf Befehl Jahwes von Mose (so: 2 Mo 34,28) oder von
Jahwe selbst (so: 5 Mo 4,13) auf zwei steinerne Tafeln geschrieben worden waren und jedenfalls die Grundforderungen
der israelitischen Religion darstellen.

249 *The readie and easie way to establish a free Commonwealth / Der gerade und leichte Weg zur Errichtung einer freien Republik:* Die mutig-
ste seiner Prosaschriften hat John Milton, wiederum nur mit
seinen inzwischen freilich ein landesweit bekanntes Markenzeichen darstellenden Initialen firmierend, erstmals Anfang
März 1660 veröffentlicht. Es ging um Leben und Tod der Republik England. Milton setzte seine Hoffnung auf den Oberbefehlshaber der englischen Truppen in Schottland, den ihm
gleichaltrigen George Monk. Sandte ihm ein Exemplar seines
Werkes und, Militärs haben zum Bücherlesen wenig Geduld,
eine briefliche Zusammenfassung seines Konzepts (MW
6/107–109: The present means and brief delineation of a free
Commonwealth, easy to be put in practice, and without delay).
Milton erhielt von Monk keine Antwort. Vier Wochen später,
im April, veröffentlichte Milton in zweiter, „verbesserter und
erweiterter Auflage" seinen angeblich „Ready and easy way".
Das Titelblatt nennt, anders als bei der ersten Auflage, weder
einen Buchdrucker noch einen Buchverkäufer, nur „The author J. M." und ein neues Motto: „et nos consilium dedimus
Syllae, demus populo nunc". Zu deutsch lautet die Juvenal-
Adaption (in: *Römische Satiren,* Berlin 1970, S. 351) etwa: Wir
haben Sulla beraten, beraten wir nun das Volk. Die erste Auflage seines Konzepts für den Weg zu einer freien Republik
war an Monk-Sulla, den Diktator (vgl. A 277), gerichtet, für
die zweite Auflage blieb als Adressat nur das Volk.
Und das hörte nicht: Weitere vier Wochen später, im Mai,
marschierte, von Monk und einem presbyterianisch-royalistischen Parlament gerufen, Charles II. (vgl. A 288) in London
ein, die Sache der Republik war – bis auf den heutigen Tag! –
in England verloren. Milton, der blinde Seher, verbarg
sich im Untergrund, geriet dennoch ins Gefängnis, aber über-
lebte …
Die nachfolgend nach ihrer erheblich erweiterten Zweitauflage übersetzte Abhandlung über den offensichtlich schwer zu
gehenden einfachen Weg zu einer freien Republik ist u. a. zugänglich in: MS; MT; MP (7/340–388 bzw. 396–463);
MW 6/111–149; deutsch in: MB 3/165–190, nachgedruckt bei
MU 353–380. Evert Mordecai Clark hat in New Haven/Lon-
don/Oxford 1915 „The Ready and Easy Way to Establish a
Free Commonwealth" glossiert dergestalt abgedruckt, daß die

Unterschiede zwischen der Erst- und Zweitauflage auf einen Blick sichtbar werden.

250 In seinem offensichtlich später als der Haupttext, jedenfalls nach dem 21. Februar 1660, geschriebenen Vorspann von knapp anderthalb Seiten läßt Milton durchblicken, daß die ungebrochenen Republikaner vom Einmarsch des Oberbefehlshabers George Monk (1608–1670), des militärischen Wanderers von rechts nach links und von links nach rechts, in die Stadt London am 3. Februar die Restauration der Monarchie befürchtet (und die altbackenen wie die presbyterianischen Royalisten sie erhofft) hatten. Zunächst jedoch stellte Monk die Zusammensetzung des Langen Parlaments (vgl. A 127) wieder her, wie sie *vor* der von Cromwell (vgl. A 191) veranlaßten, von Oberst Thomas Pride (HD 369) am 6. Dezember 1648 durchgeführten Reinigung des Parlaments von seinen schwankenden Mitgliedern, 143 an der Zahl, bestanden hatte. Gleichzeitig versicherte Monk jedoch in Briefen vom gleichen Tag, daß eine Änderung der Staatsform nicht beabsichtigt sei, England solle eine freie Republik bleiben. Es ist kaum anzunehmen, daß Milton sich von Monk täuschen ließ, der dann auch tatsächlich mit dem Sohn des hingerichteten Charles I. konspirierte, bis schließlich das Ende März neugewählte, Ende April zusammengetretene Parlament Charles II. (vgl. A 288) zur Übernahme des Königsamtes aufforderte. Der hatte bereits Anfang April 1660 in der Declaration of Breda großzügig erklärt, daß er, rechtmäßiger Monarch seit dem 30. Januar 1649, jedem Parlamentsgesetz zuzustimmen bereit sei, das die Restauration der Monarchie (GD 465: „the restoration of King, Peers and people to their just ancient and fundamental Rights)" herbeiführe. – Eine ausführliche Darstellung der Entwicklung Englands zwischen 1658 und 1660 und der Auffassungen Miltons in dieser Zeit gibt A. Woolrych in: MP 7/1-228.

251 Daß das *Königtum eine unnötige, lästige und verderbliche Regierungsform* darstellt – genau das hatte das Parlamentsgesetz vom 17. März 1649 als Begründung angegeben, als es „the office of King" ersatzlos beseitigt hat. Am 19. Mai 1649 wurde England offiziell zur Republik und am 17. Juli 1649 alle auf eine Restauration der Monarchie zielenden Aktivitäten zu Hochverrat erklärt. Abdruck dieser drei Gesetze bei GD 384–391.

252 Der von Milton in seinem „Eikonoklastes" (MW 5/188) ausführlich gegen Charles I. erhobene Vorwurf, er sei für das *irische Blutbad* (realiter: den Aufstand der Iren gegen die englischen Kolonialisten und Besatzer) vom 23. Oktober 1641 verantwortlich, ist wohl nur insoweit berechtigt, als Englands

König jedenfalls auch eine katholische Armee aus Irland anzu-
heuern bereit war, wenn es galt, gegen das puritanische Parlament in England loszuschlagen. – Es war übrigens Cromwell,
der Irland 1649/52 pazifizierte, grausam und räuberisch und
zugunsten englischer Großgrundbesitzer, womit er wiederum
der Revolution einen Bärendienst erwies (MEW 32/638: In
der Tat, die englische Republik scheiterte an – Irland).

253 Gemeint sind hier „The Nineteen Propositions", die „Oxford-
Propositions", die „Uxbridge-Propositions", die „Newcastle-
Propositions" und andere zwischen 1642 und 1648 an den König gerichtete, mehr oder minder erpresserische und jedenfalls
von ihm abgelehnte Vorschläge des Parlaments und der Schotten, wie man den Bürgerkrieg friedlich endigen könne. Vgl. den
Abdruck der genannten Vorschläge in GD 249, 262, 275, 290.

254 Vgl. Hi 13,15.

255 Gemeint ist das „Engagement to be taken by all men of the age
of eighteen" vom 2. Januar 1650, mit dem sich jeder zu verpflichten hatte, „treu und redlich der Republik England, wie
sie nun ohne König und Haus der Lords etabliert ist, zu dienen" (GD 391).

256 Gemeint ist „The Protestation" vom 3. Mai 1641, mit der die
englischen Parlamentsmitglieder versicherten, mit ihrem Leben und Eigentum die wahre protestantische Religion gegen
jede papistische Neuerung verteidigen zu wollen ebenso wie
des Königs Majestät, des Parlaments Privilegien und der Untertanen Rechte (GD 155).

257 Während des Bürgerkrieges (vgl. A 163) haben sich einige
Mitglieder des Unterhauses (House of Commons) und fast alle
Mitglieder des Herrenhauses (House of Lords), insgesamt
etwa 175 adlige und bürgerliche Parlamentarier, in das königliche Hauptquartier zu Oxford begeben, wo Charles I. im Januar
1644 des sog. Oxfordparlament eröffnete, während etwa
300 Parlamentsmitglieder in Westminster, London, verblieben.
Über den Ausschluß der schwankenden Presbyterianer aus
dem Parlament, den sog. Pride's Purge von 1648, vgl. A 191
und 250.

258 Über *Saulus*, bevor er zum Paulus wurde, vgl. Apg 22,3–30.
Daß *Judas*, einer der zwölf Jünger Jesu, aus Habgier gepredigt
hat, ist dem NT nicht zu entnehmen, wohl aber, daß er Geld
unterschlagen (Jh 12,6) und für Geld seinen Meister verraten
(Lk 22,6), dafür aber auch sich selbst erhängt hat (Mt 27,5).

259 Der volle Titel der von James Howell ohne Verfasserangabe
im Juli 1649 publizierten Broschüre lautet: *An Inquisition after
Blood, to the Parliament and the Army.*

260 Gemeint sind hier vor allem der Erzbischof von Canterbury

William *Laud* (vgl. A 80) und der Hauptratgeber des Königs Thomas Wentworth, Earl of *Strafford* (1593–1641), vom Parlament des Hochverrats angeklagt, von Charles I. preisgegeben und schließlich hingerichtet.

261 Der *Hauptschuldige* ist, natürlich, Charles I. (vgl. A 163), der noch in dem vom Parlament gegen ihn angestrengten Hochverratsprozeß darauf bestand, daß keine irdische Macht ihn nach Recht und Gesetz zur Verantwortung ziehen dürfe (GD 374: that no earthly power can justly call me, who am your King, in question as a delinquent).

262 Vgl. Lk 14,28–30.

263 Anspielung auf Cromwells *Unterwerfung Schottlands* durch seine siegreichen Schlachten zu Dunbar (3. September 1650) und zu Worcester (3. September 1651, errungen über Charles II.).

264 Vgl. 1 Sm 8,10–22.

265 Vgl. Lk 22,25–26; Mk 10,42–45.

266 Milton sollte recht behalten: zwei Jahre später, am 21. Mai 1662, heiratete Charles II. (vgl. A 288) Catherine Braganza (1638–1705), eine Ausländische und Katholische wie seine Mutter, Henrietta Mara (1609–1669), auch. Nur zu königlichen Sprößlingen brachte er es nicht, jedenfalls zu keinem ehelichen.

267 Vgl. Spr 6,6–8.

268 Während die Armee selbst republikanisch war, neigten die militärischen Befehlshaber von John Lambert (1619–1683) bis George Monk (vgl. A 250) zu einer Obstruktionspolitik gegenüber dem Parlament und erzwangen allein 1659 zweimal dessen Auflösung.

269 Die parlamentarische Ausschreibung von Neuwahlen im März 1660 erfolgte unter der überlieferten, unter den jetzigen Umständen aber neutral nur scheinenden Formel „in the name of the Keepers of the Liberties of England". Damit könnte durchaus der König gemeint sein.

270 Das englische Parlament hatte noch im Januar und Februar 1660 alle diejenigen für ungeeignet erklärt, Staatsämter zu bekleiden, die nicht dem König abgeschworen haben, die an irgendeiner Verschwörung zugunsten Charles Stuarts teilgenommen haben, die Papisten sind, eine Papistin geheiratet, eines ihrer Kinder einem Papisten oder einer Papistin verheiratet haben oder die Trunkenbolde sind.

271 Im Mai 1659 war ein Staatsrat (nicht zu verwechseln mit dem in A 222 charakterisierten) mit 31 Mitgliedern, darunter 10 Nichtparlamentarier, gewählt worden.

272 Das *Heilmittel* war insbesondere, nicht zum erstenmal aber jedenfalls *neuerdings*, von James Harrington (1611–1677) emp-

fohlen worden, der in seinem Oliver Cromwell gewidmeten, in London 1656 erschienenen Buch „The Commonwealth of Oceana" das Rotationsprinzip als verfassungsrechtliche Konsequenz seiner Sozialphilosophie begründet hatte. Vgl. Harrington, *Oceana*, Heidelberg 1924, S. 33. – In der ersten Auflage seines „Ready and easy way" hat Milton noch darauf verwiesen, daß dieses Rotationsprinzip in anderen Republiken bereits ausprobiert worden sei (MW 6/373), womit er wahrscheinlich Athen, Venedig, Florenz, die Schweiz und die Niederlande gemeint hat. Während das Rotationsprinzip auch später vom Verfassungsrecht verschiedener Länder rezipiert wurde, ist der andere Vorschlag Harringtons, das *Agrargesetz*, basierend auf der Idee, daß nur annähernd gleiches Grundeigentum jedem Bürger einen gleichen Anteil an der politischen Macht und demzufolge gleiche Freiheit garantiere, in das Reich der Utopien verwiesen worden.

273 Zum *Sanhedrin*, dem aus (einschließlich des Vorsitzenden) 71 Mitgliedern bestehenden Hohen Rat der Juden, vgl. 4 Mo 11,16; zum *Areopag* in Athen vgl. A 1; der *Ältestenrat in Sparta*, die Gerusia, bestand (einschließlich der beiden Könige) aus 30 auf Lebenszeit gewählten, mindestens 60 Jahre alten männlichen Spartiaten; der *römische Senat* (von lat. senex = Greis), seit der Königszeit bestehend, setzte sich aus den gewesenen Magistraten (Konsuln, Prätoren, Ädilen, Quästoren, Tribunen) auf Lebenszeit zusammen, bestätigte die Gesetze und kontrollierte die amtierenden Magistrate.

274 Seit den Verfassungsänderungen von 1289 bildeten sich der ursprünglich vom Volk gewählte Große Rat und der Senat von *Venedig* zu ausschließlich die privilegierten Familien vertretenden Organen um. Doge (vgl. A 279) und der aus sechs Mitgliedern bestehende Kleine Rat bildeten zusammen die serenissima signoria der Republik, das Exekutivorgan.

275 Womit Jean *Bodin* (1530–1596), der Staatstheoretiker des Absolutismus, gemeint ist, dessen „Les six livres de la république", erstmals 1576 erschienen, auch in einer Londoner Übersetzung von 1606 zugänglich waren. Vgl. J. Bodin, *Sechs Bücher über den Staat*, München 1981, S. 401 f.

276 Es war Kleisthenes, der gegen Ende des 6. Jh. v. u. Z. im Rahmen einer Verfassungsreform den von Solon übernommenen „Rat" von 400 auf 500 Mitglieder erweiterte (vgl. Aristoteles, *Der Staat der Athener*, Stuttgart 1976, S. 28); *Ephoren:* die für ein Jahr gewählten fünf höchsten Beamten Spartas, mit nahezu unbeschränkten Aufsichts- und Strafbefugnissen, die, wie Aristoteles (*Politik*, München 1978, S. 194) richtig analysierte, das Königtum stärkten; *Volkstribune:* seit etwa 490 u. Z. Beamte

Roms zur Vertretung plebejischer Interessen gegenüber den Patriziern.

277 Gaius *Marius* (156–86 v. u. Z.), zunächst Volkstribun (vgl. A 276), dann erfolgreicher Oberbefehlshaber, Prätor, also Gerichtsherr, dann gesetzwidrig sechsmal Konsul, also höchster Beamter Roms, entfloh bei einem Staatsstreich Sullas, kehrte bei dessen vorübergehender Abwesenheit zurück und übte an seinen Gegnern grausame Rache. – Lucius Cornelius *Sulla* (138–78 v. u. Z.), römischer Feldherr und Staatsmann aus einem Patriziergeschlecht, begann seine Beamtenlaufbahn unter Marius, marschierte mit seinem Heer gegen Rom, vernichtete seine innenpolitischen Feinde, ließ sich 81 v. u. Z. zum Diktator auf unbestimmte Zeit ausrufen und schränkte die Befugnisse der Volkstribunen ein.

278 *Tarquinier*: Aristokratengeschlecht etruskischer Herkunft, dem nach der Sagenüberlieferung zwei Könige Roms entstammen (vgl. A 155), die über die römischen Plebejer und Patrizier (die Abkömmlinge einstiger Senatoren) gleich streng regierten.

279 *Doge*: seit 697 u. Z. Titel des Staatsoberhaupts von Venedig; ursprünglich in fast monarchischer Position, war seine Macht immer mehr Kontrollen anderer Organe unterworfen (vgl. A 274). Als Milton seinen „Readie and easie way" schrieb, war die Übernahme republikanischer Macht durch eine Einzelperson Stadtgespräch. Vgl. S. Pepys, *Das geheime Tagebuch* (Eintragung vom 2. März 1660), Leipzig 1980, S. 38: „Es wird jetzt viel geredet von einer Einzelperson und daß es jetzt Charles [Stuart] sein würde oder George [Monk] oder wieder Richard [Cromwell]."

280 Anspielung auf die *Utrechter Union* von 1579, in der sich die sieben nördlichen Provinzen der Niederlande zusammenschlossen, deren Statthalter 1581 Prinz Wilhelm von Oranien aus dem Hause *Nassau* wurde. Vgl. A 186 sowie T. Wittmann, *Das Goldene Zeitalter der Niederlande*, Leipzig 1975.

281 Vgl. Aristoteles, *Politik*, München 1978, S. 131.

282 Vgl. 1 Sm 8.

283 *Eli*: ein Priester des Heiligtums von Silo, seine Söhne aber waren böse Buben; vgl. 1 Sm 2,11–22.

284 Vgl. 1 Sm 8,18.

285 Während die *Kanzeltonne* den Straßenpredigern für ihre frommen Zwecke diente, wurde die *Schwitztonne* zur Behandlung von Geschlechtskrankheiten benutzt.

286 Prinz *Rupert* (1619–1682), diente seinem Onkel Charles I. (vgl. A 163) während des Bürgerkrieges als Reiterführer, in den entscheidenden Schlachten von Cromwell geschlagen, danach

Seeräuber und Pirat, von Charles II., wie Milton hier richtig vermutet, wieder, und zwar als Admiral, in den Dienst der englischen Monarchie gestellt.

287 William *Camden* (1551–1623), *Annales rerum anglicarum et hibernicarum, regnante Elizabetha*, 2 Bde., London 1615–1627; Milton exzerpierte aus diesem Werk, vgl. PM 2/842.

288 Milton spricht hier, natürlich, von *Charles II.* (1630–1685), dem Sohn des 1649 hingerichteten Charles I. (vgl. A 163). Die Mutter des jetzt (März 1660) 30jährigen in den Niederlanden weilenden Charles Stuart war eine fanatische Katholikin (vgl. A 266); er selbst flüchtete während des Bürgerkrieges 1646 in das katholische Frankreich, spätestens seit 1656 war seine hauptsächliche Einnahmequelle eine vom katholischen Spanien gezahlte Pension. Nach der Hinrichtung seines Vaters nahm er sofort den Königstitel an. Seine Versuche, in England einzufallen, scheiterten 1651 vollständig bei Worcester (vgl. A 263). Aber wie Milton richtig befürchtet, konspirierte er von seinem Exil aus und wurde schließlich von einem presbyterianisch-royalistischen Parlament ins Land zurückgerufen (vgl. A 250), wo er bis zu seinem Tod als König amtierte.

289 Die voranstehenden Zeilen sind „Eikon Basilike, The Portrature of his Sacred Majesty in his Solitude and Sufferings" (Eikon Basilike, Das Abbild Seiner Heiligen Majestät in Ihrer Verlassenheit und Ihrem Leiden), einer royalistischen, angeblich vom König selbst stammenden, tatsächlich aber von Bischof Gauden gefertigten Apologie, entnommen, auf die Milton bereits in seinem „Eikonoklastes, in Answer to a Book Intitl'd Eikon Basilike" (Eikonoklastes, in Beantwortung eines Buches mit dem Titel Eikon Basilike) geantwortet hat. Was die vereinigte Autorität eines Königs und eines Vaters anlangt, mit der (angeblich) Charles I. in „Eikon Basilike" (= Das Bild des Königs) sich in einem „letzten Wort" an seinen Sohn Charles II. wendet, so argumentiert Milton im „Eikonoklastes" (= Bildzerstörer): What the King wrote to his Son, as a Father, concerns not us; what he wrote to him, as a King of England, concerns not him; God and the Parliament having now otherwise disposed of England (MW 5/276) = Was der König als Vater seinem Sohne schrieb, geht *uns* nichts an; was er als König von England an ihn schrieb, geht *ihn* nichts an; Gott und das Parlament haben über England auf andere Weise verfügt (MB 2/153). Und was des Königs Meinung betreffe, daß, da der Teufel der Rebellion sich gewöhnlich als Engel der Reformation verkleide (MW 2/281: the Devil of Rebellion doth most commonly turn himself into an Angel of Reformation), man „die rasche und wirksame Unterdrückung von Verirrun-

gen und Abweichungen nicht vernachlässigen dürfe", so würde also England unter dem Sohn die gleiche Knechtschaft erleiden wie unter dem Vater, der ja auch alle protestantischen Kirchen, sofern sie nicht bischöfliche waren, als Verirrungen und Schismen betrachtet hat. – „Eikon Basilike", das Falsifikat, erschien innerhalb einer Woche nach des Königs Hinrichtung und brachte es innerhalb eines Jahres auf 60 Auflagen (MP 3/150); „Eikonoklastes", das Genuine, erschien im Oktober 1649 und erreichte zu Miltons Lebzeiten immerhin drei Auflagen.

290 Vgl. A 276 sowie: R. Müller (ed.), *Kulturgeschichte der Antike,* Bd. 1: Griechenland, Berlin 1980, S. 112.

291 Tatsächlich war, wie Milton geschrieben hat, dank der Gnade Gottes seit 1625 der Stadt London (mit immerhin 10 % der Bevölkerung ganz Englands) die Pest erspart geblieben, und, wie Milton gesagt haben würde, die Rache Gottes hat die nächste Pest erst wieder 1665, also über die Monarchie, verhängt. Vgl. PM 1/28, 596 und G. M. Trevelyan, *English Social History,* Harmondsworth 1980, S. 303.

292 Vgl. 4 Mo 11,4–6; 2 Mo 16,2–3.

293 The Good Old Cause / *Die gute alte Sache:* von den Royalisten verlästerte Parole, mit der die Independenten (vgl. A 10) die historische Dimension ihres Anliegens sichtbar machen. Es war die Sache der Erniedrigten und Drangsalierten, auch der Armen: the poor mans cause, wie Milton eine Psalmenzeile übersetzt (MC 96). Vgl. H. Fagan, *The Commoners of England,* London 1958, S. 80–135: Cromwell and the English Revolution, or the Good Old Cause, sowie MP 7/19 ff.

294 Vgl. Jer 22,29.

295 Wohl Anspielung auf Hes 37,1–28: Als Werkzeug Gottes macht Hesekiel aus lauter Totengebeinen wieder lebendige Menschen, mit denen Gott dann einen ewigen Bund des Friedens schließt. – Milton mit der in den letzten Sätzen seines „Ready and easy way to a free Commonwealth" geäußerten Zuversicht auf ein Fortbestehen der Republik gleicht freilich weniger dem Propheten Hesekiel als des Propheten Jesaja (Jes 40,3) Prediger in der Wüste.

296 Abdruck des Todesurteils und des Exekutionsbefehls bei: GD 377; Darstellung des Prozeßverlaufs und der Hinrichtung in: GH 4/293–330. Zu Charles I. vgl. A 163; zu Charles II. vgl. A 288.

297 Vgl. PM 1/367, 393. Zu Cromwell vgl. A 191.

298 So: A proclamation of both houses of parliament for proclaiming of his Majesty King of England, Scotland, France, and Ireland, Defender of the Faith (May 8, 1660). Abgedruckt in:

A. Browning (ed.), *English Historical Documents*, Bd. 8 (1660–1714), London 1953, S. 58.

299 Zum Folgenden vgl. PM 1/567 ff.; PM 2/1079 ff.; SM 4/1 ff.; HM 205 ff.; FM 4/316 ff.; MM 6/43 ff.

300 MW 5/14; 6/119.

301 Milton, *To Mr. Cyriack Skinner upon his Blindness* (Sonett XXIII), in: MC 85; hier in der Nachdichtung von Klaus Udo Szudra.

302 G. H. Sabine, *A History of Political Theory* (revised by Th. L. Thorson), Hinsdale, Ill., 1981, S. 470: „Milton's tracts are chiefly memorable for the magnificence of the literary form in which he closed ideas already known to everyone and for the eloquence in which he embodied a noble political ideal." – Zur Einordnung des Poeten Milton in die englischsprachige Dichterhierarchie vgl. *The New Encyclopaedia Britannica*, Bd. 12, London 1978, S. 204; *The Encyclopedia Americana*, Bd. 19, Danbury 1980, S. 133.

303 ML 5/897; 7/24; 8/640 = MC 256, 278, 305 (hier alles in der Nachdichtung von Szudra). – „Paradise Lost", Das verlorene Paradies oder, wie es in der ersten deutschen Edition von 1682 hieß: „Das Verlustigte Paradeis", inzwischen in Hunderten von Ausgaben in vielen Sprachen erschienen (vgl. The British Library. General Catalogues of Printed Books, Bd. 222, London 1984, S. 255) hat Milton erstmals 1667 gegen ein Unmittelbarhonorar von 5 Pfund (vgl. MEGA II/3, S. 2173) mit der Aussicht auf weitere 5 Pfund nach Ausverkauf der Erstauflage von 1300 Exemplaren publiziert (vgl. PM 1/601 f.), versteht sich: nach Passieren der Zensur, wie dem Titelblatt zu entnehmen ist.

304 Vgl. MP 2/486 ff. = MF 7 ff.; J. G. Fichte, *Sämtliche Werke,* Berlin 1845, Bd. 6, S. 3 ff.; MEGA I/1, S. 97 ff. – Über Miltons Zensortätigkeit 1651/52 vgl. HM 184 und PM 1/394. über Fichtes Zensortätigkeit 1806/07 vgl. Der tote Fichte vor der preußischen Zensur, in: *Universalhistorische Aspekte und Dimensionen des Jakobinismus* (Sitzungsberichte der Akademie der Wissenschaften der DDR, 10 G), Berlin 1976, S. 163. Vgl. auch J. Kuczynski, *Menschenrechte und Klassenrechte,* Berlin 1978, S. 109 ff.

305 So etwa C. A. Patrides in: MS 30 und Sabine (vgl. A 302), S. 471.

306 Vgl. MW 12/93 ff., auf Sallust gemünzt, aber auf sich selbst bezogen.

307 MC 468; andere als im Text gebotene Übertragung in: Milton, *Simson, der Kämpfer,* Berlin 1958, S. 121.

308 Vgl. die Belege bei G. Winstanley, *Gleichheit im Reiche der Freiheit,* Leipzig 1983, S. 312 f., sowie bei J. W. Allen, *English Politi-*

cal Thought 1603–1660, Bd. 1, London 1977, Teil 7/3: The Royalists.

309 Vgl. MH 174.

310 Vgl. J. J. Rousseau, *Der Gesellschaftsvertrag* (1762), Leipzig (Reclam) 1984; Vgl. auch: R. Müller/H. Klenner, *Gesellschaftsvertragstheorien von der Antike bis zur Gegenwart*, Berlin 1985. Die Wertschätzung, die Milton bei dem im Lob doch eher kargen Rousseau erfahren hat, zeigt sich am deutlichsten in dessen *Emil oder Über die Erziehung* (Paderborn 1981, S. 466): „Göttlicher Milton". Vgl. auch MEW 4/428.

311 Vgl. MB 2/246; G. Winstanley (vgl. A 308), S. 184; G. W. F. Hegel, *Grundlinien der Philosophie des Rechts*, Berlin 1981, S. 421.

312 Nachfolgend die beiden Anfangsverse eines mit „1649–1793–???" überschriebenen Gedichtes, dessen letzte Zeilen dann lauten: Hoch auf dem Bock mit der Trauerpeitsche / Der weinende Kutscher – so wird der deutsche / Monarch einst nach dem Richtplatz kutschiert / Und untertänigst guillotiniert. Vgl. Heine, *Sämtliche Werke* (ed.: E. Elster), Bd. 2, Leipzig 1890, S. 201. Bereits bei Friedrich von Logau (1604–1655) heißt es: Daß König Karl in Engeland / ließ einen Kopf und drei der Kronen, / war viel, ist mehr, daß dran man lernt, / die Majestäten nicht verschonen (Logau, *Die tapfere Wahrheit*, Leipzig 1978, S. 128). Gottfried August Bürger hat in seiner erstmals zu Berlin 1793 publizierten Studie über „Die Republik England" den alten asiatischen Glauben der Könige, daß sie ihre Kronen nur von Gottes Gnaden tragen, dafür verantwortlich gemacht, daß Karl I. das Blutgerüst zu besteigen hatte (Bürger, *Werke und Briefe*, Leipzig 1958, S. 622).

313 So: J. J. Rousseau, *Sozialphilosophische und politische Schriften*, München 1981, S. 311.

314 So: E. W. Tielsch, in: MU 16–27. Vgl. J. Locke, *Bürgerliche Gesellschaft und Staatsgewalt*, Leipzig (Reclam) 1980, S. 295ff.

315 Zur Tätigkeit Miltons als Funktionär der Republik von England vgl. PM 1/352ff., 464f.; FM 2/234ff.; MM 5/177ff.; SM 3/118ff.

316 Zum Folgenden vgl. M. Luther, Werke. *Kritische Gesamtausgabe*, Weimar 1883–1983, Bd. 1, S. 624; Bd. 18, S. 298; Bd. 31 I, S. 209, 211. Im übrigen: M. Honecker, *Religionsfreiheit und evangelische Glaubensüberzeugung*, in: Der Staat, Bd. 23, Berlin (West) 1984, S. 481ff., sowie: *Martin Luther Kolloquium* (Sitzungsberichte der Akademie der Wissenschaften der DDR), Berlin 1983, Nr. 11 G, S. 34ff.

317 Vgl. MEGA I/1, S. 144; MEW 8/115f.; 21/492.

318 So: S. B. Liljegren in seiner Rezension zu einer in Paris 1956

erschienenen Übersetzung von Miltons „Areopagitica", in: Zeitschrift für Anglistik und Amerikanistik, Leipzig 1957, S. 211.

319 Vgl. S. Pepys, *Das geheime Tagebuch,* Leipzig 1980, S. 37.

320 J. Dryden, Von der Kunst des Übersetzens, in: *Englische Essays aus drei Jahrhunderten* (ed.: A. Schlösser), Leipzig 1983, S. 74.

321 Vgl. J. Tralow, Cromwell (1933), Berlin 1983, S. 191 f.

322 Vgl. deren Abdruck in: A. Browning (ed.), *English Historical Documents 1660–1714,* London 1953.

323 Th. Hobbes, *Behemoth* (1668), London 1969, S. 163.

324 Vgl. J. N. Figgis, *The Divine Rights of Kings,* New York 1965, S. 6.

325 Vgl. E. Vagin, *A People for the Tsar* (July 12, 1977), in: A. Yanow, *The Russian New Right,* Berkeley 1978, S. 176.

326 Schiller, *Sämtliche Werke,* Bd. 2, Berlin 1981, S. 786 (eine fallengelassene Variante aus den „Räubern"). – Auch wenn Schiller hier vermutlich auf Miltons „Paradise Lost" anspielt, ursprünglich und über eine ganze Generation lang galt die deutsche Milton-Rezeption dem Publizisten und nicht dem Poeten! Vgl. H. D. Kreuder, *Milton in Deutschland,* Berlin (West) 1971, S. 74.

Bibliographie

1. Von Milton 290
2. Über Milton 290
3. Von Miltons Zeitgenossen 292
4. Über Miltons Zeit und Probleme 294

1. VON MILTON

John Milton, *Areopagitica*, London 1644.

J[ohn] M[ilton], *The Tenure of Kings and Magistrates*, London 1649.

J[ohn] M[ilton], *A Treatise of Civil power in Ecclesiastical causes*, London 1659.

J[ohn] M[ilton], *The readie and easie way to establish a free Commonwealth*, London 1660.

John Milton, *The Works* (ed.: F. A. Patterson), Bd. 1–20, New York 1931–1940.

John Milton, *Complete Prose Works* (ed.: D. M. Wolfe), 8 Bde., New Haven, 1953–1982.

John Milton, *The Prose* (ed.: J. M. Patrick), Garden City 1967.

John Milton, *Selected Prose* (ed.: C. A. Patrides), Harmondsworth 1974.

John Milton, *The Complete Poems* (ed.: B. A. Wright), London 1980.

John Milton, *On Himself* (ed.: J. S. Diekhoff), London 1965.

John Milton, *Politische Hauptschriften* (ed.: W. Bernhardi), Bd. 1–3, Berlin/Leipzig 1874/79.

John Milton, *Studienausgabe der politischen Hauptschriften* (ed.: E. W. Tielsch), Hildesheim 1980.

John Milton, *Das verlorene Paradies* (ed.: G. Klotz), Berlin 1984.

John Milton, *Simson der Kämpfer* (ed.: A. Schlösser), Berlin 1958.

2. ÜBER MILTON

J. Aubrey, *Brief Lives,* Oxford 1960, S. 199–203: Milton.

M. L. Bailey, *Milton and Jakob Boehme,* New York 1914.

A. E. Barker, *Milton and the Puritan Dilemma 1641–1660,* Toronto 1942.

J. C. Boswell, *Milton's Library,* London 1975.

D. Bush, *English Literature in the Earlier Seventeenth Century,* Oxford 1962, S. 461–668: Milton.

E. M. Clark (ed.), *The Ready and Easy Way,* New Haven 1915.

H. Darbishire (ed.), *The Early Lives of Milton,* London 1932.

H. F. Fletcher, *The Intellectual Development of John Milton,* Illinois 1961.

H. F. Fletcher, *Contributions to a Milton Bibliography,* Urbana 1931.

J. M. French (ed.), *The Life Records of John Milton,* Bd. 1–5, New Brunswick, N. J., 1949–1958.

W. J. Grace, *Milton, Salmasius and the Natural Law,* in: Journal of the History of Ideas, Bd. 24, 1963, S. 323–336.

J. Halket, *Milton and the Idea of Matrimony,* New Haven 1970.

N. H. Henry, *Milton and Hobbes,* in: Studies in Philology, Bd. 48, 1951, S. 234–249.

A. K. Hesselberg, *A Comparative Study of the Political Theories of Molina and Milton,* Washington 1952.

Ch. Hill, *Milton and the English Revolution,* London 1979.

Ch. Hill, *The Experience of Defeat. Milton and some Contemporaries,* London 1984.

C. Huckabay, *John Milton: An Annotated Bibliography,* Pittsburg 1969.

J. Hullen, *Die Entstehung des individualistischen Naturrechtsdenkens: John Milton und John Locke,* in: R. Kurzrock (ed.), Menschenrechte, Bd. 1, Berlin (West) 1981, S. 71–79.

W. B. Hunter (ed.), *A Milton Encyclopedia,* Bd. 1–8, London 1978–1980.

W. Kendall, *How to Read Milton's Areopagitica,* in: Journal of Politics, Bd. 22, 1960, S. 439–473.

W. Kerrigan, *The Prophetic Milton,* Virginia 1974.

H.-D. Kreuder, *Milton in Deutschland,* Berlin (West)/New York 1971.

M. Lamla, *Wahlidee, Wahlrecht und Wahlpraxis in den Prosaschriften Miltons,* Frankfurt (Main) 1981.

E. S. LeComte, *A Milton Dictionary,* London 1961.

L. Martz (ed.), *Milton. A Collection of Critical Essays,* New York 1966.

D. Masson, *The Life of John Milton,* Bd. 1–7, New York 1946.

A. Milner, *John Milton and the English Revolution,* London 1981.

Milton Quarterly, Athens, Ohio, seit 1967.

W. R. Parker, *Milton: A Biography,* Bd. 1–2, Oxford 1968.

C. A. Patrides, *Milton and the Christian Tradition,* Oxford 1966.

C. A. Patrides, *John Milton* [-Bibliography], in: New Cambridge Bibliography of English Literature, London 1973, Bd. 1, S. 1237–1296.

M. A. Radzinowicz, *Toward Samson Agonistes,* London 1978.

H. M. Richmond, *The Christian Revolutionary,* Berkeley 1975.

C. B. Ricks, *Milton's Grand Style,* Oxford 1978.

E. Rickword, *Milton, der englische Intellektuelle,* in: Die englische Revolution von 1640, Berlin 1952, S. 91–118.

E. Saillens, *John Milton,* Oxford 1964.

D. Saurat, *Milton,* London 1944.

H. Schrey, *Das verlorene Paradies,* St. Augustin 1980.

G. A. Sensabaugh, *The Great Whig Milton,* Stanford 1952.

J. T. Shawcross, *Milton's 'Tenure of Kings and Magistrates',* in: Procedings of the Bibliographical Society of America, Bd. 60, 1966, S. 1–8.

J. T. Shawcross, *Milton. A Bibliography for the Years 1624–1700,* Binghamton, N. Y. 1984.

A. Stern, *Milton und seine Zeit,* Bd. 1–2, Leipzig 1877–1879.

E. W. Tielsch, *John Milton und der Ursprung des neuzeitlichen Liberalismus,* in: John Milton, Studienausgabe der politischen Hauptschriften, Hildesheim 1980, S. 1–76.

E. M. W. Tillyard, *Studies in Milton,* London 1951.

W. Totok, *Handbuch der Geschichte der Philosophie,* Bd. 4, Frankfurt (Main) 1981, S. 493–507: Milton.

G. W. Whiting, *The Sources of Eikonoklastes,* in: Studies in Philology, Bd. 32, 1935, S. 74–102.

A. N. Wilson, *The Life of John Milton,* Oxford 1984.

D. M. Wolfe, *Milton in the Puritan Revolution,* London 1963.

D. M. Wolfe, *Milton and Hobbes,* in: Studies in Philology, Bd. 41, 1944, S. 410–426.

D. M. Wolfe, *Milton and Cromwell: April 1653,* in: English Studies Today, 4th series, Rome 1966, S. 311–324.

D. M. Wolfe, *Milton and his England,* Princeton 1971.

3. VON MILTONS ZEITGENOSSEN

F. Bacon, *Das neue Organon* (1620), Berlin 1982.

F. Bacon, *Neu-Atlantis* (1623/27), Berlin 1984.

F. Bacon, *Essays* (1625), Leipzig 1979.

J. Böhme, *Aurora* (1612), Leipzig 1974.

J. Bunyan, *The Pilgrim's Progress* (1678/84), Harmondsworth 1983.

S. Butler, *Von Schwätzern, Schwärmern und Halunken* (1667/70), Leipzig 1984.

E. Coke, *The Institutes of the Laws of England,* Bd. 1–3, London 1628–1644.

O. Cromwell, *The Writings and Speeches* (ed.: W. C. Abbott), Bd. 1–4, Cambridge, Mass., 1937–1947.

O. Cromwell, *Briefe und Reden,* Basel 1911.

R. Descartes, *Abhandlung über die Methode* (1637), Leipzig 1980.

Th. Edwards, *Gangraena,* London 1646.

J. Eliot, *De jure majestatis or Political Treatise of Government* (1628–1630), London 1882.

R. Filmer, *Patriarcha and Other Political Works* (1652/1680), Oxford 1949.

C. H. Firth/R. S. Rait (ed.), *Acts and Ordinances of the Interregnum 1642–1660,* London 1911.

S. R. Gardiner (ed.), *The Constitutional Documents of the Puritan Revolution,* Oxford 1968.

H. Grotius, *De jure belli ac pacis* (1625), Tübingen 1950.

W. Haller/G. Davies (ed.), *The Leveller Tracts,* New York 1944.

J. Harrington, *Oceana* (1656), Heidelberg 1924.

Ch. Hill/E. Dell (ed.), *The Good Old Cause. Extracts from Contemporary Sources,* London 1969.

Th. Hobbes, *Elements of Law Natural and Politic* (1640), Cambridge 1928.

Th. Hobbes, *De cive* (1642), Oxford 1983.

Th. Hobbes, *Vom Menschen. Vom Bürger* (1642/58), Berlin 1967.

Th. Hobbes, *Leviathan* (1651), Harmondsworth 1980.

Th. Hobbes, *Leviathan,* Leipzig 1978.

Th. Hobbes, *Behemoth* (1668), London 1969.

R. Hooker, *Of the Laws of Ecclesiastical Polity* (1593–1597), London 1969.

L. Hutchinson, *Momoirs of the Life of Colonel Hutchinson,* Oxford 1973.

James I., *The Political Works* (ed.: C. H. McIlwain), New York 1965.

Ph. Knachel (ed.), *Eikon Basilike,* New York 1966.

W. Lamont/S. Oldfield (ed.), *Politics, Religion and Literature in the Seventeenth Century,* London 1975.

W. Laud, *Works,* Bd. 1–7, Oxford 1847–1860.

J. Locke, *Ein Brief über Toleranz* (1689), Hamburg 1975.

J. Locke, *Two Treatises of Government* (1689), New York 1965.

J. Locke, *Bürgerliche Gesellschaft und Staatsgewalt,* Leipzig 1980.

A. L. Morton (ed.), *Freedom in Arms. A Selection of Leveller Writings,* Berlin 1975.

G. Orwell/R. Reynolds (ed.), *British Pamphleteers,* London 1948.

R. Overton, *Mans Mortalitie* (1644), Liverpool 1968.

S. Pepys, *Das geheime Tagebuch* (1660–1669), Leipzig 1980.

J. Selden, *Table Talk* (1689), London 1927.

A. Sidney, *Discourses concerning Government,* London 1698.

F. Suárez, *Tractatus de legibus* (1612), Madrid 1971.

G. Thomason, *Catalogue of the Pamphlets, Books, Newspapers and Manuscripts relating to the Civil War,* Bd. 1–2, London 1908.

J. Toland, *Christianity not mysterious* (1696), Gießen 1908.

G. Winstanley, *Law of Freedom,* London (1652), Harmondsworth 1973.

G. Winstanley, *Gleichheit im Reiche der Freiheit,* Leipzig 1986.

D. M. Wolfe (ed.), *Leveller Manifestoes of the Puritan Revolution,* New York 1967.

A. S. P. Woodhouse (ed.), *Puritanism and Liberty – Being the Army Debates 1647–1649,* Chicago 1974.

C. Writer, *The Jus divinum of Presbyterianism,* London 1655.

4. ÜBER MILTONS ZEIT UND PROBLEME

J. W. Allen, *English Political Thought 1603–1660,* London 1977.

R. Ashton, *Reformation and Revolution,* London 1984.

R. Ashton, *The English Civil War,* London 1978.

G. E. Aylmer, *Rebellion or Revolution. England 1640–1660,* Oxford 1986.

G. E. Aylmer (ed.), *The Interregnum 1646–1660,* London 1972.

M. A. Barg, *Cromwell und seine Zeit,* Moskau 1960, russ.

M. A. Barg, *Die englische bürgerliche Revolution,* in: Weltgeschichte, Bd. 5, Berlin 1966, S. 13–66.

M. A. Barg, *Die unteren Volksschichten in der englischen Revolution des 17. Jahrhunderts,* Moskau 1967, russ.

E. Bernstein, *Sozialismus und Demokratie in der großen englischen Revolution.* Stuttgart 1908.

G. Birtsch (ed.), *Grund- und Freiheitsrechte im Wandel von Gesellschaft und Geschichte,* Göttingen 1981.

St. Breuer, *Sozialgeschichte des Naturrechts,* Opladen 1983.

M. Buhr, *Vernunft – Mensch – Geschichte,* Berlin 1977.

Ch. Cook/J. Wroughton, *English Historical Facts 1603–1688,* London 1980.

M. Cornforth (ed.), *Rebels and their Causes,* London 1978.

F. L. Cross, *The Oxford Dictionary of the Christian Church,* Oxford 1984.

F. C. Dahlmann, *Geschichte der englischen Revolution,* Leipzig 1846.

G. Davies/M. F. Keeler (ed.), *Bibliography of British History. Stuart-Period 1603–1714,* Oxford 1970.

A. M. Deborin, *Sozialpolitische Studien der Neuzeit,* Bd. 1, Moskau 1958, russ.

H. Fenske (u. a.), *Geschichte der politischen Ideen,* Königstein 1981.

P. N. Galansa/B. S. Gromakow (ed.), *Staats- und Rechtsgeschichte des Auslands,* Moskau 1980, S. 308–357: Feudalstaat und -recht in England, russ.

S. R. Gardiner, *History of the Great Civil War,* Bd. 1–4, London 1893.

S. R. Gardiner, *History of the Commonwealth,* Bd. 1–4, London 1903.

G. P. Gooch, *English Democratic Ideas in the Seventeenth Century,* New York 1959.

M. Gralher, *Demokratie und Repräsentation in der englischen Revolution,* Meisenheim 1973.

K. Griewank, *Der neuzeitliche Revolutionsbegriff,* Weimar 1955.

H. Grünett, *Großbritannien,* in: Kleine Enzyklopädie Weltgeschichte, Bd. 1, Leipzig 1979, S. 398–436.

B. Hägglund, *Geschichte der Theologie,* Berlin 1983.

W. Haller, *The Rise of Puritanism,* New York 1947.

Ch. Hein, *Cromwell und andere Stücke,* Berlin 1985.

Ch. P. Hill, *Who's Who in History,* Bd. 3: England 1603–1714, Oxford 1965.

Ch. Hill, *Economic Problems of the Church,* London 1971.

Ch. Hill, *The World of the Muggletonians,* London 1983.

Ch. Hill, *Society and Puritanism in Pre-revolutionary England,* London 1964.

Ch. Hill, *Puritanism and Revolution,* London 1968.

Ch. Hill, *Change and Continuity in 17th Century England,* London 1974.

Ch. Hill, *The World Turned Upside Down,* Harmondsworth 1975.

Ch. Hill, *The Century of Revolution 1603–1714,* London 1978.

Ch. Hill, *God's Englishman. Oliver Cromwell and the English Revolution,* Harmondsworth 1979.

W. S. Holdsworth, *A History of English Law,* Bd. 4–6, London 1924.

D. Hume, *The History of England,* Bd. 6 und 7, London 1773.

J. E. Ivonin, *Die Reformation in England und das Luthertum,* in: Wissenschaftliche Zeitschrift der Universität Jena, Jg. 33, 1984, S. 397–408.

W. K. Jordan, *The Development of Religious Toleration in England 1640–1660,* London 1940.

H. Kathe, *Oliver Cromwell,* Berlin 1984.

M. F. Keeler, *Bibliography of British History 1603–1714,* Oxford 1970.

M. A. Kishlanski, *The Rise of the New Model Army,* Cambridge 1979.

H. Klenner, *Marxismus und Menschenrechte,* Berlin 1982.

H. Klenner, *Revolutionsbegriff als Reformationstheorie,* Berlin 1983.

H. Klenner, *Vom Recht der Natur zur Natur des Rechts,* Berlin 1984.

E. A. Kosminski/J. A. Lewicki (ed.), *Die englische bürgerliche Revolution des 17. Jahrhunderts,* Moskau 1954, russ.

M. Kossok, *1640 und 1789. Gedanken zu zwei Zäsuren der Weltgeschichte,* in: Wissenschaftliche Zeitschrift der Humboldt-Universität zu Berlin, Jg. 33, 1984, S. 235–243.

U. Krautheim, *Die Souveränitätskonzeption in den englischen Verfassungskonflikten des 17. Jahrhunderts,* Frankfurt (Main) 1977.

J. Kuczynski, *Die Geschichte der Lage der Arbeiter unter dem Kapitalismus,* Bd. 22 und 26, Berlin 1964/65.

J. Kuczynski, *Menschenrechte und Klassenrechte,* Berlin 1978.

J. Kuczynski, *Gesellschaften im Untergang,* Berlin 1984, S. 136–188: England.

P. Laslett, *The World We Have Lost,* London 1983.

G. R. Levin, *Die demokratische Bewegung in der englischen bürgerlichen Revolution,* Leningrad 1973, russ.

H. Ley, *Geschichte der Aufklärung und des Atheismus,* Bd. 3/1–2, Berlin 1978/80.

R. Lockyer (ed.), *The Trial of Charles I.,* London 1959.

C. B. Macpherson, *Die politische Theorie des Besitzindividualismus. Von Hobbes bis Locke,* Frankfurt (Main) 1973.

B. Manning, *The English People and the English Revolution* 1640–1649, London 1976.

O. W. Martischin, *Verfassungsprobleme in England,* in: Geschichte des bürgerlichen Konstitutionalismus im 17. und 18. Jahrhundert, Moskau 1983, S. 61–108, russ.

K. Marx/F. Engels, *Articles on Britain,* Moscow 1971.

A. L. Morton, *Volksgeschichte Englands,* Berlin 1956.

A. L. Morton, *The World of the Ranters,* London 1970.

A. L. Morton, *The English Utopia* [1952], Berlin 1978.

R. Müller/H. Klenner, *Gesellschaftsvertragstheorien von der Antike bis zur Gegenwart,* Berlin 1985.

I. S. Narski, *Die westeuropäische Philosophie des 17. Jahrhunderts,* Moskau 1974, russ.

W. S. Nersesjanz (ed.), *Geschichte der politischen und juristischen Lehren,* Moskau 1983, russ.

T. A. Pawlowa, *Cromwell,* Moskau 1980, russ.

D. Pennington/K. Thomas (ed.), *Puritans and Revolutionaries,* Oxford 1978.

D. W. Petegorsky, *Left-wing Democracy in the English Civil War,* London 1940.

L. Ranke, *Englische Geschichte vornehmlich im 17. Jahrhundert,* Bd. 1–4, Meersburg 1937.

K.-H. Röder (ed.), *Das politische System Großbritanniens,* Berlin 1982.

B. Russel, *A History of Western Philosophy,* London 1984.

R. Saage, *Herrschaft, Toleranz, Widerstand. Studien zur politischen Theorie der niederländischen und englischen Revolution,* Frankfurt (Main) 1981.

G. H. Sabine/Th. L. Thorson, *A History of Political Theory,* Tokyo 1983.

G. Schilfert, *Bürgerliche Revolution und Reform in England,* in: M. Kossok (ed.), Studien zur vergleichenden Revolutionsgeschichte, Berlin 1974, S. 53–73.

G. Schilfert, *Zur Problematik des Verhältnisses von Reformation und Revolution im England des 16. und 17. Jahrhunderts,* in: S. Hoyer (ed.), Reform – Reformation – Revolution, Leipzig 1980, S. 255–261.

G. Schilfert, *Die englische Revolution 1640–1649,* in: M. Kossok (ed.), Revolutionen der Neuzeit, Berlin 1982, S. 63–84.

G. Schilfert, *Die englische bürgerliche Revolution im Werk von Karl Marx,* in: Wissenschaftliche Zeitschrift der Humboldt-Universität, Jg. 32, Berlin 1983, S. 43–49.

G. Schilfert, *Agrarfrage und Fortschritt in der englischen bürgerlichen Revolution,* in: Zeitschrift für Geschichtswissenschaft, Jg. 31, Berlin 1983, S. 998–1003.

A. Stern, *Geschichte der Revolution in England,* Berlin 1898.

J. Tralow, *Cromwell,* Berlin 1983.

E. Troeltsch, *Die Soziallehren der christlichen Kirchen und Gruppen,* Tübingen 1919.

G. M. Trevelyan, *English Social History,* Harmondsworth 1980.

O. W. Trachtenberg/B. W. Kredrow, *Der Kampf zwischen Materialismus und Idealismus in der Epoche der frühen bürgerlichen Revolutionen in Westeuropa,* in: Geschichte der Philosophie, Bd. 1, Berlin 1960, S. 314–428.

E. Voegelin (ed.) *Zwischen Revolution und Restauration,* München 1968.

K. Walther, *Cromwells deutsche Freunde,* in: Zeitschrift für Anglistik und Amerikanistik, Berlin 1980, S. 329–340.

C. v. Wedgwood, *The King's War 1641–1647,* Harmondsworth 1983.

H. Weingarten, *Die Revolutionskirchen Englands,* Leipzig 1868.

P. Zagorin, *A History of Political Thought in the English Revolution,* London 1954.

J. M. Zaprykin, *Die sozialpolitischen Auffassungen der englischen Bauernschaft vom 16.–18. Jahrhundert,* Moskau 1972, russ.

Register

Das Register verzeichnet in einheitlicher alphabetischer Reihenfolge und in weitgehender Anlehnung an den Sprachgebrauch Miltons die Sachwörter, die historischen und mythologischen Personen- und Ortsnamen sowie die Bibelstellen. Erfaßt sind die Texte Miltons sowie die dazugehörigen Erläuterungen des Anhangs.

Aberglauben 8, 60, 169
Abiram 72, 263
Ablaß 131, 276
Adam 24, 32, 74
Adel 173, 187, 198
Agag 87, 262
Agrargesetz 186, 283
Agricola 51, 256
Ägypten 20, 199f.
Ahab 59, 87, 102, 271
Anglikanismus 242
  s. Puritanismus
Antiochus IV. 102, 272
Apag 70
Apg
– (4,19) 127
– (5,38) 278
– (8,9) 274
– (8,31) 250
– (10,13) 249
– (10,15) 150
– (15,5) 133
– (17,11) 128
– (19,19) 249
– (22,3) 278, 281
– (26,5) 133
– (26,18) 158
Apollinaris 21, 248
Apollonius 116, 274
Aragon 76
Archilochus 14, 244
Areopag 13, 181f., 239
Areopagitica 7–65, 239
Aretino 26, 250
Arezzo 26, 250

Aristophanes 14, 29, 243, 251
Aristoteles 28, 77f., 188, 263f., 284
Arkadien 31, 251
Arminius 27, 250
Asa 137, 153, 277
Asien 34, 77
Atheismus 13, 108, 141
Athen 10, 13, 181f., 197
Aufruhr 102, 108
  s. Bürgerkrieg
Auguren 244
Augustinus 138, 277
Augustus 15, 245

Baal 121
Babylon 170
Bacon 39, 45, 253f.
Bann 91
Barmherzigkeit 70
Bartholomäusnacht 106
  s. Hugenotten
Basilius 21, 83, 248, 265
Bathseba 79
Belcastro 18
Belgien 106
Beröa 128
Beschneidung 138f.
Bibel 72, 124
– B. als höchstes Gesetz 194
– B. als Kompaß 194
– Interpretation der B. 133f.
– Kirche u. B. 134
– Verbot der B. 249
– Vernunft u. B. 114, 118

s. Evangelium; Gewissen
Bischof 43 f., 50, 109, 121, 168, 190, 195
 s. Geistlichkeit
Blasphemie 132
Bodin 283
Brooke 58, 258
Brügge 106
Bucer 111, 273
Buchanan 92 ff., 268
Bündnisvertrag (von 1643) 70, 195, 254, 262
Bürgerkrieg 69, 98, 102, 168
– gerechter B. 117
Byzanz 76

Caesar 51
Calvin 51 f., 59, 93, 111, 114, 251, 256
Camden 194, 285
Campbell 101, 271
Cartwright 112, 273
Cassius Dio 79
Catena 47, 255
Cato 15
Catull 15, 245
1 Ch
– (11,3) 80
2 Ch
– (14) 277
– (19,3) 277
– (34,1) 277
– (34,33) 145
Chaldäer 20
Charles I. 85, 94, 98, 100 f., 106, 168, 190, 260, 265, 281 f., 285 f.
Charles II. 173, 195, 279 f., 282, 284 f.
China 26, 250
Christentum
– Ch. als herrschende Religion 16
– Freiheit und Ch. 125, 140, 149
– frühes Ch. 77, 91
– Mammon u. Ch. 108

– Staat u. Ch. 137
– Verfolgung des Ch. 139
 s. Papismus; Protestantismus; Religion
Christian II. 106, 272
Chrysippos 132
Chrysostomos 14, 82, 138, 244, 265
Cicero 13, 15, 21, 243, 245, 254
Cini 17
Clemens 25, 250
Constantinus 246
Covenant
 s. Bündnisvertrag
Craig 92, 268
Cromwell 100, 270 f., 281

Daniel 20, 111, 121, 247
Dathan 72, 263
David 78 ff., 82, 87, 106, 119 f., 256
Decius
 s. Trajan
Dekalog 159 f., 279
Delft 27
Demokratie 75, 175
 s. Republik; Volk
Demophon 79
Deutschland 76
Diocletian 21, 248
Diogenes 15, 244
Dion Prusäus 10, 241
Dionysios 14, 22, 29, 243, 251
Doge 186, 284
Dominikaner 42, 63
Domitian 148, 278
Duns Scotus 25, 249

Edward der Bekenner 89, 266
Eglon 85 ff., 265
Ehud 85, 87
Eigentum
 s. Grundeigentum
Eli 190, 284
Elizabeth I. 93 f., 194, 268

England 31, 40, 42, 51f., 85, 91, 95, 103, 107, 157, 162–201, 205–210
Entscheidungsfreiheit 32
  s. Freiheit
Eph
– (4,3) 259
Ephoren 182
Epikur 14, 25, 243
Ephesus 24
Epiphanius 26
Erasmus 138, 277
Erastus 138, 277
Erzbischof 43
  s. Bischof
Euklid 116, 274
Euripides 7, 14, 79, 240, 244, 264
Europa 79
Eusebius 22, 25, 249f.
Evangelium 86, 149, 166
– E. als Gesetz unter Gleichen 86
– Grundwahrheiten des E. 126
  s. Bibel; Gewissen; Glauben
Exkommunikation 91, 157

Fenner 113, 273
Franziskaner 42
Franzosen 52
Freiheit 8, 53, 56f., 165, 178, 195
– angeborne F. 185
– christliche F. 60, 124f., 140, 149f., 158, 186, 193
– Entscheidungsfreiheit 32
– F. der Kritik 9
– F. und Religion 169
– F. als Staatszweck 193
– F. und Vernunft 32
– F. und Willkür 68
– Unterdrückung der F. 105
  s. Gewissensfreiheit; Pressefreiheit
Freizeit 30

Gal
– (2,16) 153
– (4,26) 149
– (4,3) 149, 151
– (4,31) 149, 151
– (4,9) 149
– (5,1) 150f.
– (5,12) 278
– (5,13) 150, 155
– (5,20) 136
– (5,22) 142
– (6,2) 157
– (6,4) 128
Galater 138
Galilei 42, 254
Gamaliel 146
Gehorsam 68
– Pflicht zum G. 95
Geistlichkeit 36, 41, 107, 118f., 121
– G. und Gewissenszwang 131
  s. Pfaffe; Prälatentum; Priester
Gemeinwesen 117
– christliches G. 143
  s. Republik
Genf 59, 114
Gerechtigkeit 75, 116, 193
– christliche G. 118
– Bürgerkrieg und G. 117
– G. von Gott 91
– Gewissen und G. 135
Gerichtsbarkeit 75, 198
Gesetz
– G. gilt für alle 89
– G. der Natur 166
– G. und Obrigkeit 75
Gesetzesänderung 69
Gesetzesbrecher 41
Gesetzlichkeit 167
Gewissen 53, 57, 211–235
– das blinde G. 141
– Definition des G. 127
– G. als Entscheidungsgrundlage 130, 166

300

– Gängelung des G. 105, 139, 153, 155, 171
– G. als Handlungsgrundlage 20, 117, 128, 134, 138
– G. des Individuums 130, 134, 140
– das irregeleitete G. 151
– G. als Prüfstein 136
– G. als Richtmaß 136
– das gute G. der Revolution 211ff.
– Gerechtigkeit und G. 135
– Gewissensaufruhr 62
– Gewissensfreiheit 92, 124, 131, 143, 145, 154, 158, 194f.
– Kirche und G. 129
Gewohnheitsrecht 70
Gibson 94, 268
Gilby 113, 273
Gildas 91, 267
Glaube
– G. als Handlungsgrundlage 153
– G. und Wissen 45
– kein Glaubenszwang 127, 131f., 141
– Vernunft und G. 127
  s. Gewissen; Kirche; Religion
Gleichheit 86
Goodman 113, 273
Goten 138
Gott 9, 62f., 80
– Dienst an G. 127
– Erkenntnis Gottes 127
– Gotteslästerung 15
– G. und Vernunft 23, 87
– Gottes Vorsehung 33
  s. Atheismus; Christentum; Religion
Gottesdienst 149
Gottlosigkeit
– G. ist zu verbieten 141
Götzenanbetung 140f., 147
Griechenland 13, 20, 84, 169

Grotius 158, 277
Grundeigentum 186
Gut und Böse 24
Guyon 25

Haillan 89
Hall 241
Hannibal 55, 258
Häresie 132f., 135, 253
– Definition von H. 133, 276
  s. Ketzer; Schisma; Sekten
Harrington 283
Heiden 86, 88, 104, 125, 144, 147, 157, 190
Henry VII. 62, 260
Henry VIII. 26, 250, 270
Herkules 84
Hes
– (37,1) 286
Heuchelei 142
Hi
– (13,15) 281
Hieronymus von Prag 52, 257
Hieronymus 21f., 26, 138, 248
Hiob 165
Homer 14, 21
Horaz 15, 245, 276
Hugenotten 272
  s. Bartholomäusnacht
Hunnen 10
Hus 17, 52, 246

Imprimatur 37, 63
Independenten 133, 195, 242
  s. Puritanismus
Indien 26
Inquisition 13, 17, 28, 42ff., 63, 131, 247, 260, 277
Irenaeus 26, 250
Irland 165, 281
Isais 80
Isokrates 239, 241
Israel 70, 80, 85, 119, 145, 154, 172, 189
Italien 35

Jabusiter 119
Jak
– (4,12) 130
James I. 94, 263
Janus 58, 258
Jehoram 87, 265
Jehu 87, 266
Jer
– (22,29) 286
– (29,24) 145
– (29,26) 145
Jeremia 145
Jerobeam 153, 278
Jerusalem 120
Jes
– (26,13) 77
– (40,3) 286
– (55,1) 148
Jesajas 26
Jesuiten 27, 61, 259
Jesus Christus 28, 46, 48, 63, 82,
    88, 108, 126, 134, 141, 146,
    150, 154, 170, 172, 176f., 185
– J. und Glaubenszwang 131,
    143
– J. und die Tyrannen 88
– Zwang durch J. 155
    s. Christentum, Evangelium
Jh
– (4,21) 149
– (4,23) 149
– (4,7) 277
– (6,44) 147
– (7,37) 148
– (12,13) 278
– (18,20) 255
– (18,36) 143
1 Jh
– (3,20) 129
Joas 80
Johann Friedrich I. 92, 267
Johannes 63
Jojada 80, 145
Jonathan 70, 262
Josaphat 137, 277

Josia 137, 145, 153, 277
Josua 54, 63
Juda 145f.
Judas 167, 281
Juden 84, 103, 147, 181, 199
Jugend 31
Julianus 20, 247
Juno 19
Justinian I. 79, 264
Justiz
    s. Gerichtsbarkeit

Kanaan 102
Kanada 26
Karl I. 89, 266
Karl V. 92, 129, 267
Karl IX. 106, 272
Karneades 15, 244
Kastration 138f.
Katholizismus
– K. ist Ketzerei 140
    s. Papsttum; Prälatentum
Ketzer 16, 22, 26, 45f., 107,
    135f., 138, 140, 276
– Definition des K. 137
    s. Häresie; Inquisition;
    Schisma
Keuschheit 32
Kirche
– Bibel und K. 134
– Enteignung der K. 190
– Gewissen und K. 129, 131,
    134
– Kirchenrecht 91, 166
– Kirchenzucht 131, 135, 148,
    192
– Staat und K. 122–161
– Trennung von Staat und K.
    107, 125, 136, 146
– Zwangs-K. 143f., 155f.
    s. Geistlichkeit; Papst;
    Religion
Kleidung 31
Knox 39, 92f., 112, 253, 268
1 Ko

– (1,27) 143
– (2,15) 129
– (3,12) 258
– (5,5) 158
– (5,12) 156
– (6,4) 146
– (6,17) 136
– (7,23) 151
– (9,19) 155
– (11,18) 133
– (13,12) 255
– (16,22) 158
2 Ko
– (1,24) 131
– (3,17) 149
– (9,7) 266, 278
– (10,3) 143
– (10,4) 135
1 Kö
– (12,16) 264
– (12,24) 81
– (12,28) 278
– (14,10) 278
– (22,14) 258
2 Kö
– (11,17) 80
Kol
– (2,8) 149, 151
– (2,10) 151
– (2,14) 151, 258
– (2,16) 149, 151
König
– Absetzung des K. 116, 120
– Anspruch des K. 66–121
– Bestrafung des K. 79, 120
– Erbanspruch des K. 77
– Gerechter K. 84
– Gerichtsbarkeit für K. 104
– K. als Pestilenz 174
– K. und Untertan 97, 174
– Krieg gegen den K. 117
– Prärogative des K. 187
– Rechenschaftspflicht des K. 77
– Tötung des K. 100
– Volk und K. 86, 90f., 113

s. Monarchie; Obrigkeit;
Tyrann
Konsul 182
Konterrevolution 190
Konventikel 44
Korah 72, 263
Koran 49
Krantov 132
Krieg
– gerechter K. 117
s. Bürgerkrieg
Kritik
– Freiheit der K. 9
Kritolaos 15, 244
Kunst 30

Languedoc 95
Laud 38, 253, 282
Leo III. 89, 266
Leo X. 17, 246
Leviten 119, 146
Livius 16, 81, 245, 264
Lk
– (1,46) 266
– (4,6) 82
– (7,30) 145
– (9,49) 260
– (10,33) 277
– (12,14) 146
– (13,31) 88
– (14,16) 147
– (14,28) 282
– (15,4) 156
– (22,25) 266, 282
Loreto 46, 255
Lucilius 15, 245
Ludwig I. 89, 266
Lukrez 15, 245
Lullus 20, 247
Luther 52, 109, 257, 273, 276
Lykurg 14, 244
Lyon 95

Maria 88
Marius 182, 284

Markus 132
Martin V. 17, 246
Martire 90, 112, 267, 273
Mary I. 114, 273
Mary Stuart 93, 268
Matthäus 111, 130
Maximilian I. 106, 272
Meinung
– Meinungsfreiheit 7–76
– Meinungsstreit 25, 53
– Meinungsvielfalt 53
Menander 15, 245
Mennius 15, 245
Mensch
– M. als Ebenbild Gottes 12, 74
Meros 108
Micha 59
Middleburg 114
Milegost 89
Milton 205–235
MK
– (9,39) 132
– (10,42) 88, 282
– (11,12) 255
– (16,16) 148
1 Mo
– (3,5) 249
– (3,6) 252
– (13,19) 249
– (17,12) 278
2 Mo
– (16,2) 286
– (16,16) 249
– (20,1) 279
– (32,15) 277
4 Mo
– (11,4) 286
– (11,16) 283
– (11,27) 260
– (11,29) 257
5 Mo
– (4,13) 279
– (17,8) 146
– (17,14) 80

– (17,20) 78
Monarchie 66, 76
– Abschaffung der M. 165
– Knechtschaft der M. 170, 200
– M. ist manchmal geeignet 189
– M. ist heidnisch 177
– M. fürchtet die Freiheit 195
– M. als verderbliche Regierungsform 165
   s. König; Tyrannei
Monk 279f., 284
Montemayor 31
Moses 20, 25, 54, 63, 135, 160, 181, 247
Mt
– (7,6) 251
– (13,24) 258
– (13,26–31) 130
– (13,44) 258
– (15,17) 249
– (16,17) 142
– (16,19) 267
– (18,6) 154
– (18,17) 157
– (20,25) 88
– (23,23) 145
Musik 30

Nächstenliebe 142
Naevius 15
Nassau 186
Natur
– Gesetz der N. 99, 166
Nehemia 153
Nero 26, 70, 110, 262
Newcastle 101, 271
Newport 102, 271
Niederlande 94, 106, 171, 181, 186, 196, 198, 269
Norwegen 10
Numa 81, 264

Obrigkeit
– Absetzung der O. 112, 120
– Anspruch der O. 66–121

– Bestrafung der O. 120
– christliche Obrigkeit 144
– Definition der O. 115
– Gehorsam gegenüber der O. 135
– O. und Glaubenszwang 131f., 135f., 138, 141, 152
– O. von Gott? 81f.
– Ursprung der O. 75
– O. und Vernunft 73
– Volk und O. 75, 79f.
– Wählbarkeit der O. 174
   s. König; Regierung; Staat
Octavius 16
Off.
– (2,20) 148
– (3,18) 148
– (9,1) 274
– (13,2) 264
– (22,17) 148
Offenbarung 127
Osiris 50, 255
Ovid 16, 242, 245, 247

Palmer 241
Papst und Papsttum 46, 49, 128, 165, 176f., 258
– Christenverfolgung durch P. 139f.
– Götzenanbeterei des P. 140
– Papisten als Häretiker 135
– P. als Widerchrist 129ff.
– Papsttum unterdrücken 60
– Unfehlbarkeit des P. 129
Paraeus 112, 273
Paris 106
Paris, M. 89, 266
Patriarchalismus 38
Paulus 20, 24, 60, 82, 115, 128, 130f., 135, 149f., 153f., 247
Perser 51
Petronius 26, 250
Petrus 17, 118
Pfaffe 50, 63
   s. Geistlichkeit

Pfründe 72, 107, 115, 119, 137
Phalaris 110, 273
Pharisäer 63, 145
Philemon 15, 245
Philip I. 92, 267
Philipp II. 94
Philister 40
Philosophie 42
Pikten 157
Platon 14, 29ff., 243f., 251f.
Plautus 15, 21, 245
Plutarch 244
Pompeius 16
Porphysius 16, 246
Prälatentum 10f., 36, 42, 45, 49, 53, 88, 105, 108, 115, 126, 136, 241f.
   s. Bischof; Kirche; Papst; Presbyterianer
Pr
– (12,12) 249
Prätor 182
Präzedens 71, 104
Presbyterianer 13, 43, 50, 63, 92, 94ff., 102, 105, 108, 133, 191, 195, 242, 262, 270
   s. Geistlichkeit; Kirche; Prälatentum
Pressefreiheit 7–65
Priester 71, 146
   s. Prälaten
Privileg 44, 69, 74, 112
Proklus 16, 246
Protagoras 13, 243
Protestantismus 46, 92, 115, 124, 127ff., 134, 170, 176, 195, 275f.
– Christenverfolgung durch P. 139f.
– protestantischer Staat 104
– Sekten und P. 140
Proteus 59, 258
Ps
– (51,6) 264
– (85,11) 255

– (110,3) 147
Psyche 24
1 Pt
– (2,13) 81, 274
– (2,16) 264
– (5,2) 131
Puritanismus 94, 109, 242
  s. Presbyterianer; Reformation
Pyrrhus 54, 257
Pythagoras 51, 256

Rabatta 17
Radamanthus 19, 247
Rebellion 95f., 189
  s. Widerstand
Recht
– angeborenes R. 44
Reformation 45, 49, 52, 61, 93,
  108f., 166, 169, 172f., 194,
  240, 259
Regierung 65
– Regierungswechsel 69
– Volk und R. 82
  s. Obrigkeit; Staat
Rehabeam 80f.
Religion 44, 46, 53
– Definition der R. 127
– Gemeinwesen und R. 125
– Nächstenliebe und R. 142
– R. und Reichtum 46
– Religionsangelegenheiten
  126, 159
– Religionsfreiheit 148, 157,
  169
– Staats-R. 144
– Unterdrückung der R. 105
– Zwang und R. 127, 142, 152
  s. Gewissen; Kirche
Renegaten 191, 200
Republik 162–201
– freie R. 165, 179, 186
– R. von Christus geraten 172
– R. als gerechteste Regierungsform 172, 177, 188, 197

– R. fördert Handel 199
  s. Gemeinwesen; Obrigkeit;
  Staat
Revolution 211–235
  s. Bürgerkrieg; Rebellion;
  Widerstand
Rhodos 10
Ri
– (1,4) 274
– (3,14) 265
– (5,23) 272
Richard II. 90, 266
Rö
– (12,1) 155
– (13,1) 81, 273, 277
– (13,3) 264
– (13,4) 277
– (13,10) 278
– (14,3) 258
– (14,4) 130
– (14,5) 153
– (14,6) 149
– (14,6) 258
– (14,9) 150
– (14,23) 153
Rodolphi 18
Rom 8, 14, 81, 84, 90, 140,
  169f., 181ff.
Rotationsprinzip 180, 183,
  198f., 283
Rupert 192, 285
Rußland 52

Salmasius 138, 277
Salomo 23, 28, 175, 251
Samariter 134
Samuel 80, 87, 190
Sanhedrin 181, 283
Sarazene 86
Sarpi 16, 246
Satan 158
Saulus 106f., 167, 281
Schisma 54, 62, 74, 133, 253
  s. Häresie; Ketzer
Schmalkalden 109

Schottland 92 ff., 107, 112, 171, 191, 282
Scipio 15, 245
Sekten 34, 45, 51, 53 f., 56, 60 f., 72, 140, 195, 252
Selden 23, 249
Senat 183
Seneca 84, 265
Sevilla 34
Seyssel 76, 263
Simon 121, 167
Sklaverei 77
Sleidanus 92, 109, 268, 273
1 Sm
– (2,1) 266
– (2,11) 284
– (2,18) 285
– (8) 80, 263, 284
– (8,10) 282
– (15,33) 265
– (19,6) 272
– (24,6) 266
– (26,9) 266
– (26,11) 272
2 Sm
– (5,3) 80
– (5,8) 274
– (11,14) 264
– (11,17) 264
Smith, Th. 90, 267
Sokrates Scholastikus 21, 248
Sophron 29, 251
Sorbonne 27
Spanien 17, 35, 85, 106
Sparta 14, 181 f.
Spenser 25, 249
Spr
– (6,6) 282
– (12,10) 262
– (21,27) 155
Staat 39
– freier St. 169
– Staatsentstehung 74
– Staatsgewalt 75
– Staatskirche 137

– St. und Kirche 107, 122–161
– St. und Volk 76 f.
  s. Königtum; Obrigkeit; Republik; Tyrannei
Staatsrat 125, 179, 187, 275
Sternkammer 64, 260 f.
Stirling 82
Strafford 282
Strafrecht 32, 37
Sulla 163, 183, 284
Sünde 32 f., 131, 154
Supremateid 95 f., 270

Talmud 25, 249
Tarquinier 183, 284
Tarquinius 81, 264
Tertullian 77, 263
Teufel 158
1 Th
– (5,21) 249
2 Th
– (2,4) 129
Thales 14
Theodosius II. 79, 264
Thessalonicher 130
Thyatira 148
Thomas v. Aquin 25, 249
Thou 95
1 Ti
– (1,20) 158
– (5,13) 272
2 Ti
– (4,2) 272
Tit
– (1,15) 249
– (3,10) 135
Trajan 21, 79, 248, 264
Transsilvanien 52, 256
Treue 68
– T. der Untertanen 69, 82
Trient
– Konzil v. T. 17, 34, 246
Trunkenheit 31
Tugend 33
Türkei 49, 86

Typhon 50
Tyrann 8, 68f., 72f., 78f., 111,
  165, 169, 171, 176, 188
– Absetzung des T. 104, 110,
  120
– Bestrafung des T. 118, 120
– Definition 83
– eigener T. 86
– Evangelium und T. 88
– fremder T. 86
– Kirche und T. 88
– Tyrannenmord 84f., 89, 91,
  103, 113

Unrecht
– U. in Gesetzesform 69
Unterdrückung
– U. der Freiheit 105
– U. der Religion 105
– U. der Unterdrücker 63
Untertan 70
– Gehorsam des U. 95
– König und U. 97
– Treue des U. 82
Uria 78f.
Utopia 31, 251

Venedig 181, 186, 283
Vernunft 53, 68, 167
– Gesetz der V. 99
– Glaube und V. 127
– Mehrheit und V. 167
– V. und Bibel 114, 118
– V. muß dominieren 174
– V. und Freiheit 32
– V. und Gesetz 75
– V. und Gott 87
Verres 43, 254
Verstand
– gesunder Menschenverstand
  142
Vertrag 99
Volk
– freies V. 103
– Selbstverteidigung des V. 117
– V. und König 86, 174

– V. und Obrigkeit 79f., 83, 174
– V. und Staat 76f.
– Wohl des V. 77
Volkstribunen 182
Völlerei 31
Vorrecht
  s. Privilegien

Wahlverfahren 184
Wahrheit 45, 50, 53, 57f.
– W. des Evangeliums 126
– W. und Irrtum 148
– W. ist keine Ware 40
Waldenser 95, 269f.
Whittingham 114, 273
Widerstand
– Recht auf W. 74, 118, 120
– W. gegen die Obrigkeit 72f.
  s. Bürgerkrieg; Revolution;
  Tyrann
William I. 76, 86, 263
Willkür
– W. und Freiheit 68
Wilzen 89
Wissenschaft
– Freiheit der W. 45
– Gängelung der W. 43, 65
Wyclif 17, 52, 246

Zebedäus 172
Zehnt 72, 108, 262
Zensor 35
Zensur 7–65, 239, 241
– Z. von Kunst 29ff.
– päpstliche Z. 247
– Schaden von Z. 36
Zeremonien 149
Zion 52, 256
Zionskollegium 272
Zwang
– Z. überzeugt nicht 153
– Z. widerlegt nicht 148
  s. Gewissen; Obrigkeit
Zwingli 51, 110f., 255
Zwölftafelgesetze 15, 244

Universal Bibliothek

PHILOSOPHIE · GESCHICHTE
KULTURGESCHICHTE

Die Hegelsche Linke

Dokumente zu Philosophie und Politik
im deutschen Vormärz

Herausgegeben und mit einer Einleitung
von H. und I. Pepperle
Band 1104 · Leinen 7,50 M

Die Hegelsche Linke wurde von den Junghegelianern gebildet, jenen radikal gesonnenen Männern, die an Hegels Philosophie anknüpften, sie kritisierten und von ihr zu einer
revolutionären Gesellschaftslehre weiterschritten. Auch
Marx und Engels fühlten sich ihnen eng verbunden und
nahmen von hier aus den Weg zur Schaffung der materialistischen Geschichtsauffassung. Der einzigartige Sammel-
band dokumentiert die Entwicklungsetappen dieser
schnellebigen Bewegung (1835–1843) und stellt die wichtigsten ihrer Vertreter in Text- und Briefauswahl vor:
Strauß, Feuerbach, B. Ruge und E. Bauer, Köppen, Flei-
scher, Stirner, Nauwerk.

PHILOSOPHIE · GESCHICHTE
KULTURGESCHICHTE

FERDINAND LASSALLE
Reden und Schriften

Herausgegeben und mit einem Vorwort von H. J. Friederici
Band 1192 · Broschur 3,– M

Ferdinand Lassalle (1825–1864) war schon zu Lebzeiten
eine der schillerndsten und umstrittensten Gestalten in der
deutschen Arbeiterbewegung; die Auseinandersetzungen
um seine Person, vor allem aber um seine gesellschaftspoli-
tischen Vorstellungen und seinen Platz in der Geschichte
haben bis heute angehalten.
„Als ‚Feind unsrer Feinde‘ hat Lassalle seinen Platz in der
Geschichte der deutschen Arbeiterbewegung. Er war nicht
ihr Begründer, aber er gab ihr einen neuen, kräftigen Anstoß.“

H. J. Friederici